《管子》“神话历史”研究

The Study of Mythistory in Guanzi

公维军　著

人民出版社

责任编辑：雍　谊
封面设计：毛　淳　徐　晖

图书在版编目（CIP）数据

《管子》“神话历史”研究 / 公维军著 . —北京：人民出版社，2024.1
（国家社科基金后期资助项目）
ISBN 978-7-01-025572-9

Ⅰ. ①管…　Ⅱ. ①公…　Ⅲ. ①法家②《管子》—研究　Ⅳ. ① B226.15

中国国家版本馆 CIP 数据核字（2023）第 056459 号

《管子》“神话历史”研究
GUANZI SHENHUA LISHI YANJIU

公维军　著

人民出版社　出版发行
（100706　北京市东城区隆福寺街 99 号）

北京建宏印刷有限公司印刷　新华书店经销

2024 年 1 月第 1 版　2024 年 1 月第 1 次印刷
开本：710 毫米 × 1000 毫米　1/16　印张：22.5
字数：410 千字

ISBN 978-7-01-025572-9　定价：72.00 元

邮购地址 100706　北京市东城区隆福寺街 99 号
人民图书销售中心　电话（010）65250042　65289539

国家社科基金后期资助项目
出版说明

后期资助项目是国家社科基金设立的一类重要项目，旨在鼓励广大社科研究者潜心治学，支持基础研究多出优秀成果。它是经过严格评审，从接近完成的科研成果中遴选立项的。为扩大后期资助项目的影响，更好地推动学术发展，促进成果转化，全国哲学社会科学工作办公室按照“统一设计、统一标识、统一版式、形成系列”的总体要求，组织出版国家社科基金后期资助项目成果。

全国哲学社会科学工作办公室

序

文明的价值观

叶舒宪

一、文学人类学与古典学的结缘

1989年6月，我在陕西师范大学中文系任教时，参加了该校新成立的跨专业科研机构——中外文化研究与交流中心——举办的一次颇有影响的国际学术研讨会——“长安·东亚·环太平洋国际学术研讨会”。那时我国改革开放不久，还没有加入世贸组织，也还不知道什么“现代性”和“全球化”之类的国际学术话语。一种环太平洋的世界共同体便是我们那时所能想象到的宏大叙事和国际化主题。会上，我特别邀请到在学界率先探讨上古时期环太平洋文化现象的萧兵先生，他当时在淮阴师范专科学校中文系任教，深受文化人类学的影响，以多部厚重的《楚辞》研究著作闻名于学界。那次会上，我提交的论文《文化研究中的模式构拟方法》第一次正式提出“重开丝绸之路”，从历史与现实对照的意义上，论证当代中国经济社会向西开放的必要性，以及重新打通纵贯欧亚大陆东西方全境的丝绸之路之重要意义。可惜当时国家新设立的13个经济特区，从大连到深圳、珠海、海南岛，全部在东南沿海一带，还根本没有考虑向西面开放的问题。拙文中借用《文心雕龙》的一句成语，把这种文化偏执现象称为“东向而望，不见西墙”[①]。也是在那次会议上，我得知萧兵先生即将完成百万字大著《楚辞的文化破译》，就共同策划由湖北人民出版社推出一套书，题为“中国文化的人类学破译”丛书。该丛书自1991年出版第一部起，随后陆续出版对《诗经》《老子》《庄子》《说文解字》《史记》《中庸》和《山海经》等典籍的专题研究，至2004年，13年间共出版7部专著。如何将文化人类学所引领的知识全球化格局和理论范式，特别是以聚焦“地方性知识”为主的田野作业的研究范式，运用到国学传统的改造升级方面，进而

① 参见叶舒宪:《文化研究中的模式构拟方法——以传统思维定向模式为例》，载陕西师范大学中外文化研究与交流中心编:《文化研究方法论》，陕西师范大学出版社1992年版，第210—230页。

对先秦两汉经典做出不同于以往的新认识，是这套丛书的主要学术追求。

自从21世纪初开始在中国社会科学院研究生院招收博士生和博士后起，我在研究生们的学位论文选题方面，总是鼓励选择一部先秦两汉经典做跨学科的专题研究，这样既能有效培育对中国古典学基础方面的素养，又便于尝试和体验文学人类学的跨学科方法论的实际运用效果。多年下来，这种研究生培养模式就成为一种惯例，跟着我从中国社会科学院先后带到四川大学和上海交通大学。像《春秋》《穆天子传》《礼记》《仪礼》《周礼》《国语》《墨子》《吕氏春秋》《黄帝内经》《淮南子》《史记》《汉书》《后汉书》等，都先后让我的博士生（或博士后）作为选题。截至2020年，《三国志》《魏书》《南齐书》的神话历史研究也都作为硕士学位论文先后通过答辩，有待修订出版。《清史稿》的神话历史研究尚在推进之中。

公维军博士在2014年考入上海交通大学人文学院文学人类学研究中心，他祖籍山东，在兰州大学历史文化学院获硕士学位。入校后的学习明显偏爱上古时期山东的知识名人，于是就选择以齐国宰相命名的《管子》一书作为博士论文选题方向。

文学人类学是伴随改革开放的学术大变局而形成一个新兴交叉学科，从事这方面的学习和研究需要比常规的学习多出很多内容，特别是对文化人类学和考古学相关知识的自我补习。因为只有这样，才能给人文学者的知识结构带来实质性的补益和整合，胜任跨学科研究这样具有自我挑战性的艰巨任务。作为中国比较文学学会文学人类学研究会的第一任会长，萧兵先生在这种自学和补学方面有着如饥似渴的精神，深深影响着学会的同仁们。公维军在校的四年里出色完成了广泛而多样的学习任务。摆在读者面前的这一部《〈管子〉"神话历史"研究》就是他将所学新兴交叉学科知识与方法应用到中国古典学方面交出的答卷。

开题前后，我和他讨论较多的研究内容是如何充分利用新发现的考古证据，对迄今仍处于众说纷纭状态的《管子》成书年代的考证得出一些突破性认识。后来则意识到，成书年代考据这个目标对于初步介入古典时期研究的研究生来说难度太大。随即调整了研究重心，按照文学人类学所关注的文化文本编码问题，集中探讨《管子》书中涉及的物质文化方面，将海盐、丝帛等作为国家治理的经济资源。这些通过物质文化的实证材料探讨先秦诸子著述的尝试，是我们称之为第四重证据发挥关键求证作用的鲜活案例，给公维军的《管子》研究带来学术新意和亮点。

我涉猎到管子研究的契机是在2011年开始撰写《玉石神话信仰与华夏精神》的过程中。当时感到有些惊讶的是，作为齐国人，管仲应该最熟悉胶东半岛的地方文化，但他的书中为什么会有较为详细的西域方面的国土资源知识呢？这个问题也关系到华夏知识界整体上对西域的认知过程。

我国历史上最初发生的一次西学东渐也许就是印度佛教传播到中原国家的历程。这个过程不是一蹴而就的，也不是古代印度人直接传播到中原内地的，而是经历过某种“四级跳”过程：从印度本土先传至中亚诸国，其次到中国西域，再从西域至河西走廊，再从河西走廊至中原。第一跳是从印度本土先传播到希腊人统治下的中亚国家，如安息、大夏、罽宾、贵霜等。第二跳才是进入我国西域地区，如于阗、尼雅、米兰、楼兰等。早年生活在这些地方的人口多为非华夏的族群，其中不乏属于印欧民族的族群。佛教是通过印欧民族的罽宾国的中介作用才第三度启程，先到于阗国，再度东进，抵达玉门关和敦煌，随即进入河西走廊的。在佛教东传的途程中，起到关键中介作用的有罽宾国、于阗国，后者是汉武帝派遣张骞打通西域的关键站点。遥远的于阗给华夏国家的最高统治者带来的第一印象就是认为那里是祖国母亲河——黄河之源，第二印象则是出产最优等级的玉料，即和田玉。《战国策》称之为“昆山之玉”，《管子·地数篇》则称之为“牛氏边山”，《管子·轻重篇》又称之为“禺氏边山”。为什么战国时期中原人普遍认为的玉出昆山即古昆仑山的简称，而《管子》则对此另有别名呢？《玉石神话信仰与华夏精神》一书第十四章“从玉教到佛教”①，结合新发现的藏文古籍《于阗国授记》有关于阗佛国的神牛崇拜和释迦牟尼莲花座为“牛角山”的叙事尝试做出某种阐释。还就此得出“玉路—佛路—丝路”的文化传播因果链。不过，该书虽然在第十五章“华夏文明的资源依赖”中，将第二节题为“《管子》‘尧舜北用禺氏之玉而王天下’解”②，希望按照史前西玉东输之路径主要为黄河水道的路线调研情况，说明西域的昆山之玉为什么被管子认为是来自北方的。不过，限于写作时的知识条件，这个问题还有进一步深入探讨的必要。

二、文明的价值观：价值始于崇拜

文明国家起源的历史伴随着社会奢侈物的发生史，同时也是神话和信仰发展史。奢侈物之所以被抬升为社会统治阶层关注的对象，根本原因是神圣化和神话化的过程。

文明：始于社会分工所导致的社会财富聚集效应。文明社会统治阶层的形成标志，是催生王宫经济崛起的奢侈物的出现。按照物以稀为贵的社

① 参见叶舒宪：《玉石神话信仰与华夏精神》，复旦大学出版社2019年版，第361—403页。

② 参见叶舒宪：《玉石神话信仰与华夏精神》，复旦大学出版社2019年版，第410—414页。

会需求逻辑，特定社会所公认的奢侈物一般都不是唾手可得的本地可供给的世俗性物资，像粮食和家畜、柴米油盐之类，而是极少数因为稀有而被神话化和神圣化的物质。此类崇拜物一般都是依靠远距离贸易和运输所得来的。而极个别的稀有物质在各种外贸物资货品中脱颖而出，被社会筛选成为最高价值物，具有独一无二的王权象征意义，并且由此而奠定文明的价值观基础。

代表华夏文明的最高价值物以秦始皇统一中国后所打造的帝国唯一性权力标志物——传国玉玺——为尽人皆知的神圣标的，古往今来都毫无争议。为什么玉石能够在众多的社会奢侈品中独超众类，荣耀登基，成为中国文化传统中的王权象征物呢？笔者针对三星堆新发现的六个祭祀坑的出土圣物情况写成小文一篇《国宝中的国宝》①，提示出一种答案。

若要从文明起源理论方面解答这个世界比较文明史所呈现出的特殊奥秘，有两部古书提供的线索至关重要：一部是《山海经》，只有它才从整体性的国土资源意义上记录下宝贵玉石的资源分布和出产情况；一部是《管子》，它不仅从国家经济治理的高度论说社会奢侈物及其原产地情况，而且还准确无误地提供出一个华夏文明奢侈物的价值谱系：珠玉为最高价值物，黄金为二等价值物，钱即货币（刀布）三等。中国民间百姓都能朗朗上口的一个市场价值说辞是"黄金有价玉无价"，这个流行已久的惯用语给《管子》奠定的文明价值谱系做出有效的通俗性诠释，也鲜明体现出我国不同于世界其他文明的价值观特色。

过去我们不大清楚，是什么因素导致《山海经》对天下一百多处出产玉石的资源情况做出巨细无遗式的详尽笔录？又是什么因素导致《管子》笃定无疑地给出先珠玉后黄金的价值排序？

文学人类学派的跨学科研究自21世纪以来全面进军华夏文明的史前文化大传统探索，终于给以前根本无法说清的文化价值难题理出一个清楚的解决方案。是孕育文明的文化基因在暗中发挥着"看不见的手"的支配性作用，也是文化大传统的深度要素奠定文化小传统的价值观。

从史前社会统治集团的宗教祭祀奢侈品，到文明国家管理特别看重的战略性物资——非实用性的圣物资源会对拉动经济贸易交流起到关键性作用。而这种跨越广袤地域的远距离贸易行为，正是催生文明国家及其都市的必要前提条件。

世界上已知的所有文明古国，都是建立在农耕文化基础上的城市文

① 参见叶舒宪：《国宝中的国宝：三星堆文物观感》，《寻根》2021年第4期。

明。农耕社会的组织形式以村落为单位，村落如何发展为市镇，进而再发展为城市和中心都市，这就成为考察文明起源途径的一个具体窗口。以四川盆地史前都市遗址三星堆为例，从其新出土的六大祭祀坑文物中可以看出，当地统治者所掌控的国家战略性资源主要就这几类：金、铜、珠（黑曜石珠、绿松石珠）、玉、象牙（和虎牙）、海贝。所有这些祭祀用品所采用的原料大体可归为三类：玉石类、金属类和生物类。对此，在特别强调掌控奢侈品物资和国家经济管理之类事宜的《管子》书中皆有涉及。如《轻重甲》篇的一段对话：

> （齐）桓公说："四夷不向我们臣服，其叛逆行为会给我们造成不利影响，我们有什么办法可以应对四夷呢？"管仲回答说："如果吴国和越国不来朝拜，（中央王权）就用他们所产的珍珠和象牙作为货币。发国和朝鲜国不来朝贡，就用他们所产的兽皮和皮制品作为货币。北方的禺氏人不来朝贡，就用他们所产的玉璧作为货币。西方的昆仑虚人不来朝贡，就用他们所产的美玉作为货币。所以，那种握在手中或含在口中看不见却能够价值千金的东西，是珍珠；用它作货币，八千里外的吴越人就可以来臣服朝贡。一张豹皮能够价值千金，以它为货币，八千里外的发国和朝鲜国就可以来朝贡。揣在怀里或挟在腋下都不显眼却能够价值千金的，是白玉，以它为货币，八千里外的禺氏人就会来朝贡。能够生产出发笄和耳饰之类器物并能价值千金的东西，是球琳琅玕类的玉材，以它们为货币，八千里外的昆仑虚人就会来朝贡。所以，对各地的物资若无人主管，也无人去联系和引进，四夷之人根本就不会来向中央王朝朝贡。"[①]

中原王朝之所以能够在史前中国各地满天星斗的地方社会集群中脱颖而出，一个不容忽视的因素就是地理上的远距离贸易的辐辏优势，具有无与伦比的性质。管仲连续采用多个"八千里"措辞，是要表明四夷之人向中原国家输入奢侈物的等距离空间原理。根据目前的考古发现资料我们可以大致判定，这些足以被中原国家充当货币的奢侈物资的历史登场年代顺序：黄金在华夏传统中出现的年代最晚，即不超过3600年。象牙资历最深，40000年前的中原人就和大象打交道了，有河南新郑赵庄遗址新

① 对《管子》文本的试译，版本据《二十二子》（缩印浙江书局汇刻本），上海古籍出版社1986年版，第187页。

发现堆石祭坛上的象头骨为证。7000 年前的河姆渡人就用象牙雕刻圣物图像（双鸟朝阳）。4500 年前的上海福泉山良渚文化先民甚至用象牙制成权杖，并将羽冠人面形神徽雕刻在权杖表面上。20000 年前的东北亚人类就开始有佩玉和葬玉的文化传统，我国境内新发现的玉文化传统实物也有10000 年之久。

2017 年在黑龙江小南山遗址，2018 年在吉林白城双塔遗址，先后发现一批距今 9000—10000 年的玉器存在。从其玉料来源看，是大大早于新疆南疆和田玉开采使用历史的贝加尔湖地方玉料，其中有优质透闪石白玉。从这些新发现的考古文物情况看，《管子》强调尧舜时代的玉料来自华夏国家的北方，还将珍稀玉料称为“白璧”，这是十分耐人寻味的。其间是否包含着某些我们以往根本无从判断的史前大传统文化信息呢？

带着这样一种一万年乃至数万年的超长时段的文化大传统背景，再去阅读《管子》书中特有的国土资源叙事，自然会有心领神会一般的效果。借助于考古发现，有关文化大传统的新知识将给出各类神圣物发生的历史年表，这就好比给出了居高临下审视文化源流的“底牌”。

> （齐）桓公问管子：“以天财地利立功成名于天下的是谁呢？”管子回答说是周文王和周武王。桓公又问：“此话怎讲？”管子对答说：“夫玉起于牛氏边山，金起于汝汉之右，珠起于赤野之末光。这三地皆距离周王朝七千八百里，不但路途遥远而且多艰难险阻。周朝先王各用于其重，用珠玉为上币，黄金为中币，刀布为下币。令疾则黄金重，令徐则黄金轻。先王权度其号令之徐疾，高下其中币而制下上之用，这就是文王武王完成的统治伟业。”①

《管子》给出的国家圣物信息十分明确，那就是以珍珠美玉作为最高价值物，黄金和铜钱则依次排在后面。由此价值等级谱系出发再看西汉统治者特制的王权标志圣物，即唯有刘姓诸侯王级别才能在死后享用的葬礼奢侈物——金缕玉衣，我们不能不说《管子》提供的是理解华夏文明价值观由来的一种标准答案。由于产和田玉的昆仑山在华夏文明神话宇宙观中也占据首屈一指的神圣地位，所以玉文化方面的重要信息实际上同时奠定着华夏的宇宙观和价值观。这将给未来的文化自觉之后的中国思想史

① 对《管子》文本的试译，版本据《二十二子》（缩印浙江书局汇刻本），上海古籍出版社 1986 年版，第 182 页。

写作带来充分的启迪。

由华夏文明起源期形成的数千公里奢侈物资源供应链，充分表明这个文明国家有其不可或缺的宝物资源出自边缘地区，对此资源的消费需求却出自中原核心地区。这种资源依赖格局的当代变形版，就是大家熟悉的所谓“西气东输”和“西棉东输”。周朝的文王武王是否真的如管仲所推崇的那样，利用远方供物的奢侈品价值的货币功能来调节国家经贸，给周王朝的八百年基业奠定物质基础呢？果真如此的话，那可称得上是“治大国若烹小鲜”（《道德经》第六十章）一般的智慧君主了。

以上所写是十年来偶读《管子》的点滴心得，愿与公维军博士共勉。

目　录

绪　论

《管子》是我国古代思想智慧汇聚的一部优秀典籍，其内容博大精深，蕴含着管仲为服务于齐国崛起而贯彻的治国安邦、辅政牧民、祭祀教化、理财筹算和资源调配等理念。自古及今，历代学人对其文字文本进行深入研究者甚多，取得的学术实绩亦颇为丰富，这些努力为后学继续从事《管子》研究积累了宝贵经验。然而，以往的学术研究多围绕文字训诂、版本校勘、义理考究等传统文献学视角展开，较少涉及从神话思维和文化文本编码出发的综合性视角。有鉴于此，本书将《管子》置于比较文学跨学科研究催生出的文学人类学视域内，重点挖掘其文本背后潜隐的历来不受重视的"神话历史"内涵，借助文化大传统理论和四重证据法的立体释古方法论等相关理论方法，对《管子》文本展开深层次的再解读尝试，以期能够为文学人类学的理论建构与交叉研究提供可供借鉴的新路径。

一、选题缘起

《管子》一书历来号称难读，这是目前学界诸多学者达成的共识。该书内容丰富烦琐，结构体系复杂，作者与成书年代存疑等，都成为《管子》研究者面临的难题。自其成书以来，古今学者对《管子》的研究非但没有因此中断，反而相继从文字训诂、义理研究、成书考证等不同视角着手，取得了丰硕的研究成果，这使得近年来以《管子》文本为基础的"管学"研究呈现出愈来愈强劲的学术发展势头，日益成为备受中外学术界青睐的研究领域。

然而，《管子》研究依然存在着诸多不足，诸如偏重文献学训诂考订，欠缺学科交叉视角下的文本阐释；对文本局部阐释的关注过于集中，整体性研究偏少；成书年代考证方法单一，考古新材料的切入意识亟待加强等。而这些问题的凸显也迫使《管子》研究者逐渐意识到潜隐的学术危机，自闭于学科一隅已然不再适应今天的跨学科研究主流。当前，在国家层面积极推进新文科建设的大背景下，随着"物质文化"与"新史学"两大研究潮流的风靡，考古学、人类学、神话学、民俗学、艺术史、图像学等学科领域的研究新成果能够更好地为我所用，这种跨学科的研究范式同样非常适用于《管子》研究。

受全球范围内文化寻根思想与文化复兴运动的影响，作为比较文学领域催生出的一门新兴交叉学科，中国文学人类学积极倡导打破学科知识壁垒，强调不能脱离但应超越文字文本，对华夏传统的文化文本重新进行阐释与实证研究，毕竟"从文化史的源头看，最早的经典全都是神圣的文本"[①]，而《管子》恰属"最早的经典"之一。事实上，伴随着世俗化进程的不断推进，人们对《管子》文本的解读不可避免地存在着偏差甚至曲解的情况。令人欣慰的是，其原初的思维方式与认知编码并未因此湮没殆尽，而是潜隐于文字符号、神话仪式以及物质文化之中，这些关键性信息恰恰需要被重新发掘出来，从而更好地还原其本真面貌。

笔者将《管子》研究置于文学人类学视域之中，倾力观照、阐释其"神话历史"，也完全出于前述层面的考虑。《管子》是一部历经文化大传统积淀的厚重"文本"，因此，如何在前人取得的既有成果基础上，回归大传统视域，利用四重证据法对贯穿其文字文本的"神话历史"进行阐释重建，这既是本书的选题由来，又是研究开展的关键。

二、《管子》研究的学术史回顾

在早期诸子著作之中，《管子》篇幅甚长，内容丰富，一度被学者奉为"百科全书式巨帙"，是研究中国上古思想与文化的宝库，《春秋》《左传》《国语》《庄子》《韩非子》《墨子》《荀子》《文子》《列子》《鹖冠子》中与之相关的内容并不鲜见，足见其影响之深远。《管子》义理几乎涵盖政治、经济、哲学、文学、军事、科技、法律、教育、管理、地理等主要学科领域，既能反映出中国早期文化的时代特色，再现管仲相齐后通过富国强兵力助齐桓公成就春秋霸业的功绩；又能折射出其包含的经世致用思想，对自汉唐、宋明直至今天的治国安邦、富民强兵之策发挥着重要的现实指导意义。

至汉成帝时，刘向通过整理《管子》文本，最终确定为86篇，《管子书录》对此有载："护左都水使者光禄大夫臣向言，所校雠中《管子》书三百八十九篇，太中大夫卜圭书二十七篇，臣富参书四十一篇，射声校尉立书十一篇，太史书九十六篇，凡中外书五百六十四篇，以校，除复重四百八十四篇，定著八十六篇，杀青而书可缮写也。"[②]由于《管子》一书最初是以篇章形式流传，到初唐之前部分篇章已经失传，而至隋朝，已经亡佚《正

① 叶舒宪：《经典的误读与知识考古——以〈诗经·鸱鸮〉为例》，《陕西师范大学学报（哲学社会科学版）》2006年第4期。

② 转引自（清）严可均辑：《全上古三代秦汉三国六朝文》第2册《全汉文》，商务印书馆1999年版，第381页。

言》《封禅》《言昭》《修身》《问霸》《牧民解》《问》《乘马》《轻重丙》《轻重庚》等10篇，宋代《王言》篇再佚失，后唐人尹知章据《史记·封禅书》补入《封禅》篇，《管子》76篇方得以留存至今。因此，这些留存篇章自然就成为后世学者展开学术研究的“底本”依据。

（一）国内研究现状

就目前以《管子》为中心的“管学”研究而言，国内学术界仍是主阵地，相关论著主要围绕作者及成书年代研究，文献学中的版本与训诂考订研究，包括政治、经济、哲学、文学在内的义理研究，以及近年来逐渐兴起的跨学科知识补充研究等几个方面具体展开。需要强调的是，1987年诞生于山东理工大学齐文化研究院的专门性刊物——《管子学刊》，在将“管学”研究推向国际性显学的道路上，成功搭建起更新、更高的学术交流平台。2019年，王京龙、郭丽等学者执笔的“管子通论”丛书[①]由齐鲁书社出版发行，标志着“管学”研究进一步朝着纵深化、高质量、宽领域、普及性的学术道路推进。

1.《管子》作者及成书年代研究

（1）《管子》的作者

自《管子》成书以来，其作者为谁的问题就成为争论不休的焦点之一，总体归纳看来主要有三种代表性观点：管仲遗著说、依托附会说、既非管氏遗著亦非一人一时创作说。

战国秦汉时期，管仲遗著说成为时兴观点，韩非、贾谊、司马迁、刘向、班固等人皆从该说，如《史记·管晏列传》载：“太史公曰：吾读管氏《牧民》、《山高》、《乘马》、《轻重》、《九府》及《晏子春秋》，详哉其言之也。既见其著书，欲观其行事，故次其传。”[②]而且，此后各种官志目录的作者们也普遍受到管仲遗著说的影响，这在《艺文志》《经籍志》中体现尤为显著，如《汉书·艺文志》载：“《筦子》八十六篇。名夷吾，相齐桓公，九合诸侯，不以兵车也。有《列传》。”[③]此处的《筦子》即《管子》。《隋书·经籍志》载：“《管子》十九卷。齐相管夷吾撰。”《宋史·艺文志》亦载：“《管子》二十四卷。齐管夷吾撰。”现当代学者中，持“遗著说”者包括关锋、林聿时、刘建国、张连良、乔长路、李曦等人。其中，关、林二人在《管仲

① “管子通论”丛书主要包括以下五种：《论管子》（王京龙）、《管子其人其书及管氏家族研究》（战化军）、《管子思想研究概要》（张艳丽）、《管子版本研究通论》（郭丽）、《管子境外研究通论——以欧美、中亚为中心》（杨纪荣、孙继成）。

② （汉）司马迁：《史记》，中华书局1959年版，第2136页。

③ （汉）班固撰，（唐）颜师古注：《汉书》，中华书局1964年版，第1729页。

遗著考》中通过分析论证，认为《管子》中的《经言》诸篇以及《外言》之《五辅》篇均系管仲遗著；[①]而刘、张二人则基于内证视角，认为《管子》中的《经言》《轻重》诸篇以及《治国》《封禅》《地数》篇皆属管仲遗著。[②]与战汉时期普遍存在的"全部遗著说"不同，虽然此时仍有学者坚持"遗著说"，但从严格意义上讲，只能算作"部分遗著说"，由此可见，就当前的学术研究而言，管仲遗著说显然并非主流观点。

依托附会说的代表性人物包括傅玄、朱熹、宋濂、胡适、张岱年、胡家聪、徐汉昌等人，但该观点又存在着两种不甚相同的倾向。朱熹与胡适认为《管子》与管仲其人、其思想毫无关系，《朱子语类》对此直言不讳："《管子》之书杂。管子以功业著者，恐未必曾著书……《管子》非管仲所著。仲当时任齐国之政，事甚多。稍闲时，又有三归之溺，决不是闲功夫著书底人。著书者是不见用之人也。其书老、庄说话亦有之。想只是战国时人收拾当时行事言语之类著之，并附以它书。"[③]胡适更是认为，《管子》系后人将战国末年有关法家、儒家、道家等各家议论杂凑成书，甚至认为《桓公问》《匡君大匡》《小问》等涉及齐桓公与管仲问答的篇章皆为伪作。[④]事实上，朱熹的主观臆测成分严重，而胡适的"证据"又有以偏概全之嫌。此外，西晋思想家傅玄认为《管子》一多半是"后之好事者"添加而成，《轻重》篇尤甚；元末明初文学家宋濂更是直言，《管子》"非管仲自著也"，同样揣测其为战国时人收集管仲言论，假借其名而成书。虽然张岱年、胡家聪等人也不认同《管子》为管仲所作，如张氏指出"《管子》书中'经言'内的《牧民》、《形势》、《权修》、《乘马》等篇是管仲思想的记录，保存了管子遗说"[⑤]，但相较于朱熹与胡适，他们肯定了包括《经言》诸篇在内的文献内容确实保留有管仲遗说，更未将其视作伪书，显然这也增加了说服力，只是依托附会说在今天也难逃逐渐趋向边缘化的命运。

目前学界普遍更愿意接受的还是南宋思想家叶适提出的"《管子》非一人之笔，亦非一时之书，莫知其所为"[⑥]的观点，换言之，认为《管子》既非管氏遗著亦非一人一时的创作。实际上，该观点产生的主要原因就在于

---

① 关锋、林聿时：《春秋哲学史论集》，人民出版社1963年版，第137页。
② 刘建国、张连良：《管仲遗著及齐文化的历史地位》，载《管子学刊》编辑部编：《管子与齐文化》，北京经济学院出版社1990年版，第355—361页。
③ （宋）黎靖德编，王星贤点校：《朱子语类》，中华书局1986年版，第3252页。
④ 胡适撰，耿云志等导读：《中国哲学史大纲》，上海古籍出版社1997年版，第11页。
⑤ 张岱年：《中国哲学史史料学》，生活·读书·新知三联书店1982年版，第47页。
⑥ （宋）叶适：《习学记言序目》，中华书局1977年版，第663页。

管仲遗著说深受私家著述之风的时代限制，论证缘由多不令人信服，而依托附会说在很多具体问题上因妄相附会无法做到自圆其说，进而遭到余嘉锡等人的明确反对，两者逐渐被弃之不顾当在情理之中。到了清代，学人致力于修正前人观点，转而从门派着眼讨论此问题，毕竟在早期经典中题名为某子之书者很有可能是门下弟子对先师言行的记录，诚如章学诚所言："春秋之时，管子尝有书矣。然载一时之典章政教，则犹周公之有《官礼》也。记管子之言行，则习管氏法者所缀辑，而非管仲所著述也。"[①]但事实上，"习管氏法者"并非确指某一类特定人群，这就使得叶适所倡日益占据主流的观点又可细分为稷下学宫说、管仲学派说、各家糅合说以及荀子后学说等，其中以前三种最具代表性。

持"稷下学宫说"者认为，《管子》与稷下学宫关系非同寻常，当是出自稷下学士手笔，代表性学者包括顾颉刚、冯友兰、巫宝三、张固也、白奚、陈鼓应、赵守正、刘蔚华等人。其中，顾颉刚将其视为稷下学宫的"丛书"，冯友兰将其视为"学报"，巫宝三将其视为"论文集"，张固也将其视为"讲义录"，而白奚在此基础上认为《管子》应该是由"齐宣王、闵王时期稷下学宫中一批佚名的齐地土著学者依托管仲编辑创作而成"[②]。虽然该观点重在肯定《管子》与稷下学宫的渊源关系，但也不可否认，推测痕迹偏重使其论证效力大打折扣。

"管仲学派说"的代表人物是张岱年、余敦康、宣兆琦、王雁、尹清忠等。张岱年承接其依托附会观点，将战国时代推崇且"依托管仲、以管子的名义著书立说的学者"[③]称为"管子学派"，同时又不否认《管子》与稷下学宫之间的关系。尹清忠赞同该说的理由之一是《管子》在战汉时期有自己的代表人物，二是《管子》有其特定传授方式。[④]"管仲学派"或"管子学派"的提出固然有其新颖性与合理性，但需避免陷入导向性的"语言牢笼"之中。

就"各家糅合说"而言，首先就是前述胡适的法家、儒家、道家诸家杂凑观点，这对罗根泽、郭沫若、刘节、丁原明等学者的研究产生了深刻影响，例如，罗根泽在《管子探源》（2010）中将《管子》诸篇逐一划归政治思想家、儒家、道家、兵家、阴阳家、杂家、医家、理财学家等，而这种硬

① （清）章学诚：《文史通义》，上海书店出版社 1988 年版，第 20 页。
② 白奚：《稷下学研究：中国古代的思想自由与百家争鸣》，生活·读书·新知三联书店 1998 年版，第 221 页。
③ 张岱年：《〈管子〉学说的历史价值》，《管子学刊》1987 年第 1 期。
④ 尹清忠：《〈管子〉研究》，曲阜师范大学博士学位论文，2009 年。

性僵化的划分虽有具体问题具体分析的实证主义倾向，但方法本身又不免存在对《管子》的肢解之嫌。

至于赵俪生的"荀子后学说"，他明确表示"极不同意《管子》为王莽时人之所著，亦不同意为吕后、文景时人之所著，而深疑为田齐宣王、愍王时期荀子后学所纂"[①]，然此说并未得到学界同人的普遍接受与认可。

综上可知，虽然正统史书中均将《管子》著录为管仲撰，但显然自汉代至今，围绕这个话题展开的争论一直未曾停止过。就上述诸种观点而言，既非管氏遗著亦非一人一时创作说显然更具合理性，笔者认为时下的稷下学宫说、管仲学派说虽然盛行，但仍然缺乏解开这道谜题的关键性证据，有待考古学、人类学、艺术史诸学科中更多阐释性与实证性兼具的材料予以补充。尽管如此，《管子》一书贯穿着管仲丰富的思想理念，却是目前学界绝大多数学者普遍认可的事实。

（2）《管子》的成书年代

与《管子》作者问题相似，其成书年代同样是学术界长期争论不已的难题，目前尚难有定论，牛力达对此不无感慨："《管子》和《孟子》、《荀子》相比较，一个显著特点就是不记历史事件和人物（《大匡》、《小匡》属于历史资料除外），因此断代颇为困难。"[②]事实上，形成这种局面的原因显然并不止于此，一方面是由于史料依据的不足，另一方面是因为考古资料的缺乏。前者使得对该问题的研究停留在"内证法"的层面上，后者则限制了"外证法"的阐释效力发挥。可以说，文献与实物资料的双重缺位造成了论证方法的单一，进而影响了成书年代问题的深入论证。

目前学界研究《管子》成书年代问题的通行方法是"内证法"，即"对每一篇反复探索其思想内涵、学术流变、文体形式、作者特点及其历史背景，据以取得大量的第一手资料，作为科学研究的基础"[③]，换言之，主要仰赖自上古时期延续下来的传世古籍文献及其思想逻辑演变脉络。其中最典型的代表莫如罗根泽，他遵依《管子》成书以来的篇章流行形式，一改以往整体来观《管子》成书年代的视角，结合内证依据对现存 76 篇逐篇考订年代，最后的结论为《牧民》等 37 篇作于战国时期，《权修》等 24 篇作于秦汉时期，《八观》等 5 篇作于西汉文景以后，而《版法》等 10 篇仍然无法确定年代。[④]其实，参照考古出土文物可发现，罗氏对于部分篇章的断

① 赵俪生：《〈管子〉与齐国历史的关系》，《历史研究》1988 年第 4 期。

② 牛力达：《谈谈"管子学"研究的方法论》，《管子学刊》1987 年第 1 期。

③ 胡家聪：《稷下争鸣与黄老新学》，中国社会科学出版社 1998 年版，第 46 页。

④ 参见罗根泽：《管子探源》，岳麓书社 2010 年版。

代时间相对偏晚。再者，每篇必断的方法是否存在将《管子》研究肢解分裂的风险还尚需商榷。毋庸置疑，罗氏在《管子》的成书年代考订上倾力颇多，也开启了对该书进行篇章断代的先河，但是对于“内证法”强调的“第一手资料”而言，其客观性是难以保证的。文献资料无法完全排除史官人为的增删修饰等主观因素，这就在某种程度上使得文字文本产生了遮蔽甚至误解效应，容易导致罗氏的考证在可信度上打折扣，而这方面的缺陷正是考古出土文物证据极有可能弥补的。

当下的绝大多数学者比较赞同《管子》成书历经了相当长的时期，非一时之作，其主体部分形成于战国中晚期，但这显然是一种比较保守且笼统的断代方式。需要指出的是，自古及今，除了依据古籍文献对《管子》成书年代进行整体断代，以及以罗根泽为代表的篇章断代之外，主要存在着三类较具代表性的研究路径：一是专门就具体某一篇展开讨论，这或可视作罗氏研究方法的细化；二是按照《经言》《外言》《内言》《短语》《区言》《杂篇》《管子解》《轻重》八大类属进行的成书年代考证，这不失为一种新的思考角度；三是随着简牍、帛书等考古新材料的不断出土，学者们能够借助这些新证据对前人的考证结论进行重新审视与校检，得出更为精准可靠的结论，更能够经得住时间与新材料的检验。第一种考释路径多是围绕着罗根泽的论证方式进行质疑或补足，即便寻求创新，也因受研究方法的制约，所以鲜有能够超越罗氏者。第三种则是新世纪以来备受瞩目的新兴考释路径，效力充足，前景被广泛看好，目前正在逐渐取得值得关注的学术成果，但因考古资料的缺乏，向前推进速度整体相对偏慢。因此，以类属进行成书年代考证的研究路径显得更具普遍性意义。

通过对《管子》八大类属的考察论证，能够避免将单篇中的只言片语作为唯一断代依据产生的学术弊病，充分意识到“孤证不立”的重要性，重视文献内部的整体联系。巩曰国针对前人的研究成果，选择按照类属来系统考证《管子》的成书年代问题。他认为战国时期的田齐政权创立稷下学宫，稷下学者对管仲的思想事迹进行了整理，《经言》《内言》中的部分篇章即成书于此，这是《管子》中最早成书的部分；宣王、滑王之时，稷下学宫十分兴盛，各地学者会聚于此，各种思想彼此融合，使得《外言》《短语》《区言》《杂篇》中表现法家、黄老、阴阳五行思想的许多篇章得以成书；《管子解》成书于稷下学宫的后期阶段，源于该时期以讲学授业为主要活动；《轻重》是《管子》成书最晚的类属，约在稷下学宫的末期。①

① 参见巩曰国：《〈管子〉成书与流传研究》，山东大学博士学位论文，2004年。

张固也同样依此路径进行考证，他认为《经言》当为管子学派早期作品，形成年代在春秋末期至战国早期；作为全书承前启后的《外言》诸篇，成文至迟在稷下之前，为齐国土著学者所作；《内言》为战国时人依据口传资料改写而成，不会晚到战国晚期；《短语》四篇的写作年代“早于黄老帛书，与孟子、庄子大致同时而略早，约当公元前4世纪后半叶”[①]；《管子解》则要晚于《区言》而早于《韩非子》，当为战国晚期作品；《轻重》诸篇的下限在汉代以前，上限至战国早中期，属于管子学派的早期作品。虽然其中部分论证方式与结论仍有待商榷，但针对类属的论证路径应得到肯定。

鉴于研究者普遍认为《轻重》形成时间最晚，因而展开的争论也最为持久，最为激烈，各家之说也是自圆其说，呈现出百花争鸣的局面。王国维通过对禺氏之玉的考证，将其写作时间定格在西汉文景时期；赵守正认为应该成书于西汉景帝时期；罗根泽通过12条证据，将《轻重》诸篇作者归为西汉武昭时期的理财家；赵宗正、胡家聪、杨善群等人主张“战国说”；马非百基于文献结构、传授统绪、时代特征等方面的综合论证，认为《轻重》诸篇与其他篇章不属于同一个思想体系，乃“西汉末年王莽时代的人所作”[②]，在诸说之中几为断代最晚者，但产生的影响极大。然而，马氏的观点因“证据薄弱”招来学界的诸多质疑之声，学界甚至一度出现多数“管学”研究者通过举证批驳马氏观点而立论“站队”的断代之法。如此一来，郭沫若重回王国维的“文景说”，李学勤、胡寄窗等人重回“战国说”，容肇祖更是通过批驳“王莽说”附带一并批驳罗根泽的“武昭说”，认为《轻重》诸篇绝非王莽以后的人所作，形成年代为战国末期至汉初。事实上，在当下证据效力不足尤其是考古资料缺乏的情况下，纯粹依靠文献记载很难将其准确断代为某一时间段内，更不要说精准到一个特定的时间点。就《轻重》而言，目前容氏的观点尚能经得起推敲，下限当不晚于西汉武昭时期，大致在战国末期至西汉文景之治的时间范围内。

综上可见，《管子》的成书年代问题非常复杂，但近来逐渐有学者从特定古籍原典的针对性对读分析方面，开始对成书的上限与下限进行思考，论证效果也逐渐引起关注。翟江月通过对《管子》与《吕氏春秋》的流传情况、产生时间与地域、写作风格、篇章结构等方面，结合对两者所载故事内容与思想学说的细致比对，“基本可以推断《管子》中的作品的完成时间当在《吕氏春秋》编纂完成并且在社会上流传开来之后，因此，可以推

① 张固也：《〈管子〉研究》，齐鲁书社2006年版，第286页。

② 马非百：《管子轻重篇新诠》，中华书局1979年版，第4页。

知，它们完成的时间不会早于秦汉之际”[①]。巩曰国则基于文本与思想层面，就《管子》对《淮南子》的影响研究展开论证，在文本方面列举出15条相似性极高的文献，认为这是《淮南子》对《管子》文本的袭用；在思想方面，则从黄老思想与阴阳五行思想两个视角展开说明，同样认为《淮南子》体现出对《管子》思想的继承特点，而这种影响显然“与汉初的社会思潮和作者的编撰意图有关”[②]，而且淮南王刘安门下当时应该聚集了相当数量的齐地学者，因而《淮南子》中的齐文化因子恰恰也是齐文化在汉代影响的重要体现。虽然翟氏与巩氏的论证主要依靠文本分析，尚缺乏实证性研究，但二人分别将《管子》成书年代的上限、下限溯至《吕氏春秋》《淮南子》之时，却是值得充分重视的。换言之，笔者认为《管子》成书年代当介于秦国丞相吕不韦主持编撰的《吕氏春秋》与西汉淮南王刘安主持编撰的《淮南子》之间，但其内部各篇章还需要以类属进行再断代，并且当务之急便是充分利用考古出土文物与图像资料，并采取以此为基础的物质文化研究方法，尽早发挥其立体释古的阐释效力，以多学科的交叉知识进一步推进《管子》成书年代的研究进程。

近年来，学术界对管子其人其书问题的关注热度虽有减退，但依然有学者对该问题孜孜不倦地求全、求变，以期有新的研究进展与突破。其中，战化军通过集中考证管氏家世源流，深入剖析管仲相齐前的曲折经历对其性格形成的重要作用，着重探讨他的经历与性格对于实施革新举措以辅佐齐桓公称霸的影响，内容翔实且完备。[③]王京龙在对管氏家族起源以及早期流变进行系统爬梳的基础上，重点对管仲在社会实践中做出的诸如“相地而衰征”“仓廪实则知礼节，衣食足则知荣辱”等重大理论贡献进行总结，比较具有前瞻性。[④]

2.《管子》的文献学研究

文献学研究应该属于《管子》研究的传统领域，古典文学领域对此尤为关注。自唐代至今，历代学人分别从文本训诂考订、版本源流演变、校勘辨伪辑佚、词性句式句型等诸多方面，相继开展了大量卓有成效的研究与整理工作。鉴于此，笔者有必要依据历史传承脉络进行一番梳理。

不可否认，因受口耳相传的早期文化传播形态影响，《管子》成书必然历经一个不断被解释、被研究的复杂过程。虽说至迟在战国末年，《管

① 翟江月：《试论〈管子〉中的作品完成在〈吕氏春秋〉成书以后》，《管子学刊》2004年第3期。
② 巩曰国：《〈管子〉对〈淮南子〉的影响》，《管子学刊》2012年第4期。
③ 参见战化军：《管子其人其书及管氏家族研究》，齐鲁书社2019年版。
④ 参见王京龙：《论管子》，齐鲁书社2019年版。

子》就已经广为流传，但是直到西汉刘向校书86篇以后，《管子》定本才得以面世，而东汉班固《汉书·艺文志》的出现也正是其沿用刘向成果所致。到唐代时，尹知章成为《管子》研究的真正引领者，其《管子注》被奉为“管学”研究的奠基之作。其后，唐人魏征作《管子治要》一卷，杜佑作《管氏指略》二卷，宋元之际的马端临在《文献通考》中如是引《崇文总目》“又有《管氏指略》二卷，唐杜佑撰，采管氏章句之要，共为十篇”①，惜已亡佚不存。但据《通典》摘录诸多关涉《管子》之内容，可见《轻重》部分占据主导地位，或可推知《管氏指略》多侧重经济制度的阐释。到宋代之时，随着雕版印刷业的兴盛，《管子》刻本日益增多，其中就包括现存最早的《管子》刻本——杨忱本②，其他宋刻本还有蔡潜道墨宝堂刊本等。目前现存的《管子》版本中尚未发现元代刻本。

明代的《管子》研究主要以刘绩《管子补注》二十四卷、朱长春《管子榷》二十四卷以及梅士享《诠叙管子成书》十五卷为主。其中，《管子补注》是尹知章《管子注》的延伸，对于旧解的内容多有匡正，并附在原注之后，“虽其循文诠解，于训诂亦罕所考订，而推求意义，务求明惬，较原注所得则已多矣”③；《管子榷》立足于赵用贤本予以增释阐述，凡例文评仍袭用赵本，只是将每篇各加叙释；梅士享将《管子》传本合为十五卷，并以己意进行诠叙，这种做法一度招致后人的批评：“读诸子之书而必以经义绳之，何异阅晋、唐行草之迹而纠以《说文》之偏旁耶？”④可以说，此时包括补注本、评点本、校订本、朱墨套印本等在内的诸多《管子》版本中，主要还是以刘绩《管子补注》本以及赵用贤《管韩合刻》本两大系统最具代表性，两者的版本意义重大，对后世影响颇为深远，流传甚广。

至清代时，随着学术风气愈加浓厚，研究《管子》更是呈现出风靡之势，可谓盛况空前。根据《清史稿·艺文志》《清史稿艺文志拾遗》《周秦汉魏诸子知见书目》等文献所载，择其要者列举如下：戴望《管子校正》二十四卷，洪颐煊《管子义证》八卷，王绍兰《管子地员篇注》四卷，丁士涵《管子校本》二卷、《管子校议》不分卷、《管子案》不分卷等四种，张佩纶《管子识语》不分卷、《管子学》不分卷等四种，何如璋《管子析疑》不分

① （宋）马端临著，上海师范大学古籍研究所、华东师范大学古籍研究所点校：《文献通考》，中华书局2011年版，第5964页。

② 至于宋代《管子》刻本杨忱本的刊刻、传世等具体情况，可参见巩曰国：《〈管子〉版本述略》，《管子学刊》2002年第3期。

③ （清）纪昀总纂：《四库全书总目提要》，河北人民出版社2000年版，第2567页。

④ （清）纪昀总纂：《四库全书总目提要》，河北人民出版社2000年版，第2573页。

卷，许光清《管子校》一卷，杨深秀《管子校误》一卷等。此外，还有王念孙《管子杂志》、俞樾《管子评议》、孙诒让《管子札迻》等著作，三人更是被郭沫若称为“鼎足而三”，而王念孙的考证功力甚深，他的很多研究成果已经被临沂银雀山出土汉简证实。此外，还有任兆麟、宋翔凤、周悦让、许玉瑑、宋枬等一大批“管学”名家。

清末至民国初年，《管子》研究者多采用类似于乾嘉学派的方法，热衷于对《管子》文字的训诂考订，这方面的代表作包括章炳麟的《管子余议》、刘师培的《管子斠补》、于省吾的《双剑誃诸子新证》、石一参的《管子今诠》、尹桐阳的《管子新释》、李明哲的《管子校义》等。尤其是于省吾的《双剑誃诸子新证》（1962），主张以周秦彝器来考订《管子》，而采用以古文字、古器物作为佐证与参照的方法引领诸子研究的新潮流，预示着《管子》研究开始进入实证新阶段。此时的《管子》版本也多为宋明旧本的影印本翻版，虽为旧作，但印刷制作考究，底本亦是经过精心择选，版本价值大。

新中国成立以后，《管子》文献学研究渐成蔚为大观之势，中国学术界在近70年的发展历程中取得丰硕的“管学”研究成果。当然，这方面的研究首推郭沫若主编的《管子集校》（1984），他以闻一多和许维遹二人的手稿为基础，参照宋、明、清以来的十余种善本进行详细整理校订，取得的成果令人瞩目，出版后引起了学术界的高度重视，至今依旧是《管子》研究的权威参考著作之一。进入20世纪80年代，赵守正的《管子注译》（1987）影响很大，后续还有《管子通解》（1989）、《白话管子》（1993）等研究成果相继问世。此外，关于《管子》注解与考释的其他著作还包括钟肇麟、孙开泰与陈升的《管子简释》（1997），朱幼文、周瀚光与戴洪才的《管子直解》（2000），陈庆照与李障天的《管子房注释解》（2001），刘柯与李克和的《管子译注》（2003）等。

2004年，黎翔凤撰写、梁运华整理的《管子校注》（2004）三卷本在中华书局出版发行，这部论著分量极重。这也是笔者展开本课题研究仰赖的关键文本之一。黎氏在郭氏《管子集校》的研究基础之上，将所用赵用贤《管韩合刻》本改为以南宋绍兴年间杨忱《序》的浙刻本《管子》为底本，以刘绩《管子补注》本补足浙刻本的脱漏和讹误，形成了一个以浙刻本为基础的新版本。黎氏在校注过程中一共采用7种校注方法，除《说文》本训、假借、声训以及形误4种通用旧法外，还扩展使用了3种“管学”研究者不会采用的"专用之法"——汉隶别体、齐国方言与管书中心理论[①]，这确实为其校注工作增色不少。

需要特别强调的是，新世纪以来针对《管子》文献学研究的高质量博士学位论文也呈现出比较强劲的发展势头。其中，郭丽在其论文《〈管子〉文献学研究》（2006）中，系统梳理了历代《管子》研究情况，同时分"银雀山和敦煌史料与《管子》互证""唐宋类书与《管子》研究""宋以来《管子》传本研究""明刻《管子》考论""清代和民国间《管子》考论""《管子》善本平议"六个部分，对《管子》进行文献学解读，认为"《管子》一书，在刻版产生之后，经过整合，形成今本，赵用贤本后的本子，形式没有很大的变化，只是细枝末节的修订而已"[②]。而郝继东的论文《清代管学文献研究》（2012），除第一章为清代《管子》研究的概述，第五章为《管子》的义理研究外，中间三章分别集中于乾嘉学人的《管子》研究、戴望的《管子》研究以及清代《管子》分篇研究。由此，作者归纳出清代《管子》研究的特点：清初《管子》研究沿袭明末之风，空谈性理；清中《管子》研究以考据为中心，角度多而广，文字校勘、义理说解、断代分篇等研究深入；清末《管子》研究以注释集解为主，注重结合近代思想，阐发义理要旨。

与此同时，张固也的论文《〈管子〉研究》（2002），在历代《管子》辨伪取得的成就基础上，以承认《管子》成书于战国的前提下，认为今本《管子》可能保存了汉代古本的些许旧貌，而《内言》《经言》《外言》《区言》《管子解》五种类属，分别对应着管子学派的渊源、形成、发展、后期、演变五个不同的阶段，作者重视《管子》书中内容的内在逻辑关系，得出了令人信服的考证结论。而巩曰国的论文《〈管子〉的成书与流传》（2004）分为上、下两编，上编部分主要考证《管子》的成书过程，下编则重点考究其版本流传的源流问题，他以北宋中期为界，分成东汉至北宋中叶、北宋中期以后两个大的时间段，具体分析《管子》的版本流传问题，与此同时，还倾力对《管子》的佚文进行辑录工作，并对唐代前期诸书中的《管子》引文加以整理。可以说，这些优秀博士学位论文成果不同程度地补充丰富了新时期以来的《管子》文献学研究，引领着该领域的学术潮流，堪称年轻学人研究之表率。

《管子》文献学的研究显然离不开历代保存下来各种珍贵善本，这是研究工作开展的重要物质载体。事实上，《管子》的善本重印工作历朝历

---

① 黎翔凤撰，梁运华整理：《管子校注》，中华书局 2004 年版，序论，第 11 页。

② 郭丽：《〈管子〉文献学研究》，浙江大学博士学位论文，2006 年。

代都在有序传承，未曾间断过。20 世纪以来，随着科学技术的进步，《管子》善本的影印成为可能。1987 年，浙江人民出版社据刊于明万历四十八年（1620）的凌汝亨朱墨套印本《管子》进行重印；1989 年，上海书店重印《四部丛刊初编》本《管子》；1997 年，吉林人民出版社影印《四库全书荟要》本《管子》；2004 年，北京图书馆出版社依据南宋浙刻本《管子》，影印《中华再造善本》丛书本《管子》。此外，中国台湾商务印书馆还影印了刘绩本《管子补注》以及文渊阁《四库全书》本《管子》。

除了善本重印之外，选录汇辑工作也是《管子》文献学研究必不可少的组成部分。齐鲁书社 2014 年出版的《历代管子版本丛刊》正是对历代《管子》版本的第一次汇辑，全书通过择精取优，精心选录了十四种稀见、重要的版本。所选版本一方面再现了《管子》的各版本形态，另一方面则清晰勾勒出《管子》一书的流传脉络，收录的《管子》版本具备较高的学术研究价值，被《管子》研究者视为案头必备参考书之一。2019 年，郭丽在刘向校订本《管子》基础上，重点选取包括南宋浙江刻本《管子》、南宋墨宝堂本《管子》等珍稀宋刻本《管子》在内的 43 种代表性版本予以介绍、论说、评价，通过对不同时期《管子》经典版本特点与优长的述评，以期再现其版本流传的全貌[①]。郭著当是目前“管学”版本研究的最新集成之作。

对《管子》词性、句式以及句型的研究也是近些年学界比较关注的问题，采取的研究方法主要以定量统计为主，意在通过穷尽性描写与分析进行归纳总结，并希望将文献学与语言学知识结合起来，进而对典籍中存在误读的部分进行纠正。但研究成果主要以硕士学位论文为主，更侧重基础性研究，像陈建栋的《〈管子〉动词研究》（2015）、汪玲伊的《〈管子〉形容词研究》（2013）、孔春英的《〈管子〉助动词研究》（2008）、李红飞的《〈管子〉介词研究》（2015）、唐瑭的《〈管子〉反义词研究》（2010）、王顼的《〈管子〉复音词研究》（2009）、王洁的《〈管子〉同义词语研究》（2008）、陈兴娟的《〈管子〉句型研究》（2012）等。应该说，这方面的成果能够为《管子》文献学研究提供有益的资料补充。

3.《管子》的义理研究

20 世纪初期，基于富国强兵的特殊历史背景而生发的“管学”义理研究开始起步，研究者认为《管子》能够为促使中国走向更加繁荣富强提供一种方法借鉴。时至今日，相较于《管子》其他方面的研究而言，对义理的讨论已然成为“管学”研究者最为关注的热点问题，他们争相从政治、

① 参见郭丽：《管子版本研究通论》，齐鲁书社 2019 年版。

经济、哲学、文学、法律到军事、管理、科技、教育、地理等各个方面着眼，意在对《管子》蕴含的深厚思想文化与价值意义进行针对性阐释，研究日益深入与全面。

从整体义理视角研究《管子》者，首先不得不提戴濬的《管子学案》(1949)。该著共分管子生平事迹，《管子》篇目真伪考，管子之政治学、哲学、法理学、经济学、教育学、军事学，管子与诸家学术之渊源，历代管子平议等10章，其中义理研究独占6章：政治学思想分别从尚贤、崇礼、贵民、劝孝、重法、无为、官制七个方面展开，哲学思想重点关注其道德、养生与正名问题，法理学思想涉及起源、标准及尊严，接下来基于生产、分配、消费理论对其经济学思想进行专门探讨，教育学思想则涵盖小学、分科等层面，最后从战略、军制、军备视角对其军事学思想进行了审视。全书内容广泛，考证翔实，影响至今。池万兴的《〈管子〉研究》(2004)一书承继了《管子学案》的研究思路，分10章对《管子》展开整体研究，除第一、二两章为《管子》基本问题研究外，剩余的8章分别从《管子》中的道家思想、黄老思想、法家思想、儒家思想、阴阳五行学说、兵家思想、文艺美学思想以及问题分类与文学表现，总体上更加偏向哲学思想层面。张艳丽的《管子思想研究概要》(2019)立足于对春秋时期以来的管子思想进行多维度梳理，全书6章内容按照历史分期，分别对先秦、汉晋、隋唐、宋元、明清以及民国以后的管子思想研究进行阐述、评介，进一步丰富了“管学”研究的思想理论体系。然而，就目前的“管学”义理研究而言，相较于整体研究视角的选取，针对某一特定部分展开具体研究似乎正在形成该领域新的研究态势。

(1)政治思想

学界普遍认为，《管子》中以《经言》诸篇、《心术》篇等为代表的内容构成了管仲完整的政治思想体系，其主要特征表现为民本为治、选贤任能、富国强兵、礼法并举、政经合一、“王天下”等。张军在《〈管子〉中所见政治思想新论》(2012)中，从“至善”政治理念、国家本位思想、礼法构建、经济财富分配等几个视角展开，将《管子》的政治思想主旨定位于“至善”政治理想的构建，更多关注社会整体治理的综合效益，而非仅仅局限于个体的、道德的、有动机的层面之上。与张军相似，李耀在《〈管子〉政治思想研究》(2013)中，同样认为《管子》的写作目的就是以新兴地主阶级理论代言人的身份，通过对以往诸子百家学说的批判性总结和继承，建构一套自己的理论体系，因而有必要首先从探讨《管子》政治思想主张的哲学基础入手，毕竟《管子》政治思想的内核在于设计构建出春秋时期一种理想化的国家模式，意在为封建国家的统治阶层提供行之有效的治国方略，进而为最终称霸的政治目的服务。需要注意的是，目前的学者并不仅仅满足于对《管子》政治思想的宏观把握，而是更加注重诸如民本思想、治国理念、用人之道、吏治管理等微观层面的探讨，或许如此更有助于对《管子》各篇章的追根溯源与义理深究。

事实上，梁启超的《管子传》(1909)是较早突出《管子》"政术"主题的专著，曾经具体考察过《管子》深刻的政治、经济、文化思想，并将管仲提高到世界知名思想家的高度。随着作为闪光点的民本思想在春秋战国时期逐渐成为强大的社会思潮，备受统治阶层的重视，其作为齐国历史文化传统的重要组成部分，可被视为"仁"在管仲政治思想上的生动反映。通过治国实践的视角考察《管子》中蕴含的民本思想不难发现，这种思想是对管仲民本思想的有序传承，源自其相齐期间治国兴邦的政治实践与经验总结。治国兴邦需要以民为本，正确处理执政者与民众的关系，"欲为其国者，必重用其民"(《管子·权修》)，其理论依据便是"予之为取"的政治原则，有予有取，执政者用让步政策调解自身与民众的关系，缓和矛盾，以换取国家的长治久安，这也是《管子》民本思想的实质。[①]当然，《管子》的重民、爱民、富民、利民、惠民等民本思想，出发点和落脚点都是为了更好地"牧民"。因此，如果真正做到以民为本，还需要在治国方略上选择礼法并用、德法并举，同时重视选贤任能，充分认识到人才对于国家强盛的重要性。刘斌、池万兴、孔令俊、赵志勋、张恒、刘娣等人都对《管子》民本思想及其当代价值做过进一步的论述。

除此以外，部分通论性的政治思想史著作同样不同程度地涉及《管子》的政治思想，像杨幼炯的《中国政治思想史》(1984)、刘泽华的《中国传统政治思维》(1991)、萧公权的《中国政治思想史》(1998)、萨孟武的《中国政治思想史》(2005)等，只是内容非常简略。需要注意的是，隋建华、刘江永、宋玉顺、李荣福、高思栋、孙聚友、徐汉昌等学者分别选择从思想政治教育、国家间政治思想、社会教化观念、人才思想特色、社会价值观念、礼治功能发挥等视角出发，对《管子》政治思想进行深入阐发，促使学界同人从政治思想的微观角度推进对《管子》文本及其主旨的准确把握。

---

① 陈逸光:《浅论〈管子〉的民本思想》，载《管子学刊》编辑部编:《齐文化纵论》，华龄出版社1993年版，第101页。

（2）经济思想

众所周知，齐桓公能够成就春秋霸业，其中至关重要的一方面要归功于经济治国思想。可以说，其经济思想的理论性、务实性、兼容性、开放性、针对性等特点在《管子》中得以鲜明再现。也正是由于《轻重》诸篇的存在才使得"管学"研究者对《管子》经济问题的阐述占据相当大的篇幅，并且乐此不疲地选择将经济思想分析作为研究对象。这些研究之中，既有基于宏观经济理论框架的把控，聚焦围绕着富民安邦治国开展的生产、消费、分配、征税等经济举措；又有着眼于微观，具体分析某一特定领域的经济问题，诸如农本思想、货币理论、商业思维、经济调控、消费观念、经管伦理等。不可否认，《管子》经济思想的微观研究日益受到研究者的青睐。

在诸多关涉《管子》经济思想的相关研究中，直接冠以"管子经济思想"的著作、论文就包括黄汉的《管子经济思想》（1936）、巫宝三的《管子经济思想研究》（1989）、赵守正《管子经济思想研究》（1989）、任继亮的《〈管子〉经济思想研究：轻重论史话》（2005）、翟建宏的《管子经济思想研究》（2005）等，此类研究将管子经济思想视为宏观视域下不可分割的完整体系，力求对其真实的经济治国思想进行全面还原与系统阐释，以期对今日的经济发展提供学理与现实双层面上的有益借鉴。其中，巫宝三的著作分为上、中、下三篇：上篇对贯穿于《管子》全书的经济思想进行总论；中篇重点论述书中的重要思想篇章，诸如《乘马》《问》《度地》《地员》《侈靡》《国蓄》等；下篇则对《轻重》诸篇的若干问题进行针对性研究，主要包括《轻重》篇章的经济思想体系、货币价格学说、成书年代，以及"轻重"思想的渊源、内容等问题，但研究面不够宽。赵守正选择从农业、工矿业、商业、货币、消费五种理论视角进行整体解读，并就《管子》经济思想的创新精神、完备性、深度三大特点进行归纳总结[①]。翟建宏则在赵守正研究的基础上，从《管子》的财富资源、劳动分工、社会调节、因时发展、人才选用、土地赋税、货币轻重等七个方面进行更加细致的阐述，并将其经济思想的基本特征概括为务实性、开放性、兼容性、变革性、渐进性，其知识架构比较突出，对《管子》经济思想体系的整体建构比较全面。由此可见，《管子》中的这些经济思想对于当前市场经济理论的理论贡献也是不容小觑的。

自20世纪90年代以来，伴随着管子经济思想研究呈现出的繁荣现

---

① 赵守正：《管子经济思想研究》，上海古籍出版社1989年版。

象，侧重微观层面的相关研究更加趋向专门化，比如专注于《管子》的货币思想、经济伦理思想、价格思想、金融思想诸方面的著作与论文层出不穷。其中，张友直的《〈管子〉货币思想考释》（2002）被视为我国系统研究《管子》货币思想“第一书”；赵梦涵的《〈管子〉的货币思想析论》（2004）指出，《管子》货币思想是中国古代商品货币经济实践经验的总结；汤曾的《〈管子〉经济伦理思想》（2005）、周俊敏的《〈管子〉经济伦理思想研究》（2002）、唐洁琼的《〈管子〉经济伦理思想研究》（2019）则基于哲学、伦理、经济学综合视角，对《管子》书中蕴含的丰富经济伦理思想进行深入挖掘。价格是市场的核心因素，王仲荦早在《金泥玉屑丛考》中即已对《管子》中包括粮价、绨绢价、马价、鹿价、盐价以及珪璧价在内的部分物价进行过统计[①]，王瑞芳的《〈管子〉的价格和价格调节思想》（2004）便是基于此展开的理论升华；赵觃的《〈管子〉金融思想研究》（2018）主张《管子》蕴含的以“轻重之术”为核心的金融思想实则自成一种体系的经济思想。

与此同时，与现代经济理念的结合推进了《管子》经济思想的普及，逐渐带动起应用性比较强的通俗类读物的出版发行，像虞祖尧的《〈管子〉与企业经营之道》（1999）、郝云的《〈管子〉与现代管理》（2001）、徐明天的《管子的经济智慧》（2009）等，这表明《管子》的经济思想研究更加贴近国家经济与民众现实生活，从书斋走向生活，从学术化趋向大众化。

（3）哲学思想

哲学思想研究一直是后学试图对早期诸子著作进行探究并寻求突破的部分，《管子》自不例外，然而因该书实为难读，蕴含的哲学思想也就变得异常复杂，呈现出“仁者见仁，智者见智”的争鸣局面。究其原因，从文学人类学视角来看，这主要是由于受后现代的理性思维束缚，将文本中蕴含的神话思维观念弃之不顾，同时，缺乏事实证据或者说凌驾于客观材料之上的主观分析显然也无法发挥出足够的阐释效力。因此，笔者将“哲学思想”专列出来予以回顾，更多的是持一种批判态度，不主张沿用所谓“哲学”对《管子》文本进行解读，如果必须套用“哲学”一词，那也应该基于“中国神话哲学”层面展开。

虽然学者们均致力于在中国哲学史上为其找到合适的位置，但显然并没有形成定论。胡适在《中国哲学史》中仅仅提及《管子》，未曾专门展开论述；冯友兰的《中国哲学史》将《管子》与阴阳家、法家归为一体；钟

① 王仲荦著，郑宜秀整理：《金泥玉屑丛考》，中华书局 1996 年版，第 1—3 页。

泰的《中国哲学史》认为《管子》哲学思想颇似老子道家哲学；而任继愈的《中国哲学史》则将其研究范围局限于《内业》《心术上》《心术下》《白心》为主的《管子》四篇研究，这也成为学术界比较认可的归类方式之一。就涉及哲学方面的著述而言，多数学者有意识地侧重《管子》四篇问题的拓展研究。张舜徽在《管子四篇疏证》中指出，《管子》四篇为“人君南面之术”，作者用力之深鲜有企及者。唐兰通过研究发现，马王堆汉墓帛书《老子》乙本卷前古佚书与《管子》四篇思想内容相近，试图呈现当时的君主采用道法家思想统治臣民，这与张舜徽的观点相吻合。中国台湾学者陈鼓应的《管子四篇诠释：稷下道家代表作》是一部为阐发稷下黄老思想而编撰的研究论著，用力颇深，他认为“四篇的心学、气论，实为中国古代思想史不可或缺的一环，而其君道思想，如君上无为臣下有为以及君臣分职而治的观念，成为汉魏政治哲学的主流思想”[①]，因而选择从“稷下道家论文”“《管子》四篇注释与诠释”“《形势》《宙合》《枢言》《水地》四篇解释”三大部分进行详细考证，论述观点鲜明，自成一家之言。

不可否认，就以往的《管子》哲学思想研究而言，诚如郭沫若所言“《管子》一书乃战国、秦、汉文字总汇，秦、汉之际诸家学说尤多汇集于此”[②]，使得以梁启超、胡适、罗根泽等学者视其为诸子学说的杂烩，认为《管子》缺乏系统的思想，这就不可避免地造成研究的盲目性与局限性。然而，当前学术界对于该主题的研究明显延续了现代学科体系的划分方法，将《管子》哲学思想研究细分为道家说、阴阳五行说、精气说、儒家说、法家说等，这方面的研究成果非常丰富，如李居洋的《〈管子〉在道家》（1990）、陈鼓应的《〈管子〉形势、宙合、枢言、水地诸篇的黄老思想》（2002）、罗贤龙的《〈管子〉黄老治道思想研究》（2015）、白奚的《中国古代阴阳与五行说的合流：〈管子〉阴阳五行思想新探》（1997）、乐爱国的《〈管子〉的阴阳五行说与自然科学》（1994）、李存山的《关于〈内业〉等四篇精气思想的几个问题》（1997）、乐爱国的《〈管子〉的精气说与气功学》（1995）、周乾荣的《〈管子〉精说剖析》（1999）、池万兴的《〈管子〉的儒家思想及其特点》（2005）、冯展亮的《〈管子〉与儒家修身思想》（2014）、汲广林的《〈管子〉道法思想研究》（2011）、池万兴的《论〈管子〉的法家思想》（2015）、孙麒安的《〈管子〉中的法家思想研究》（2019）、盛杏雨的

① 陈鼓应：《管子四篇诠释：稷下道家代表作》，商务印书馆2006年版，序言，第2页。

② 郭沫若著作编辑出版委员会编：《郭沫若全集·历史编·第八卷·管子集校》（四），人民出版社1985年版，第467页。

《〈管子〉“德、法”并重思想研究》(2017)等。当然,对《管子》认识论、方法论、人性论等进行研究的专题性论文也不在少数,诸如周立升、王德敏的《评〈管子〉书中的“静因之道”的认识论》(1984)、栗冬生的《略论〈管子〉认识论的主客体关系》(1994)、杨国荣的《〈管子〉方法论思想初探》(1985)、陈世放的《〈管子〉人性论思想初探》(1997)等。

通过文献回溯梳理不难得知,目前学界按照所谓的现代学科划分体系对《管子》哲学思想进行研究的方法,已然造成了对其思想整体性的人为肢解与分离,必然降低《管子》在中国思想史上的价值意义。关于这一点张岱年不止一次地强调《管子》有其系统的思想脉络,而非诸子百家的汇集,“多年以来有很多学者认为,《管子》书是战国时许多学派的著作的汇辑,其中有法家言,有道家言,有儒家言,有阴阳家言,并无中心思想,不成系统。这种观点具有一定理由,但只是肤浅之见”[①]。这给“管学”研究者指出了新的研究门径。受此影响,张连伟积极尝试突破《管子》四篇限制,将研究视角贯通整个《管子》文本,从“道论”“天人观”“阴阳五行思想”“气论”“德治”“礼与法”六大方面进行详细探讨,并对《管子》四篇关系、与黄老之学等问题予以探析,从“史卜传统”“时代特征”“天道理性”视角思考《管子》与早期学术思潮,并以此作结。虽然张连伟非常敏锐地意识到“《管子》思想既受战国诸子思潮影响,又具有很深的思想渊源,它们以共时性的状态呈现于《管子》中”[②],但遗憾的是,他并未对其“思想渊源”作进一步的探讨,从“史卜传统”回到“天道理性”的研究思路,依然未能摆脱文字文本的束缚。

(4)文学价值

鉴于前述所及,《管子》一书因其博大精深的内容、丰富深刻的思想体系,被研究者视为经世致用之作,政治、经济、思想层面的义理研究成为学界同仁眼中的“香饽饽”,这就造成对其文学价值的关注不够,研究显得非常薄弱。然而,即使《管子》文本拥有多重身份,其文学文本这重身份的价值意义也是绝不能被忽略掉的。

应该说,汉代以前鲜有人关注《管子》的文学价值,直至刘向在《管子叙录》中提及“凡管子书,务富国安民,道约言要,可以晓合经义”,才在某种意义上被视为对其书文学价值做出的肯定性评价。魏晋南北朝时期,

① 张岱年:《〈管子〉学说的理论价值》,载张岱年:《张岱年全集》第7卷,河北人民出版社1996年版,第316页。

② 张连伟:《〈管子〉哲学思想研究》,巴蜀书社2008年版,第21页。

刘勰在《文心雕龙》中评价《管子》"事核而言练"，意即事理扼要，语言凝练，可谓在文学语词表达层面做出了一定总结。唐宋之时，《群书治要》《艺文类聚》《初学记》《太平御览》等类书中对《管子》文句多有择选收录。到明清时期，品评《管子》的学者增多，重视文藻之风盛行。据谭家健统计，明清诸子评点以及内含评点的著作227种，其中关涉《管子》者多达27种，诸如《诸子汇函》《诸子品节》《古今粹言》《新刊诸子拔萃》《十子全书》《诸子文粹》等[①]，这些品述评点对于今天的学者把握《管子》的文学价值起到了积极作用。

进入20世纪以后，《管子》的文学价值研究逐渐被学界重视起来，学者们着眼于文学视角，对其文体形式、文艺美学、语言特征等方面展开具体阐释。虽然以郭预衡为代表的少数学者认为《管子》呈现出"重质轻文"的特征，文学价值不高；但以谭家健、褚斌杰、战化军、董正春、张玉书、耿振东等为代表的多数学者还是对《管子》的文学价值给予了充分肯定。其中，谭家健指出《管子》深受读者的欢迎源于自身的文学特色：别具一格的经济寓言、意味醇厚的历史故事、散韵结合的议论散文[②]，寓言形式使得经济理论阐述更加形象，历史故事有效补充了别致的情节叙事，颇具文采的议论散文则助推其在文学史上得以卓然自立。尹清忠赞同谭氏的观点，他在《〈管子〉研究》(2009)中强调《管子》是古代散文文体的集大成者，其论辩技巧对后世论辩散文的发展产生重要影响，而通过寓言故事形象阐述经济理论与治国理念的手法又对后世著述的文学表现起到很好的借鉴。

就《管子》文体而言，王志民在《齐文化概论》(1993)中较早进行了系统性论述，他将其归入齐国散文，并指出该书包含有政论性、哲理性、史传性三类散文，不仅文采飞扬，而且擅长运用比喻、对偶、排比、顶真等修辞手法，部分概括精练的语句还具备格言特点。胡家聪在《管子新探》(2003)中对《管子》文体同样进行了分类析要，将其分为"散文的论说文""韵文的论说文""桓公、管仲问答体""经文经解体""语录体""《管子解》的解说体""应用文"等七大类，认为其书篇章的风格蔚为大观，异彩纷呈。池万兴的《管子研究》(2004)一书则从《管子》文艺美学、文体分类、文学特征诸方面展开探讨，首先从政治功利与美学两个视角出发，一方面《管子》主张对人的审美欲望采取抑制态度，另一方面，书中提及

① 谭家健：《先秦散文艺术新探》，齐鲁书社2007年版。

② 谭家健：《〈管子〉的文学价值》，《管子学刊》1988年第3期。

的哲学范畴与后世文艺美学概念存在着紧密联系；他将《管子》八大类属篇章划分为论文体、记叙体、问答体、经解体、格言体、律令体、纲目体、著述体等八个大类，并就各个文体的文学特征进行针对性阐释。可见，上述围绕《管子》文体形式与文艺美学方面取得的学术成果，对于今天整个文学发展史研究的开展都具有重要的借鉴意义。

还需注意的是，考究的用韵是《管子》的独特语言特征，这一度成为学者们进行《管子》成书年代考证的手段之一。李曦根据王力提出的春秋韵 29 部、战国韵 30 部观点，侵韵合口字到战国时期均转入冬韵，对《管子》之《牧民》与《版法》篇进行用韵考证，认为这两篇中的用韵存在押春秋韵而非战国韵的特点，所以当出自管仲之手[①]。潘秋平同样认可《管子》丰富的韵文价值，他依据江有浩在《先秦韵读》中考订出的韵字，对《管子》八个类属的用韵特征进行分别考订，总结出如下一些规律特点：韵文和韵组分布不均衡；《短语》《杂篇》中的韵文篇章多，韵组多，反映出某些楚地特色的合韵存在；存在真文合韵现象；似乎有遵循阴入通押趋势的可能性等。[②]虽然李氏的结论有待商榷，潘氏的部分观点也存在探讨空间，但他们都积极关注《管子》的用韵特征，可以说这方面的工作还留有值得后续研究的空间。

（5）其他义理研究

法律思想方面，《管子》重视法治在整个社会生活中的发挥，学者们基于此更多地将研究视域集中于《管子》法律思想的法理、源流、特质、艺术、价值等方面。金敏在《〈管子〉的法律精神》（1993）中，分别从“研究概述”“法律思想的理论根基”“一般法律理论”“特殊法律理论”“法与其他事务的关系”“与《商君书》《韩非子》的法律精神比较”六个方面，讨论《管子》对于法的定义、分类、特征、作用，《管子》关于法与礼义教化的关系，以及与术、势、水地、民俗的关系，强调《管子》的法律理论在中国法律思想史上占据的位置之重。李家祥的《〈管子〉法思想研究》（2011）将《管子》视为理解中国传统法文化源流的重要突破口，一方面试图还原当时法学家思想传播的真实境况，另一方面突出齐文化的历时、共时两种“交融”形态的文化场域对于《管子》思想性状产生的影响。戴东雄的《管子的法律思想》（1985）则主要论证管子人性本恶之理论基础及

① 参见李曦：《三论〈牧民〉为管仲遗著》，《管子学刊》1993 年第 3 期；李曦：《〈版法〉为管仲所作考》，《管子学刊》1993 年第 1 期等。

② 潘秋平：《〈管子〉韵语及成书年代初探》，《语言研究》2007 年第 1 期。

管子的国家论、法律论，并将其与国外的亚里士多德、柏拉图等人的理论进行对比研究，视野更为宏阔。此外，李增的《〈管子〉法思想》（2001）、张越的《试论〈管子〉的行政法思想》（2005）、张连伟的《论〈管子〉的礼与法》（2006）、瓦永乾的《〈管子〉的法思想中的民本理念》（2008）、张晓明的《近三十年〈管子〉法治思想研究》（2016）等，都是新世纪以来的研究成果，表明学界更加关注《管子》法律思想的内容阐释、思想特点以及对其当代价值意义的挖掘。

军事思想方面，管仲因辅佐齐桓公称霸，实施尊王攘夷策略，这就使得其富国强兵、赏罚分明的治军思想在《管子》中得到很好的体现，加之诸如"明于机数""释坚而攻虚"等军事指导思想，从这个层面讲，《管子》不失为一部重要的军事理论之作。黄朴民指出《管子》军事思想是整个中国军事思想发展史上的重要环节，全面反映出齐国法家学派理性对待军事问题的认识，对战争观念、军队建设、国防思想、战略战术等均有精辟的论述，蕴含着与全书的政治、经济、哲学思想相同的旨归，体现出军事学逐渐走向融汇的历史趋势[①]。姜国柱针对《管子》军事思想的内容进行具体论述，将其归纳为"兵为凶器，兵不可废""兵为要事，用兵禁暴""天时地利，人和者胜""谋兵保国，计必先定""知己知彼，百战百胜""教民习武，赏罚分明""国富兵强，战胜守固""以奇用兵，以实击虚""君明将贤，效实用人"九个方面[②]，总结比较全面，这些内容同样具备很强的现实借鉴意义。此外，姜墨林的《〈管子〉的军事经济思想》（1990）从战争经济得失、实际国力情况、制敌根本目的方面，指出审慎举兵、寓兵于农、发展生产的重要性；徐日辉在《略论管子与齐军事思想的发展》（2011）中，对其军事思想的传承渊源以及对孙子思想的影响予以阐释；姜妍在《〈管子〉兵学思想研究》(2020) 中指出，《管子》兵学理念呈现出兼容并包、系统辩证的特点，在先秦兵学思想史上占有重要地位。可以说，这些新的关注视角是对《管子》军事思想研究的进一步完善。

教育思想方面，虽然目前尚未在这方面有全面性的研究专著问世，但自 20 世纪 90 年代以来，"管学"研究界还是通过论文形式对此展开相关探讨。一是《管子》教育思想分类研究。涵盖道德教育、职业教育、教育管理、教育心理等，董君、李树民指出《管子》所载"四民分业"制度体现出

① 黄朴民：《〈管子〉的军事思想体系》，《学术月刊》1996 年第 9 期。

② 姜国柱：《〈管子〉的军事思想》，载山东师范大学齐鲁文化研究中心编：《齐鲁文化研究》第 3 辑，山东文艺出版社 2004 年版，第 163—169 页。

中国最早的真正意义上的职业教育思想，具有多重社会功效性①；黄英杰、冯文全致力于从德育的指导思想、作用目的、内容过程、方法评价四个方面，对《管子》的德育思想展开系统全面阐述②；杜世纯对《管子·弟子职》中蕴含的教育思想进行了论述，强调其教育的主要思想为修德，而有效方法为寓教于行③；韩延明、邵作运则从德育、学生、人才教育、职业教育四个管理方面探讨《管子》的教育管理思想④。二是《管子》教育思想特点研究。相较于其他诸子的教育思想，《管子》有其鲜明特色，诚如王淑霞对此所作总结：特点之一在于倡导政教合一，重视道德教育；特点之二在于倡导"四民分业"，将职业教育与实践有机结合；特点之三在于尊师重教，重视学生道德品质的培养⑤。三是《管子》教育思想综合研究。较具代表性的论文包括齐国强的《〈管子〉教育思想研究》(2011)、赵锦程的《论〈管子〉中的教育思想》(2006)、王淑霞的《论〈管子〉与〈晏子春秋〉中的教育思想》(2005)、李斌的《管子职业教育思想研究》(2018)，这些文章着眼于《管子》教育思想的内容、特征、方法、影响等诸多方面，促使该主题的相关研究逐渐进入新阶段。

管理思想方面，目前在这方面的研究中，除了部分政治管理、经济管理、教育管理思想杂散分布于政治、经济、教育思想之中外，还体现在《管子》的管理伦理、管理哲学以及管理用人等几个思想层面上。郝云以论纲形式分别从六个方面对管理伦理思想的基本要点进行了梳理：功利主义——管理原则论，以人为本——管理价值论，德法并重——管理控制论，民平国安——管理公正论，一树百获——管理人才论，赏罚诚信——管理激励论⑥，可以说功利主义的人本主义观、德法结合的管理控制法以及激励伦理与人才素质论等对我国的现代化管理至今仍有指导性意义。万英敏从以人为本的核心精神、礼法并重的主要特点、人与天调的自然观基础、义利并重的伦理学基础、通货积财的经济学基础、予之为取与执经达变的方法论基础等六个方面，对《管子》的管理哲学思想内容、特点及应用进行详尽阐述，并就思想来源进行追根溯源⑦。何菊玲对《管子》的管理用人

① 董君、李树民：《论〈管子〉的职业教育思想及其当代价值》，《管子学刊》2006年第3期。
② 黄英杰、冯文全：《〈管子〉的德育思想研究》，《管子学刊》2005年第4期。
③ 杜世纯：《〈管子·弟子职〉教育思想新探》，《管子学刊》2005年第2期。
④ 韩延明、邵作运：《〈管子〉教育管理思想探微》，《管子学刊》1995年第4期。
⑤ 王淑霞：《〈管子〉与教育》，《管子学刊》2001年第2期。
⑥ 郝云：《〈管子〉的管理伦理思想论纲》，《上海财经大学学报》2000年第4期。
⑦ 万英敏：《〈管子〉管理哲学思想研究》，华东师范大学博士学位论文，2008年。

思想关注颇多，通过对贯穿全书的"心制九窍"处道用人思想、德才兼备的用人标准、明心术且重激励的用人原则、注重个性差异的用人方法进行剖析[①]，旨在取其精华，为今天的管理用人实践提供参考。

除此以外，"管学"研究者还着力于生态思想、科技思想、地学思想、城市思想、音乐思想、慈善思想、人学思想、传播思想、自然观等其他方面的义理研究，择其要者罗列如下：张连国的《〈管子〉的生态哲学思想》(2006)、吕逸新与王朝侠的《〈管子〉的生态伦理观》(2003)、曹怀锋的《〈管子〉生态观》(2011)、张连国与范跃进的《〈管子〉的生态经济思想论》(2008)、耿德良的《〈管子〉生态环境思想研究》(2010)、高珊的《〈管子〉"因天务时"的生态思想》(2017)、乐爱国的《管子的科技思想》(2004)、刘百合与盛菊的《〈管子〉科技思想探微》(1997)、翟建宏的《管仲与我国古代科技思想》(2004)、夏纬瑛的《管子地员篇校释》(1981)、陈隆文的《〈管子〉地学思想初探》(1996)、易德生的《〈管子〉农学研究》(2002)、苏畅的《〈管子〉城市思想研究》(2004)、孙越的《管子的音乐思想研究》(2013)、万英敏与龙婷婷的《〈管子〉音乐思想研究》(2011)、鹿建柱的《论〈管子〉的音乐观：兼与儒家音乐观作比较》(2011)、宋书祺的《〈管子〉慈善思想研究》(2020)、姚远的《〈管子〉人学思想与其当代价值探析》(2019)、顾冬建的《典籍英译中名称的译法研究——以〈管子〉为例》(2017)、周昕的《管子的自然观和认识论》(1995)、刘娣的《〈管子〉的自然观》(2012)、牛翔的《〈管子〉的自然观》(2015)等，不一而足，应该说这些研究都属于各自领域中比较具有代表性的成果。

4.《管子》的跨学科知识补充研究

随着跨学科研究越来越受重视，"管学"研究的先行者们显然不再满足于仅仅依靠文献资料来研究《管子》的作者、成书年代、文献学、义理等学术问题。他们开始逐渐意识到地下不断出土的简牍、帛书、画像石、陶器、青铜器、玉器等考古文物与图像资料具有的特殊价值。对于客观公正地阐释《管子》具有的物与图像叙事功能而言，这些效力十足的物质文化证据为"管学"研究提供了无限可能的学术探索空间。这方面的研究已经开始突破传统的学科限制，不再是文学研究的专属地，也吸引着文学、历史学、考古学、神话学、艺术史等交叉学科新知识的不断补充。虽然目前对于《管子》的交叉研究才刚刚起步，但是每一个新发现都足够吸引"管

① 何菊玲：《〈管子〉管理用人思想初探》，《陕西师范大学学报(哲学社会科学版)》1995年第3期。

学”研究者的目光。

20世纪60年代，古文字学家于省吾的《双剑誃诸子新证》主张利用甲骨卜辞、青铜铭文等考古资料考订诸子之学，可谓给《管子》的跨学科研究指明了新的研究方向。后来，黎翔凤利用7种方法校注《管子》，其中就包括利用汉隶别体和齐国方言，显然，汉隶别体的分析是基于古文字学视角，而齐国方言则与文化人类学中推崇的活态民族志具有异曲同工之妙，这些新方法的使用为其研究注入新的活力，进一步增强了校注的可信度；同时，他还积极借鉴丁山利用甲骨文考释的方法，指出“丁山以甲文‘妇好’为子姓之女，证以甲文之‘妇妭’、‘妇妊’，其言可信”[①]，认为《管子·小称》之“西施”与越女西施并非一人，因而仅依凭“西施”一词即认定该篇系晚出的观点不足信，这也体现出考古学资料的阐释效力。

日本学者谷中信一在《上博简〈鲁邦大旱〉的思想及其形成》一文中，充分利用上海博物馆藏战国楚竹书（以下简称“上博简”）中《鲁邦大旱》的文字记载进行分析后推定，“《管子》中所见的阴阳刑德说，是一面以阴阳思想和天人感应思想为媒介，一面与时令观念相混合的独特的‘刑德’之说……《鲁邦大旱》以此方法建立了自己的观点，即依据此说，可以引发自然灾害，或者防灾于未然，也可以在对抗灾害之时奏效”[②]。不仅如此，他还指出《管子》记录了战国时代齐国的思想，黄老道家亦在齐国稷下学中得到了快速发展，通过“上博简”《鲁邦大旱》的简文“政刑德”，与《十大经·观》中的“正之以刑与德”相观照，推测《鲁邦大旱》应该是齐国受黄老思想影响的稷下学者所作。虽然其观点尚有商榷余地，但利用考古出土简牍资料研究《管子》的尝试却能够彰显出他敏锐的学术视角。

在目前的“管学”研究中，郭丽专注于利用考古学资料对《管子》进行阐释。她在谷中信一研究的基础之上，进一步将“上博简”、山东临沂银雀山汉墓竹简、马王堆汉墓帛书、清华大学藏战国竹简（以下简称“清华简”）等新出土简帛文献与《管子》相关内容进行针对性的对读研究，其研究工作为探讨《管子》的政治经济史、文化史等相关专题提供了重要的资料证据与全新视角。她的《简帛文献与〈管子〉研究》一书共分五章，第一章选取银雀山汉简中的《王兵》《市法》《李法》《王法》《田法》与《管子》进行对读与互证，既重新订正了《管子》记载中存在的讹误，又进一步明确了《管子》中所载内容的准确性；通过《〈守法〉〈守令〉等十三篇》的

① 黎翔凤撰，梁运华整理：《管子校注》，中华书局2004年版，序论，第16页。

② ［日］谷中信一：《先秦秦汉思想史研究》，孙佩霞译，上海古籍出版社2015年版，第290页。

简文内容推断《管子》主体部分成书当在春秋末期。[①] 虽说该结论尚需更多阐释效力充足的实证性依据予以佐证，但是需要肯定的是，其采用的考证方法不失为利用新材料进行《管子》成书断代的重要参考。第二章选取马王堆帛书中的《鲁桓公与文姜会齐侯于乐章》《齐桓公与蔡夫人乘舟章》《春秋事语》诸篇内容，对作为传世文献的《管子》所载史实进行考释。第三、四两章重点利用“上博简”简文对齐桓公的改革与个人修养问题、鲍叔牙的事迹、隰朋的事迹、竖刁与易牙等内容进行研究考证。第五章则是利用“清华简”中的《系年》《良臣》诸篇简文内容，具体考察卫公子开方、宾胥无等人的情况是否与传世文献记载相吻合。整体而言，郭丽的研究以新出土简帛文献为中心，结合《管子》及其他传世典籍文献，对齐国的历史、思想、典章制度等方面进行具体考察，这些考察内容散见于其著作、论文中。她采用的新视角、新材料以及得出的部分新结论，对于传统“管学”研究而言无疑具有重要的开拓性意义。

燕生东的系列研究成果同样应引起学界的足够重视。他通过对渤海南岸地区考古发现的东周时期盐业遗址群中齐国制盐遗存进行考证分析，认为考古发现与周汉文献所载齐国盐业与盐政的基本情况相一致，无论是制盐场所分布、工艺流程，还是盐产量、外销路线等，考古发现的东周盐业遗存与《管子·轻重》诸篇内容记载相契合。因而，他指出“就盐业生产及盐政角度而言，《管子》轻重篇呈现的以盐业生产和食盐专营制度为代表的财政经济思想是春秋末年至战国时期齐国的社会时情，而不是齐桓公、管仲那个时代，更不是西汉时期。《管子》轻重篇的形成年代也应在战国时期或者稍后”[②]。不仅如此，东周考古盐业遗址群中目前尚未发现春秋早中期规模化制盐的遗存，所以战国中晚期及两汉时期的文献所载齐桓公时代的盐业与盐政情况，当是齐国执政者与管子学派基于社会现实想象或建构春秋中期以前的盐业生产与盐政实施情况。应该说，燕生东基于盐业考古新视角展开的研究，不仅有利于“管学”研究者加深对《管子·轻重》诸篇呈现出的齐国盐业生产水平、制盐方式、盐政思想等方面的认识，而且为认识《管子》成书年代等悬而未决的学术难题增添全新证据与视角，诸如此类的最新研究成果还可参考其著《商周时期渤海南岸地区的盐业》（2013）等。

---

① 参见郭丽：《简帛文献与〈管子〉研究》，方志出版社 2015 年版，第 23—24 页。

② 燕生东：《从盐业考古新发现看〈管子·轻重〉篇》，载北京大学中国考古学研究中心、北京大学震旦古代文明研究中心编：《古代文明》第 9 卷，文物出版社 2013 年版，第 25 页。

此外，将《管子》研究置于考古学视野之下现在也正在逐渐成为学术界的研究共识所向。2017 年 10 月 13 日，“传承与创新：考古学视野下的齐文化学术研讨会”在山东临淄齐文化博物馆开幕，来自中国社会科学院考古研究所、北京大学考古文博学院、山东省文物局、山东省文物考古研究院、山东大学历史文化学院等科研院所与文博单位的 140 余位考古学者，围绕考古学视野下的齐国传统文化研究、齐文化专题研究、齐文化传承与创新等主题展开研讨。可见，诸如此类的学术活动对于以《管子》为代表的齐文化研究而言是非常有益的新知识、新视角补充。

需要特别强调的是，文学人类学研究者也已经开始倾力于《管子》研究，叶舒宪曾在多部著作中涉及《管子》不同篇章的义理与考证研究。举例言之，他在研究《管子》之《揆度》《轻重甲》诸篇中所载“禺氏之玉”问题时，参照陕西神木石峁遗址出土的大量玉器叙事，推断这些玉料本身或许就是顺着黄河水路自北而南运至中原地区的，河套地区批量玉器的出土已然为此提供了新线索，但是这里并非玉料的原产地，其原产地应该在禺氏活跃的西北地区。事实上，透过《管子》为统治者提出的政治经济话语，能够反映出上古时期中原王朝政权资源依赖的观念，这便是所谓“至于尧舜之王，所以化海内者，北用禺氏之玉”（《管子·揆度》）的直接体现。显然，这些“禺氏之玉”明确是作为中原王朝重要战略资源被提及的，而石峁遗址中出土玉器的生产与使用情况，使得尧舜之王“北用禺氏之玉”的判断具体落实到 4300 年前的河套地区。他还根据美国社会学家沃勒斯坦（Immanuel Maurice Wallerstein）的世界体系理论指出，“华夏文明起源期形成的数千公里资源供应链，充分表明这个文明国家不可或缺的战略资源出自边缘地区，对此资源的需求却不是来自边地，而是来自中原核心地区。这种资源依赖格局还能说明：这一文明古国为什么直至今日都一定要把河西走廊以西地区视为统一的文化共同体，将新疆的广大地区看成国土不可分割的组成部分”[①]。当然，这也足以体现出玉石神话信仰观念对于西玉东输的资源依赖行为发挥的重要驱动作用，而事实也证明，华夏文明能够通过神圣的美玉重建起一条神圣符号物叙事链。可以说，此类研究开启了以文学人类学理论与方法研究《管子》的新路径，笔者选取本课题研究的初衷也正源于此。

① 叶舒宪、章米力、柳倩月编：《文化符号学——大小传统新视野》，陕西师范大学出版社 2013 年版，第 74 页。

（二）国外研究现状

国外"管学"的译介与研究工作同样值得关注和肯定，这方面的成果主要集中于东亚地区的日、韩以及欧美地区的法、德、美等国家的"管学"研究者之手。随着他们在译介、训诂、考据、义理等不同层面的研究过程中对《管子》思想的理解以及内容的阐释愈加深入，"管学"研究"走出去"的步伐进一步加快，影响力越来越大，而这对带动整个中国传统文化的传播效应也必然产生积极的示范作用。2019 年，由杨纪荣、孙继成共同撰写的《〈管子〉境外研究通论——以欧美、东亚为中心》正式出版，如同作者所言，该著是"第一本关于管子境外研究的系统性研究专著"，全书分上、中、下三编，力图对欧美地区、日韩地区以及中国港澳台地区的"管学"研究进行系统爬梳，虽然仍存在一些疏漏与舛误，但基本能够实现对上述地区代表性研究成果的全覆盖。

1. 东亚地区

（1）日本

日本学者对《管子》的研究可溯及清朝甚至更早，其中的佼佼者有江户时代户琦允明的《管子考》（1773）、猪饲彦博的《管子补正》（1798）、冢田虎的《管子笺注》（1802）、松村良猷的《管仲孟子论》（1803）、佐藤一斋的《孔孟论管仲异同论》（1829）、日尾瑜的《管仲非仁者辨》（1851）、安井衡的《管子纂诂》（1864）、《管子纂诂考讹》（1866）、《〈管子纂诂〉补正》（1870）等，其显著成果为同时期的国学大师们称道不已。俞樾一度称赞安井衡"先生著有《管子纂诂》，余读而慕之"，安井衡认为《管子》的"《经言》九篇盖成于管敬仲之手矣，故尊称《经言》，《外言》以下则承其学者述之"，上述著作旁稽群书，参照诸本，纠正舛讹，附以己见，他们可谓开启并引领了日本学术界对"管学"的研究热潮。

此后，日本学界对《管子》的研究没有间断过，而研究时间早、注重师承的优势使得日本在国外"管学"研究中成就最为突出，不仅研究范围广，而且注重考证。进入 20 世纪以来，相关的论文、著作、翻译不断涌现，内容涉及《管子》的作者、成书年代、版本、义理、考据以及与其他典籍的比较研究等，代表性研究成果主要包括：

① 20 世纪 60 年代以前：菊池三九郎的《管子》（1914），小柳司气太的《校订眉批〈管子纂诂〉》（1915）、《管子的文本批评》（1916），公田连太郎的《国译〈管子〉》（1920），狩野直喜的《孔子与管仲》（1922），冢本哲三的《管子》（1928），小林升的《管仲观的变迁》（1935）、《关于〈管子〉的一次考察》（1938），岩村忍的《倭汉洋管子书目》（1938），

小林一郎的《管子》（1939），木村英一的《关于〈管子〉成书的几个看法》（1942）、《论〈管子〉“轻重”篇》（1960），穗积文雄的《〈管子〉的经济思想》（1941），武内义雄的《〈管子〉的心术与内业》（1941），町田三郎的《〈管子〉“幼官”篇考》（1959）、《关于〈管子〉四篇》（1961）、《关于〈管子〉的“轻重篇”》（1963）、《再论〈管子〉四篇》（1966），长部和雄的《〈管子·轻重〉篇论》（1950），重泽俊郎的《〈管子〉“九败”臆解》（1956），清水浩的《〈管子〉书中的“人性论”研究》（1960），神谷正男的《〈周礼〉的泉府和〈管子〉的轻重敛散法》（1962），宇都宫清吉的《〈管子·弟子职〉篇探研》（1963）、《论〈管子〉“弟子职”篇——古代专制体制和社会各集团的关系研究》（1963），高田真治的《孔子对管仲的评价——作为华夷论的一部分》（1963），西田太一郎的《管子》（1965），樱井芳朗的《关于〈管子〉与周礼的关系》（1966），长谷川诚的《中国古代的经济思想——〈管子〉的研究》（1967），松本一男的《管子》（1967），佐藤武敏的《〈管子〉中的治水说》（1969）等。

② 20世纪70年代至今：儿玉公彦的《〈管子〉中的法家思想特征》（1970），冈田巧的《管仲的经济思想》（1970），柿村峻的《管子》（1970），水上健造的《〈管子〉“经济论”的考察》（1974），原宗子的《〈管子〉中的“稷”》（1976）、《〈管子〉和郭嵩焘》（1977）、《〈管子·地员〉篇中对土壤认识的一个侧面》（1982）、《〈管子〉研究的现状与课题》（1984）、《古代中国的开发和环境——〈管子·地员〉篇研究》（1994）、《从〈地员篇〉看出的〈管子〉成立背景》（2006），町田三郎的《〈管子〉“水地”篇考》（1976）、《〈管子〉与〈吕氏春秋〉》（1981），小野泽精一的《齐鲁之学中的气的概念——〈孟子〉与〈管子〉》（1978）、《〈论语〉所见的〈春秋〉关系资料考察序说——以管仲论为中心》（1980），穴泽辰雄的《〈管子〉四篇中的思想——“心术”上篇的思想》（1982）、《〈管子〉四篇的思想——“心术”下篇与“内业”篇的思想》（1985）、《关于〈管子〉四篇的思想（其三）——“白心”篇的思想》（1986），柴田清继的《〈管子〉的“心术”上下篇与“内业”三篇》（1982）、《〈管子〉四篇中的神道》（1984），鬼丸纪的《〈管子〉四篇中的“养生说”》（1983），石田秀实的《关于〈管子〉四篇与〈荀子·正名〉篇中“语言”的问题》（1985），幸本千寻的《〈管子〉的心与“神”——以〈心术〉上、下和〈内业〉篇为中心》（1990），中村聪的《管子的学说——霸道》（1999），南部英彦的《关于〈管子〉四篇的政治思想》（2015）等。

在日本学者中，金谷治与谷中信一是研究《管子》用力颇深者，思想见解深刻独到，学术成绩斐然。1987年，金谷治的《管子的研究：中国古代思想史的一面》一书由日本岩波书局出版，全书八章内容分别针对《管子》与管仲的关系、《管子》的版本、包含的诸多思想内涵及其在思想史上的地位进行了全面探讨。其他研究成果还包括《〈管子〉中的“强兵”思想》（1979）、《〈管子〉中的“法”的思想》（1981）、《关于管子〈轻重篇〉的成立》（1984）、《稷下学与〈管子〉》（1989）等。谷中信一在其编著的《日本——中国：管子研究论文、文献总目索引》（1989）这部目录学大作中，搜集了在此之前已经出版或发表的关涉《管子》的版本、专著和论文目录。全书分为版本、序跋、考伪、专著、论文和未见一览六节，而每节又将中国、日本加以分列，内容全面翔实，查阅操作方便，为国内外“管学”研究者提供了一部工具百科全书。在汲古书院出版的《齐地思想文化的发展与古代中国的形成》（2008）一书中，他就《管子》与管子学派的活动、蕴含的黄老思想、其书所见齐与周边古国——莱国的关系等问题予以全面剖析。

需要强调的是，谷中信一在论文集《先秦秦汉思想史研究》（2015）中有多篇论文涉及《管子》思想，其中《探析〈管子·势〉中的黄老思想——范蠡的从越到齐》一文认为，“《势》中所见的黄老思想，乃是在战国后半时期，为赋予田氏对齐的篡夺以正统性，在齐地的稷下学宫展开的政治思想、军事外交思想、法家思想，同时也是对‘一统天下’进行原理性探究的一种思想”[①]；而通过对《稷下“道法”思想的形成过程——〈管子〉中的秩序与和谐》的考察认为，《管子》中的和谐观与其蕴含的黄老思想密切相关，并以“和”为中心具体展开，“管仲学派”法家思想中的秩序观容易与道家思想中的和谐观结合起来。换言之，《管子》黄老思想恰是在齐地形成的法家思想与楚地传来的《老子》道家思想两个核心的融汇过程中最终形成的。此外，两位学者还多次前往中国参加齐文化学术讨论会，并宣读最新研究成果，回国后撰写文章向日本“管学”研究者介绍中国齐文化研究的最新动态，这无疑促进了中日两国“管学”研究的互动交流。

事实上，《管子》的日译本自1922年起即已开始在日本相继出版，小柳司气太、松本一男、市井峻、远藤哲夫等人都是《管子》译介的贡献卓著者。1992年，远藤哲夫译《管子》三卷本由明治书院出版问世，该书被视为日本第一部全译本，作者将《管子》现存76篇逐一分为题解、中文原文、日文译文、校勘、通释、注解、分析，广泛吸收中日研究者的成果，为日本

① ［日］谷中信一：《先秦秦汉思想史研究》，孙佩霞译，上海古籍出版社2015年版，第247页。

学术界深入研究《管子》提供了最具权威性的译本。上述著作和论文的出版与发表标志着日本学界的《管子》研究进入一个渐趋成熟的新阶段。

（2）韩国

相较于日本的系统性研究，韩国学者对于《管子》的关注起步较晚，研究亦是零散不一，学术成果较少。就目前既有资料而言，韩国的"管学"研究始自20世纪70年代，直到进入21世纪，"管学"研究才逐渐引起韩国学者的重视。2002年，韩国成均馆大学教授金东洙发表《〈管子〉"四篇"的思想特点》一文，他通过探讨《管子》"四篇"的作者及年代问题，进而论证"四篇"的义理结构与内容，剖析其中道家性格的承袭与发展，最终推测"四篇"的成书年代可能在战国末期至秦汉之间。同时，他还将其视为道家的支派，认为这是处在道家与法家之间的一种过渡形态，甚至进一步明确为心术上派与心术下派，前者为道家、法家的结合，后者为道家、儒家的结合。金东洙的研究成果固然应当引起重视，但也不乏争鸣现象，这对于整个韩国学术界的"管学"研究而言引领性意义不言而喻。

此外，韩国学者更为关注《管子》的思想内涵，尤其是经济思想。这方面的代表性研究成果主要有金宗明的《〈管子〉经济思想中轻重论的研究》（1992），崔昇熏、朴爽睿的《〈管子〉四篇中精气说考察》（1993），朴丰住的《齐国经济与〈管子〉的经济政策论》（1995），许南郁的《〈管子〉法治论的小考》（1996），辛昌浩的《〈管子〉的现实主义思想和教育观》（2006），郑东镐的《〈管子〉的牧民政策一考》（2006），南相浩的《从中正和调的基础分析管子牧民哲学的方法》（2008），张蓉美的《〈管子〉政治观的为民意识研究》（2010），崔奎彩的《〈管子〉哲学思想研究》（2012）等。

近年来，部分韩国学者开始将"管学"研究视野转向《管子》在朝鲜半岛的传播与影响，例如金善佶在《〈管子〉在朝鲜半岛的传播与影响——以朝鲜王朝为主》（2018）中，基于广泛搜集整理的"管学"资料，对《管子》在朝鲜半岛的传播状况进行了寻踪考察，重点考察朝鲜闵昌道重刊的《百家类纂》本《管子》，并就《管子》对朝鲜王朝的政治、教育、学术等不同思想层面产生的影响进行阐析。与此同时，金善佶还将研究视野转向朝鲜王朝后期形成的以星湖学派、北学派以及实学思想大家丁若镛为代表的实学派，集中探讨其对于《管子》经世致用主导思想的接受情况。

整体而言，韩国的"管学"研究出现了一些新的研究热潮，但无论从深度还是广度，这些学术成果距离日本的"管学"研究仍然存在很大的差距。

2. 欧美地区

欧美学者对《管子》的评介与翻译工作可追溯到19世纪末期，自此至20世纪20年代末，欧美“管学”研究一直处于对《管子》较为纯粹的描述阶段。1886年，德国汉学家甘贝伦茨（Hans Georg von der Gabelentz，又译为“甲柏连孜”或“加布兰兹”）发表了《管子哲学著作》[①]一文，因而被视为最早对《管子》冠以“哲学”之名进行研究的学者。1902年，另一位德国汉学家顾路柏（Wilhelm Grube，又译为“葛禄博”）在出版的《中国文献史》[②]中介绍了《管子》一书，然两人也仅仅是对《管子》原文进行单一的简要介绍。1896年，法国学者哈勒茨（Charles de Harlez）发表论文《公元前七世纪中国的一位大臣：齐国的管子与〈管子〉书》[③]，内容虽是介绍管仲的事迹与《管子》一书，但其翻译的前十篇中许多段落被删减，且舛误实多。1918年，英国汉学家爱德华·派克（Edwanrd Harper Parker，又译为“庄延龄”）在其发表的《两千五百年前的普鲁士文化》[④]一文中介绍了管子的事迹与思想，同时也蕴含着管仲的军事思想，可视作普及性读物；同年，他还发表了另外一篇“管学”研究的论文，即《中国最早的哲学家——管子》[⑤]，为《管子》的海外传播研究作出积极贡献。

进入20世纪30年代以来，对《管子》的研究才算是正式开始，但真正的研究成果依然寥寥。德国学者福尔克（Alfred Forke）于1927年撰有《中国古代哲学史》[⑥]，此书是西方关于中国哲学的权威性著作之一，其中简要介绍管子其人，并对《管子》中若干片段进行翻译。同年，法国汉学家马伯乐（Henri Maspero）出版《古代中国》[⑦]一书，他提出一个影响力极大的观点，即今天的《管子》系伪作，刘向的序亦是伪作，其论据有三：一是《管子·法禁》引述有《尚书·泰誓》内容，而后者为公元前3世纪的伪作；二是《管子·大匡》抄袭《左传》，保留有鲁国纪年；三是依张守节《史记·正

① Hans Georg von der Gabelentz, “L’oeuvre du philosophe Kuantse”, *Mémoires de la Sociét des Etudes Japanaises*, Vol.5, 1886.

② Wilhelm Grube, *Geschichte der Chinesischen Literatur*, Leipzig: C. F. Amelangs, 1902.

③ Charles de Harlez, “Un ministre chinois au Vlle siècle av. J.–C.: Kuan–Tze et le Kuan–Tze shuh”, *Journal Asiatique*, Vol.74, No.9, 1896.

④ Edwanrd Harper Parker, “Prussian Kultur 2500 Years Ago” , *Asiatic Review*, Ser.4, Vol.13–14, 1918.

⑤ Edwanrd Harper Parker, “The Earliest Articulate Chinese Philosopher, Kwan–Tsz”, *Journal of the Manchester Egyptian and Oriental Society*, 1918.

⑥ Alfred Forke, *Geschichte der alten chinesischen Philosophie*, Hamburg: Kommissionsverlag Co., 1927.

⑦ Henri Maspero, *La Chine Antique*, Paris: Boccard, 1927.

义》介绍，认定《管子》仅有18篇。马伯乐的观点对整个西方的“管学”研究影响深远，致使后来部分西方学者依旧用怀疑的眼光看待《管子》。

1929年，瑞典汉学家伯高本汉（Bernhard Karlgren）在《中国古代书籍的可信性》[①]一文中对马伯乐的前两个观点进行针对性批驳，指出《泰誓》的伪作者在成文时对《管子》和《左传》都有所借鉴，而且《管子》引用《左传》，只能说明《管子》成书晚于《左传》，并不能说明照抄。到了1952年，英国荷兰裔汉学家龙彼得（Piet van der Loon）在《论〈管子〉一书的流传》[②]中，对马伯乐的第三个观点进行了再探讨，认为张守节所提《七略》实属对《七录》的误读，因而18“篇”乃18“卷”之误读，而“卷”恰是隋唐文献中对《管子》最常见的划分法；此外，作者对《管子》的成书、流传以及版本考证做得非常细致。

尽管对《管子》一书的争鸣不断，但一些持严谨态度的欧美学者仍然愿意花费大量精力从事《管子》的翻译工作，其中英国学者古斯塔夫·哈洛恩（Gustav Haloun，又译为“哈隆”）即是代表人物之一。他于1933年完成《管子·弟子职》的翻译并发表在《泰东》（*Asia Major*，又译为“《亚细亚学报》”）杂志上，1951年翻译包括《九守》在内的《管子》部分原文，他还提出《管子》最初的成书在公元前250年稷下学宫的假设。遗憾的是，许多译文未及发表他就去世了，译文手稿也不得不留存在剑桥大学图书馆之中。1942年，英国学者休斯（E. R. Hughes）在《古典时代的中国哲学》[③]中收录有自己翻译的《管子·水地》以及《管子·四时》部分内容，该著作是一本广为流传的中国哲学论文选英译本，影响甚大。

除此以外，这一时期相对比较突出的“管学”研究成果还有龙彼得的《论〈管子〉版本的传播》（1952），美国诗人庞德（Ezra Pound）的《御座诗章》（*The Cantos*，1959），以及英国科技史学家李约瑟（Joseph Terence Montgomery Needham）在《中国科学技术史》（*Science and Civilisation in China*）第二卷第十、十三这两章中对《管子》思想内容的阐析等。

20世纪50年代以后，“管学”研究成果频出，其中最突出的当数师从许维遹的美国汉学家李克（Water Allyn Rickett），他被西方学者公认为研究《管子》的权威。诚如英国汉学家葛瑞汉（Angus Charles Graham）所言，严格意义上讲，西方的管子研究专家只有李克一人。由此足见李克在整个

---

① Bernhard Karlgren, “The Authenticity of Ancient Chinese Texts”, *Bulletin of the Museum of Far Eastern Antiquities*, No.1, 1929.

② Piet van der Loon, “On the Transmission of the Kuan-tzu”, *T'oung Pao*, Vol.41, No.4–5, 1952.

③ E. R. Hughes, *Chinese Philosophy in Classical Times,* London: J. M. Dent & Sons Ltd., 1942.

西方学术界中的威望之高。1948—1951 年，李克在中国燕京大学学习、工作，在许维遹等学者的指导下开始研究《管子》。1954 年，在美国经济学教授路易斯·迈夫瑞克（Lewis Maverick）的指导下，他与中国学者谭伯甫、温公文一道翻译《管子》，两位中国学者作为主译者，共翻译 32 篇，最终以《古代中国的经济对话：〈管子〉选译》[①] 为题出版，诚如李克所言，由于译者非经济学出身，故没能充分利用清代及以后的详细注释资料，这不能不说是一大缺憾，但即便如此，该书依然是西方《管子》研究的第一部专著。1965 年由香港大学出版社出版《〈管子〉：早期中国思想的宝库》[②]，内容涵盖《管子》中《大匡》《度地》《法法》《问》《形势》《形势解》《内业》《心术上》《心术下》《幼官》《兵法》《地图》12 篇的完整译文，并辅以详细注释与考证。

1985 年，李克的《管子》第一卷由普林斯顿大学出版社出版，题为《〈管子〉——早期中国政治、经济和哲学论：一种研究与翻译》[③]，这饱含他 40 年"管学"研究的努力与付出，该著宗旨在于尝试通过精准的翻译使其成为西方读者了解、掌握中国古代思想文化的第一手资料，虽然其中的个别观点并不为中国学者接受，但其参考价值还是应该得到肯定。1987 年，李克发表考证性论文《〈管子〉与新近发现的竹简与帛文》[④]，借助于马王堆出土帛书以及临沂银雀山出土竹简这些考古新资料，进而探讨其与《管子》的关系问题，视角、内容以及观点都很新颖。1998 年，普林斯顿大学出版社出版了李克的《管子》第二卷[⑤]，作者在第一卷 37 篇基础之上，将剩余的 39 篇翻译完成，为此，西方学术界终于拥有一部集完整性与权威性于一身的英译本《管子》。可以说，李克将毕生精力都贡献在了"管学"研究上，西方学界称其《管子》研究之权威可谓实至名归。

由此观之，20 世纪 40 年代以前，欧美《管子》研究的中心在法、德两

---

① Lewis Maverick, *Economic Dialogues in Ancient China: Selections from the Kuan-tzu*, Translated by T'an Po-fu and Wen Kung-wen (Adam K. W. Wen), New Haven, Conn.: Far Eastern Publication, Yale University, 1954.

② W. Allyn Rickett, *Kuan-tzu: A Repository of Early Chinese Thought*, Hong Kong: Hong Kong University Press, 1965.

③ W. Allyn Rickett, *Guanzi: Political, Economic, and Philosophical Essays from Early China-A Study and Translation (Vol.1)*, Princeton: Princeton University Press, 1985.

④ W. Allyn Rickett, *Kuan-tzu and the Newly Discovered Texts on Bamboo and Silk*, In Chinese Ideas about Nature and Society: Studies in Honour of Derk Bodde, Edited by Charles Le Blanc and Susan Blader, Hong Kong: Hong Kong University Press, 1987.

⑤ W. Allyn Rickett, *Guanzi: Political, Economic, and Philosophical Essays from Early China-A Study and Translation (Vol.2)*, Princeton: Princeton University Press, 1998.

国，研究水平比较低，以普及性介绍居多，舛误频仍。自20世纪50年代以来，研究中心有所转移，英、美两国成为"管学"研究新阵地，尤其是美国，研究水平大幅提高，翻译愈加精准，考证愈发缜密，涉及领域遍及政治、经济、文学、历史等。除成绩最为卓著的李克之外，美国学者罗浩（Harold D. Roth）、瓦特生（Burton Watson）、罗森（Syndney Rosen）、沙其敏（Melvin P. Thatcher，又译为"撒切尔"）、田浩（Hoyt Cleveland Tillman）、罗斌（Robin McNeal）、麦安迪（Andrew Meyer）、博尔茨（Judith Magee Boltz），英国学者葛瑞汉等人的研究成果，同样值得重视。例如，罗浩于1999年出版了《原道：〈内业〉与道家神秘主义的基础》[①]一书，从文本、校本、翻译到学说对《管子·内业》展开针对性研究，并且将该篇置于早期道家神秘主义语境之中，围绕其中蕴含的神秘修炼、神秘体验、神秘哲学、内修养生等进行比较深入的学术探讨，在国外"管学"研究领域反响甚大。

除此之外，苏联、德国、加拿大、瑞士等国家也有不成体系的研究。苏联汉学家维克多·史太因（B. M. ШТЕИН）于1959年出版的《〈管子〉：研究和翻译》（*ГУАНБ-ЦЗЫ, ——Иссле дование Ипе ре вод*）一书涵盖18篇《管子》译文，主要侧重经济方面的篇章；研究内容为一篇导论，作者在导论中对作者、成书年代、基本意涵以及经济观等提出许多具有参考价值的见解。德国学者施维礼（Wolfgang Schwabe）在《〈管子·心术上〉中之"虚"》（2008）中，重点探讨"虚"这一概念扮演的角色，既将君主的心理状态、行为方式联系在一起，又将人间统治与外界的运行方式贯通起来。加拿大学者埃里克·鲍曼（Erik Bowman）创立了管子学院，拥有自己的出版社与网络交流平台，并且将管子思想在现实生活中的公司管理体系中进行大胆实践，而由管子学院出版社（Guanzi Institute Press）出版的《开始吧！》[②]也成为海外宣传管子思想的力作之一。

综上，国外的《管子》研究主要集中于日本、美国、英国、法国、德国、加拿大等少数几个国家，其中，尤以日、美两国的研究最为系统，成果最突出。随着中外文化交流的加强、国内学术界对《管子》研究的日益重视以及国外专家学者的努力，国外的"管学"研究将会出现更快发展，取得更多学术新成果。

---

① ［美］罗浩：《原道：〈内业〉与道家神秘主义的基础》，严明、邢文、何金俐、陶磊译，学苑出版社2009年版。

② Erik Bowman, *Start It Up! Start Your Successful Consulting Business*, Redondo Beach: Guanzi Institute Press, 2010.

三、研究意义

就目前的《管子》研究而言，笔者选择从文学人类学的“神话历史”视角切入，对《管子》文本进行再阐释尚属学术界首次，是前人未曾进行过的一次跨学科尝试，具有比较显著的现实指导与理论创新意义。

一方面，本研究是延续以往荆云波、唐启翠、谭佳、黄悦等学者对于《仪礼》《礼记》《春秋》《淮南子》等早期经典进行文学人类学重释的又一次尝试，再一次检验了在“神话历史”视域下对古籍原典及中国文化原型编码进行解读的成效。与此同时，这也不断积累着对“神话历史”理论实际操作层面的具体经验，期待能够为其他尚未被重新解读的经典文本提供阐释路径、论证方法以及材料择选诸方面的现实借鉴。叶舒宪已经注意到走出文学本位神话观的现实急迫性：“如何将局限于文学课堂的神话真正释放出来，使之成为重新贯通文史哲、反思中国文化研究的有效概念工具，引领学者超越传统的成见和现代的学科偏见，重新进入中国思想传统和历史传统。”[①] 考古学、人类学、艺术史等学科在中国的蓬勃发展极大刺激了学界同人对于作为中国文化原型编码之神话的关注与挖掘。基于此，他们开始积极致力于寻求自我知识结构与治学方法更新的新路径，这对于打破以及古典文学等研究领域过度依赖典籍文献，甚至以往奉其为唯一圭臬的文本考据研究范式而言，带来的示范效应是显见的，而《管子》“神话历史”研究能够弥合传统研究中暴露出的缺陷，体现填补学术史空白的现实需求。

另一方面，就比较文学领域催生出的文学人类学新兴学科而言，其理论体系建构日臻完善，这对早期经典文本研究带来的理论创新意义值得重视。应该说，在传统经典《管子》的文字叙事中，蕴含着人类思维以及认知世界的丰富表征符号，笔者将其视为文化大传统视域下“神话历史”的神圣文本，能够最大限度地揭示出延续至齐桓公时代的神话思维表象，以及特定时代人们的思维方式和心理结构。而文学人类学理论中立体释古方法论——四重证据法的应用，能够促使笔者在传统文献训诂基础之上，紧密结合春秋、战国、秦汉时期出土的考古新材料（器物、图像、简帛等）进行《管子》的文化阐释，赋予“物与图像”充分的“叙事权”，强化论证效力，进而充分立足于上古时期的文化语境与新知识资源，重新进入《管子》文本，以期对《管子》的神话思维及认知编码予以重新发掘的路径选择与

① 叶舒宪：《神话作为中国文化的原型编码——走出文学本位的神话观》，《中国社会科学报》2010年8月12日。

整体把握。换言之，本研究以文学人类学视角切入的理论意义即在于，透过《管子》文本中那些具有断裂、潜隐、遮蔽效应的文字历史，希望能够前往文化大传统之中，重新反思并探究无文字时代的“神话历史”。

第一章 《管子》之道：天道·地道·人道

春秋之时，齐桓公在足智多谋的贤相管仲辅佐下，最终成就“九合诸侯，一匡天下”的霸业。在整个称霸过程中，《管子》强调“使国常无患，而名利并至者，神圣也；国在危亡，而能寿者，明圣也”（《管子·霸言》）的重要性，因而希望齐桓公能够尊崇并效法历代贤明君主，致力于将其霸主身份定位成一位“神圣”与“明圣”兼备的国君，真正实现对权力话语的掌控权。为此，《管子》积极倡导“观天之神道，而四时不忒，圣人以神道设教，而天下服”（《周易·观》）的“道治”理念，尊重民众的信仰需求并因势利导，继而有效转化为治政工具，由此强化国君之位的合法性与神圣性，一如钱钟书所言，“神道设教，乃秉政者以民间原有信忌之或足以佐其为治也，因而损益依傍，俗成约定，俾用之倘有效者，而言之差成理”①。由此，“以神道为治，非泛言”②的“道治”观，有力谱写着齐桓公霸主时代的政治神话。

“道”是《管子》一书出现频率最高的词汇，达到惊人的512次。在目前实存的76篇中，除《版法》《九变》《封禅》《入国》《九守》《巨乘马》《乘马数》《事语》《海王》9篇未载外，其余67篇均有涉及。当然，“道”的具体含义也不尽相同：有作“道路”者，如“岁适凶，则市籴釜十繦，而道有饿民”（《管子·国蓄》）；有作“准则”者，如“贵而不过度，则臣道也”（《管子·乘马》）；有作“功能”者，如“心道进退，而形道滔赶”（《管子·君臣下》）；有作“道理”者，如“通之以道，畜之以惠，亲之以仁，养之以义”（《管子·幼官》）；有作“方法”者，如“得人之道，莫如利之”（《管子·五辅》）；有作“规律”者，“货多事治，则所求于天下者寡矣，为之有道”（《管子·乘马》），等等。

不可否认，贯穿《管子》的核心之道依然是作为宇宙本源的“道”，后来一直被视作中国思想的最高范畴，成为奠定整个中国哲学本体论的概念基础。而上述所谓宇宙法则、规律等诸种意涵无不源于此，只是这些同义词蕴含的意义还停留在初步认识层面，并未揭示出宇宙本源之“道”的本质内涵。《管子》文本注重“道也者，万物之要”（《管子·君臣下》）的

---

① 钱钟书：《管锥编》第1册，中华书局1979年版，第20页。

② 黎翔凤撰，梁运华整理：《管子校注》，中华书局2004年版，序论，第21页。

思想，希望齐桓公遵循“立政出令，用人道；施爵禄，用地道；举大事，用天道”（《管子·霸言》）的治政理念，通过对天道、地道与人道的深入阐释与合理运用，助推齐桓公成为春秋之时重道治国的“道君”。在“管仲相桓公，霸诸侯，一匡天下，民到于今受其赐”（《论语·宪问》）的表述中，“道”自然成为齐国掌握政治权力话语的关键性要素之一。因此，如若真正把握《管子》所言天道、地道、人道的核心机制，那就唯有从“道”概念本身的宇宙发生学上去找寻其所以然因素，这也是本章研究的重心所在。

第一节 天道：宇宙之“道”的原型求索

随着当今时代不断向前快速推进，人类思维与社会形态演变正在经历一个渐渐远离神话的过程。就西方而言，该过程始于古希腊，而伴随着西学东渐之风，逐渐在中国蔓延开来，故而如科学一样，哲学也只有在希腊文明土壤中才是自发产生的，包括中国哲学在内的其他哲学皆是文化传播后的结果使然。由此，透过被哲学家们视为最终目标的“道”，能够感受到哲学对于神话的抽象化改造情形，诚如金岳霖所言：

> 每一文化区有它底（的）中坚思想，每一中坚思想有它底（的）最崇高的概念，最基本的原动力……中国思想中最崇高的概念似乎是道。所谓行道、修道、得道，都是以道为最终的目标。思想与情感两方面的最基本的原动力似乎也是道……不道之道，各家所欲言而不能尽的道，国人对之油然而生景仰之心的道，万事万物之所不得不由，不得不依，不得不归的道才是中国思想中最崇高的概念，最基本的原动力。[①]

然而，即便追求抽象形而上的哲学概念也是离不开神话原型的。如果将作为最高范畴的“道”概括为神话（人格神）、一神信仰和泛神信仰（半人格神或非人格宗教概念）、哲学（概念范畴）三个形成阶段[②]能够成立，那么便可以从发生学视角对“道”的由来做出全新理解，进而厘清人类的理性思维是如何脱胎于神话思维的。显然金岳霖总结的哲学之“道”在抽

---

① 金岳霖：《论道》，商务印书馆1987年版，第16页。

② 参见叶舒宪：《老子与神话》，陕西人民出版社2005年版，第59页。

象化程度上要远远高于作为宇宙本源的神话之“道”，前者是对后者的延伸与转化，这一点闻一多看得更为透彻，“一个东西由一个较高的阶段退化到较低的，固然是常见的现象，但那较高的阶段是否也得有个来历呢？较高的阶段没有达到以前似乎不能没有一个较低的阶段，我常疑心这哲学或玄学的道家思想必有一个前身，而这个前身很可能是某种富有神秘思想的原始宗教，或更具体一点讲，一种巫教”①。如若将闻氏的猜测与前述叶氏归纳的“道”之形成“三阶段说”进行对应，那么就可明晰“较高的阶段”当指哲学阶段，而“较低的阶段”实谓神话阶段，其中富有神秘思想的原始宗教或巫教则是针对该阶段中的神话思维而言。

由此可以推知，“道”并非哲学家们的虚构之物，马王堆汉墓出土帛书《名理》篇载：“道者，神明之原也……神明者，见知之稽也。有物始□，建于地而洫（溢）于天，莫见其刑（形），大盈冬（终）天地之间而莫知其名。”②可见“道”有其形而下的神话原型，需要在神话思维起源与发展的宏阔视域内重读《管子》之“道”。神话思维是一种典型性的象征思维，自始至终遵循着类比的基本逻辑规则，这种类比能力是人类最初形成的判断与识别能力之一，通过类比的意指性解释，人类方能赋予原本无意义的事物以存在意义，建立起被解释现象的本体与用于解释现象的象征体之间因果沟通的桥梁。需要明确的是，“神话既不是骗子的谎话，也不是无谓的想象的产物，它们不如说是人类思想的朴素和自发的形式之一，只有当我们猜中了这些神话对于原始人和他们在许多世纪以来丧失掉了的那种意义的时候，我们才能理解人类的童年”③，所以神话类比思维迥异于科学实证思维，前者是偏重于感性的，关注类比对象的表面相似性，因而结论具有或然性、武断性、无须验证性等特征。而这也是因神话时代的特定思维形态所致，能为解释“道”一类特殊文化现象提供神圣性依据。

在中国早期古籍原典中，《周易》记载的神话形式不像《道德经》那般连贯自如，尤其是彰显创世神话的母题方面。此外，道家话语中也更为充分地保留有“道”的范畴与其神话原型紧密相关的特性，更能凸显宇宙之“道”对于全人类的典范性意义。如《道德经》第二十五章有云：“人法地，地法天，天法道，道法自然。”由此参照文字小传统的基本知识可知，天地

① 闻一多：《闻一多全集》第1卷，生活·读书·新知三联书店1982年版，第143页。
② 国家文物局古文献研究室编：《马王堆汉墓帛书》（壹），文物出版社1980年版，第58页。
③ [法]保尔·拉法格：《宗教和资本》，王子野译，生活·读书·新知三联书店1963年版，第2页。

自然万象乃宇宙之“道”的直接表现形式，而所谓取法自然也是效法宇宙之“道”的原型范式。再将研究视角转向《管子·枢言》所载：

> 管子曰：“道之在天者，日也。其在人者，心也。”故曰：“有气则生，无气则死，生者以其气，有名则治，无名则乱，治者以其名。”枢言曰：“爱之，利之，益之，安之。”四者道之出。帝王者用之而天下治矣。帝王者审所先所后，先民与地则得矣，先贵与骄则失矣。是故先王慎贵在所先所后。[①]

这段内容是《管子》“道治”理念的生动呈现，其视太阳周期性运行这一常见的自然现象为神话类比思维的出发点，将其推至人心得失与否。再将万物生命得以维系的自然精气延伸至王者需要运用道之所生的“爱民”“利民”“益民”“安民”，从而实现天下之治。换言之，失去民心犹如太阳不能正常运转，万物无法吸取精气，属于失道行为，会导致王权不稳固的情形出现，所以王者需以“道”实现治理天下的目的。而将自然现象与王者之治相类比，展现的正是神话思维在异质的现象中进行相似性逻辑确认的过程。需要注意的是，“道之在天者，日也”，《管子》洞察到“道”与太阳东升西落的周期性变化规律之间的密切关系，甚至已经触及“道”的神话原型问题，无疑具备先见性。当代学者在此基础之上，以《道德经》文本为剖析案例，综合运用神话学、人类学、民俗学等多学科理论为参照，进一步论证“太阳为原生形态之‘道’”[②]的存在合理性，换句话讲，宇宙之“道”的基本原型之一便是自然界中对人类影响最大的周期性变化物象——太阳。

人们基于太阳运行轨迹及其对世间万物重要影响的朴素性观察，“大道汜矣，其可左右，万物恃之以生”（《道德经》第三十四章），除了为世间万物生长持续提供稳定的生命能量外，太阳夕降朝升的循环往复运行规律也与“道”周行不殆的特征若合符契。昼夜交替、阴阳转化的哲理也正是直接源于太阳经久不息的神话宇宙图式，所谓“一阴一阳之谓道，继之者善也，成之者性也”（《周易·系辞上》），如是而已。“道法自然”使“道”的运行不断在起点与终点间往返交错，这种被称作“圆道”

---

① 黎翔凤撰，梁运华整理：《管子校注》，中华书局2004年版，第241—242页。

② 叶舒宪：《老子与神话》，陕西人民出版社2005年版，第71页。

或"圜道"[①]的原型依然遵循太阳运行之道，一如古希腊哲学家赫拉克利特（Heraclitus）强调的那样，"太阳不越出它的限度；否则那些爱林尼神——正义之神的女使——就会把它找出来……在圆周上，起点与终点是重合的"[②]。作为时间、空间的创造者与管理者，太阳不仅建立、规定并揭示出时令变迁以及方位变化，甚至还以自身的年周期规则昭示着有盈虚之数的天道，《吕氏春秋·似顺论》载："事多似倒而顺，多似顺而倒。有知顺之为倒、倒之为顺者，则可与言化矣。至长反短，至短反长，天之道也。"高诱注曰："倒，逆也。化，道也。夏至极长，过至则短，故曰'至长反短'。冬至极短，过至则长，故曰'至短反长'也。天道有盈虚之数，故曰'天之道也'。"[③]在抽象思维逐渐脱胎于神话思维之时，太阳这一具备圆周形运转轨迹的特殊物象自然而然成为宇宙之"道"的重要象征原型之一。可喜的是，这种象征意涵并没有随着神话时代的远去而消失不见，至今依然保留在中国创世神话之中。

美国汉学家吉拉道特（N. J. Girardot）曾试图以神话学家的眼光来看待《道德经》《庄子》《淮南子》等经典古籍，意在归纳出一种基于神话的结构与主题，希望揭示出与西方不同的中国式宇宙论传统神话编码的内在逻辑，并在大作《早期道教的神话与意义》[④]中将"道"的原型研究与中国创世神话视为一个整体，主张将中国的盘古、卵/葫芦、洪水诸种神话的起源溯及原始道教的混沌创世神话。虽然吉拉道特的观点也存在争鸣之处，

---

① 《吕氏春秋·季春纪·圜道》载："天道圜，地道方，圣王法之，所以立上下。何以说天道之圜也？精气一上一下，圜周复杂，无所稽留，故曰天道圜。何以说地道之方也？万物殊类殊形，皆有分职，不能相为，故曰地道方。主执圜，臣处方，方圜不易，其国乃昌。日夜一周，圜道也。月躔二十八宿，轸与角属，圜道也。精行四时，一上一下各与遇，圜道也。物动则萌，萌而生，生而长，长而大，大而成，成乃衰，衰乃杀，杀乃藏，圜道也。云气西行，云云然，冬夏不辍，水泉东流，日夜不休。上不竭，下不满，小为大，重为轻，圜道也。黄帝曰：'帝无常处也，有处者乃无处也。'以言不刑蹇，圜道也。人之窍九，一有所居则八虚，八虚甚久则身毙。故唯而听，唯止；听而视，听止：以言说一，一不欲留，留运为败，圜道也。一也齐至贵，莫知其原，莫知其端，莫知其始，莫知其终，而万物以为宗。圣王法之，以令其性，以定其正，以出号令。令出于主口，官职受而行之，日夜不休，宣通下究，瀸于民心，遂于四方，还周复归，至于主所，圜道也。令圜，则可不可、善不善无所壅矣。无所壅者，主道通也。故令者，人主之所以为命也，贤不肖安危之所定也。"（参见许维遹撰，梁运华整理：《吕氏春秋集释》，中华书局2009年版，第78—81页。）

② 北京大学哲学系、外国哲学史教研室编译：《古希腊罗马哲学》，生活·读书·新知三联书店1957年版，第28页。

③ 许维遹撰，梁运华整理：《吕氏春秋集释》，中华书局2009年版，第658页。

④ N. J. Girardot, *Myth and Meaning in Early Daoism: The Theme of Chaos (Hun-tun)*, Berkeley: University of California Press, 1988.

但还是能够为基于神话思维视角审视中国早期古籍的研究提供方法论上的支持。

与“道”“器”“天”“性”“阴”“阳”等概念与范畴一样，“气”也是中国上古时期思维大厦的重要基石。在诸如《孟子》《管子》《荀子》《吕氏春秋》《易传》《淮南子》等早期经典中，多有围绕“气”展开的独辟蹊径的阐释论述。其中，《管子》中影响深远的“气论”思想更是一度引发了当代学术界的探讨热潮。《管子·内业》有云：“精也者，气之精者也。气，道乃生，生乃思，思乃知，知乃止矣。”[①]《管子·心术下》则云：“气者，身之充也。行者，正之义也……思之不得，鬼神教之。非鬼神之力也，其精气之极也。”[②] 由《内业》《心术下》两篇所载内容可知，精气的作用显然是要超越“鬼神之力”的，“精”作为“气”中最为精华者，寓意着生命存在的基础以及灵魂寄托之所。借助于文学人类学大传统新视角，能够对《管子》中特征显著的齐气思想进行阐释，以形成有别于传统思维认知的新观念。

日本学者前川捷三通过对甲骨文、金文中所见之“气”探根求源，主张“气”象征风和大地的运动，与古人对风神、土神的崇拜有关，并将作为“天气”的风、作为“地气”的土之精灵与“人气”联系起来思考，认为“天地间的气，由于呼吸活动，被人的身体吸入；原始的气，是和包括人在内的有生命的、或者和生物的生命现象有关系的”[③]。不过，相较于以甲金文材料考究“天气”“地气”而言，“人气”将“气”视作构成要素的观点出现尚晚，还留有不少商榷余地。但据甲骨卜辞所载，风作为祭仪对象被依照四方进行分类，并在祈年祭中列出每一方位的风名，这隐喻着古人观念中存在与方位观相联系的风神。与此同时，土地因能孕育万物而被初民视为生命力的承载根源，祭坛之上的土之精灵具备风神的特性。如此一来，天地间流动变化的四方风以及土之精灵就成为关乎谷物生长等生命现象之“气”的重要概念原型。因此，利用甲金文等有形的“证据”资料研究处于流动无形状态的“气”，能够凸显研究视角的新颖度以及阐释效力的可信度。

应该注意到，古人深受“天人合一”的神话宇宙观影响，而与之相呼应的便是中国传统文化中呈现出来的“身体观”。与西方学术界强调反思物/我、身/心二元对立的“身体转向”研究不同，东方传统语境下的“身

① 黎翔凤撰，梁运华整理：《管子校注》，中华书局2004年版，第937页。
② 黎翔凤撰，梁运华整理：《管子校注》，中华书局2004年版，第778—780页。
③ [日]前川捷三：《甲骨文、金文中所见的气》，载[日]小野泽精一、福永光司、山井涌编：《气的思想：中国自然观与人的观念的发展》，李庆译，上海人民出版社2007年版，第26页。

体观”研究更加重视对其自身潜隐维度的再度发掘，可视作文化寻根运动的一种本土化回应。就人有形可触的躯体而言，其与无形实存的精气频繁地发生交互关系。“气”乃关涉人的形体之物，《管子》所载“气”的高级表现形态即为“精”，精气与形体相合相生，正所谓“天出其精，地出其形，合此以为人”（《管子·内业》），“男女精气合而水流形”（《管子·水地》），云云。俗语有云，“居移气，养移体”（《孟子·尽心上》），“气”与“体”难以脱离开来，“气”在天人交际的沟通网络中扮演着重要的介质性角色：在身体外部，形体与精气通融为一个虚实相生、阴阳互用的网络，人们在其中能够主动感知并适应四时、五行变化；在身体内部，形体与心、神的互动则必须仰赖精气的转化运行得以实现。就当前的气论与身体观研究而言，中外学者已经从学理层面给出了不同的观点参照，杨儒宾主编的《中国古代思想中的气论及身体观》[①]（1993）等为此提供了新的研究视角，值得学界重视。

“气”与“道”是决然不可分的，这在很大程度上能够得到民俗学、考古学等跨学科证据材料的相互印证。西南地区布依族的创世神话《混沌王和盘果王》讲道：“在很古很古的年代，宇宙间虚无缥缈。混沌王哈气成雾，扇气成风，宇宙仍是一片迷蒙混沌，天地不分，东西南北不辨。这时，盘果王出现了，他用鞭子一挥，把宇宙劈成两半，上浮者为天，下沉者为地，上有日月星辰，下有河流山川，天地从此就开拓出来了。”[②]这则神话中具有物质性的混沌雾气极似《淮南子·天文训》所载清浊与阴阳二气，而清气升天、浊气沉地也被视为中国创世神话的一种普遍理念，蕴含着原始道教的神话编码精髓。此外，据于乃昌采集到的珞巴族神话资料显示，西藏自治区东南部的珞巴族中流传着《九个太阳》的创世神话：最初天和地不分，混沌一片，后来天从中间鼓了起来，周围仍与地连在一起，其中的鸡是由太阳的眼睫毛变成的。[③]这则神话故事或许受到珞巴族“盖天说”的天体观念影响，而太阳眼睫毛变成鸡的神话想象则可能与鸡鸣之后日出东方的现象有关，这也从民俗学视角将“道”的原型与太阳联系在一起。

不仅如此，作为文学人类学第二重证据的出土文字材料同样能够为形而上的宇宙创生论存在土壤提供支撑。1942年，在位于湖南长沙子弹库王家祖山的一座楚墓中发现了楚帛书（图1–1），这也是目前所见年代最早的

---

① 杨儒宾主编：《中国古代思想中的气论及身体观》，（台北）巨流图书公司1993年版。

② 贵州省社会科学院文学研究所编：《布依族文学史》，贵州人民出版社1983年版，第35页。

③ 参见陶阳、牟钟秀：《中国创世神话》，上海人民出版社2006年版，第45页。

图 1–1 湖南长沙子弹库出土战国楚帛书摹本[①]

帛书。中间分为 8 行、13 行两组文字，前者称为甲篇，后者称为乙篇，两组文字上下颠倒，呈现出阴阳八卦鱼形状；四方有文字，兼配彩图，文、图合称丙篇。其中甲篇释文如下：

曰故（古）大熊包戏（伏羲），出自□霆（震），居于睢□。厥□⿰亻鱼⿰亻鱼，□□□女。梦梦墨墨，亡章弼弼。□每（晦）水□，风雨是於。乃取（娶）□□子之子，曰女⿰王出（娲），是生子四。□是襄而⿰土戋，是各（格）参化⿺辶步（度），为禹为契，以司域襄，咎而步廷。乃上下朕（腾）传（转），山陵丕疏。乃命山川四海，⿱宀熏（熏、阳）气百（魄、阴）气，以为其疏，以涉山陵、泷、汩、益、厉。未有日月，四神相戈（代），乃步

① 楚帛书，旧称“楚缯书”，以白色丝帛为书写材料。长46.2厘米，宽38.5厘米。文字为墨书，字体为楚国隶体，计 900 余字。帛书四周有 12 个神灵图像，包括三首、鸟身、珥蛇等形象，各神像旁题有神名，并附有文字；四角绘有神树枝叶图像。这些图像均为彩绘，先以细笔勾勒，再填以彩色。惜帛书被盗掘后流失美国，其摹本最早见于 1944 年蔡季襄所著《晚周缯书考证》一书。原件现藏于美国华盛顿赛勒克美术馆。（图片来源：蔡季襄：《晚周缯书考证》，中西书局 2013 年版，图版“缯书”。）

以为岁，是惟四时：长曰青干，二曰朱四单，三曰白大橪，四曰□墨干。

千有百岁，日月夋生，九州丕塝（平），山陵备岆（侐）。四神乃作，至于覆（天盖），天旁动，扞蔽之青木、赤木、黄木、白木、墨木之精。炎帝乃命祝融，以四神降，奠三天，□思敦（保），奠四极，曰非九天则大岆（侐），则毋敢蔑天灵，帝夋乃为日月之行。

共攻（工）□步十日四时，□神则闰，四□毋思，百神风雨，辰祎乱作，乃□日月，以传□思，又霄又朝，又昼又夕。[①]

根据目前已有的释读成果，楚帛书甲篇所载内容当为一则创世神话：最初天地混沌未分之时，伏羲娶妻女娲，生下轮流代表四时的四神，分别为老大青干、老二朱四单、老三白大橪、老四□墨干。当时虽然未有日月，但四兄弟通晓阴阳参化法则。禹和契负责制定历法，疏通山川与四海，使得彼此间阴阳通气。千百年后，帝夋生日月，自此九州太平，而四神造成旋转的天盖。炎帝派祝融以四神奠定三天与四极，初民得以敬事九天之神。后来帝夋制定了日月运行规则，共工则制定了更为准确的历法，将日夜分成霄、朝、昼、夕。

上述创生型故事对探讨宇宙之“道”的原型问题提供了新的方向指引，无论是《道德经》《庄子》还是《管子》，都保留着宇宙之“道”的创生功能。《酉阳杂俎·玉格》甚至再现了老子诞生之初的神奇故事：“李母，本元君也。日精入口，吞而有孕，三色气绕身，五行兽卫形，如此七十二年而生陈国苦县赖乡涡水之阳、九井西李下。”[②]虽然这则故事的真伪存疑，但是通过老子之母“吞日精受孕”可推知，创生抽象哲学之“道”的老子依然未能摆脱太阳赋予其生命之源“日精”的结果。如此便可明确，纵然是老子也无法将太阳原型从集体无意识中消除掉。依照瑞士精神分析学家、心理学家荣格（Carl Gustav Jung）的观点，集体无意识属于世代积累的普遍性心理经验，由原型这种先存形式构成，原型赋予人类心理内容以独特形式，而作为文化无意识的原型自然是人类社会实践中逐渐形成并积淀的结果。《道德经》第四十二章云：“道生一，一生二，二生三，三生万物。万物负阴而抱阳，冲气以为和。”“道”之所以成为世间万物的创生源头，与宇

① 董楚平：《中国上古创世神话钩沉——楚帛书甲篇解读兼谈中国神话的若干问题》，《中国社会科学》2002年第5期。

② （唐）段成式撰，方南生点校：《酉阳杂俎》，中华书局1981年版，第16页。

宙之“道”的原型之一太阳具有的生命之源象征意义息息相关，而太阳在神话思维中一直被视作生命的赋予者。

在比较神话学研究中，太阳充当起人类建立时空意识的天然维度，而神话思维则赋予其规定凡人乃至诸神的神圣权力。基于此，德国新康德主义代表人物卡西尔（Ernst Cassirer）指出：“在神话思想中，空间和时间从未被看作是纯粹的或空洞的形式，而是被看作统治万物的巨大神秘力量；它们不仅控制和规定了我们凡人的生活，而且还控制和规定了诸神的生活。”①显然，这里的时空秩序建立者与维护者均为太阳，如此一来，便直接催生出奉太阳神为诸神之主的神圣观念，而太阳神也成为世间统治者争相效仿的对象。一方面，太阳司掌世间生命与植物的生长，生命的更新属于太阳神的职责，因而古时赫梯（Hittite）王后才会发出虔诚的祷告：“啊，太阳神……，你有着仁慈的眼睛，以仁慈的目光看顾国王与王后，使他们生机勃勃。”②不仅如此，依据神话类比思维逻辑解释，在普适性的神话语境中，人们产生了将太阳东升西降的运行轨迹类比为生命诞生或死而再生的神话观念。例如，我国东北地区鄂温克族的萨满去世后“其尸体要从蒙古包内西侧开个洞口抬出去”③，即便是普通族人去世，也要将尸体的面首朝向日出方向，这类常见的定向埋葬模式正是灵魂不死的神话隐喻。与世界其他文明中流传的太阳神话相类似，苏美尔人认为太阳的西落只是自己的太阳神夏玛什（Shamash）通过大海抵达冥界，第二天会照常升起，这完全符合太阳环绕宇宙循环运行的神话特征。这在目前已知世界最古老的英雄史诗《吉尔伽美什》（*Gilgamesh*）中，已通过西多里（Sidouri）对吉尔伽美什的赞词表露无遗：

> 吉尔伽美什，那里从来就没有任何渡船，
> 自从远古以来就没有任何人渡过大海。
> 夏玛什是唯一能够穿过大海的武士：
> 从夏玛什以来，再也没有人渡过大海。④

---

① ［德］恩斯特·卡西尔：《人论》，甘阳译，上海译文出版社 1985 年版，第 54 页。

② Theo P. J. van den Hout, *The Purity of Kingship: An Edition of Cht 569 and Related Hittite Oracle Inquiries of Tuthaliya IV*, Leiden:Brill, 1998, p.74.

③ 吕光天：《鄂温克族》，民族出版社 1983 年版，第 67 页。

④ *Gilgamesh*, Tablet X, ii; Stephanie Dalley, *Myths from Mesopotamia: Creation, the Flood, Gilgamesh, and Others,* Oxford: Oxford University Press, 1989, p.102.

有意思的是，在克里特岛帕莱卡斯特罗（Palaikastro）出土的两件角杯上生动刻画了大海深处的太阳形象，这为此类太阳神话提供了考古学上的明证。（图 1–2）

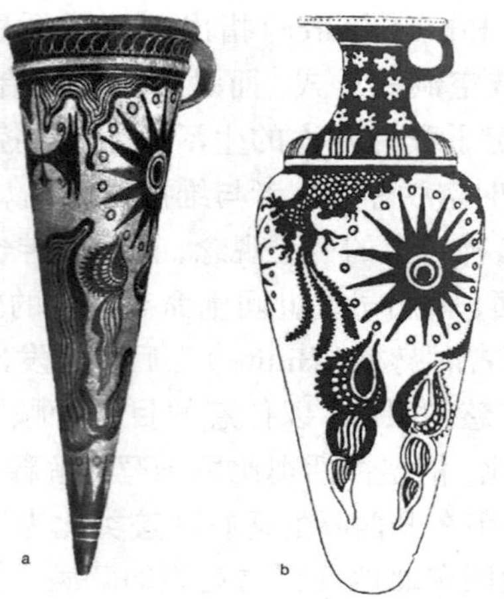

图 1–2 希腊帕莱卡斯特罗出土刻画有大海深处太阳与双面斧的角杯 ①

另一方面，中西方文明中的统治者都有效法太阳并尽最大可能赋予自身人间时空主宰者与监管者的神圣角色，自视为人间小太阳，希望以太阳神的名义寻得庇佑。假借人类观察太阳循环运行规则确立的宇宙时空秩序观念，进而确认自我统治下社会秩序的神话思维规则。美国古典学家南诺·马瑞纳托斯（Nanno Marinatos）对此分析得透彻："在古代东方，太阳神（男性或女性）是君王的主要保护神；据说希腊缺乏王权，以色列对王权的废止解释了这些文化中太阳崇拜的空缺……如果我们将米诺时代的克里特包括在近东文化的视野内，存在一位保护国王的太阳女神几乎不是什么大惊小怪的事，但是我们遇到的是一位非常不同的神明，以及一位非常符

① 太阳与双面斧并置出现，表明二者具有同源性，双面斧可视作太阳在冥界的相似物。图片来 源：Robert C, "Bosanquet and Richard M. Dawkins", *The Unpublished Objects from the Palaikastro Excavations, 1902-1906*, BSA Suppl. No.1, London: Macmillan & Co., 1923, pl. XX; Helmut T. Bossert, Santas und Kupapa: Neue Beiträge zur Entzifferung der kretischen und hethitischen Bilderschrift, *Mitteilungen der Altorientalischen* Gesellschaft, Ⅵ : 5–88, 1932, p.166。

合王权模板的神明：国王坐在神明的膝盖上，就是这样。”[①] 由此可见，太阳神在王权仪式形态表述中占据着无可替代的重要地位。

明晓了宇宙之“道”的太阳原型，就能够对神话的“法规”[②] 功能起源进行总结，那便是初民通过直接观察太阳东升西降的周期运行之“道”，以及因此派生出的时空秩序观念的进一步神化与圣化。如果研究依然停留在是否将“管子道论视为老子道论的继承和发展”[③] 的争论上，那么还是只见抽象化的小传统哲学之“道”，不见其脱胎的大传统宇宙之“道”，容易走向“只见树木，不见森林”的误区。《管子》重视天道之治，主张“举大事，用天道”，也正是基于对“道”的原型审视，才使齐桓公明晓诸如“得天之道，其事若自然；失天之道，虽立不安”（《管子·形势》），“天道大而帝王者用爱恶，爱恶天下可祕，爱恶重闭必固”（《管子·枢言》）的为君之道。

第二节 地道：地母崇拜与丰产象征隐喻

《周易·系辞下》有云：“《易》之为书也，广大悉备，有天道焉，有人道焉，有地道焉。兼三材而两之，故六。六者非它也，三材之道焉。”[④] 依此可推，《周易》的内容之所以博大精深，是因为其研究系统贯通着天道、地道与人道。一部传于后世的经典尚需如此，明圣之君治理国家更是离不开“三材之道”，《管子·五行》所谓“天道以九制，地理以八制，人道以六制，以天为父，以地为母，以开乎万物，以总一统，通乎九制、六府、三充，而为明天子”[⑤]，强调的正是天道、地道、人道的不可或缺。然而，由于深受中国传统思想中天人合一的神话感应论影响，人们更集中关注天道与人道的关系，并容易在有意无意间忽略地道的作用力，这对于“三材之道”的整

① ［美］南诺·马瑞纳托斯：《米诺王权与太阳女神——一个近东的共同体》，王倩译，陕西师范大学出版社 2013 年版，第 83 页。

② 法规（charter），又译为“法典”“特许状”“执照”等，即人类学家马林诺夫斯基所言“神话是法典”的命题，旨在强调“原始神话作为当时自然与社会秩序的证书，作为部落群体宗教信仰和道德的准绳，具有神圣的和不容置疑的性质，就好比中国古代皇帝的‘钦定’文书、‘手批’御旨一样，人们只能毕恭毕敬、唯命是从地去信奉和执行，用不着丝毫的思索或求证”。（参见叶舒宪：《中国神话哲学》，陕西人民出版社 2005 年版，第 230—231 页。）

③ 参见张岱年：《中国哲学史史料学》，生活·读书·新知三联书店 1982 年版，第 581 页；陈鼓应：《管子四篇诠释——稷下道家代表作解析》，商务印书馆 2006 年版，第 28 页。

④ （清）阮元校刻：《十三经注疏》影印本，中华书局 1980 年版，第 90 页。

⑤ 黎翔凤撰，梁运华整理：《管子校注》，中华书局 2004 年版，第 859 页。

体维度而言，不可避免地造成了沟通天道与人道关系的一道重要缺环。

与求索天道原型的思维意识相似，在大传统视域下探究地道产生的原生观念同样重要，由此就需要溯及人类史前史阶段的农业起源问题。不同学科的研究者都希望能够通过本领域的研究视角改进对于过去的理解，例如考古学家指出，"农业在世界不同地区（亚洲、非洲、西南亚、北美洲、中美洲和南美洲）差不多同时（距今10000年至5000年前）发展起来的"[①]，甚至会采用文化历史主义、文化过程主义乃至后过程主义等不同理论对农业起源的原因进行追问。文学人类学研究者不但不会认为这些解释是"靠不住的尝试"（uncertain foray），反而会积极借鉴考古学、人类学、古文字学等学科的新材料与新发现，因为这些为我所用的"证据"常常能够对某些特定的历史认识做出修正。与此同时，"神话历史"理论的运用会适时提醒学人，神话思维观念对于恢复重建"历史的真实"发挥着关键性作用。

虽然太史公司马迁指出，"太公至国，修政。因其俗，简其礼，通工商之业，便鱼盐之利"（《史记·齐太公世家》）。但不能因齐国比邻大海，利用丰富的鱼盐资源形成"通工商"之便，就轻下"齐国自建国之初便确立了工商立国的基本国策"[②]的定论。众所周知，华夏农耕文明史源远流长，"农本思想"也成为古代中国传统经济思想主调。及至春秋，《管子》依旧重申"五谷食米，民之司命也"（《管子·国蓄》），甚至专作篇章明确"凡土物九十，其种三十六"（《管子·地员》），对齐国境内的90种类属的土壤之上可供种植的36种谷物进行了细致描述。

但随着春秋之时周王室走向衰微，宗族制度、世袭制度趋向穷途末路，各诸侯国都意识到提高生产力对于维系国家经济发展乃至整个王权统治的重要性，而生产工具的改良更是生产力发展的关键尺度。齐国虽然近海土地盐碱化程度高，但是管辖范围内铁、铜等矿石资源丰富，"山上有赭者，其下有铁；山上有铅者，其下有银"（《管子·地数》），所以管仲相齐以后，建造了大量冶铸作坊用于改良生产工具。在1976年发掘的临淄桓公台冶铸作坊遗址中就曾出土数量丰富的铁锸、铁镢、铁锛、铁块等。此外，山东省文物考古研究所与北京大学文博学院还重点对桓公台北部、傅家庙村东部、苏家庙村西部、石佛堂村东南部、阚家寨村南部以及刘家寨村北部等冶铁遗址进行专项调查，并由北京大学负责对采集的铁渣样本进

---

① ［美］罗伯特·沙雷尔、温迪·阿什莫尔：《考古学：发现我们的过去》，余西云等译，上海人民出版社2009年版，第450页。

② 山东省文物考古研究所编著：《临淄齐故城》，文物出版社2013年版，第543页。

行碳–14年代测年，结果显示整个年代可从西周晚期一直延续到东汉时期（表1–1）。作为齐国重要的战略资源依赖，境内储量丰富的金属铜、铁资源进一步带动了临淄冶铁业的发展，而农业生产工具的改良更新则不断提升齐国农业的生产水平，这在某种程度上也为齐桓公称霸奠定了经济基础。

表1–1 临淄齐故城冶炼炉渣碳–14年代测定表[①]

实验室编号	碳–14年代	矫正年代（68.2%）	矫正年代（95.4%）
BA101507	1865±30	80AD（54.1%）180AD 190AD（14.1%）220AD	70AD（95.4%）230AD
BA101508	2240±25	380BC（20.7%）350BC 290BC（47.5%）230BC	390BC（26.9%）340BC 320BC（68.5%）200BC
BA101509	2135±25	210BC（68.2%）110BC	350BC（12.1%）300BC 210BC（83.3%）50BC
BA101510	2545±25	800BC（44.3%）750BC 690BC（16.7%）660BC 620BC（7.3%）590BC	800BC（48.5%）740BC 690BC（18.9%）660BC 650BC（27.9%）550BC
BA101511	2165±25	350BC（38.0%）300BC 210BC（30.2%）170BC	360BC（47.5%）270BC 260BC（45.0%）150BC 140BC（2.9%）110BC
BA101512	2100±30	170BC（60.8%）90BC 70BC（7.4%）50BC	200BC（95.4%）40BC
BA101513	2410±30	520BC（68.2%）400BC	740BC（11.7%）680BC 670BC（2.6%）640BC 550BC（81.2%）390BC
BA101517	2170±30	360BC（40.3%）290BC 230BC（4.0%）220BC 210BC（23.8%）170BC	370BC（92.6%）150BC 140BC（2.8%）110BC
BA101522	2085±30	160BC（20.3%）130BC 120BC（47.9%）50BC	220BC（95.4%）30BC
BA101523	2115±30	195BC（68.2%）95BC	350BC（2.3%）320BC 210BC（93.1%）40BC
BA101524	2710±170	1150BC（68.2%）550BC	1300BC（95.4%）400BC

① 该表数据由北京大学文博学院测试所得。详见山东省文物考古研究所编著：《临淄齐故城》，文物出版社2013年版，第545页。

从神话思维角度看，齐国重视农业生产的行为方式显然离不开神话观念的驱动作用，这其中就包括铁质生产工具自身所蕴含的金属神话。事实上，受文学人类学"N级编码"理论中一级编码的神话观所驱动，金属在最初被发现和使用时如同美玉一样被神圣化。以金属铁为例，因为铁本身能够被熔化、锻打、铸造，这就被古人视为生命的再造一样成为生命不死的象征，所以才能在文字小传统中催生出"炼金术"。据《史记·秦始皇本纪》载："有坠星下东郡，至地为石，黔首或刻其石曰'始皇帝死而地分'。始皇闻之，遣御史逐问，莫服，尽取石旁居人诛之，因燔销其石。"[①]这则发生于秦朝三十六年（公元前211年）的历史事件具体描述了因陨石出现"始皇帝死而地分"刻文，致使秦始皇勃然大怒而诛人燔石，这也成为生动再现天降陨铁被神圣化的典型实例，反映出神话思维观念对于行为动机的驱动效应。在金属所蕴含的神话观念驱动下，陨铁尚且如此，更不用说锡、铜、锌、铅等其他金属了。例如，"锡"的神赐意涵、"铸"的生命不死之意等，能够使文学人类学视域下的"锡＝赐""铸＝寿"一类表述有了追根溯源式的理解，这也正是二级编码汉字的由来，同时更加强调一级编码作为元编码的神话观驱动作用。

当然，无论是前述所言"以天为父，以地为母，以开乎万物"，还是"天地者，万物之父母也，合则成体，散则成始"（《庄子·达生》），抑或"无名，天地始；有名，万物母"（《道德经》第一章），文字小传统看似昭示着天地生万物的哲学思维逻辑，但从前文字时代的文化大传统出发，则能够反映出文字背后蕴含的地母崇拜观念。老子提倡的"天地始"与"万物母"观念体现出从"无名"的混沌思维到"有名"的抽象思维的转向，而这符合原初宇宙秩序发生的契机。在初民看来，农耕文化中的土地具有强大的生养能力，能够生长各种农作物，而当时意识形态的核心观念又促使人们通过神话类比思维将土地的生产能力与女性的生育能力相互认同起来，由此产生了地母崇拜。

地母，又称"大母神""大女神""原母神"等，最早属于比较宗教学中的术语。荣格的学生、德国心理学家诺伊曼（Erich Neumann）认为，作为原型女性，大母神的真实造型占据着主导地位[②]。中国本土学者进一步补充道，"人类学家和宗教史家认为，大母神是后代一切女神的终极原型，甚至可能是一切神的终极原型。换句话说，大母神是女神崇拜的最初形态，

---

① （汉）司马迁：《史记》，中华书局1959年版，第259页。

② ［德］埃利希·诺伊曼：《大母神：原型分析》，李以洪译，东方出版社1998年版，第20页。

从这单一的母神原型中逐渐分化和派生出智能各异的众女神及男神”[①]。基于此，史前原始观念中的女性形象与生命的赋予密切关联起来，反映出地母崇拜观念的实质即对于生命孕育以及生命再生的神圣崇拜。当社会形态开始由狩猎采集向农耕演变之后，女性与生养农作物的土地之象征对应关系就变得更加明显，全球各地的地母崇拜意识伴随着农业起源日益普及开来。

在荣格的原型理论中，“身体—容器”的原型等式对于理解神话、象征和初民的世界观具有根本性的意义，并且“身体—容器”内部本身就是一个核心象征系统。女性的腹部显著表现出容器具有的典型容纳性特征，其子宫又是该区域进口的象征，而大地之上的洞穴、深壑、峡谷、溪流等自然意象无不扮演着地母子宫的角色。在神话思维中，女性怀胎生育被视作大地生殖力的表现形式之一，她们的神圣性仰赖于大地的神圣性，土地生养万物也成为女性生育婴儿的象征隐喻，这也是世界很多语言中将人类直接称为“土地生出者”（the earthborn）的原因。罗马尼亚宗教理论家米尔克·伊利亚德（Mircea Eliade）指出，女性的生殖力蕴含着一种宇宙模式——地母模式，人们对于这种具有宇宙性结构的感情甚至远远超越了与其家庭和祖先血缘关系的一致性[②]。列举一位印第安先知苏姆哈拉（Smohalla）因拒绝垦耕土地呈现出的活态记忆，就会对地母崇拜产生更为直观的体认：

> 你让我耕地！让我用一把刀划开自己母亲的胸脯？如果这样，当我死后，她就不会再将我拥入怀中使我安息。你让我为了一块石头而掘开土地？让我在自己母亲的皮肤下挖掘出她的骨头？如果这样，当我死后，我就无法再次进入她的体内获得重生。你让我割掉大地上的青草，晒干之后将其变卖，以使自己变得富有？但是，我又怎么能够亲手剪掉自己母亲的发丝？[③]

不仅如此，中美洲的阿兹特克人（Aztec）相信，农作物的生长还依赖神祇的生命献祭。太阳神在每年秋天死亡后，就会前往冥界迎娶地母，如此一来，地母便能够在来年春天生育玉米之神，这也被视为太阳神重生的

---

① 叶舒宪：《老子与神话》，陕西人民出版社2005年版，第172页。

② ［罗马尼亚］米尔恰·伊利亚德：《神圣与世俗》，王建光译，华夏出版社2002年版，第79页。

③ James Mooney, “The Ghost-Dance Religion and the Sioux Outbreak of 1890”, *Annual Report of the Bureau of American Ethnology,* XIV, 2, Washington, 1896, pp.721, 724.

变体，体现出太阳神与地母神的结合重启维系整个世界的神圣力量，天道与地道再一次实现并轨。但作为丰产的象征隐喻，前往农业时代的开端之处探寻地母崇拜的源头显然更具合理性，毕竟在新石器时代的欧洲女神文明中，女神们普遍拥有从自己体内孕育生命的能力，自然也能够被赋予生养大地种子的神圣力量，这其中最具典型性的当数怀孕女神雕像。虽然在西伯利亚马耳他等地的新石器时代遗址中，出土有大量体型丰腴的女神雕像（图 1–3），但毕竟如同奥地利维伦多夫（Willendorf）与法国莱斯皮格（Lespugue）知名的原始“维纳斯”一样，并不能因身体肥硕而被确认为受孕女神，即便她们也极有可能是生育力旺盛的地母象征。在这方面需要认真听取考古学家给出的忠告：应该对草率的普遍类比采取谨慎态度。

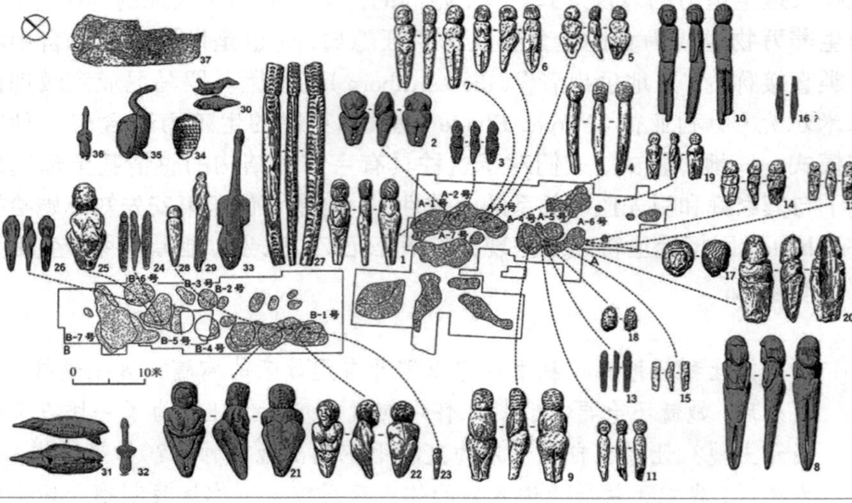

图 1–3　西伯利亚马耳他遗址 A、B 地点发现的猛犸象牙制人形、鸟形雕像[①]

虽然象征地母的受孕女神雕像的程式化程度不尽相同，但还是普遍具有一些鲜明特征：或双手置于受孕凸起的腹部之上，阴部三角区巨大；或将臀部作夸张处理，呈斜倚姿态；或在腹部、臀部等身体丰满部位刻有一个甚至多个圆点的菱形与三角形等。（图 1–4）前两个特征符合怀孕女性的典型生理性写照，巨大的阴部三角区象征婴儿出生的子宫口，隐喻农作

① 图片来源：香港中文大学历史系邓聪教授根据格拉西莫夫 1958、木村英明 1997 及 E. A. Lipnina 2012 综合改订而成。

物种子的发芽、生长。而在后一个特征描述中，腹、臀、大腿等重要部位普遍刻有菱形或三角形纹饰，意在突出这些部位已经受孕或有生命正在成长。圆点于女性而言寓意婴儿，于地母而言寓意种子，属于明显的丰产象征符号。

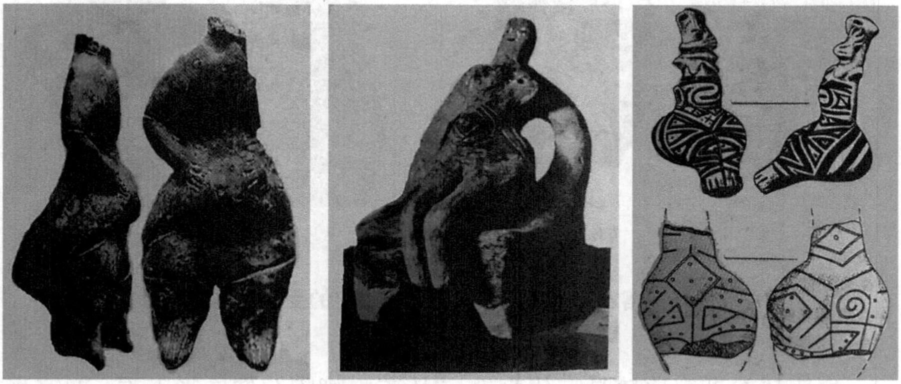

图 1-4 欧洲新石器时代、铜器时代考古发现的受孕女神雕像[①]

令人欣喜的是，东方史前文明中女神像的发现弥补了国际考古学界对于史前维纳斯东方分布信息缺失的空白。1979 年、1981 年相继在辽宁省喀左县与建平县发现了东山嘴、牛河梁两座新石器时代的祭祀遗址，其中出土的女神像证实了我国史前时期所盛行的女神崇拜信仰与神圣祭祀礼仪，这就为探究《管子》《道德经》《庄子》等早期经典中关于地道原型的表述问题提供了新视角。其中，在东山嘴红山文化遗址发现的泥质红陶胎人像群中，小型裸体女性塑像的受孕特征明确（图 1-5），而且与欧洲史前时代所发现的受孕女神像无论在造型还是姿态上均十分相近，应该同属于世界范围内农业文明时代女神信仰的延续。史前女神宗教的存在显然具有跨文化、跨地域、跨种族的普遍性。这种观点也得到了中国考古学界的

① 左：微型怀孕小雕像，双手置于腹部，巨大的臀部后倾，出土于塞斯克洛（阿切莱恩Ⅵ，塞萨利，约公元前 5800 年），高 3.8 厘米；中：中东欧铜器时代怀孕女神像，后仰坐于椅凳子之上，阴部刻有螺旋纹，臀部与大腿处刻有菱纹，出土于卡拉诺沃Ⅳ（帕扎尔吉克，保加利亚，约公元前 5 千纪中叶），高 10 厘米；右：腹部、臀部与大腿处刻有菱纹、三角纹的红陶小雕像，均属于公元前 4800 年—前 4600 年的早期库库泰尼文化，但出土地点不同，其中右上雕像（波杜瑞，巴库区，罗马尼亚东北部），高 12.15 厘米，右下雕像（新鲁塞什蒂Ⅰ，苏联摩尔达维亚），高 5.6 厘米。图片来源：Marijia Gimbutas, *The Language of the Goddess*, London: Thames and Hudson, 1989, pp.142–145, fig.218, fig.220, fig.224。

认可，考古学家倾向于将这种受孕的女性陶像认定为农神或地母神。

图 1-5　辽宁喀左东山嘴红山文化遗址出土的受孕女神小陶像[①]

俞伟超的见解比较具有代表性："从东山嘴陶塑像的形态看，能够直接表现出的含义是生育神，也许是农神，还可能兼有两种意义。对五千年前的农业部落来说，生育神和农神是都会有的。长方形的祭坛，应是祭祀地母的场所。在原始的农业部落中，人们依靠农业来维持生活，因为见到农作物是从土地中生长出来的，便以为农业收成的好坏，在于土地神的赐予，于是，普遍信仰土地神。在民族学资料中，这种土地神往往称为地母。地母崇拜在我国亦当发生于新石器时代，后来一直延续到近代。"[②] 俞氏的地母信仰结论是在接受神话类比思维下，结合考古学、神话学、民族学等跨学科材料得出的，毕竟地母形象也是农作物丰稔的符号象征。此外，将祭坛视为祭祀地母场所的看法也能够与 20 世纪最重要的女神论倡导者、美国考古学家金芭塔丝（Marija Gimbutas）的观点形成相互印证，女神创造生命的能量都聚集于祭坛之中，因而被视作潜在世界的中心。

当然，不能忽视另外一类重要的农作物起源神话，那便是日本绳文时代盛行的使用土偶充当杀死女神的祭祀仪式。参与者会事先将土偶制作成女神的样子，然后再有意识地将其彻底破坏掉，而且这些女性土偶往往被刻意突出乳房、下腹部等部位，亦有完整表现妊娠状态的。鉴于日本神

---

① a 为 TD9②：7 出土的女神小陶像正面与侧面，残高 5 厘米；b 为 TD8②：5 出土的女神小陶像正面与侧面，残高 5.8 厘米。图片来源：郭大顺、张克举：《辽宁省喀左县东山嘴红山文化建筑群址发掘简报》，《文物》1984 年第 11 期。

② 俞伟超、严文明等：《座谈东山嘴遗址》，《文物》1984 年第 11 期。

话相信被杀死的女神尸体各个部位能够生长出五谷，加之日本境内考古发现的土偶基本没有完好无损的，且多位于石头圈或住所门口的瓮内，所以考古学家有理由认为，土偶制作者最初采取的就是特殊的“分割块制作法”。换言之，土偶本身就不完整并且极易被破坏，由此便能解释为何至今都无法复原一具完整土偶的原因了。法国比较神话学大师乔治·杜梅齐尔（Georges Dumézil）的弟子吉田敦彦（Yoshida Virology）认为，此举“可以充分说明当时（指绳纹时代）的人们通过破坏被认为是作物母体的女神像的土偶，进而达到杀掉女神，让其尸体碎片上生出丰裕作物的仪式目的”[①]。只不过，这种使用土偶充当杀死女神的仪式只是史前时期地母崇拜的另外一种表现形式罢了。

尽管如此，使用土偶充当杀死女神仪式却能够使学人在重新思考疑难问题时产生新的启发，比如“女娲抟土造人”的中国创世神话是否与史前地母崇拜有关？“启棘宾商，《九辩》《九歌》，何勤子屠母，而死分竟地”（《楚辞·天问》）中，夏启屠母分尸神话的解读能否回归原初语境？等等。

在中国泥土造人神话中，人类的生灵与灵魂皆来自泥土，女娲神用自己的材料造人，女娲即地母，“女娲地出”典有明征[②]。在世界诸多文明的创世神话中，人类普遍具有泥土混合神性物质的神圣属性，希腊文明、希伯来文明等均不乏泥土造人的神话叙事母题。张开焱认为，“如果说人类起源神话中蕴含着各个民族古代先民对人类本质的某种认识，那么，我们可以说，泥土造人神话，确认的是人与土地的本质关联，即人的土地根性”[③]，但他又进一步指出“两希文明”（希腊文明、希伯来文明）与华夏文明对待土地的态度完全对立，前者对土地持贬抑和否定态度。依张氏所言，希伯来人持此态度源于他们的一神教信仰，上帝耶和华乃其唯一圣洁之神；而希腊人的态度则是由至高神宙斯、地母盖娅以及人类创造神普罗米修斯诸神之间存在的对立性角色结构决定的，只是不及希伯来人那般极端与彻底。准此，与“两希文明”相比，以中日文明为代表的东方农耕文明对于土地的褒扬性与肯定性态度，显然更能够凸显地母崇拜的象征隐喻。但结合前述欧洲史前文明出土的数量丰富的受孕女神雕像分析，张氏

① ［日］吉田敦彦：《日本神话的考古学》，唐卉、况铭译，陕西师范大学出版社2013年版，第164页。

② （晋）葛洪：《抱朴子》，景印文渊阁四库全书·子部三六五·道家类，（台北）台湾商务印书馆1986年版，第45页。

③ 张开焱：《世界祖宗型神话——中国上古创世神话源流与叙事类型研究》，中国社会科学出版社2016年版，第401页。

的结论似乎又有了很大的商榷余地。

宋人洪兴祖注引《淮南子》曰：“禹治洪水，通轩辕山，化为熊，谓涂山氏曰：‘欲饷闻鼓声乃来。’禹跳石，误中鼓，涂山氏往，见禹方作熊，惭而去。至嵩高山下，化为石，方生启，禹曰：‘归我子！’石破北方而启生。”[①]启母涂山氏化为石头，石破意同尸碎，此谓夏启屠母分尸神话之由来，而金芭塔丝认为山丘和石头都是地母受孕的隐喻，因而女神理论将涂山氏与原初语境中的地母崇拜联系起来。此外，如果在萧兵、陈建宪、江林昌、张开焱诸位先生的独到见解之上[②]，将其与日本使用土偶充当杀死女神的仪式相对应，那么，屠母分尸行为在神话类比思维上就具备了与破坏土偶女神仪式相同的意涵，尸体碎片象征提供农作物生长的原生母体。二者均可视同为“尸体化生型”创世神话的一种原型衍生形式，这也与农耕文明祈求丰产的祭祀礼仪具有源流关系。

除此以外，农作物的周期性荣枯循环又被视作地母掌管着死亡与再生功能的隐喻表达，地母的神格也由生育之神发展为兼管生育、死亡、复活的命运主宰神。从象征意义上看，《道德经》第二十八章所载“为天下溪，常德不离，复归于婴儿”，便是老子将宇宙创生之时的混沌状态与母腹中的婴儿状态相互指涉的表征。人类母亲是伟大地母的代表，其生产与分娩都是地母履行范式行为的微观写照，每一位人类母亲都是在模仿和重复大地女神子宫中生命形成的原初行为。这一点能够与法国汉学家葛兰言（Marcel Granet）形成共鸣：“当一个新生婴儿或者一个临危之人被放置于地面上，对于他来说，不论是生还是死都有了正当的理由，不论他们是不是被视为完满的和正常的都是如此……躺在地上的仪式暗示了在人类和大地之间所具有的本质的同一性。”[③]如此一来，中西方文明中妇女在地面上分娩以及人死后置于墓穴之中等象征性行为就很好用神话学理论解释了。比如，坟墓的中心通道可能会唤起人们对于产道的想象，欧洲史前

---

① 游国恩主编：《天问纂义》，中华书局 1982 年版，第 178 页。

② 分别参见萧兵：《楚辞的文化破译——中国文化的人类学破译》，湖北人民出版社 1991 年版；萧兵：《楚辞新探》，天津古籍出版社 1988 年版；萧兵：《楚辞全译》，江苏古籍出版社 1998 年版；陈建宪：《一个失落的上古神话仪式——〈天问〉“何勤子屠母，而死分竟地”解？》，载陈建宪：《口头文学与集体记忆：陈建宪自选集》，华中师范大学出版社 2012 年版；江林昌：《楚辞与上古历史文化研究——中国古代太阳循环文化揭秘》，齐鲁书社 1998 年版；张开焱：《世界祖宗型神话——中国上古创世神话源流与叙事类型研究》，中国社会科学出版社 2016 年版等。

③ Marcel Granet, “Le dépot de l’enfant sur le sol”, *Revue Archéologique*, 1922, In Marcel Granet. Études sociologiques sur la Chine. Paris: Presses Universitaires de France, 1953, pp.192ff, 197ff.

文化中的坟墓是再生女神的象征物，其子宫和产道通往再生之路。[①]显然，这种以“复归子宫”仪式而获取再生条件的史前大传统观念是地母崇拜的重要遗产，属于神话意义上的“回归初始”。

《管子·乘马》云“地者，政之本也”，《管子·水地》亦云“地者，万物之本原，诸生之根菀也”，而寄托旺盛生殖力与农作物丰收的地母神话和仪式成为春秋之时齐地百姓从事农业生产行为的信仰之源，足见来自史前文化大传统的神话观念驱动作用不容小觑。《管子》将地道视为齐国顺利“施爵禄”的关键要素，而农业生产的繁荣与否直接关系到整个国家的经济兴衰乃至政权安危。《管子·治国》载：“凡治国之道，必先富民，民富则易治也，民贫则难治也。奚以知其然也？民富则安乡重家，安乡重家则敬上畏罪，敬上畏罪则易治也。民贫则危乡轻家，危乡轻家则敢陵上犯禁，陵上犯禁则难治也。故治国常富，而乱国必贫。是以善为国者，必先富民，然后治之。”[②]农民阶层因受农作物丰产受制于地母的地道思想影响，积极从事农业生产，从而满足“仓廪实”“衣食足”的基本生活需求。《管子》的“道治富民”理念借助民众思想调节奠定了雄厚的经济基础，使得齐国成为春秋之时“治国常富”的强国，进而达到维护自身统治秩序的目的。

第三节 人道：“形而上者谓之道，形而下者谓之器”的道器观

“天以圆覆，地以方载”（《尚书纬·考灵曜》）的“盖天说”曾朴素表达出初民自身对于天地之状的原初认识，《管子》在此基础之上进一步提出“上通于天之上，下泉于地之下，外出于四海之外，合络天地以为一裹”（《管子·宙合》）的超越天地极限的“宙合有橐天地”思想。除此之外，他们也在有意识探索宇宙之“道”的存在问题，一如《淮南子·天文训》所载“天圆地方，道在中央”。由《管子》文本可知，合理驾驭天道可“举大事”，驾驭地道可“施爵禄”，而欲“立政出令”，则须依赖人道。结合前述大传统视域下的天道、地道原型追溯可知，“尊天道”与“重地道”，二者对于兼顾神圣与明圣职责的统治者而言固然重要，但最终的现实落脚点却要回归到“行人道”上。《管子·五辅》有云：

> 民知务矣，而未知权，然后考三度以动之。所谓三度者何？曰：

---

① Marija Gimbutas. *The Living Goddesses*. Berkeley: University of California Press, 1999, p.68.

② 黎翔凤撰，梁运华整理：《管子校注》，中华书局 2004 年版，第 924 页。

> 上度之天祥，下度之地宜，中度之人顺，此所谓三度。故曰：天时不祥，则有水旱；地道不宜，则有饥馑；人道不顺，则有祸乱。此三者之来也，政召之。曰：审时以举事，以事动民，以民动国，以国动天下，天下动然后功名可成也。故民必知权然后举错得，举错得则民和辑，民和辑则功名立矣。故曰：权不可不度也。[①]

天祥、地宜与人顺与否事关民众、国家乃至天下的功业成败，故而需要统治者审慎权度，这体现出《管子》之道，蕴含着天道、地道、人道"三材之道"一体观。张连伟据此认为，"天是人之神性依据、德性之源，地是人之生命基础，天地人一体观确立了《管子》'明鬼神，祗山川'的政治信仰、'人君天地'的主体信心、'法天合德，象地无亲'的价值本体"[②]，其见解不可谓不新颖。不过，笔者认为对于《管子》之道尤其是人道的探讨，如果从倡导学科交叉且注重物质文化研究的视角审视，张氏的观点尚存在很大的延伸阐释空间。其中，重新认识史前文化大传统视域下的"道器观"成为进入《管子》之人道研究的有效门径之一。

言及"道器"，人们很容易将其与中国传统文化中的"道"/"器"概念联系起来。这对概念还引起了令学界乐此不疲的"道器"之争，代表性"道器观"主要包括"道体器用说""器体道用说""道器一体说"等，以至于学者们争相总结"道器观"的发展过程。陈屹指出道器的发展相继经历了三种理论范式的两次重要转换：汉唐宇宙生成论范式下的"道先器后"说，宋明本体论范式下的"道体器用"说，明清之际生存论范式下的"治器显道"说[③]。而王向清、李芬却认为："道器之辨主要经历了三个发展阶段：道器本末未定论阶段，道本器末论阶段，器本道末论阶段。"[④]诚如他们所言，从马克思主义哲学立场分析，将道器关系理解为事物间的规律及其联系，将规律视为事物本质联系与内在趋势的反映，甚至立足于当今中国的"器用"，未来或能走出一条打上世界印记的中国式康庄大"道"。但是不可否认，上述基于抽象哲学视角的种种"道器观"都未能真正阐释清楚"道器"何为问题，更不用说探讨其所以然了。归根结底，这是受到文字文本的小传统知识观局限所致。此种认知方式原本无可厚非，但是在知识全

① 黎翔凤撰，梁运华整理：《管子校注》，中华书局2004年版，第199页。

② 张连伟：《〈管子〉哲学思想研究》，巴蜀书社2008年版，第46页。

③ 陈屹：《道器之辨中的三种范式及其转换》，《周易研究》2010年第6期。

④ 王向清、李芬：《道器之辨的逻辑发展》，《中南林业科技大学学报（社会科学版）》2007年第2期。

球化语境下，随着越来越多诸如口传文化、文物与图像等“证据”材料的不断问世，过度依赖文本阐释效力的传统型研究范式开始遭遇新的学术挑战，实现不同人文学科之间的研究转向成为解决此类问题的优先选项。

在早期原典中，《周易·系辞上》已明确将“道”与“器”进行对举呈现：

形而上者谓之道，形而下者谓之器，化而裁之谓之变，推而行之谓之通，举而错之天下之民，谓之事业。圣人有以见天下之赜，而拟诸其形容，象其物宜，是故谓之象；圣人有以见天下之动，而观其会通，以行其典礼，系辞焉以断其吉凶，是故谓之爻。①

孔颖达疏曰：

道是无体之名，形是有质之称。凡有从无而生，形由道而立，是先道而后形，是道在形之上，形在道之下。故自形外已上者，谓之道也；自形内而下者，谓之器也。形虽处道器两畔之际，形在器，不在道也。既有形质，可为器用。②

孔氏显然遵循“易有太极，是生两仪，两仪生四象，四象生八卦”（《周易·系辞上》）的宇宙生成序列进行论说。在他看来，“自形外已上”属于形而上的“道”之领域，“自形内而下”则属于形而下的“器”之领域，加之“先道而后形”与“形在器，不在道”的逻辑演绎，其说概括为“道先器后论”于理可通。受客观条件所限，身处唐朝的孔氏无法像今日学者一般幸运，能够亲眼所见考古出土的各类“形器”——文物与图像，所以其观点因视野、材料诸多因素的影响而仍然存在疏漏、片面之处，这一点当然不能苛求。基于此，笔者认为如果仅仅就前述陈屹总结的三种理论范式而言，以孔氏为代表的汉唐宇宙生成论范式下的“道先器后”说，相对而言已经算是比较接近“形而上者谓之道，形而下者谓之器”的道器观原初之意了。但随着文学人类学所倡四重证据法的渐趋推广开来，结合更多效力充足的文物与图像证据，能够对该问题展开进一步的探究与重释。实际上，《礼记·学记》已经提供了宝贵的线索，即“玉不琢，不成器”，换言之，“器”（玉料）并非徒有“形质”，还需进一步加工（雕琢）成“物”（玉

① （清）阮元校刻：《十三经注疏》影印本，中华书局1980年版，第83页。
② （清）阮元校刻：《十三经注疏》影印本，中华书局1980年版，第83页。

器），使其具有“器用”。孔颖达也明确意识到这一点，其为“君子大德不官，大道不器，大信不约，大时不齐”（《礼记·学记》）疏谓：“大道亦谓圣人之道也，器谓物堪用者。夫器，各施其用，而圣人之道弘大，无所不施，故云不器。不器而为诸器之本也。”[①]于“物”而言，孔氏能够认识到“器谓物堪用者”，即“形质”与“器用”合而为“器”，这种基于“道先器后”而产生的“形器观”对于“道器观”的阐释可谓难能可贵，能够使得形而上的“道”与形而下的“器”形成现实观照。

《道德经》虽然未像《周易》一样将“道”与“器”对举，但也有11章内容谈及“器”，诸如“朴散则为器，圣人用之，则为官长，故大制无割”（《道德经》第二十八章），“天下神器，不可为也，为者败之，执者失之”（《道德经》第二十九章），“不敢为天下先，故能成器长”（《道德经》第六十七章）等，其中强调圣人用器“为官长”等理念又与《周易》中的道器与圣人治世对应起来。然而，纵览《道德经》全书不难得知，“道”乃其真正核心，具有根本性。从道生万物的逻辑推理分析，万物都具有“器”的属性，“道”“器”二者共生共存，与《周易》“道器观”确有相通之处。

《管子》习惯将作为万物之灵的人与天、地并举，如“天不一时，地不一利，人不一事”（《管子·宙合》），“天以时使，地以材使，人以德使”（《管子·枢言》），“天主正，地主平，人主安静”（《管子·内业》），“天以时为权，地以财为权，人以力为权”（《管子·山权数》），“一曰天之，二曰地之，三曰人之”（《管子·九守》）等，这体现出人通过“赞天地之化育，则可以与天地参”（《中庸》第二十二章）的神圣思维意识。从这一点上讲，《管子》显然受到《周易》《道德经》等传统经典的影响，由此将《管子》所载人道、天道、地道浓缩到原初宇宙之道中，能够使得宇宙法则与治世规范达成统一。其共同依据则是世间万物，尤其是源自史前大传统的宇宙之道为后世小传统的哲学之道提供了象征原型。基于此，美国汉学家艾兰（Sarah Allan）指出：“中国早期的思想家无论属于哪一个哲学流派，都假定自然界与人类社会有着共同的原则，人们通过体察自然便能洞悉人事。因此之故，自然界而非宗教神学，为中国早期哲学的许多概念提供了本喻。”[②]如果在自然界中为早期中国形而上的“道”寻找形而下的“器”，形成华夏神话独具特色的第一关键要素——玉，无疑成为最佳选择。继续

① （清）阮元校刻：《十三经注疏》影印本，中华书局1980年版，第1525页。

② ［美］艾兰：《水之道与德之端——中国早期哲学思想的本喻》，张海晏译，商务印书馆2014年版，第13页。

沿着"玉不琢，不成器"的"形器观"向前推进，那么经过雕琢的玉璧将会成为考释《管子》"道器观"的优先体认物，人类通过这种玉礼器不仅可以实现与天地物质上的交通，还能够实现精神上的感通。

显然，该问题如果仍然局限于文献记载以及相关解说的意义分歧之中是无法摆脱纷争困境进而实现求证的。因此，必须前往史前文化大传统中，依据考古出土文物所提示的整个玉礼器发生线索完成华夏文明认同的重新建构。毋庸置疑，美玉并非普通的石头，而是承载着天人信仰的中介物，同时又是沟通神灵的象征圣物。经过切磋琢磨制作而成的玉礼器更是在史前玉石神话信仰中形成一套隐喻神明与永生的价值观念。所谓神明，是针对权力象征的神圣渊源而言，玉礼器赋予王权统治者以威权和能量；所谓永生，则是针对亡者的丧葬仪式而言，玉璧、玉琮、玉圭、玉环、玉衣等赋予死者获得永生不朽的神话观念。在史前原始宗教中，信奉鬼神的玉石神话信仰者彼此之间会达成共识，这使得玉礼器持有人的权力认同关系得到维系，帝王统治者将神圣玉礼器赐予诸侯王以示其威权的下达，而诸侯王则以此信物确保自己治理一方的合法性。因此，在东亚史前社会中长期充当神圣初始信物的玉礼器就具有了君权神授意涵，圣人、圣王与圣物直接形成符号对应，而人与物的固定类比联想为觅得潜隐于《管子》《道德经》《周易》等早期经典中"圣"的世界之神话源头提供了契机。

美国人类学家格尔兹（Clifford Geertz）曾对当代人类学研究者进行宗教研究时，只重视宗教中神圣物对于人类社会生活的影响，而忽视对象征符号自身内在意义考察的现象提出过尖锐批评：

> 人类学家的宗教研究应分为两个阶段：首先对构成宗教本身的象征符号所体现的意义体系进行分析；其次，将这些体系与社会结构过程和心理过程相联系。我对当代人类学的大多数宗教研究不满意，不是因为它关注第二阶段，而是因为它忽略了第一阶段，结果是将最应阐明的东西当作了理所当然。①

通过对比发现，在中国以往的宗教研究中，被忽略的恰恰是玉这种神圣象征符号自身的意义。然而，华夏文明的历史书写特征为"神话历史"，驱动其神话想象的终极原型是源于8000年前的玉石神话信仰，这种神圣

---

① ［美］克利福德·格尔兹：《文化的解释》，纳日碧力戈等译，上海人民出版社1999年版，第143页。

信仰发展到文字文本小传统中，逐渐形成一种后来居上的玉文化核心崇拜。其中最具代表性的器物即是“六器”①之中的玉璧，其承载着自大传统的史前时期即已存在的以玉为神、沟通天人的信仰观念，甚至成为帝王统治阶级“量身定做”的专属圣物，自然被视为神圣王权的象征。如何能够体现出玉璧这种特殊性器物所蕴含的神圣信仰呢？不妨先来看如下一则重要历史事件，从中可以透析以玉璧为代表的玉石神话信仰对整个华夏文明的历史构成与历史书写所起的支配性作用：

> 吉日甲子，天子宾于西王母。乃执白圭玄璧以见西王母，好献锦组百纯，□组三百纯，西王母再拜受之。□乙丑，天子觞西王母于瑶池之上。西王母为天子谣，曰：“白云在天，山陵自出。道里悠远，山川间之。将子无死，尚能复来。”天子答之曰：“予归东土，和治诸夏。万民平均，吾顾见汝。比及三年，将复而野。”西王母又为天子吟曰：“徂彼西土，爰居其野。虎豹为群，於鹊与处。嘉命不迁，我惟帝女。彼何世民，又将去子。吹笙鼓簧，中心翔翔。世民之子，唯天之望。”西王母还归丌□。天子遂驱升于弇山，乃丌迹于弇山之石，而树之槐，眉曰：“西王母之山。”②

周穆王姬满前往神圣昆仑山会见西王母一事被视作玉石崇拜定型化的标志性事件之一，同时应当特别注意，周天子献给西王母的两件高规格玉礼器中就有玄璧。该神话叙事虽“言简”，但其中潜隐的文化信息却“意赅”，帝王献玉璧行为是受神话信仰观念驱动的，中原人心目中珍贵稀有的美玉产地即位于西王母居处的昆仑山，而她一直被奉为掌管着世间唯一不死药的女神，加之美玉和不死药的功能相近，所以周天子瑶池献璧之举又增添了代表人类追求永生不死最高理想的象征意义。古代帝王皆称“天命不可违”，以受命于天来强化自身统治的合法性，如此头等大事显然关系到统治者登基或继位的权威性，必须借助于玉璧这样一种至高无上的物质符号予以证明。

除此以外，围绕玉璧展开的其他历史叙事还包括蔺相如完璧归赵、刘

---

① 所谓“六器”，指玉璧、玉琮、玉圭、玉璋、玉琥、玉璜六种玉礼器。《周礼·春官·大宗伯》载：“以玉作六器，以礼天地四方。以苍璧礼天，以黄琮礼地，以青圭礼东方，以赤璋礼南方，以白琥礼西方，以玄璜礼北方。皆有牲币，各放其器之色。[（清）阮元校刻：《十三经注疏》影印本，中华书局 1980 年版，第 762 页。]

② 王天海译注：《穆天子传全译·燕太子全译》，贵州人民出版社 1997 年版，第 62—63 页。

邦鸿门宴献璧、子羽斩蛟破璧[①]等，但文献记载的玉璧信仰真实性是否有足够的实物证据予以佐证呢？答案是肯定的，而且出土物证非常丰富。迄今为止的考古资料表明，史前玉璧的传播路径非常清晰，足以体现出历史传承性与文化渗透性。玉璧率先以小型系璧的形式出现于东北地区的新石器时代遗址中，接着在红山文化中得以延续，随后相继南传至山东大汶口文化、安徽凌家滩文化、浙江良渚文化之中，后来一度催生出石家河文化玉璧，南方史前玉璧形制逐渐向大型玉璧群组演变。同时，红山、大汶口、石家河诸文化的多重影响加快了玉璧进入中原的进程，这在山西庙底沟二期文化、陶寺文化以及陕西石峁文化考古遗址中均有很好的实物呈现，甚至西传至甘青地区齐家文化的遗址与墓葬中。而在关中地区的高陵杨官寨遗址中考古新出土的距今5300年的石璧显然已具备玉礼器的雏形特征。可以说中原仰韶文化石璧的发现，为西部齐家文化中大量与玉器并出的石璧找到了实物原型，使得中原地区与西部玉礼器起源的证据链变得更加完整。由此可见，玉璧作为中国传统文化中迄今所知最古老、影响力最深远、生命力最持久的文化符号实至名归。

再将视线转向长江中游地区，湖北荆州熊家冢是一座等级规格非常高的楚王族墓地，出土有数量庞大的精致玉器，玉质与新疆和田玉相类似，其中一件玉器造型尤为特殊：左右两条蜿蜒的神龙相向，龙首拱起中间的玉璧，一人头顶玉璧双手攀龙作升天状（图1–6）。这件楚国出土玉器除了充分反映出春秋战国时期楚地玉工的高超工艺水准以外，更重要的是将玉璧的神圣象征意涵完美呈现出来，人物或许是巫觋一类神职人员，但也不排除直接隐喻楚王自身精神“祭司王”角色的可能性。

到了汉代，玉璧作为天国之门的象征，其通天、通神的神话学功能愈加显著，从出土的画像石来看，“二龙穿璧”甚至成为当时的流行性主题（图1–7）。其中的游龙代表能够自下而上飞升天界的媒介性动物，而穿越玉璧的行为象征进入神界之门，龙纹、玉璧都是帝王阶层极为依赖的权力象征物，整个画像石图像布局设计的初衷在于为帝王统治者营造特许的专属神圣空间，画面下方两只舞蹈的天熊形象更是沿袭着自黄帝以来中央熊神的文化记忆，毕竟汉代神话想象中的天熊也是高居天国上方的。因此，诸多神圣意象的组合将帝王统治者假借玉璧实现天人沟通的信仰观念展现出来。

---

① 据《博物志》卷2《异闻》载：“澹台子羽渡河，赍千金之璧于河。河伯欲之，至阳侯波起，两蛟挟船。子羽左掺璧，右操剑，击蛟皆死。既渡，三投璧于河，河伯跃而归之，子羽毁而去。”［（晋）张华撰，范宁校证：《博物志校证》，中华书局1980年版，第85页。］

图 1-6 “二龙拱璧，载人升天”楚国玉器

（丁哲摄于荆州博物馆“荆州楚墓暨熊家冢出土玉器展”）

图 1-7“二龙穿璧”画像石

（公维军摄于徐州汉画像石艺术馆）

同样，《管子》注重通过玉的叙事来呈现上古时期民众的神话信仰问题，其中《管子》对于玉璧有重点描述，在《轻重甲》《轻重丁》两篇中，齐桓公不仅对制造良弓、新建粮仓的能工巧匠以及放贷之家“式璧而聘”，还号召其他诸侯国以彤弓、石璧进献周天子；而《形势》《侈靡》诸篇则以牺牲圭璧飨鬼神，“知神次者，操牺牲与其珪璧”（《管子·侈靡》）。玉璧是帝王统治者的神圣权力象征，将其献祭鬼神是祈求获得神灵庇佑的观念驱动，所依凭的正是玉璧的通神特性。事实上，《管子》也有意将齐桓公置于“圣”的场域之中。周天子将神圣玉璧赐予诸侯王，象征其周王室正统威权的下达，而号召“尊王攘夷”的齐桓公采取系列“式璧而聘”行为正是欲借此信物确保自身治理齐国的合法性。

随着东周时期西玉东输运动的升级，同其他优质玉矿资源相对缺乏的地区一样，山东地区的玉璧生产虽然开始呈现出数量增多、玉质优化的缓慢趋势，但就目前的考古发现而言，齐地出土玉器整体来说却是质地不佳。而盛行以水晶、玛瑙、滑石等替代玉的情况在一定程度上反映出齐墓丧葬用玉的特点。以山东临淄商王村战国墓出土玉璧情况为例，M1 与 M2 出土的 53 件玉器之中，玉璧数量高达 29 件。其中 M1 出土有 18 件玉璧，绝大多数为青玉，极少数呈现黄色或墨绿色，纹饰以涡纹为主，也有个别饰有龙蛇纹、蒲纹、卧蚕纹[①]；M2 出土玉璧形制、纹饰、颜色等皆与之相类似（图 1–8）。但不可否认，考古出土的青色玉璧依然是齐地出土玉礼器中的最大宗，黄色玉璧稀少，白色玉璧更是罕见，这种情形与礼书文献所载“苍璧礼天”之说基本吻合。

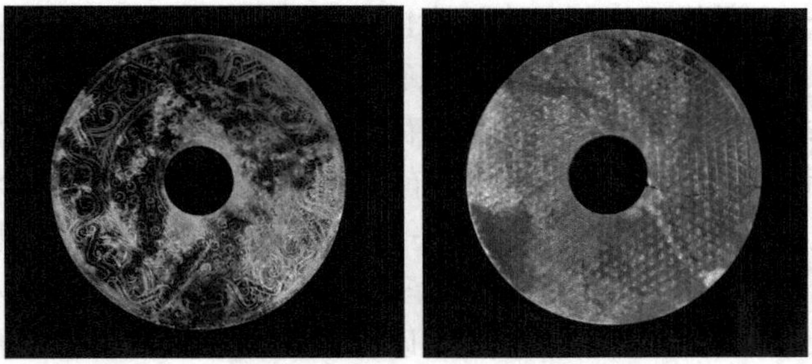

图 1–8 山东临淄商王村 M2 出土玉璧[②]

除此以外，在临淄齐故城遗址中，还出土有一定数量的玉璧早期衍生品——石璧，一方面为《管子》所载“石璧谋”的真实性提供了实物证据。另一方面，湖南出土了 201 件战国秦汉时期的玻璃璧，目前全国出土总数也不过 233 件而已。[③] 作为玉璧进入文明之后的衍生物，玻璃璧与石璧一样都能够代表天命和神意，这也反映出玉璧神话观在玉料缺乏地区的信仰传播之普及。从文学人类学理论中神话观念对神圣行为的驱动作用来看，

① 淄博市博物馆：《山东临淄商王村一号战国墓发掘简报》，《文物》1997 年第 6 期。

② 左为青灰色玉璧，内区饰为涡纹，外区饰为四组身体呈现S形的兽面纹；右为青玉璧，沁色黄白，两面饰涡纹。二者现藏于淄博市博物馆。图片来源：古方主编：《中国出土玉器全集》（山东卷），科学出版社 2005 年版，第 199、194 页。

③ 傅举有、徐克勤：《湖南出土的战国秦汉玻璃璧》，《上海文博论丛》2010 年第 2 期。

驱动玉璧生产的根本性动机正是源自天圆地方的神话观念，人们在追求天人合一的华夏传统语境中，对代表苍穹、象征圆天的特殊物质青睐有加。因此，这种遵循神话类比思维的通天、通神圣物自史前延续至春秋战国时期得以在齐地普遍存在的事实，能够反映出玉璧对包括齐桓公在内的整个华夏统治者及其治下民众信仰建构所产生的指引性效应之持久。

考古出土的神圣玉璧作为形而下之"器"的代表，成为形而上之"道"的有效转化载体。文学人类学视域下的"道器观"将《管子》之道重新还原到大传统的宇宙之道中，而不再一味围绕抽象后的哲学之道聚讼不已。加之前述天道、地道的原型探索，《管子》文本所载之"道"的意义获取需要改变对传统逻辑推演的依赖，更多地运用神话类比思维，借助于物质文化的阐释效力，选择通过隐喻、类推、象征等方式传达出管仲相齐后的治国理念与思想主张，正所谓"霸王之形，象天则地，化人易代，创制天下，等列诸侯，宾属四海，时匡天下"（《管子·霸言》）。

力求全面驾驭天道、地道、人道的"道治"思想是《管子》政治思想中的核心部分，也是维系齐国整个社会体系运转稳定的关键机制。《管子·版法解》有云："法天地之位，象四时之行，以治天下。四时之行，有寒有暑，圣人法之，故有文有武。天地之位，有前有后，有左有右，圣人法之，以建经纪。"[①]《管子·形势解》亦云："主有天道以御其民，则民一心奉其上，故能富贵而久王天下……欲王天下而失天之道，天下不可得而王也。"[②]天地之道显然已被视为王权合法性的神圣之源。因此，齐桓公才积极效法、尊崇、顺应天地之道，敬天地而受命，以神灵的代言人身份发号施令，利用民众对神灵的敬畏之心治国驭民，将民众树立四维观念的"守国之度"与"明鬼神，祗山川，敬宗庙，恭祖旧"的"顺民之经"（《管子·牧民》）结合在一起。齐桓公的主观意识里一直都是以精神"祭司王"身份自居，渴望集神圣与明圣于一身，只是迫于无奈举起"尊王攘夷"的道德大旗。基于《管子》文本的再阐释可知，齐桓公从天地运行之道显现出的宇宙秩序中体认出治国之道维系着国家纲纪。《管子》之道的合理运用，为齐桓公最终掌握权力话语，进而成就"一匡天下"的春秋霸业铺就了一条康庄大道。

① 黎翔凤撰，梁运华整理：《管子校注》，中华书局 2004 年版，第 1196 页。
② 黎翔凤撰，梁运华整理：《管子校注》，中华书局 2004 年版，第 1183 页。

第二章　尊王攘夷“正天下”：一种认知图式的呈现

公元前770年，周平王宜臼将国都从镐京迁至洛邑，自此以后中国历史进入新的东周时期。然而，伴随着“平王东迁”事件而来的却是周王室政权开始走向衰微、统治渐趋“失控”的不利局面。周天子的权威号召力受到挑战，各地诸侯势力逐渐壮大，诸侯国之间争霸战争频仍，加之王室周边的夷狄部落不断侵扰京畿地区，华夏文明在春秋早期面临着前所未有的危机。（图2–1）

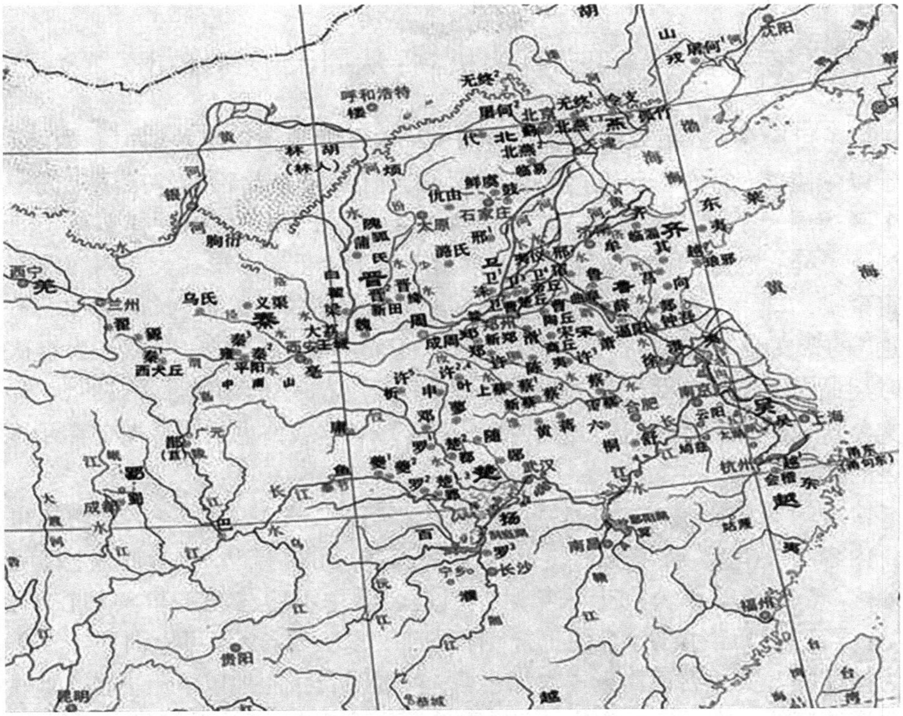

图2–1　春秋时期疆域图（局部）[①]

① 图片来源：谭其骧主编：《中国历史地图集：原始社会·夏·商·西周·春秋·战国时期》第1册，中国地图出版社1996年版，第20—21页。

在此纷繁复杂的背景之下，齐桓公适时加快了称霸进程，但不容忽视的事实在于，他在掌控自身霸业的权力话语过程中幸得管仲辅佐。管仲在国内的政治、经济、军事等多个层面进行针对性变革，使得齐国具备了称霸诸侯所必需的雄厚物质基础以及军事实力。与此同时，他理性通观时局，助推齐桓公打出“尊王攘夷”的鲜明政治旗帜。该举措一方面迎合了周天子迫切希望各地诸侯王积极表态拥护王室统治的精神需求，在提升周天子威望的同时，还能够号召诸侯国共同抵御夷狄；另一方面，齐桓公借助周王室的正统性来震慑其他诸侯实力，意在减少称霸阻力，使得自身行为更具正义性与合理性。而以诸侯长身份“九合诸侯，一匡天下”成为春秋首霸的事实更是印证了“尊王攘夷”旗帜选择的正确性。总之，齐桓公率先举起“尊王攘夷”的大旗，假借维护周天子的统治权威以及抵御王室周边夷狄的侵扰挑衅，进而实现周王室认可、其他诸侯国顺从而“正天下”的称霸意图。

第一节 “尊王”行为机制：从周天子到祭司王

不可否认，齐桓公的确存在借助于周天子的威望以实现精神上“挟天子以令诸侯”的称霸动机，但是在管仲的辅佐下，他恰恰能够准确把握一个平衡周天子与其他诸侯王之间关系的度。而这个尺寸的拿捏不至于使周天子疑心过重，同时又足以令诸侯国不得不接受一个形式大于内容的既定事实，“尊王”的旗帜使得齐桓公逐渐担当起诸侯长的角色。与“谲而不正”的晋文公不同，齐桓公被孔子冠以“正而不谲”的美誉，虽然作为春秋时期最无可争议的两位霸主都曾高举“尊王”义旗，但如同邢昺疏言，“晋文公召天子而使诸侯朝之，是诈而不正也”[①]，这或许也是两者拥有管仲与否的差异所致。

虽然晋文公在确立自身霸主地位而举行的“践土之盟”上，刻意将盟誓内容与“尊王”旗帜进行挂钩，“皆奖王室，无相害也，有渝此盟，神明殛之”（《左传·僖公二十八年》），但是会盟中不容忽视的事实却在于，“晋侯召王，以诸侯见，且使王狩，仲尼曰：‘以臣召君，不可以训’”[②]，作为诸侯的晋文公召请周天子参加会盟，可谓明目张胆地以下犯上，进而触碰道德底线。在儒家思想中，一贯秉持“天下有道，则礼乐征伐自天子出；

① （清）阮元校刻：《十三经注疏》影印本，中华书局1980年版，第2511页。

② （清）阮元校刻：《十三经注疏》影印本，中华书局1980年版，第1827页。

天下无道，则礼乐征伐自诸侯出”（《论语·季氏》）的价值理念，晋文公此时竟敢于公然号令周天子，足见其“尊王”是假，“挟天子以令诸侯”是真，孔子据此认为他“谲而不正”是有道理的。不过自此会盟之后，所谓“尊王”已然彻底沦为可有可无的舆论工具。

然而，齐桓公的做法却与之迥异。《管子》载管仲曾劝诫他效仿古代圣王，毕竟“权者，神圣之所资也；独明者，天下之利器也；独断者，微密之营垒也”（《管子·霸言》），希望他能够以权谋、智慧与判断在春秋争霸中赢取胜利，显然，这在“尊王”口号真正落实行动的过程中得到了有效呈现。这首先表现在齐桓公以诸侯长身份率领其他诸侯国军队南下攻伐楚国，质问楚国为何对周王室态度不尊上。据《左传·僖公四年》记载：

> 四年春，齐侯以诸侯之师侵蔡，蔡溃，遂伐楚。楚子使与师言曰：“君处北海，寡人处南海，唯是风马牛不相及也。不虞君之涉吾地也，何故？”管仲对曰：“昔召康公命我先君大公曰：‘五侯九伯，女实征之，以夹辅周室。’赐我先君履：东至于海，西至于河，南至于穆陵，北至于无棣。尔贡包茅不入，王祭不共，无以缩酒，寡人是征；昭王南征而不复，寡人是问。”对曰：“贡之不入，寡君之罪也，敢不共给？昭王不复，君其问诸水滨。”师进，次于陉。①

不难得知，齐桓公质问之事有二：一是楚国为何不按时向周王室进贡祭典所用苞茅，致使整个祭典因无法滤酒去渣而难以举行；二是周昭王南征荆楚之地，为何不见归返。显然，齐桓公是借“尊王”名义向楚国兴师问罪，楚国自然不敢不承认错误，紧随其后的“召陵之盟”更是有效遏制了楚国的北扩势头。不仅如此，《管子》还载有管仲为周王室祭典如期举行而进献“菁茅之谋”，这不仅及时解决了周天子的燃眉之急，还在为齐国提升威望的同时带来丰厚经济收益。《管子·轻重丁》对此有载：

> 桓公曰：“天子之养不足，号令赋于天下则不信诸侯，为此有道乎？”管子对曰：“江、淮之间，有一茅而三脊，毌至其本，名之曰菁茅。请使天子之吏环封而守之。夫天子则封于太山，禅于梁父，号令天下诸侯曰：‘诸从天子封于太山，禅于梁父者，必抱菁茅一束以为禅籍。不如令者不得从。’”天子下诸侯，载其黄金，争秩而走，江、淮

① （清）阮元校刻：《十三经注疏》影印本，中华书局1980年版，第1792—1793页。

之菁茅，坐长而十倍，其贾一束而百金。故天子三日即位，天下之金四流而归周若流水。故周天子七年不求贺献者，菁茅之谋也。①

毋庸置疑，齐桓公种种正而不诈的“公义”之举离不开管仲的深谋远虑，毕竟身处渐趋礼崩乐坏且人心不古的春秋时期，齐国君臣还能够坚定维护周天子的威权，全力维护周王室的宗法制度，实属不易。尽管孔圣人有过“管仲之器小哉”（《论语·八佾》）的微词，但他还是至少三次以儒家道德规范的最高标准——“仁”来盛赞管仲尊崇礼制的“尊王”行为，《论语·宪问》载：“子路曰：‘桓公杀公子纠，召忽死之，管仲不死。’曰：‘未仁乎？’子曰：‘桓公九合诸侯，不以兵车，管仲之力也。如其仁！如其仁！’”邢昺疏谓：“孔子闻子路言管仲未仁，故为说其行仁之事。言齐桓公九会诸侯，不以兵车，谓衣裳之会也。存亡继绝，诸夏乂安，皆管仲之力也。足得为仁。余更有谁如其管仲之仁。再言之者，所以拒子路，美管仲之深也。”② 面对子路的质疑，孔子认为管仲能够助力齐桓公避免以战争流血形式实现九合诸侯，换来周王室的稳定与延续，是配得上“仁”之赞誉的。但是，为何在其他诸侯国将周天子视同“摆设”之时，管仲却选择站出来坚定尊奉其为“天下共主”呢？这就需要从文化大传统视域下，自史前延续至春秋时期神权与王权一体的神圣观念着手阐释。

李泽厚认为：“中国文明有两大征候特别重要，一是以血缘宗法家族为纽带的氏族体制，一是理性化了的巫史传统。”③ 至周公旦制礼作乐，才最终完成巫史传统“由巫而史”的所谓理性化进程，与此同时，成熟于西周、春秋时期的宗法制度与王权、神权也实现了紧密结合。然而，从文学人类学“神话历史”角度审视，上古时期巫、史本就不分，初民的行为动机深受神话观念驱动的影响，至于巫史传统是否明确经历过从感性化向理性化的转变过程，目前无法给出一个准确定论，但李氏却指出了一个关键事实，那便是巫文化在整个中华文明发生史中发挥着无可替代的作用。

在史前集体无意识中，巫文化曾主导着所处时代人们的神话思维模式以及意象体系，甚至成为初民潜意识中的固有思维方式。与神话传说一样，巫术也是当时人们认知方式或宇宙观念的重要组成部分，在由巫而史

① 黎翔凤撰，梁运华整理：《管子校注》，中华书局 2004 年版，第 1473 页。
② （清）阮元校刻：《十三经注疏》影印本，中华书局 1980 年版，第 2511 页。
③ 李泽厚：《说巫史传统》，载李泽厚：《历史本体论·己卯五说》，生活·读书·新知三联书店 2003 年版，第 157 页。

的人类历史发展进程中扮演着独特角色。张光直注意到：“‘巫’的宇宙观在人类文化史上是相当常见的，但过去巫术与巫师在文明发展史上所起的重大作用，颇被忽视，这是因为研究文明史者多集中注意力于西方文明，而西方文明的发展经过和动力有它独特的特点，在它那里巫是不重要的。巫师和巫术起大作用的文明，如中国和玛雅，过去在文明起源一般问题的研究上并不受学者的注意，自（20世纪）90年代初开始，中国文明和玛雅文明在世界舞台上逐渐受到重视，巫师与巫术在文明演进史上的重要性，也逐渐受到研究文明演进一般问题的学者的严肃考虑。”① 由此可知，巫文化在世界古代文明中普遍存在，并非中国特有的文化现象，只是其在西方文明发展史中所起的作用远远不及在中国、玛雅、埃及诸文明中呈现得那般突出而已。

在巫文化中，巫觋是举行神圣巫术仪式的一类特定神职人员，被视作神灵的化身，充当着神灵在人间的代言人角色。他们掌控有普通人无法企及的超自然能力，能够沟通天地并且实现人神交流。在巫觋群体中，还有一类身份更为特殊的高级巫师被称作“王巫”或“巫君”，他们作为被冠以王、天子、皇帝、法老等最高统治者称号的最大“巫”，皆成为神圣性知识的拥有者和至高无上的威权象征。如同英国人类学家詹姆斯·弗雷泽（James George Frazer）所言，这些身兼巫首的政治领袖将神权与王权紧密集于一身，担当起名副其实的精神“祭司王”，从根本上掌握着沟通天地神人的最高神权，由此做出最终决断并进一步指导行动：

> 当我们指出古代国王通常也是祭司的时候，并未详尽阐明其官职的宗教方面的内容。在那些年代里，笼罩在国王身上的神性绝非空洞的言辞，而是一种发自坚定的信仰的表达。在很多情况下，国王不只是被当成祭司，即作为人与神之间的联系人而受到尊崇，而是被当作为神灵。他能降福给他的臣民和崇拜者，这种赐福通常被认为是凡人力所不及的，只有向超人或神灵祈求并供献祭品才能获得。因而国王们又经常被期望着能赐予国家风调雨顺五谷丰登等等。这种期望，必然使现代人感到奇怪，但对早期人类来说，这是一种十分自然的思想方式。②

① ［美］张光直：《中国古代王的兴起与城邦的形成》，载杨楠编：《考古学读本》，北京大学出版社2006年版，第109页。

② 此处的“国王”泛指早期社会的一切行政首领。［英］J. G. 弗雷泽：《金枝——巫术与宗教之研究》，汪培基、徐育新、张泽石译，商务印书馆2015年版，第23—24页。

在文明早期巫君合一的巫文化背景中，身为“祭司王”的政治领袖们通过人神交际能够赐福于子民，并且掌握着普通民众可望而不可即的神圣巫术力量。他们借助神秘的象征性活动能够对大自然形成某种支配性或干预性效果，其中最为常见的是期盼整个部族风调雨顺的祈雨仪式，事神动机成为早期巫文化的根本性特点。因此，弗雷泽所言“坚定的信仰表达”指向性就更加清晰明确，那便是隐藏在巫文化背后支配早期人类思维方式的巫术逻辑与神圣信仰，而初民亦笃信笼罩在政治领袖身上的神性，能够使得自然现象与人类活动产生神秘的交相感应。

时至今日，作为世界上唯一未曾中断过的华夏文明，因其一脉相承的延续性，使得巫文化成为解读中国文化编码备受依赖与瞩目的解码工具。目前学术界普遍重视物与图像阐释效力的物质文化研究新潮流，从中国考古出土文物来看，巫文化至迟在新石器时代的仰韶文化中已有所呈现。1955 年于西安半坡遗址出土的一件高 16.5 厘米、口径 39.8 厘米的人面鱼纹彩陶盆内部即绘有一个造型特异的人面连续图案，耳边各绘一条游鱼。学者玛瑞林·胡（Marilyn Fu）推测其为早期巫师形象，“他们可能是巫师的面孔，两耳珥鱼可与《山海经》里两耳珥蛇的巫师相比较”[①]，这种研究的基本方向是没有太大问题的，《山海经》所描述的珥蛇形象可被视作仰韶文化甚至更早时期即已存在的珥鱼形象之演化变体。

《山海经》中关于“珥蛇”的记载共计 9 处，主人公涵盖夏后启、夸父、不廷胡余、弇兹、禺强、禺虢、奢比尸，其中夏后启为人间圣王形象，其他均为人面兽身或人面鸟身的神灵形象，而夸父因具备逐日神异功能，自然也能自由升降于天地间。有研究者曾结合《山海经·海外西经》所载巫咸国群巫形象左右手皆操蛇的描述，彝族最受尊崇的祭师毕摩通常有单耳佩戴耳饰的礼俗，以及田家沟红山文化遗址出土墓主人右耳佩戴的玉蛇耳坠实物等文献学、民俗学、考古学多重证据，论证珥蛇主人公的身份极有可能就是“当时社会中巫觋萨满之类的神职人员”[②]。准此，夏后启借助巫这条具体、实在的路径将神权、王权集于己身的目标实现，也直接印证了陈梦家“王者自己虽为政治领袖，同时仍为群巫之长……凡此王兼为巫之所事，是王亦巫也”[③]的基本论断。

---

① ［美］张光直：《美术、神话与祭祀》，郭净译，辽宁教育出版社 1988 年版，第 96 页。

② 叶舒宪：《红山文化玉蛇耳坠与〈山海经〉珥蛇神话——四重证据法求证天人合一神话“大传统”》，《西南民族大学学报（人文社会科学版）》2012 年第 12 期。

③ 陈梦家：《商代的神话与巫术》，载陈梦家：《陈梦家学术论文集》，中华书局2016年版，第 91 页。

对于王巫一体的巫觋神职人员而言，无论是珥鱼、珥蛇还是佩戴的其他耳饰，其文化功能都是沟通天地神人的中介符号，类似于今人所言巫师法器，普遍具有神圣的“显圣物”意义。他们会将精神统治权（神权）与政治统治权（王权）紧密融为一体，充分利用神圣的宇宙力量来强化自身统治的正当性。从文学人类学大传统意义上讲，在以玉事神的尚巫时代，相较于其他通神圣物，玉器所特有的显圣性意涵呈现得更为突出。苏秉琦在论述玉器社会功能及其彰显出的中国传统价值标准与道德观念时明确指出，中国文化传统赋予玉以人格化、社会化诸种性质，并且使其在中国社会生活中占据重要的特殊地位，“在阜新查海、敖汉旗兴隆洼所发现的七八千年前的玉器，已是用经过认真选择的真玉加工而成的，在五千年前的红山文化、大汶口文化、良渚文化那个阶段上，玉器成了最初的王权象征物，同时随着‘宗教革命’的到来，如史籍所载帝颛顼的‘绝天地通’的宗教改革，神权由王权来垄断，一些玉器又成为通天的神器”①。这类王巫形象在距今4000年前的湖北天门石家河文化玉器中表现得尤为明显，其中最具代表性的当属20件玉人头像②（图2-2），包括罗家柏岭遗址出土的11件（含1件人头像坠饰）、肖家屋脊遗址出土的7件、六合遗址与枣林岗遗址分别出土的1件。

这些玉人头像的共性特征之一在于双耳之上装饰有玉环，基于比较神话学的系统阐释分析，佩戴玉环行为同珥鱼、珥蛇现象的神圣意涵如出一辙，都暗示着主人公所拥有的通天、通神特殊能量与神圣身份。除此以外，绝大多数头戴平顶冠的现象也引起了学者们的格外关注，有人将其与甲骨文“天”字的取象原型联系起来，“天”字的造字原理在于“以两足动物人为基准，用‘近取诸身’的方式来表示人头上方即天空的指示性符号”③，其字上方人头形象一般以平顶方形呈现，这就与石家河文化玉人头像实现了相互参照，二者所示都在有意强调天与神的神圣替换，而平顶方形或平顶冠都隐喻一种特殊法器——通天冠。如此一来，就更好地印证了以石家河文化玉人头像为代表的史前玉人形象，极有可能是当时社会中禀赋非凡的政治领袖充当起通天通神的巫职角色。

---

① 苏秉琦：《华人·龙的传人·中国人——考古寻根记》，辽宁大学出版社1994年版，第249页。

② 石家河文化出土的此类玉人头像又被称为“人面形玉牌饰”。参见古方主编：《中国出土玉器全集》（湖北·湖南卷），科学出版社2005年版，第2—5、28—30、33页。

③ 叶舒宪：《石家河新出土双人首玉玦的神话学辨识——〈山海经〉“珥蛇”说的考古新证》，《民族艺术》2016年第5期。

图 2-2 湖北天门石家河文化出土玉人头像[①]

《礼记·表记》云："夏道尊命，事鬼敬神而远之……殷人尊神，率民以事神，先鬼而后礼……周人尊礼尚施，事鬼敬神而远之。"[②]夏商周三代皆信奉鬼神，其中商代的巫文化尤为盛行且重视巫术，古籍文献中最典型者为《吕氏春秋·顺民》所载"汤祷桑林"神圣叙事。作为商代政治首领的成汤在"克夏而正天下"之时，却遭遇大旱，于是不惜在桑林之所翦发鄜手，甘愿将自己的身体作为人牲献祭给神灵以求得甘霖，而待其求雨之愿达成以后，商人普遍认为自己的王拥有"达乎鬼神之化，人事之传"的神力，此时的商汤王成为事实上身兼王权、神权之职的"王巫"。这种巫文化情形在甲骨文中有着生动呈现，在殷墟发现的大量甲骨卜辞中保留着商人"事必贞之"的占验卜筮习俗，巫术成为商王治政的有效手段之一，成为自史前时期延续而至的时代特色。"巫"字在甲骨文中写作"[illegible]"，作双玉交叉状，唐兰依据《诅楚文》将其判定为"巫"，"[illegible]字在甲骨和铜器里常见，向来没有人认得，假如我们去读《诅楚文》，就可以知道是'巫咸'的'巫'字"[③]，这契合着《说文》所言"以玉事神为之巫"的早期象形文字表达。商

① 该器出土于罗家柏岭遗址T20③B：18，长2.1厘米、宽1.7厘米、厚0.4厘米。青玉，长方形片状，正面浅浮雕人面，阴刻梭形目，口半开，头戴平顶冠，双耳佩戴环饰，环有对钻孔。现藏于湖北省博物馆。图片来源：荆州博物馆编著：《石家河文化玉器》，文物出版社 2008 年版，第 36 页，图 9。

② （清）阮元校刻：《十三经注疏》影印本，中华书局 1980 年版，第 1642 页。

③ 唐兰：《古文字学导论》，齐鲁书社 1981 年版，第 166—167 页。

代巫者选择玉作为神圣法器以达祝祷降神之效，此时的王者与巫者在身份表述上已然形成了同一性。

需要注意的是，在中国史前考古学文化彩陶比例最高的马家窑文化半山类型彩陶罐纹饰中，甲骨文“卍”字已经存在。甘肃临洮马家窑彩陶博物馆目前收藏有2件“卍”字半山期彩陶罐，张全海根据器身“卍”以及其他纹饰进行图文互证，认为这是迄今所见最早的“巫”字。[①] 准此，那么从图像证史的角度看，“卍”字的存在或许要在甲骨文基础之上前移近1000年了。或许张氏的观点尚未引起足够重视，但不容忽视的文化现象在于，该文字符号确实遍及贝加尔湖地区出土蛇纹鬲、中美洲奥尔梅克（Olmec）文明彩陶以及中国西南地区苗族同胞的代表性文化元素中。当然，此类古老“巫”文化的生命力在西周时期同样延续不息，在这些王室重宝的青铜铭文中得以鲜活再现。（图2–3）

图2–3　齐巫姜簋铭文拓本[②]

西周以降，敬神事鬼之巫风同样盛行不衰，直到春秋战国以后，巫的地位才有所下降，但巫文化依然以潜隐的方式延续后世。此时的周天子取

---

① 张全海：《“巫”字的起源》，《寻根》2012年第3期。

② 该器为西周晚期青铜簋，收录于《殷周金文集成》3893，铭文内容为“齐巫姜作尊簋其万年子子孙孙永宝用享”。拓本图片来源：中国社会科学院考古研究所编：《殷周金文集成释文》第3卷，（香港）香港中文大学出版社2001年版，第191页。

代商王担负起王巫的角色重任，其中的神圣职能之一便是降神，即作为巫者的周天子通过巫术仪式将神灵请至凡间，进入自己的身体，而被神灵附体后的政治领袖就会进入巫神一体的迷狂状态，身处这种特殊场域中的周天子被视为神灵的化身，将天命与王命合二为一。早期古籍原典对此多有记载，诸如"文王陟降，在帝左右"（《诗经·大雅·文王》），"宁王惟卜用，克绥受兹命"（《尚书·大诰》）等莫不如此，其中周文王陟降的降神之术问题引起了日本学者白川静的关注。他阐释道："帝的嫡子是为王，死后升天，常侍帝之左右，因为神灵是垂直式的往来，所以叫做陟降。这是由圣梯而上下，所以也可以说是降临型神话。"① 作为通天通神的历任周天子皆被周人视为神圣不容侵犯的精神象征，即使到了春秋战国诸侯间称霸争雄之时，周天子在神圣精神信仰层面上神权、王权合一的至上权威也从未主动假手于人过，自始至终都以神灵在人间的直接代言人自居。

《管子》所倡"尊王"主张必须在承认神圣宇宙秩序存在的前提下付诸实施："许多早期的国家社会皆同意宇宙秩序的存在；生活的幸福安康、世界及人类社会的存续皆有赖于此。他们也认为统治者——不论是法老、皇帝或国王——皆具有一个特殊的角色，亦即神所指定的身份、地位，为了试图维持这个位阶及确保其利益，必须使其子民感受到他（或她）是位神授的领导者。"②《管子》认为凭依周天子的神圣角色，能够使得齐桓公借"尊王"名义的争霸行为师出有名，坚称"使天下两天子，天下不可理也"（《管子·霸言》），维护周天子王位独尊的权威性。此外，号召诸侯必须听命于天子，严格遵循君臣之道，"天子出令于天下，诸侯受令于天子，大夫受令于君，子受令于父母，下听其上，弟听其兄，此至顺矣"（《管子·君臣上》），这都有利于齐国在春秋之时占据社会舆论的制高点，既能获取周王室的精神支持，又能震慑并讨伐其他诸侯国。而齐桓公最终获得令"诸侯称顺"（《国语·齐语》）的霸主地位，也证明了"尊王"决策的正确性。

即便"尊王"之举确如宋人萧楚在《春秋辨疑》卷四《春秋统辨》所言，"假尊周之名，协制群后，令乎禁止，威加海内，邦君朝贡，莫或敢后，虽无吞周之志，而势已疑于王矣"③，齐桓公也能够在周天子和其他诸侯面前做到"言必信，行必果"。与晋文公践土之盟上"谲而不正"的僭越行为

---

① ［日］白川静：《中国神话》，王孝廉译，（台北）长安出版社 1983 年版，第 19 页。

② ［英］伦弗瑞：《史前：文明记忆拼图》，张明玲译，（台北）猫头鹰出版社 2010 年版，第 207 页。

③ 胡维革主编：《四库全书荟要·经部》第 13 册，乾隆御览本，吉林人民出版社 1997 年版，第 172 页。

形成鲜明对比的是，齐桓公在葵丘会盟上遵礼制，维护周天子的权威神圣性，以示"尊王"并非空喊口号，并且将其具体落实到身体实践之中。《左传·僖公九年》对此有着生动描述：

> 王使宰孔赐齐侯胙，曰："天子有事于文、武，使孔赐伯舅胙。"齐侯将下拜。孔曰："且有后命，天子使孔曰：'以伯舅耋老，加劳，赐一级，无下拜！'"对曰："天威不违颜咫尺，小白，余敢贪天子之命，无下拜？恐陨越于下，以遗天子羞。敢不下拜？"下拜登受。①

虽然身为周天子的襄王太子郑，鉴于齐桓公年事已高且有功劳在身，特赐他免于行下阶拜受赐胙（祭肉）之礼，但齐桓公仍然选择在众诸侯面前以身示范，共尊周天子的"天下共主"之位，自此以后，"天子致胙于桓公而不受，天下诸侯称顺焉"（《管子·匡君小匡》）。当然不可否认，齐桓公刻意表演的成分居多，但在"下拜"的既成事实面前，再去探讨《管子·匡君小匡》《史记·齐太公世家》等古籍所载齐桓公此举出于管仲谋略的真实性②就显得意义不大了。

自史前至春秋，巫文化的影响一直未曾中断过，作为一种原始思维方式的产物，巫文化强调人神之间的有序沟通，以其特有的方式维持着神圣宇宙秩序的运转，并且通过巫术及其相关仪式建构起巫觋神职人员与神灵之间的神圣联系。齐桓公通过树起"尊王"旗帜为自身称霸行为服务是不争的事实，此举亦成为周天子神圣威权的表达与见证，促使身为受命者的各诸侯与普通民众将周天子"祭司王"共主地位内化为信仰认同，进而凝聚为一种服务于能够左右春秋时期政治格局走向的精神价值。作为一种组织性的强化，"尊王"能够"使系统的能量按规定方向动员并集中起来，形成向心合力，从而加强对外层子系统的吸收和统摄"③，即使在齐桓公称霸以后，"尊霸"也未能从精神信仰层面真正完全取代"尊王"。

---

① （清）阮元校刻：《十三经注疏》影印本，中华书局1980年版，第1800页。

② 《管子》《史记》对此事均有细节描述，大意为齐桓公日渐变得骄纵，自认有九合诸侯之能，欲不下拜受胙，但管仲以天命不至极力规谏，"为君不君，为臣不臣，乱之本也"（《管子·匡君小匡》），如此才使得齐桓公因惧而改变初衷。

③ 李宪堂：《先秦儒家的专制主义精神：对话新儒家》，中国人民大学出版社2003年版，第348页。

第二节 “攘夷”与“纳异”：夷夏族类观的矛盾性同构

周王室日渐衰微以后，对周边少数民族政权的控制力与震慑力大不如前，而对中原觊觎已久的诸夷也得以乘机起势，不断壮大实力进而侵扰中原华夏核心统治区域，周天子的统治面临极大的外来安全隐患。“齐桓公之时，天子卑弱，诸侯力征，南夷北狄，交伐中国，中国之不绝如线”（《淮南子·要略》），面对此危难境地，身为齐国上卿的管仲意识到夷狄部落的入侵严重威胁到齐桓公的争霸利益，同时也不希望周幽王骊山脚下被犬戎所杀致使西周灭亡的一幕重现，于是率先举起“攘夷”大旗以团结其他诸侯国实现御敌自救。西汉皇族淮南王刘安对齐桓公的“攘夷”之举称赞有加，甚至认为该举措在一定程度上影响了《管子》的成书：“齐国之地，东负海而北障河，地狭田少，而民多智巧。桓公忧中国之患，苦夷狄之乱，欲以存亡继绝，崇天子之位，广文、武之业，故《管子》之书生焉。”①无论如何，齐桓公通过“救中国而攘夷狄”（《公羊传·僖公四年》）以巩固自身霸主地位的政治目的已经达到。

齐桓公“攘夷”以卫周王室的行为完全符合当时儒家的治世理想，面对弟子子贡的质疑，孔子高度肯定管仲的辅佐能力，认为正是由于他通观时局后进谏齐桓公的“攘夷”理性决断才使得“中国”免于沦落进夷狄统治的水深火热险境之中。《论语·宪问》对此具体描述道：“子贡曰：‘管仲非仁者与？桓公杀公子纠，不能死，又相之。’子曰：‘管仲相桓公，霸诸侯，一匡天下，民到于今受其赐。微管仲，吾其被发左衽矣。岂若匹夫匹妇之为谅也，自经于沟渎而莫之知也。’”②鉴于“攘夷”在春秋之时所起作用之大、所占分量之重，就不得不引起更多思考，所攘之“夷”具体所指为何？“攘夷”之策的现实考量与行为动机受何种观念驱动？该策略在齐桓公的霸业权力话语中扮演着怎样的关键性角色？

夷在古时有狭义与广义之别，狭义之夷专指东夷，即祖居于中原地区以东的初民，正所谓“东方曰夷”（《礼记·王制》）。目前的“夷”学研究成果颇丰，代表者包括刘师培、徐旭生、王献唐、赵铁寒、李白凤、王迅等，其中，王献唐在《释夷》一文中认为夷人好踞，故字如其形③，该说也得到了甲骨文材料的支持。甲骨卜辞中，夷字作“”形，其无论从发音还

① 何宁：《淮南子集释》，中华书局1998年版，第1460页。

② （清）阮元校刻：《十三经注疏》影印本，中华书局1980年版，第2512页。

③ 王献唐：《炎黄氏族文化考》，齐鲁书社1985年版，第30页。

是字形上看，都与“人”字相近，而在山东地区的一些地方性方言中，“人”发 yín 音，只是字形中下肢弯曲略呈蹲踞状。《说文解字》对“夷”字的解释为“东方之人也，从大，从弓”[①]，其篆文“”承继金文“”而来，形似背弓之人，反映出东夷狩猎文化的擅射特征。事实上，在晚商时期的甲骨文中，作为商王征伐对象的“人方”已经通常被用来指称生活在鲁南、苏北一带的人了。王迅指出，从目前山东等地的夏商周考古遗址中出土种类繁多的笄、簪等土著文化束发用具以及炊器来看，所谓“披发”“不火食”至少不是周代大部分夷人的习俗，可见诸如《礼记·王制》所载“东方曰夷，披发文身，有不火食”之说很可能出于当时的“尊王攘夷”之需[②]。而《后汉书·东夷列传》所言“东夷”是对古代东方诸部落的泛称，与“夷”有相合之处。

就古籍文献而言，商代中期以前不见“东夷”记载，晚期时候已经出现，如“商纣为黎之芜，东夷叛之”（《左传·昭公十一年》）等。至西周时该现象趋于普遍，到春秋战国时期，特别是秦灭六国实现大一统以后，作为东夷部落主要发源地的山东地区已经纳入秦朝的控制范围内，自此以后，朝鲜半岛、日本列岛等远离秦统治的区域成为东夷聚集区。《管子·轻重戊》载：“齐者，夷莱之国也。一树而百乘息其下者，以其不捎也。众鸟居其上，丁壮者胡丸操弹居其下，终日不归。父老柎枝而论，终日不归。归市亦惰倪，终日不归。”[③]《管子》所言“夷莱之国”即商周之时的东夷古国——莱国，属于九夷所建诸侯国之一，西周时期势力逐渐壮大，莱侯还屡次兴兵前来侵扰姜尚受封的营丘之地，“莱侯来伐，与之争营丘”（《史记·齐太公世家》）。后被实力日益强大的齐桓公打败迁都黄县，是为“东莱”，齐国虽也曾与之有短暂贸易往来，“通齐国之鱼盐于东莱，使关市几而不征”（《国语·齐语》），但终究还是在公元前 567 年将其灭国。

东夷部落崇尚鸟图腾，以鸟为名号，因而又称“鸟夷”。据《尚书·禹贡》载：“冀州既载，壶口治梁及岐。既修太原，至于岳阳。覃怀厎绩，至于衡漳。厥土惟白壤，厥赋惟上上错，厥田惟中中。恒卫既从，大陆既作。岛夷皮服，夹右碣石，入于河。”[④]王青从考古学角度对“鸟夷”地望问题进行过详细考证[⑤]，该问题虽不是笔者探讨的重点，但认为仍需引起学界重

① （汉）许慎撰，（清）段玉裁注：《说文解字注》，浙江古籍出版社 2007 年版，第 493 页。
② 王迅：《东夷文化与淮夷文化研究》，北京大学出版社 1994 年版，第 84 页。
③ 黎翔凤撰，梁运华整理：《管子校注》，中华书局 2004 年版，第 1517 页。
④ （清）阮元校刻：《十三经注疏》影印本，中华书局 1980 年版，第 146—147 页。
⑤ 王青：《〈禹贡〉“鸟夷”的考古学探索》，《北方文物》1995 年第 4 期。

视。根据目前已知考古遗址发掘情况分析，以"海岱惟青州"（《尚书·禹贡》）为核心地区的东夷文化区历经沂源文化—后李文化—北辛文化—大汶口文化—山东龙山文化—岳石文化—珍珠门文化诸文化序列，见证了东夷文化自旧石器时代延续至夏商周时期的萌芽、发展、繁荣历程。在此漫长过程中，东夷人选择将独具文化特色的陶鬶、钮盖等器物制作成鸟的造型并赋予其生命象征。尹达指出：龙山文化遗址"器盖上的纽子多像鸟头，鬶形器多像鸟的全身"[①]。刘敦愿亦指出，"东夷族以鸟为图腾是其突出的特征……小型的陶鸟及鸟头纽的器盖屡有发现，陶器全形拟立鸟之状，或部分结构形如鸟喙的情况更是多见。陶鬶大都前二足较小而略高，流部尖长前伸或上指，其根部左右各有泥丸饰一个，其形略如立鸟。"[②]可见，长期为东夷人所钟情且被后人视为东夷文化"标准化石"的陶鬶（图 2–4、图 2–5），无论造型还是形态都能够反映出海岱地区东夷部落的鸟崇拜特色，因而东夷文化具有鲜明的时代特征与地域特色。

图 2–4　山东大汶口文化各式陶鬶

（公维军摄于山东博物馆"山东史前历史文化展"）

图 2–5　山东龙山文化各式陶鬶

（公维军摄于山东博物馆"山东史前历史文化展"）

① 尹达：《新石器时代》，生活·读书·新知三联书店 1955 年版，第 58 页。

② 刘敦愿：《古史传说与典型龙山文化》，《山东大学学报（历史版）》1963 年第 S2 期。

通过上述分析可知，“东夷”显然不是齐桓公的主要攘夷对象，此时东莱等东夷小国已经无法与国力强大的齐国形成抗衡，遑论威胁周王室的政权安危，所以春秋之时真正威胁到周天子以及各诸侯切身利益的只能是周边的夷狄、蛮夷部落。事实上，广义的攘夷对象涵盖北狄、西戎、南蛮、东夷的“四夷”全体，此时威胁性最小的恰是东夷势力。当然，齐桓公所攘之“夷”，泛指“中国”即“夏”的对立面，显非简单拘泥于地域和种族划分而来，至于孰为“夏”孰为“夷”的判断标准则要以西周王朝确立的正统之“礼”为标尺。换言之，就是夷狄部落对于周礼文化的接受认可程度，而这种划分夷夏界限的书写策略也显示出标准的不固定性。就西周王室而言，周天子的王权“将所有事物环绕在一个至高的中心四周，并将它们组织起来，其合法性源于神授，而非民众”[①]，这就致使历来被正统史观压制下的王权话语所公认的“夏”，在从地理区划意义向文化政治意义的转变过程中，逐渐形成一个约定俗成的“想象的共同体”。基于此，人种与地理上的“夷”若认同周礼，则可被视为“夏”，属于“纳异”对象；反之，人种与地理上的“夏”若不认同周礼，同样可被视为“夷”，自然也在所攘之列。

明晰了这套以“中国”为核心表象的历史书写思路，就能够洞察被人为遮蔽并日渐遗忘的历史真实信息。齐桓公听从“戎狄豺狼，不可厌；诸夏亲昵，不可弃；宴安酖毒，不可怀”（《左传·闵公元年》）的建议，及时出兵援救燕国、杞国、邢国、卫国等被戎狄部落侵扰的诸侯国。与此同时，齐国联合各诸侯国军队北伐戎狄、南讨蛮夷，借助“尊王”旗帜维护周天子的神圣权威，进而震慑对自身称霸构成威胁的内、外势力。透过《管子·匡君大匡》描述能够对此看得分明：

> 五年，诸侯附，狄人伐。桓公告诸侯曰：“请救伐。”诸侯许诺。大侯车二百乘，卒二千人；小侯车百乘，卒千人，诸侯皆许诺。齐车千乘，卒可致缘陵，战于后故，败狄。其车甲与货，小侯受之。大侯近者，以其县分之，不践其国。北州侯莫来，桓公遇南州侯于召陵，曰：“狄为无道，犯天子令，以伐小国。以天子之故，敬天之命，令以救伐。北州侯莫至，上不听天子令，下无礼诸侯，寡人请诛于北州之侯。”诸侯许诺。桓公乃北伐令支，下凫之山，斩孤竹，遇山戎。[②]

---

① ［美］本尼迪克特·安德森：《想象的共同体》（增订版），吴叡人译，上海人民出版社2016年版，第18页。

② 黎翔凤撰，梁运华整理：《管子校注》，中华书局2004年版，第364页。

齐桓公号令诸侯征讨夷狄的出师之名在于“以天子之故，敬天之命”，足见“尊王”与“攘夷”是其“正天下”不可分割的政治策略。虽然周王室渐已式微，势力强大的诸侯国也不排除等待时机随时取而代之的野心存在，但是作为天命象征的周天子，其通天通神的祭司王身份不曾改变，一直都是民众信仰层面不可替代的神授领导者与精神象征，仍然能够在必要的时候发挥重要的神圣效力。许倬云强调，“天命由天而降，是以王道所传，遍及天下……王政所治，不是任何族群的国家，而是天下”①，周天子秉承天命而治天下的治世理念为齐桓公借尊王攘夷以“正天下”的称霸策略提供了指引。有鉴于此，《管子》所述才会进行充分的现实考量，使得九合诸侯的齐桓公甘愿以周天子的拥趸自居，进而借助周天子名义、神灵名义对“上不听天子令，下无礼诸侯”的夷狄进行名正言顺的讨伐。黎翔凤对此解释道，“天子本无令，讬之于天，天不言而无令，又申言‘以天子之故’，左支右绌之外交辞令，肺肝如见”②，可谓一语中的。

事实上，在齐桓公“攘夷”策略付诸实践的过程中，又不可避免地触及夷夏族类观的重要问题。毋庸置疑，在西周统治阶级的分封体制框架内，维护整个权力结构正常运转的是强调大宗统御小宗的宗法制度，但到春秋之时，“非我族类，其心必异”（《左传·成公四年》）的观念开始从周人的宗族观念中逐渐向周边涵盖“四夷”的外族扩延。“《春秋》内其国而外诸夏，内诸夏而外夷狄”（《公羊传·成公十六年》）的夷夏观印证着此时的族类关系正朝向逐渐疏离宗族血缘纽带的“华夏/四夷”新格局发展。郝时远据此认为：“在‘诸夏’之间的倾轧兼并面对来自西、北戎狄之属的侵扰或‘荆蛮来威’的压力不断加强的形势下，那种‘异德合姓，同德合义’的观念又会表现为‘以德义相亲’的需要，从而结成‘尊王’、‘攘夷’的联盟 。”③这种新型夷夏族类观的形成反映出周王室周边异常活跃的戎狄、蛮夷外族渐已成为威胁王权与诸侯利益的新挑战，强化着“非我族类”的“他族”观念，与此同时，也反映出“中国”内部势力注重“我族”认同的族群身份认同整合程度正在进一步增强。

“中国”、东夷、西戎、南蛮、北狄合称“五方之民”，根据文献记载与考古发现，这不仅是留存在人们思维中的一种文化记忆，更是能够还原“历史的真实”的一种客观存在。《管子·匡君小匡》载：“东夷、西戎、南

① 许倬云：《我者与他者：中国历史上的内外分际》，生活·读书·新知三联书店2010年版，第15页。
② 黎翔凤撰，梁运华整理：《管子校注》，中华书局2004年版，第366页。
③ 郝时远：《先秦文献中的“族”与“族类”观》，《民族研究》2004年第2期。

蛮、北狄、中诸侯国，莫不宾服。与诸侯饰牲为载书，以誓要于上下，荐神。然后率天下定周室，大朝诸侯于阳谷。"[①]齐桓公以春秋霸主身份自居，显然沉浸于内服诸侯、外攘夷狄的优越感之中，东夷、西戎、南蛮、北狄在其视域内依旧是以"非我族类"的身份来共处"天下"的，需要为维护"中国"秩序而服务，这充分体现出鲜明的以"中国"为中心的叙事立场，而尊王攘夷的"天下"认知图式也不可避免地带有华夏正统色彩。这里的"图式"固然可指代"用其他事件或人物的方式来表现——有时是记忆——某个特定的事件或人物的倾向"[②]，但并不局限于口传叙事传统，因而欲进一步解码"五方之民"叙事，或许挖掘潜隐于《礼记·王制》的夷夏族类编码不失为最佳选择：

> 凡居民材，必因天地寒暖燥湿，广谷大川异制。民生其间者异俗，刚柔轻重，迟速异齐，五味异和，器械异制，衣服异宜。修其教不易其俗，齐其政不易其宜。中国戎夷，五方之民，皆有其性也，不可推移。东方曰夷，被发文身，有不火食者矣。南方曰蛮，雕题交趾，有不火食者矣。西方曰戎，被发衣皮，有不粒食者矣。北方曰狄，衣羽毛穴居，有不粒食者矣。中国、夷、蛮、戎、狄，皆有安居、和味、宜服、利用、备器，五方之民，言语不通，嗜欲不同。达其志，通其欲，东方曰寄，南方曰象，西方曰狄鞮，北方曰译。[③]

"五方之民"群体因各自与其赖以存续的自然生态资源之间存在着互动关系上的差异，致使彼此的生存、生产、生活方式出现迥异特点，进而造成诸如饮食习惯、服饰装束、居住方式、语言表述甚至价值理念等方面的文化差异。如若只是基于《礼记·王制》文本语境，简单将其视为民族关系抑或人群分布格局的最早记录显然失之偏颇，郝时远在此基础上进行了民族志层面的审视，"这是中国最早具有民族志意义的记录，也是中国传统的'族类'观念在异文化群体中扩展的标志"[④]，该见解具有启发性意义，可惜郝氏囿于文献学视角仅是点到为止，未能就此展开进一步阐发。有学者借鉴英国人类学家维克多·特纳（Victor Turner）的"族内人观点"，采用符号研究的实证方法重构华夏创世神话的方位编码，且居于"中国"之位

① 黎翔凤撰，梁运华整理：《管子校注》，中华书局2004年版，第425页。
② ［英］彼得·伯克：《文化史的风景》，丰华琴、刘艳译，北京大学出版社2013年版，第55页。
③ （清）阮元校刻：《十三经注疏》影印本，中华书局1980年版，第1338页。
④ 郝时远：《先秦文献中的"族"与"族类"观》，《民族研究》2004年第2期。

来体验古人神话思维中的四方位象征空间感，认为鸡、犬、羊、猪四种动物分别对应东、南、西、北四方的象征等值性质，都已经落实到"中国"文化所具有的具象空间结构之中。对于周边四夷部落的"他族"文化而言，"四种主要图腾动物充当了平面空间四方位分割的具象符号，四种联结起来构成了独特的图腾编码式的空间结构"[①]，在对四夷环绕"中国"空间分布格局进行文化表述的民族志阐释方面，图腾分类编码观念显然更接近东夷、南蛮、西戎、北狄空间配置的原初神话思维传统。后来据"上博简"《容成氏》禹建五方之旗叙事，聚焦阐发夏人中央熊旗的图腾真义，更将五方图腾编码象征理论引向深入，上及黄帝号"有熊"之谜。

此外，唐启翠还注意到了这种民族志式描述对后世学人研究所产生的影响，值得深思："'五方之民'叙事以其对'中国戎夷'的民族志式描述，不仅成了《史记》以来的正史，乃至现代多民族国家历史书写的叙事范式，而且成了后世论者的研究对象和论述框架，尤其成为民族格局、民族关系研究中'驱遣'的资材。"[②]《礼记·王制》通过对东夷、南蛮、西戎、北狄四方之民的描述与阐释，体现出书写者的身份认同以及对观察对象的心理认知，呈现着叙事者"中国"居中、四夷拱卫的天下图式，在"中国"这个主导性叙事者的构拟模式中，华夏为"我族"，四夷仅仅作为华夏"非我族类"的"他族"伴生存在，这与《管子》叙事者的意图表述殊途同归。

截至目前，关于古代中国"天下"认知图式的研究，文学人类学方面主要有三种代表性空间模式：徐新建的"一点四方"模式、叶舒宪的"同心方"模式、唐启翠的"锥体"模式。（图 2–6）

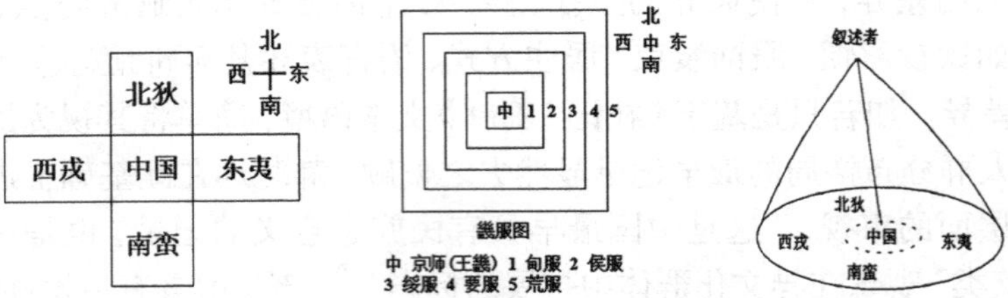

a. 一点四方模式　　b. 同心方模式　　c. 锥体模式

图 2–6　古代中国"天下"认知图式的三种空间模式[③]

（唐启翠绘制）

---

① 叶舒宪：《中国神话哲学》，中国社会科学出版社 1992 年版，第 296 页。

② 唐启翠：《"五方之民"叙事中的空间模式再探》，《湘潭大学学报》2008 年第 6 期。

③ 图片来源：唐启翠：《礼制文明与神话编码——〈礼记〉的文化阐释》，南方日报出版社 2010 年版，第 211 页。

其中的“一点四方”模式，意指“以中原某地为中心之点，向四周延伸出四个方向，中心点既是出发的起点也是回归的终点”[①]，重在凸显“五方之民”叙事过程中“我族”与“非我族类”之“他族”的对等存在格局，能够同时面对彼此，属于以“中国”为中心、向四夷所示方位扩展的平面图式。所谓“同心方”模式是指“以‘中原’为中心的文化展开的层次结构，反映着由‘中央王国’（中国）的自我中心意识所投射出来的辐射性的空间区域分布”[②]。在这种理想化的模式中，四夷逐渐远离“中国”，被分置于边缘地带，成为不能同时面对“中国”的他者，属于凸显权力认知的另外一种平面图式。而“锥体”模式是基于“一点四方”模式与“同心方”模式两种认知基型的升华，“在叙述者视野下，中心从‘中’悄然升起，通过空间标识与拥有，区分了自我和他者的不平等关系，形成俯视天下之势，其俯视的目光犹如密集的射线，形成一个圆锥体”[③]，实现了“天下”认知图式形塑过程中空间观念与思维方式从平面到立体的转变，更加凸显了《管子》《礼记》等古籍中所载“五方之民”叙事的还原意义。

透过上述三种认知图式的视觉化呈现与辐射式描述，能够体认到作为“五方之民”的叙事者极力向接受者“客观”描述作为我者的“中国”之外，还有四方之民——东夷、南蛮、西戎、北狄的他者存在，强调他者的世界与我者迥然不同的“历史的真实”，并试图将“中国”与四夷的文化差异置于一个平等台面上。然而，毕竟如日本历史地理学家菊地利夫所言，“人类是戴着‘文化’这一滤色镜来认识空间的”[④]，这就决定了叙事者不可能完全做到叙事的客观与公正，“中国”与四夷也不可能真正实现事实上的平等，即便欲以“修其教不易其俗，齐其政不易其宜”的包容心态示人，但叙事者的“中国”发言人身份还是使其居高自傲的倾向性显露无遗，换言之，“这种‘非我族类，其心必异’的‘攘夷’观就像幽灵一样萦绕在‘四海之内皆兄弟’的‘纳异’心态中，省视‘五方之民’叙事，不难发现其间就交织着‘纳异’与‘攘夷’这两种矛盾的心态”[⑤]，无论是一点四方模式由中心到四方的平等“纳异”，还是同心方模式由内而外的等级“纳异”，抑或锥体模式自上而下的立体俯视“纳异”，其中都内含偏向性比较明显的“攘

① 徐新建：《西南研究论》，云南教育出版社 1992 年版，总序，第 4 页。
② 叶舒宪：《〈山海经〉的神话政治地理观》，《民族艺术》1999 年第 3 期。
③ 唐启翠：《“五方之民”叙事中的空间模式再探》，《湘潭大学学报》2008 年第 6 期。
④ ［日］菊地利夫：《历史地理学基本概念的革新——〈历史地理学导论〉选载之二》，辛德勇译，《中国历史地理论丛》1987 年第 2 期。
⑤ 唐启翠：《“五方之民”叙事中的空间模式再探》，《湘潭大学学报》2008 年第 6 期。

夷”意识，由此促使“攘夷”与“纳异”并存的夷夏族类观在一定程度上形成矛盾性同构。

其实，夷夏族类观的“攘夷”与“纳异”并存之态恰恰能够反映出费孝通所提中华民族多元一体格局的形成特色。西周时期以“中国”自居的华夏部族与周边夷狄部落进行着不断的混杂与接触过程，诸多分散孤立存在的民族单位经过冲突、融合、分裂乃至消亡，才如同雪球一般越滚越大，并逐渐将异族吸纳进核心圈之中，最终形成“你中有我，我中有你”的多元统一体。应该说，作为一个具有共同生活方式的命运共同体，民族“必须和‘非我族类’的外人接触才发生民族的认同，也就是所谓民族意识，所以有一个从自在到自觉的过程”[①]。然而，目前学界将研究视角过多纠缠于多元一体数量关系的辩驳，对“多元一体说”表象背后的隐含意义发掘不够，这就为文学人类学者借由上古时期不同地域族群在华夏王权象征的神圣之物——玉料供给网络中的地位关联来阐释华夏文明内部多元有机融合的意涵提供了契机。有学者据此指出，西周王朝依赖殷商王朝遗留下来的以及本朝通过武力征伐、贸易交换等获取的大量玉料、玉礼器构成了周人多源的玉石资源观。而这些兼具稀有性与神圣性的文化认同标的物，“在满天星斗式的地方政权向中原文明国家政权演进的过程中，能够发挥出引领文化认同作用的要素，往往是一些相同或相似的观念和信仰”[②]，这种对多元一体认同的玉文化整合解说——玉成中国论有助于从战略资源的整合互动层面对多民族国家由多元“玉成”一体的生成机制进行厘清，从而加快了夷夏关系的研究进程。

通过梳理发现，在中国传统夷夏关系研究中向来存在“东西说”[③]“先后说”[④]等观点，但其中的“夷夏之辨”问题都是避不开的。春秋时期，“我族”与“他族”之间的族类交融趋于频繁，面对“非我族类”的东夷、南蛮、西戎、北狄，可以采取“修其教不易其俗，齐其政不易其宜”的包容策略，因“俗”制“宜”，通过“修其教”以达“有教无类”（《论语·卫灵公》）之效，尊崇并接受“中国”教化的四夷即为“诸夏”而同“中国”，实现由

① 费孝通:《中华民族的多元一体格局》，载费孝通等:《中华民族多元一体格局》，中央民族学院出版社 1989 年版，第 7 页。

② 叶舒宪:《多元“玉成”一体——玉教神话观对华夏统一国家形成的作用》，《社会科学》2015 年第 3 期。

③ 参见傅斯年:《夷夏东西说》，载刘梦溪主编:《中国现代学术经典·傅斯年卷》，河北教育出版社 1996 年版，第 187—240 页。

④ 参见易华:《夷夏先后说》，民族出版社 2012 年版。

"夷"变"夏"的身份转化，"这种代表统治阶级意志的'教'、'政'观念取代了血缘关系的'族类'观，'教'、'政'的正统不仅成为中国先秦以后历代王朝承袭的合法性基础，而且也成为'夷夏之辨'的标准"①。与此同时，不遵或背逆"中国"教化的"诸夏"身份同样可由"夏"变"夷"，这使得"华夷之辨作为一种社会禁忌便具有了一种惩罚功能：将系统内不守规矩之徒，贬为夷狄，斥为非类，使迷乱之众惧而向化，系统得以代谢自新，从而具有了自我修复、自我持存的能力"②。

根据2017年最新考古发现，河北行唐南桥故郡东周古墓群初步被认定为春秋末期至战国初期的北方戎狄族群贵族墓地，尤其是二号车马坑及殉兽坑所呈现出的迥异于中原地区的戎狄作风，更是为研究戎狄族群"华夏化"以及中华民族多元一体格局的逐步形成提供了效力充足的考古学证据（图2–7）。但无论如何，春秋战国时期，四夷因受"中国"礼义等教化改变所带来的由"夷"变"夏"的身份转化占据主流，正如孟子所谓"吾闻用夏变夷者，未闻变于夷者也"（《孟子·滕文公上》），四夷从四方边缘逐渐向"中国"中心靠拢，这在很大程度上成为华夏文明延续不断的动力之源。

图2–7 河北行唐故郡东周遗址二号车马坑及殉兽坑③

由《管子》文本所载可知，在春秋这个特定时代大背景下，为助力齐桓公尽可能扫除称霸道路上的障碍，管仲需要团结其他诸侯国势力，以

① 郝时远：《先秦文献中的"族"与"族类"观》，《民族研究》2004年第2期。

② 李宪堂：《先秦儒家的专制主义精神：对话新儒家》，中国人民大学出版社2003年版，第347—348页。

③ 图片来源：《细数2017年六大考古新发现花落谁家》，发布于http://www.kaogu.cn/html/cn/xueshuziliao/shuzibowuguan/zhuantibowuguan/ysq/20180118/60752.html，2018年5月3日访问。

"成功立事，必顺于礼义，故不礼不胜天下，不义不胜人"（《管子·七法》）的正义之名，坚定"诸夏"的"尊王攘夷"信念，不允许与四夷结盟的情况发生，否则，难免落下"中国亦新夷狄也"（《公羊传·昭公二十三年》）的口实。

随着时间的推移与诸侯势力的增强，此时多元一体格局日益显现，被覆盖于国家政体之下的四夷边缘族群也逐渐能够获得足够的生存空间以及归属感，四夷由"夷"变"夏"的身份转化不再是空想，"纳异"当然是可接受选项。而最初所秉持的"戎狄豺狼，不可厌"的辅助理念需要因时做出调整，毕竟"随着社会的政治不平等不断加剧，财富的积累不可避免地和政治权力的攫取齐头并进，奢侈性消费被视为权力的证据"[①]。鉴于四夷之地能够为齐国输送内地紧缺的资源，诸如禺氏边山的玉、发和朝鲜的文皮㲛服、吴越之地的珍珠和象牙等，所以不论对方的具体族属为何，齐国都能够通过经济贸易互动实现经济的快速增长，这甚至能够有效解决"四夷不服，恐其逆政游于天下而伤寡人"（《管子·轻重甲》）这一长久困扰齐桓公的难题。由此反映出齐桓公在称霸过程中面对"中国"与四夷的共处格局时表现出显性的"攘夷"与隐性的"纳异"兼顾的心态，但事实上二者在驱动效力层面具有同质性，归根结底，这种夷夏族类观的矛盾性同构都是为其"一匡天下"的政治诉求服务的。

因此，《管子》对于尊王攘夷"正天下"的分析体认是在对既往历史深刻总结基础之上逐渐形成的，同时能够准确把控各方心理：周天子渴求维护正统王权的精神统治，诸侯王们若不遵周王室号令则担心招致其他诸侯国的一致讨伐，周边夷狄因忌惮诸侯国的联合抵御亦不敢贸然来犯，这也契合了瑞士心理学家让·皮亚杰（Jean Piaget）的认知图式理论："认识的获得必须用一个将结构主义和建构主义紧密地联结起来的理论来说明，也就是说，每一个结构都是心理发生的结果，而心理发生就是从一个较初级的结构过渡到一个不那么初级的（或较复杂的）结构。"[②] 诚如顾炎武所言"《春秋》之义，尊天王，攘夷狄，诛乱臣贼子，皆性也，皆天道也"[③]，作为道治思想的重要组成部分，"尊王攘夷正天下"的认知图式还充分反映出《管子》为齐桓公具体描绘的称霸理想，即"霸王之形，象天则地，化人

---

① ［加拿大］布鲁斯·G. 崔格尔：《理解早期文明：比较研究》，徐坚译，北京大学出版社2014年版，第480页。

② ［瑞士］让·皮亚杰：《发生认识论原理》，王宪钿等译，商务印书馆1981年版，第15页。

③ （清）顾炎武著，黄汝成集释，栾保群、吕宗力校点：《日知录集释》（全校本），上海古籍出版社2006年版，第400页。

易代，创制天下，等列诸侯，宾属四海，时匡天下”（《管子·霸言》），基于此，齐桓公的霸业成就过程方能更显有的放矢，正如朱熹所谓“尊周室，攘夷狄，皆所以正天下”[①]，是也。

① （明）邱浚著，林冠群、周济夫校点：《大学衍义补》，京华出版社1999年版，第1246页。

第三章　《管子》仪式表演与权力场域中的“主控叙事”

美国人类学家大卫·科泽（David I. Kertzer）曾指出：“很少有人认识到仪式在现代政治生活中的重要性。因为仪式常常被认为只是一种宗教活动，而现代西方社会已经将政治事务和宗教生活分离开，所以仪式被预设为只有在那些欠‘发达’社会中还具有政治上的重要性。”[①] 事实上，直到今天，仪式依然在中西方现代社会中扮演着不可或缺的重要角色，不仅如此，对于古代社会中政治制度的运行而言，仪式更是不容缺位。仪式表演作为滋养历代统治阶层建构政治神话的有效途径，能够按照特定的神话思维模式及信仰观念体系对人们的行为方式进行编码与再编码，从而获得民众对于统治威权的认同和顺从，有助于自身霸权话语的建构。

需要注意的是，齐桓公在尊王攘夷以“正天下”的争霸过程中，之所以能够所向披靡登上春秋第一霸主之位，还有一个不容忽视的重要因素，那便是管仲善于借助神圣的仪式行为来提升齐桓公自身所扮演关键角色的声望，凸显其获取有形或无形政治权力的契机与效能。换言之，管仲充分利用各种神圣性的仪式表演进一步明确“明鬼神，祇山川，敬宗庙，恭祖旧”的“顺民之经”（《管子·牧民》）不可被替代，并通过权力场域中的“主控叙事”来呈现统治阶层的政治王权。

第一节　礼仪之序与“主控叙事”

由于春秋时期社会化语境下特定政治语义、意识形态的存在及其作用发挥，都需要通过法国社会学家布迪厄（Pierre Bourdieu）所言“符号权力”的符号性表达表现出来，这在某种意义上又与法国哲学家米歇尔·福柯（Michel Foucault）专门指代文化意义建构法则的“话语”理论具有同质性，因而“权力话语”特征显著的各种仪式活动都不可避免地被烙印上“霸权”以及“主控叙事”（master narrative）或“元叙事”（meta narrative）特征。

毋庸置疑，学术研究普遍重视历史的真实信息，还原历史记忆的过程

---

① ［美］大卫·科泽：《仪式、政治与权力》，王海洲译，江苏人民出版社2015年版，第2页。

又恰是历史叙事展开的过程，可见“叙事”已然成为一触即爆的话题之一。在历史研究领域，“抵抗历史学变迁——包括社会史兴起——的人士，倾向于把叙事作为历史特有的写作方式来加以捍卫；赞成历史学革新的人却倾向于贬低叙事，说它是低级的历史写作法，或根本就是伪装成历史的小说”①，产生这种争论的原因就在于双方普遍重视文字文本却不关心现象背后的文化文本，因此，“主控叙事”问题就显得至关重要。至于部分传统主义者主张应该回归叙事，显然是他们没有搞清历史学家其实并未完全脱离叙事的理解偏颇所致②。彭兆荣明确指出，历史的“主控叙事”之所以重要，是因为“它不仅直接与历史的原生形态丝丝入扣，而且，它还引出了历史叙述中的‘话语’性质，——任何历史叙事无不潜匿着政治性目标的追求和政治意图的表达”③，而举行特定的仪式是统治阶层惯于采用的一种权力叙事方式，这能够反映出权力在仪式中留存的文化痕迹和表述方式，将其自身政治意图以及神圣信仰观念予以最大限度的真实再现。

然而，“主控叙事”的顺利呈现需要特定的域所，即所谓“权力场域”，该场域通常表现出三个明显特征：一是具有社会再生产的“自我指涉性”（self-referentiality）或“自我组织性”（self-organization）；二是每一个场域都构成一个潜在开放的游戏空间，其疆界是一些动态的界限，它们本身就是场域内部斗争的关键；三是各种场域都是关系的系统，而这些关系系统又独立于这些关系所确定的人群。④统治阶层通过对“权力场域”中仪式的组织、举行及操控强化自身政治权力对于社会的有效控制，进而维护统治的稳定性与神圣性。

无论基于自我审视还是源自他者评述，华夏文明之中最具特色的制度历来都将“礼制”视为总纲，而诚如《中庸》所载“礼仪三百，威仪三千”，中国传统社会的模型恰是一种深具典型性特征的“仪式化社会”。所谓

---

① ［美］乔伊斯·阿普比尔、林恩·亨特、玛格丽特·雅各布：《历史的真相》，刘北成、薛绚译，中央编译出版社 1998 年版，第 210 页。

② 对于该问题的讨论，可参见海登·怀特以及彼得·诺维克（Peter Novick）等人的著作：Hayden White, “The Question of Narrative in Contemporary Historical Theory”, *History and Theory*, Vol.23, No.1, Feb., 1984, pp. 1–33; Hayden White, *The Content of the Form: Narrative Discourse and Historical Representation*, Baltimore: Johns Hopkins University Press, 1990; Peter Novick. *That Noble Dream: The “Objectivity Question” and the American Historical Profession*, New York: Cambridge University Press, 1988; etc.

③ 彭兆荣：《无边界记忆——广西恭城平地瑶“盘王婆”祭仪变形》，《广西民族研究》2005 年第 4 期。

④ 彭兆荣：《人类学仪式的理论与实践》，民族出版社 2007 年版，第 149 页。

“礼者，天地之序也”（《礼记·乐记》），在“礼崩乐坏”产生以前的礼制社会中，礼仪既是天地之序的象征，又是社会秩序、等级与差异的体现。更为关键的是神圣的仪式活动与政治是不可分割的整体，礼仪的核心政治功用就在于维护统治阶层内部的政治秩序，“为政先礼，礼其政之本”（《礼记·哀公问》），“礼之于政，如热之有濯也，濯以救火”（《左传·襄公三十一年》），“礼，经国家，定社稷，序民人，利后嗣”（《左传·隐公十一年》）等，皆言此意。鉴于此，其在政治权力分配上的表现自然分外突出，“包括王权、君权（统治权，诸如用兵权）、祭祀权（祭天，祭祖，祭自然神）、朝聘权、财产所有权、宗主权及功名利禄享用权，礼作为政治权利分配的确定因素，用来调整君与神、君与臣、官与民、夏与夷以及贵族之间的政治关系”[①]。及至春秋早期，尽管以僭越礼制为特征的“礼崩乐坏”行为日益蔓延开来，但是在助力齐桓公争霸的过程中，《管子》仍然选择以“尊王”“尊礼”为主的策略，以周天子的权威震慑其他诸侯势力，从而逐渐获得周王室以及各诸侯国的认可。其中，《管子·立政》对“服制”的等级之别界定非常严格：

> 度爵而制服，量禄而用财。饮食有量，衣服有制，宫室有度，六畜人徒有数，舟车陈器有禁。修生则有轩冕、服位、谷禄、田宅之分，死则有棺椁、绞衾、圹垄之度。虽有贤身贵体，毋其爵不敢服其服；虽有富家多资，毋其禄不敢用其财。天子服文有章，而夫人不敢以燕以飨庙。将军大夫不敢以朝，官吏以命，士止于带缘。散民不敢服杂采，百工商贾不得服长鬈貂，刑余戮民不敢服绕，不敢畜连乘车。[②]

由此可知，政治身份的高低、爵位等级的尊卑等都决定着不同阶层在用器、俸禄、饮食、服饰、舟车、田宅甚至于死后墓圹、棺椁诸方面存在的礼制差异，此时的礼仪俨然成为一种等级分层象征，各个阶层都希望利用仪式行为实现自己的现实诉求，以诸侯王为代表的特权阶层渴望通过强化对于仪式过程的控制来达到掌控权力话语与社会生活的目的。再观礼制中的“射礼”，古时圣王普遍非常重视射箭礼仪，意在通过“观盛德”以“立德行”，不过天子、诸侯、卿大夫、士诸阶层的射礼节拍迥然有别。《礼记·射义》对此有载：“天子以《驺虞》为节，诸侯以《狸首》为节，卿大夫

① 吴十洲：《两周礼器制度研究》，商务印书馆2016年版，第13页。
② 黎翔凤撰，梁运华整理：《管子校注》，中华书局2004年版，第76页。

以《采苹》为节，士以《采繁》为节。《驺虞》者，乐官备也；《狸首》者，乐会时也；《采苹》者，乐循法也；《采繁》者，乐不失职也。是故天子以备官为节，诸侯以时会天子为节，卿大夫以循法为节，士以不失职为节。故明乎其节之志，以不失其事，则功成而德行立，德行立，则无暴乱之祸矣，功成则国安。”[①]等级严密的典章制度与礼仪规定还体现在“藏礼于器”上，即不同权力阶层在祭神享祖、宴飨宾朋、仪式交际等礼仪行为中所使用的礼器数量及规格差异体现出对权力话语的掌控力度，而这能够通过考古出土文物将“射礼”等礼制的物质表征予以呈现。

1993 年，考古学者在河南平顶山薛庄乡应国墓地的长方形竖穴土坑墓中，发掘出土了一件重要的青铜器——柞伯簋（图 3–1）。该器是西周早期射礼活动的见证者，通高 16.5 厘米、口径 17 厘米、支座底径 13.4 厘米，内侧底部铸有 8 行 74 字铭文，记录有周王室举行的一次射礼仪式全过程，为研究中国古代射礼制度提供了珍贵资料。

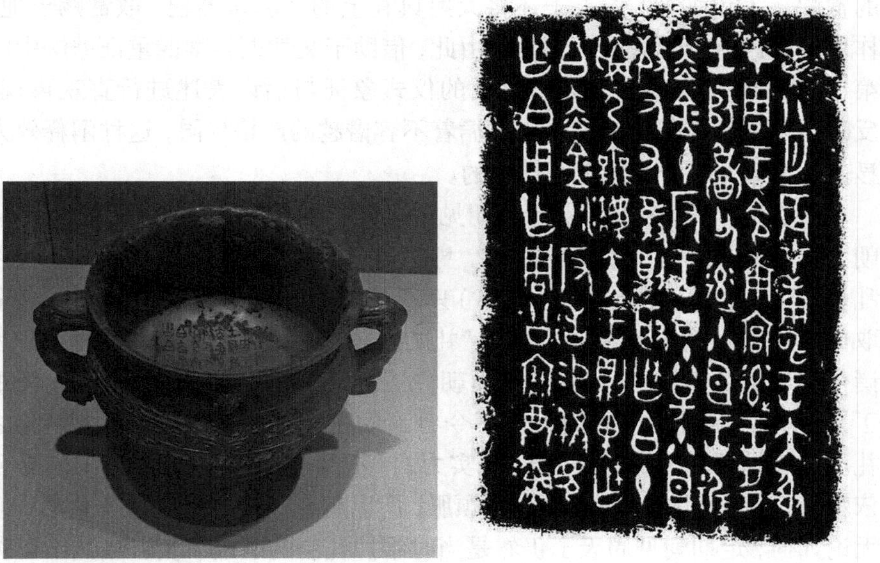

图 3–1 河南平顶山应国墓地 M242 出土西周柞伯簋及其铭文拓本[②]

（公维军摄于河南博物院“大象中原：河南古代文物瑰宝展”）

---

① （清）阮元校刻：《十三经注疏》影印本，中华书局 1980 年版，第 1686—1687 页。

② 铭文拓本图片来源：王龙正、姜涛、袁俊杰：《新发现的柞伯簋及其铭文考释》，《文物》1998 年第 9 期。

将其铭文摘录如下：

> 隹(惟)八月辰才(在)庚申，王大射
> 才(在)周。王令(命)南宫率王多
> 士，师醽父率小臣。王徲(迟)
> 赤金十反(钣)，王曰："小子，小臣
> 敬(敬)又(有)夬(决)，隻(获)则取。"柞白(伯)十
> 爯(称)弓，无法(废)矢，王则畀柞
> 白(伯)赤金十反(钣)，徣(遂)昜(锡)柷(柷)虎，
> 柞白(伯)用乍(作)周公宝尊彝。①

通过对上述内容分析可知，该段金文意在陈述这样一则重要历史事件：周天子于八月庚申之时，在王都宗周举行隆重的射礼，规定全部射中者赏饼金十块。柞伯十次搭弓射箭，未曾脱靶，因而获得周天子十块饼金的赏赐。不仅如此，周天子还将大射典礼上的一套乐器柷、敔赏赐于他，柞伯故而铸造青铜簋以示纪念。由此，借助于文学人类学四重证据法中的第二重证据，能够将"藏礼于器"的仪式象征与话语表述进行直观再现，反映出不同等级间的礼仪之序遵循着不容僭越的严格界限，这种阐释效力显然是古籍文本分析所无法比拟的。

事实上，在春秋早期，诸侯朝见周天子仍然被视为"礼之大要"。"会朝，礼之经也；礼，政之舆也；政，身之守也。怠礼失政，失政不立，是以乱也。"(《左传·襄公二十一年》)只不过到了春秋中晚期，"尊霸"渐渐取代"尊王"，朝会霸主成为当时"礼之大要"新的组成部分。齐桓公身为诸侯之长，以身作则，"率诸侯而朝先王之庙，观于周室"(《管子·轻重丁》)，并且派管仲说服周天子下令各诸侯王携带彤弓、石璧作为朝聘之礼。尽管这是出于增强齐国经济实力的"石璧之谋"，加之周天子因需要依赖齐桓公的影响力使其他诸侯顺服，所以朝会的形式远远大于内容，但无论如何，定期朝见周天子仍然是当时维护礼制的既定事实。当然不可否认，这种朝觐行为表面上是在强化周王室的统治权威，事实上已经逐渐成为以齐桓公为代表的诸侯王称霸角力以确立自身霸权的另类"表演"。

在西周到春秋的礼制演变过程中，诸侯王势力都在力争通过新的仪式行为来实现对整个社会的控制力，进而强化自己的政治权力，"仪式表演

---

① 李学勤：《柞伯簋铭考释》，《文物》1998年第11期。

标志着社会过程中明显不同的阶段，实践仪式的族群用仪式来调整内部的变化，适应外部的环境，仪式象征符号于是成了社会行动的因素，对人们的行动发生作用……象征的本质是多重意义价值的整合与浓缩，各种意义之间的矛盾造成冲突的无可避免，仪式象征的出现代表一连串社会控制力的形成与消解过程”①。此时频繁举行的诸侯会盟活动就成为诸侯王们典型的权力叙事方式与符号象征，齐桓公正是凭借包括阳谷会盟、召陵会盟、首止会盟、葵丘会盟等在内的“九合诸侯”，最终“一匡天下”成为春秋首霸。而到后期会盟过程中新出现的盟誓现象甚至导致礼制用器在性质、功用诸方面都产生了微妙变化。《周礼·秋官·司盟》谓：“司盟掌盟载之法。凡邦国有疑，会同，则掌其盟约之载，及其礼仪。”郑玄注曰：“载，盟辞也。盟者，书其辞于策，杀牲取血，坎其牲，加书于上而埋之，谓之载书。”②文献所载书证与考古发现物证对接互证的实现直接印证了盟誓仪式存在的真实性。在1965—1966年山西侯马秦村春秋晚期晋国盟誓遗址出土的考古文物中，除了5000余片珍贵盟书外，还在出土盟书的竖坑壁龛中发现数量众多的成组玉器，其中玉璧15件、玉环13件、玉瑗3件、玉璋36件、玉圭13件、玉玦2件、玉璜3件、玉珑2件、玉戈2件、玉简33件，其他不规则或不成形玉器至少50件，这些玉器可以被认定是参与过当时盟誓礼仪的重要礼器。③显然，春秋晚期诸侯国国君们举行的仪式行为不再像早期那般含蓄收敛，这已然成为当时特定场域中高度浓缩化的社会缩影与文化隐喻，被他们视同为建构自己国家政权的直接象征，而周王室统治名存实亡的局面同样粲然可见。

第二节 齐桓公的封禅尝试

对于仪式，特纳给出的定义是“人们在不运用技术程序，而求助于对神秘物质或神秘力量的信仰的场合时的规定性正式行为”④，但事实恰恰是在很大程度上“仪式的权力性和权威性来自于程序性”⑤，如果将两种表述具体落实到宗教祭祀仪式方面，其实就会发现两者本质上并不矛盾。在权

① 王建民：《维克多·特纳与象征和仪式研究》，载［英］维克多·特纳：《象征之林——恩登布人仪式散论》，赵玉燕、欧阳敏、徐洪峰译，商务印书馆2006年版，代译序，第6—7页。

② （清）阮元校刻：《十三经注疏》影印本，中华书局1980年版，第881页。

③ 山西省文物工作委员会编：《侯马盟书》，文物出版社1976年版，第379—380页。

④ ［英］维克多·特纳：《象征之林——恩登布人仪式散论》，赵玉燕、欧阳敏、徐洪峰译，商务印书馆2006年版，第19页。

⑤ 彭兆荣：《人类学仪式的理论与实践》，民族出版社2007年版，第68页。

力场域中，权力对于仪式的掌控与仪式对于社会的掌控一样同属于仪式权力话语的表现形式，其中后者是通过当时社会普遍存在的神圣信仰观念驱动祭天祀祖的祭祀仪式得以实现的。"国之大事，在祀与戎"（《左传·成公十三年》），祭祀行为显然是居于首位的头等大事，"凡治人之道，莫急于礼，礼有五经，莫重于祭"（《礼记·祭统》），祭祀行为是构成礼制社会中政治生活的关键性要素，统治阶层借助于对祭祀仪式的操控强化自身的权力与威望，进而实现"治人之道"而终"正天下"的意图。

《管子》对于祭祀仪式非常重视，在《管子·侈靡》中深刻阐释了"尊天地之理"方能"论威"的道理："祀谭次祖，犯诅渝盟伤言。敬祖祢，尊始也。齐约之信，论行也。尊天地之理，所以论威也。"① 除了管仲，鲍叔牙、隰朋等贤臣的建言献策在齐桓公称霸中的作用同样不容小觑，二人曾援引祖己对话其父高宗（武丁）的商朝典故，劝谏他将自然异象视为上天鬼神的警示，应该效法古人克服恐惧心理，努力通过举行祭祀仪式求得福瑞与庇佑，并且需要广施善政。这则典故在"上博简"《鲍叔牙与隰朋之谏》中有生动呈现：

> 鲍叔牙与隰朋曰："群臣之辠也。昔高宗祭，有䧿（雉）雊于𢓊（彝）前。诏（召）祖己而问焉，曰：'是何也？'祖己答曰：'昔先君客（格）王，天不见禹（害），地不生𡨧（孽），则训诸鬼神，曰："天地明弃我矣！"近臣不讦（谏），远者不方（谤），则修诸向（乡）里。今此，祭之得福者也。青（请）量之以嗌（？）汲（？）。既祭之后，焉修先王之灋。'高宗命傅说量之以祭，既祭，焉命行先王之灋。发古𢊁，行古作。发（废）作者死，弗行者死。不出三年，翟（狄）人之伓（服）者七百邦。此能从善而去祸者。"②

在商周乃至之前更早的时代，祭祀仪式都以其强有力的典范效应深刻影响着民众对于神圣宇宙秩序以及社会政治秩序的观念认知。在种类繁多的祭祀仪式中，帝王阶层对于封禅大典极为重视，延续着"自古受命帝王，曷尝不封禅"（《史记·封禅书》）的礼仪传统，成为理想状态下统治者展示天命神权与世俗特权的最佳契机。所谓"封禅"，唐人张守节《正

① 黎翔凤撰，梁运华整理：《管子校注》，中华书局2004年版，第638页。

② 转引自陈剑：《谈谈〈上博（五）〉的竹简分篇、拼合与编联问题》，发布于http://www.bsm.org.cn/show_article.php?id=204，2018年3月16日访问。

义》云：“此泰山上筑土为坛以祭天，报天之功，故曰封。此泰山下小山上除地，报地之功，故曰禅。言禅者，神之也。”西汉刘向《五经通义》则云：“易姓而王，致太平，必封泰山，禅梁父，何？天命以为王，使理群生，告太平于天，报群神之功。”[①]可见，泰山封禅仪式中所蕴含的权力符号象征意涵非常明显，帝王统治者受命于天，在感念天地神灵佑护之恩的同时，需要借助祭天祀地的仪式来呈报自身的显赫政绩。这也直接向所有仪式参加者以及信仰观念秉持者传递出一个明确信号，那便是帝王是沟通天地神人的中介者与“祭司王”，是神灵在人间的唯一代言人。诚如美国汉学家史华兹（Benjamin I. Schwartz）所言：“假如说，周人的天（不论其终极起源如何）是由周王朝的创建者作为与商朝的‘帝’认同的手段而设想出来的，那么，这种高高在上的神则是人类秩序中普世性的君王在宇宙秩序的对应者；而且，君王与神两者之间也具有独一无二的关系。”[②]无论如何，王权都被赋予君权神授的圣化色彩，帝王也得以通过封禅仪式等神圣祭祀活动实现外在行为与精神意志的统一，这也是前述齐桓公采取“尊王”策略的动机。

然而，太史公司马迁对于封禅起源的描述是“缺失”的，唯以“厥旷远者千有余载，近者数百载，故其仪阙然堙灭，其详不可得而记闻云”（《史记·封禅书》）笼统而过，好在《管子·封禅》成为泰山封禅仪式的最早记载者，而且将源自上古时期直至周代的帝王封禅起源的纵向系统予以明晰化：无怀氏—虙羲—神农—炎帝—黄帝—颛顼—帝喾—尧—舜—禹—汤—周成王。但《管子》记录在册的也仅为12位，与管仲听说的72位还差之甚远，这是由于《封禅》篇在唐初以后亡佚[③]，而现存文本以《史记·封禅书》为底本补抄的缘故：

管仲曰：“古者封泰山，禅梁父者，七十二家，而夷吾所记者，十有二焉。昔无怀氏封泰山，禅云云。虙羲封泰山，禅云云。神农封泰山，禅云云。炎帝封泰山，禅云云。黄帝封泰山，禅亭亭。颛顼封泰

① （汉）司马迁：《史记》，中华书局1959年版，第1355页。

② ［美］本杰明·史华兹：《古代中国的思想世界》，程钢译，江苏人民出版社2003年版，第30页。

③ 洪颐煊认为，《封禅篇》唐初尚未亡，《〈史记·封禅书〉索隐》云：“今《管子·封禅篇》是也。”《〈尚书·序〉正义》《〈礼记·王制〉正义》《〈文选·羽猎赋〉注》引此篇“古者封泰山、禅梁父”，以下皆作《管子》，是孔冲远、司马贞、李善辈犹见之。对于洪氏的观点，张文虎、张佩纶、刘师培、黎翔凤等人褒贬不一，参见黎翔凤撰，梁运华整理：《管子校注》，中华书局2004年版，第951—952页。

山，禅云云。帝俈封泰山，禅云云。尧封泰山，禅云云。舜封泰山，禅云云。禹封泰山，禅会稽。汤封泰山，禅云云。周成王封泰山，禅社首。皆受命然后得封禅。”①

事实上，《管子》所载的72家封禅旧录显非信史，神话传说成分驳杂。即便是管仲言及的12家也是颇具疑点，尤其是开篇的无怀氏之说。无怀氏仅仅见于晋人皇甫谧的《帝王世系》，然该作主要以采古文《尚书》与六经图谶为主，故而其说未必可信。当然，《管子·封禅》所载的伏羲、神农、炎帝、黄帝、禹、汤等主要古帝王人物，与《庄子·胠箧》《史记·五帝本纪》等古籍文献记载基本是一致的。更重要的是，虽然和“上博简”《容成氏》内容描述有出入，但仍有吻合之处，只是《管子·封禅》偏重结合封禅说，而《容成氏》偏重传贤禅让思想。因此，《管子·封禅》的72家封禅说，无疑属于古史传说体系中的一种，只不过叙事者针对特定封禅说进行的这种学术建构是“以古帝王传说世系来迎合已经成熟的‘封禅’说的产物……是封、禅出现指专门祭名这层字义之后，逐渐成形于齐地的学说”②，这当是学者需慎思之处。

古人都是鬼神信仰者，相信天命的存在，因而自秦以后，相继有秦始皇、汉武帝、光武帝、唐高宗、武则天、唐玄宗、宋真宗7位帝王举行过封禅，除了武则天封禅于嵩山外，其余6位均选择在泰山封禅，而以齐桓公、王莽等为代表的欲封禅而未能施行者自然不在少数。在神话思维观念中，专享天地祭祀特权的帝王阶层被视为上天神圣意志的人间代表，他们“代万民祭天替诸部祈福禳灾，这叫做‘为四方望’，控制了民众观念上的超自然象征物——天，就可以用来威吓民众或向他们预言各种各样超自然的惩罚，用外国学者的说法，实际是获得了意识形态权力的基础”③。古代封禅行为是功高德厚之君报天地之功的体现，其中封礼为筑坛祭天，行于泰山、嵩山等高大山脉；禅礼为除墠祭地，行于云云、梁父、社首、会稽等一般山脉。由此显见，相较于祭地，祭天才是封禅重点。而封禅祭祀仪式的举行必有封藏，秦汉之时惯以玉牒告神；唐宋以降，玉牒、玉策（册）才兼而用之。

2000年，由中国社会科学院考古研究所与日本奈良国立文化财研究所

① 黎翔凤撰，梁运华整理：《管子校注》，中华书局2004年版，第952—953页。
② 杨英：《“禅让”溯源及战国、汉初封禅说考》，《世界宗教研究》2015年第3期。
③ 赵世超：《论早期国家》，载陕西历史博物馆编：《西周史论文集》，陕西人民教育出版社1993年版，第436页。

共同组成的中日联合考古队，在汉长安城桂宫四号建筑遗址中出土有一件新莽时期的封禅玉牒（图 3–2）。根据考古发掘报告显示，该件器物为青石材质，通体磨光，首尾残失，长 13.8 厘米、宽 9.4 厘米、厚 2.7 厘米，牒文阴刻朱书 29 字：“万岁壹纪……作民父母，清……退佞人奸轨，诛……延寿长壮不老，累……封坛泰山，新室昌……”[①] 由此可知，“新室”乃王莽废汉后所立新朝国号，“万岁壹纪”与“封坛泰山”则将该物的属性明确化，即封祭告天仪具——玉牒。还应注意到，新莽封禅玉牒无论材质、刻文都与汉代玉牒一致，据《后汉书·祭祀志上》载：“遂使泰山郡及鲁趣石工，宜取完青石，无必五色。时以印工不能刻玉牒，欲以丹漆书之；会求得能刻玉者，遂书。书祕刻方石中，命容玉牒。”[②] 新莽玉牒所选石材为黑青之石，与天玄之色相应，代表着苍天的本色。在古人的神话思维中，玄天为大，新莽玉牒材质的选取与礼祭天神地祇的封禅本质若合符契。

图 3–2 汉长安城桂宫四号建筑遗址出土新莽封禅玉牒（T1 ③：50）[③]

① 中国社会科学院考古研究所、日本奈良国立文化财研究所中日联合考古队：《汉长安城桂宫四号建筑遗址发掘简报》，《考古》2002 年第 1 期。

② （宋）范晔撰，（唐）李贤等注：《后汉书》，中华书局 1965 年版，第 3165 页。

③ 图片来源：中国社会科学院考古研究所、日本奈良国立文化财研究所中日联合考古队：《汉长安城桂宫四号建筑遗址发掘简报》，《考古》2002 年第 1 期，图版一。

文学人类学所倡四重证据法中第二重、第四重证据的双重阐释效力，使得新莽玉牒作为封禅泰山、告祭昊天的祭礼仪具承载的通神、通灵之神圣意义显现无遗。唐宋以前，玉牒需用石函、石磩封藏告神，故因秘而不宣，致使牒文内容不为外人所知，同样，新莽玉牒也应在"举行封礼时秘藏于泰山上所筑登封坛之石磩，但因王莽封禅未成，故封祀玉牒留置长安"①。透过玉牒折射出的神圣思维观念可知，帝王作为神的代言人，将书于玉牒的文书宣告于天，并以石磩封藏瘗埋于地，如此便可将封禅内容通达天地神灵，同时也向臣民传达出天命不可违的价值观念，从而赋予王权以神权的庇护效应。这种深受神话信仰驱动的仪式现象正在不断得到考古新出土文物与图像的证实。

虽然《礼记·曲礼下》对于天子祭祀天地与四方之神的神圣特权有明确规定："天子祭天地，祭四方，祭山川，祭五祀，岁徧。诸侯方祀，祭山川，祭五祀，岁徧。大夫祭五祀，岁徧。士祭其先。"郑玄注曰："祭四方，谓祭五官之神于四郊也。句芒在东，祝融、后土在南，蓐收在西，玄冥在北。"②但是到了诸侯争霸的春秋时期，封禅祭典之上集自然神与人格神、神权与王权于一身的天帝之子身份对政治、经济、军事实力强大的齐国以及野心勃勃的齐桓公而言无疑充满极大的诱惑力。与初期会盟诸侯不同，到了宣告自身霸主地位的葵丘会盟之时，齐桓公还是迫不及待地表露出"封禅"之心。据《管子·封禅》载：

> 桓公曰："寡人北伐山戎，过孤竹。西伐大夏，涉流沙，束马悬车，上卑耳之山。南伐至召陵，登熊耳山，以望江、汉。兵车之会三，而乘车之会六。九合诸侯，一匡天下，诸侯莫违我。昔三代受命，亦何以异乎？"于是管仲睹桓公不可穷以辞，因设之以事，曰："古之封禅，鄗上之黍，北里之禾，所以为盛。江、淮之间，一茅三脊，所以为藉也。东海致比目之鱼，西海致比翼之鸟，然后物有不召而自至者，十有五焉。今凤皇麒麟不来，嘉谷不生，而蓬蒿藜莠茂，鸱枭数至，而欲封禅，毋乃不可乎！"于是桓公乃止。③

由此可知，《管子》之《封禅》《匡君小匡》诸篇中有成段内容论述

① 冯时：《新莽封禅玉牒研究》，《考古学报》2006年第1期。
② （清）阮元校刻：《十三经注疏》影印本，中华书局1980年版，第1268页。
③ 黎翔凤撰，梁运华整理：《管子校注》，中华书局2004年版，第953页。

“封禅”，也涵盖了包括异姓禅代、告成、“致物”在内的早期思想，相对而言可归为“自成体系”的“禅让说”。然而，这些文字记载却有晚出之嫌，甚至很有可能晚至西汉时期：其一，《封禅》《匡君小匡》中均出现的西地“流沙”见于《楚辞·招魂》“西方之害，流沙千里些”，当非春秋时期所有的地名；再者，齐人远居东海之边，能够顺利经中原，越过势力强大的秦国，最终到达周王、秦王都不曾前往的“流沙”之地，其可行性是存疑的。其二，与杨英等学者所持观点一致，笔者认为《匡君小匡》所载的其他诸如“巴”“雕题”“黑齿”“牂牁”等地名亦不属春秋之时所有，其中“雕题”与“黑齿”见于《楚辞·招魂》“雕题黑齿，得人肉以祀，以其骨为醢些”，而“牂牁”更是见于晋人常璩的《华阳国志·南中志》“出且兰，以伐夜郎，植牂牁……以牂牁系船，因名且兰为牂牁国”[①]，足见年代之晚。其三，《封禅》篇所言“凤皇麒麟不来，嘉谷不生，而蓬蒿藜莠茂，鸱枭数至”，与《匡君小匡》的叙事方式几无二致[②]，非常符合典型的西汉之时祥瑞神话论证逻辑，这种“致物”思想也与《礼记·礼器》“升中于天，而凤皇降，龟龙假”的记载有着共同渊源。

当然，即便《管子·封禅》系晚出之作，也不妨碍对于齐桓公封禅尝试的理解，仍然能够反映出自身着眼于祭告至上神以换取统治的合法性、神圣性与权威性。齐桓公欲前往泰山行封禅祭仪，也彰显出当时的齐、鲁、秦、晋等各诸侯国间的祭祀圈并非完全具有区域独立性，而是极有可能存在交叉与重合，后来随着秦汉一统进程的加快，这些祭祀圈逐渐被整合为覆盖面更广的全国性祭祀体系。如果将齐桓公的欲行封禅行为置于神话思维观念下，还能得出新的认识，那便是与东方神祇的认同有关。杨华通过将睡虎地秦墓竹简、里耶秦简、天星观楚简等新出简帛材料与《史记·封禅书》《汉书·郊祀志》的内容进行考察比对，认为秦始皇封禅失败源于自身未曾得到东方神祇的认同；汉武帝则不同，他通过重用齐鲁之地的儒生参与封禅大典，并在整个封禅过程中遵循儒家古礼，故而在取得东方神祇认同的前提下，封禅祭典进展顺利，从而完成神权的“混一”过

---

① （晋）常璩撰，刘琳校注：《华阳国志校注》，巴蜀书社 1984 年版，第 335 页。

② 《管子·匡君小匡》载：“夫凤皇鸾鸟不降，而鹰隼鸱枭丰。庶神不格，守龟不兆，握粟而筮者屡中。时雨甘露不降，飘风暴雨数臻。五谷不蕃，六畜不育，而蓬蒿藜藿并兴。夫凤皇之文，前德义，后日昌。昔人之受命者，龙龟假，河出图，雒出书，地出乘黄。今三祥未见有者，虽曰受命，无乃失诸乎？”（黎翔凤撰，梁运华整理：《管子校注》，中华书局 2004 年版，第 426 页。）

程[①]。杨氏的分析视角新颖且不失中肯，如此看来，相较于秦始皇、汉武帝，齐桓公更是坐拥东方神祇认同等天时、地利、人和之便，所以他在功成之后欲寻求封禅的想法并不显突兀。

诚如司马迁所言，"自古受命帝王，曷尝不封禅"（《史记·封禅书》），封禅甚至成为历代君主争相彰显自身积功修德之务的身份象征，齐桓公亦不例外。他认为自己"攘夷"之举劳苦功高，加之其他诸侯国已经听命于齐国，功绩显赫，因而欲执意前往泰山举行封禅祭典。然而，这种局面显然是管仲等辅臣不愿意看到的，周边夷狄势力期待卷土重来，外患未除；以晋国、楚国为代表的各诸侯国貌合神离，都欲通过壮大本国实力取而代之；加之齐国境内的竖刁、易牙、公子开方等佞臣力量不容轻视，内忧不断。管仲是齐桓公称霸的坚定助推者，这从鲍叔牙的劝谏言论中清晰可见，"君将治齐，即高傒与叔牙足也；君且欲霸王，非管夷吾不可"（《史记·齐太公世家》），但他深知封禅之举会使之前"尊王"策略积累的称霸优势付诸东流，容易落下不遵周制的"不义"僭越口实，从而成为内、外反对势力争相讨伐的新目标，这将极大危害齐桓公根基尚不稳的霸主之位。据《管子》所载，管仲擅长以神道治政，深知按常理劝谏无法奏效，"睹桓公不可穷以辞"，于是转而以封禅的所有征兆皆不具备，即"天命不至"才成功说服齐桓公打消封禅念头。违背天命的行为是齐桓公断然不敢实施的，这也是文学人类学所倡"神话观念决定论"[②]的一个突出实例，信仰观念对行为动机的驱动效应既有促进的一面，当然也允许存在"促退"即约束的一面。

其实，从比较文学的跨文化视角看，世界各地其他古文明中虽鲜见封禅祭典，但却不乏此类借助神圣祭祀仪式强化世俗统治者王权的行为，这在古埃及文明中表现尤甚。根据弗雷泽的观察分析，"埃及历代国王，在世之日即被崇敬为神，敬献祀品，并有专职祭司在供奉国王神位的寺庙里专司祭祀礼拜。对国王礼拜的隆重使得对神的礼拜有时相形见绌，黯然失色……无论向太阳之神做出什么样的赞美，都可照样搬来算作埃及国王的神德。他的各种称号都直接渊源于太阳神的称号。埃及的每一位国王一生之中受尽了埃及人民对他们能够想到的一切有关神性的赞美。他生来

---

① 杨华：《秦汉帝国的神权统一——出土简帛与〈封禅书〉、〈郊祀志〉的对比考察》，《历史研究》2011年第5期。

② 参见叶舒宪：《神话观念决定论刍议》，《百色学院学报》2014年第5期；叶舒宪：《神话观念决定论与文化基因说》，《吉首大学学报（社会科学版）》2017年第5期等。笔者更倾向于称"神化观念驱动论"。

就是超人之神，根据他的王位他也是超人之神，他死后也被祀为神——神化了的人。大凡人们所知有关神性的一切都集中于他一人身上而备受赞美”[①]。作为埃及国王的法老们会赐予继承者以“万物之主”的神圣头衔，并告知“你已经作为一个神而照耀前方，用心记住我将告诉你的（话）”[②]，与此同时，他们惯于为自己制作大量雕像，古埃及第19王朝法老拉美西斯二世（Ramesses Ⅱ）即认为，此举能够向其治下的子民传达出自己的至高权力与统治权威（图3-3），这显然与中国帝王举行封禅祭典的旨归相合。

图3-3 拉美西斯二世雕像[③]

（公维军摄于上海博物馆“大英博物馆百物展”）

封禅祭典作为中国古代一种隆重的宗教祭祀行为，其祭仪本身除了

① ［英］J. G. 弗雷泽：《金枝——巫术与宗教之研究》，汪培基、徐育新、张泽石译，商务印书馆2015年版，第180—181页。

② ［美］亨利·富兰克弗特：《王权与神祇：作为自然与社会结合体的古代近东宗教研究》，郭子林、李岩、李凤伟译，上海三联书店2007年版，第81页。

③ 埃及法老拉美西斯二世，公元前1279—前1213年在位。该尊雕像头戴双冠，手执弯钩权杖与连枷，象征掌有神圣王权，花岗岩材质，高143厘米、宽68厘米、厚52厘米。原雕像位于埃及象岛克努姆神殿，现藏于英国大英博物馆。

宣告帝王统治者垄断祭天权力，象征其拥有代天治理天下之能外，还强调"主祭昊天以先祖先王配，则表现着他是这个宗族的唯一的合法继承者，这是祭祀宗法伦理化的结果"[①]。如此一来，王权拥有者通过封禅仪式，既被赋予"神德"，又通过仪式本身蕴含的布政德、行教化等社会伦理规范而被赋予"人德"，集神权与王权、神德与人德于一身，显然有助于维护神圣王权。齐桓公的封禅尝试虽然未能实现，但是"权者，神圣之所资也；独明者，天下之利器也；独断者，微密之营垒也。四封之内，以正使之；诸侯之会，以权致之"（《管子·霸言》），选择规避此系数极高的政治风险显然更符合齐国的既得利益，毕竟维护齐桓公霸主权力的稳固才是春秋之时"正天下"的当务之急。不可否认，管仲虽然力阻齐桓公的封禅行为，但他对仪式表演之于霸权话语建构的重要关联性依然非常重视。

第三节　仪式表演与霸权话语建构

仪式是普遍存在于社会发展进程中的一种文化现象，是戏剧表演的重要源头，这也曾引起19世纪剑桥学派的高度关注，他们认为古希腊悲剧的产生即源于仪式。正是由于仪式和戏剧之间的相同元素使得仪式作为表演成为可能，在某种意义上讲，仪式表演事实上也是一种文化表演，美国人类学家米顿·辛格（Milton Singer）将仪式行为视为一种文化表演，认为仪式行为关乎信仰，而且通过观众视角非常容易察觉出信众与信仰间的关系[②]。美国另一位人类学家理查德·鲍曼（Richard Bauman）在其"表演理论"阐释过程中，强调应该注意表演的仪式语境问题，因为"在仪式语境中，表演、表演者以及表演类型之间仍然保持着联系，表演语境的差异导致表演功能也变得有所不同"[③]，他已将仪式视作文化表演或特殊的交流方式。

克利福德·格尔兹（Clifford Geertz）则基于辛格、鲍曼等人的研究，进一步指出仪式表演行为对于仪式参与者来说可视作"信仰的表演、物化与实现，这源于信仰本身的同时，也是对信仰的一种驰援"[④]。换言之，参与者在塑造仪式表演这种信仰内容模型的同时，也在对自身信仰的坚定与获取

---

① 刘慧：《泰山信仰论》，《民俗研究》2015年第2期。

② 转引自Clifford Geertz, "Religion as a Cultural System. In David Hicks", *Ritual and Belief: Readings in the Anthropology of Religion*, Boston: McGraw-Hill College, 1999, pp.11-35。

③ Richard Bauman, "Verbal Art as Performance", *American Anthropologist*, Vol.77, No.2, 1975, p.301.

④ Fiona Bowie, *The Anthropology of Religion: An Introduction,* Oxford: Blackwell Publishing Ltd., 2000, p.26.

上做出积极回应。与此同时，参与者通过作为媒介的仪式足以调动起情绪与动机，并能够真实体验仪式表演背后的神圣化信仰：

> 因为正是在仪式（神圣化了的活动）中，“宗教概念是真实的”、“宗教指引是有道理的”这类信仰，以某种方式产生出来。正是在特定仪式中——即便这仪式不过是背诵神话，求助神谕或装点坟墓——宗教象征符号所引发的情绪和动机，与象征符号为人们系统表述的有关存在秩序的一般观念相遇，相互强化。在仪式中，生存世界与想象世界借助单独一组象征符号形式得到融合，变成同一个世界，从而使人们的现实感产生了在我的引语中桑塔亚纳所指的独特改变。无论神灵介入在宗教信仰的产生过程中起不起什么作用——用不着科学家对此说三道四，至少可以说，人类宗教信念的出现，是以宗教仪式的具体活动为背景的。①

相较于其他人类学家，格尔兹倡导文本作为文化描写的系统，既包括文字文本，又包括文化文本，注重结合社会话语对仪式表演意义进行文化阐释。这就使得他对仪式表演的理解与阐释建立在文化表演的基础之上，朝着仪式行为的发生动机以及真实性方向延伸，也更多倾向于信仰表述与社会生活方式的展演。格尔兹的这种“仪式观”在《管子》描述的诸多仪式叙事中都有着具体呈现，其文本注重利用仪式表演中的等级身份、行为规范、社会惯习等文化要素与象征符号，强化齐桓公对于政治权力话语的建构以及操演，进而实现对于整个社会生活的掌控。这也正是他将“明鬼神，祇山川，敬宗庙，恭祖旧”（《管子·牧民》）视为管理民众的“顺民之经”的原因。否则，或将因“不明鬼神则陋民不悟，不祇山川则威令不闻，不敬宗庙则民乃上校，不恭祖旧则孝悌不备”（《管子·牧民》），致使政权颠覆乃至灭国这类不可控的灾难性后果出现。从这个层面上讲，神圣仪式行为的举行能够有效维系并巩固王权，仪式表演的过程的确可被视为权力话语的建构过程。

“礼也者，合于天时，设于地财，顺于鬼神，合于人心，理万物者也。”（《礼记·礼器》）仪式关乎包括天地人鬼、世间万物在内的一切有形以及无形的存在，这能够从仪式表演的多元化、复杂化空间中体现出来，此类空

① ［美］克利福德·格尔兹：《文化的解释》，纳日碧力戈等译，上海人民出版社1999年版，第129页。

间涵盖人与神的空间、人与人的空间、人与物的空间、生者与逝者的空间等，不一而足。因而李萍如是总结道："在仪式的场地中，往往会设置一些符号以表明这些空间的存在——可见的物质空间与看不见的意识空间形成对应。"[①]以《管子·轻重甲》为例，"昔尧之五吏五官无所食，君请立五厉之祭，祭尧之五吏。春献兰，秋敛落，原鱼以为脯，鲵以为殽"[②]，其书规劝齐桓公以身作则，对春秋之时已渐被遗忘的羲和、共工、鲧等尧帝时代的功臣重新举行"厉祭"仪式，春天敬献兰花，秋天飨以新谷，同时强调以鱼牲为祭，这使得人与神、人与物、生者与逝者的多元神圣空间得以呈现。至于《管子·揆度》所载"衅祭"仪式、《管子·侈靡》所载"瀹祭"与"燎祭"仪式等无不与此相类。齐桓公通过掌控这些仪式表演，不仅使得齐国经济实力显著提升，而且自身统治权威得以强化，进一步实践着对权力话语的操演，为后面整个称霸进程的实现做好政治、经济以及军事上的铺垫。

需要注意的是，仪式表演过程中体现出来的名实问题同样是齐桓公霸权话语建构的重要策略。春秋之时，随着诸侯争霸格局日益显现，传统礼制根基有所动摇，原有的名实关系甚至出现相互背离现象，这甚至已成为威胁当权者政治稳定的社会问题。《管子·九守》之"督名"曰："修名而督实，按实而定名。名实相生，反相为情。名实当则治，不当则乱。名生于实，实生于德，德生于理，理生于智，智生于当。"[③]统治阶层需要通过"正名"有效解决名实之辨的问题，目的在于借助自身的权力意志实现名实相当，这能够体现出"名实之间可以言说和建构的约定性空间就是权力话语和意识形态的空间"[④]命题的存在合理性。为了更好地服务于霸权统治，《管子》延续着传统"玉德说"的演变过程而来，赋予通神、通灵原初功用的玉以抽象的"九德"观念，即所谓仁、知、义、行、洁、勇、精、容、辞，引导民众从伦理道德角度接受"玉德观"并将其付诸实践，以期达成名实的"约定俗成"之效，一如《荀子·正名》所载："名无固宜，约之以命。约定俗成谓之宜，异于约则谓之不宜。名无固实，约之以命实，约定俗成谓之实名。"[⑤]这在仪式表演中能够得以彰显。

① 李萍：《仪式音声的"表演"与"展现"——以湖北省石首地区丧葬仪式音声为例》，《音乐研究》2010年第6期。

② 黎翔凤撰，梁运华整理：《管子校注》，中华书局2004年版，第1413页。

③ 黎翔凤撰，梁运华整理：《管子校注》，中华书局2004年版，第1046页。

④ 荆云波：《文化记忆与仪式叙事——〈仪礼〉的文化阐释》，南方日报出版社2010年版，第165页。

⑤ （清）王先谦撰，沈啸寰、王星贤点校：《荀子集解》，中华书局1988年版，第420页。

在殷商以前的上古时代，初民深受神话思维影响，认为唯有在神圣场域中举行仪式表演才能获取掌控天下的威权。即便到了注重宗法礼制的西周时期，周人仍然需要“建立一个超越部族性质的至高天神的权威，甚至周王室自己的王权也须在道德性的天命之前俯首”[①]。然而，春秋以降，强调神圣信仰的天命观逐渐有意识地向注重伦理约束的道德观倾斜，齐桓公正是借助于一系列的仪式表演来实现对现实预设的模拟、规范与纠偏。如此一来，作为仪式参与者的民众就能够在潜移默化中，通过仪式表演接受霸权话语建构过程中预设的道德观念，进而真正实现名实的“约定俗成”。纵观《管子》的轻重策略可知，增强齐国的经济实力是齐桓公称霸诸侯的必然选项，为此他强调利用“地数”增值的方法，其中之一便是效仿黄帝时代伯高所献策略，即山上发现金、铅、锡、铜、铁等金属矿苗，国君应当封山并建造祭坛，“距封十里而为一坛，是则使乘者下行，行者趋”（《管子·地数》），如此方能将国家矿权掌握在君主手中。但是这类因特定目的设坛而祀的祭仪却充分反映出仪式表演在服务于权力话语建构的同时，将自身“应尽的规范和责任周期性地转换成想要做的规范和责任”[②]。换言之，仪式表演具有的调节转换机制被进一步明确化。

从比较神话学视角分析，古人最初都希望通过仪式表演实现自身往返于神圣世界与世俗世界之间的愿景，并且“在处理人与神的关系时，人总是按照自己的现实存在，设想一个神灵世界，并通过神话与仪式，赋予那个神圣的神灵世界以原型的意义”[③]。统治者也正是凭借着人们对于神灵的信仰崇拜，以集神权与王权于一身的神灵代言人身份操控整个仪式表演，这同时在认知与情感两个层面上影响着人们的选择判断，因而个体对于权力的顺从普遍源自内心的满足与接受，而非客观的外在强制。法国社会学家爱弥尔·涂尔干（Émile Durkheim）之所以将作为图腾本原的“曼纳”[④]

---

① 许倬云：《西周史》，生活·读书·新知三联书店 1993 年版，第 315 页。

② ［英］维克多·特纳：《象征之林——恩登布人仪式散论》，赵玉燕、欧阳敏、徐洪峰译，商务印书馆 2006 年版，第 29 页。

③ 荆云波：《文化记忆与仪式叙事——〈仪礼〉的文化阐释》，南方日报出版社 2010 年版，第 192 页。

④ 曼纳，又译为“马纳”“玛那”等，人类学上专指一种非人格的超自然神秘力量或信仰，广泛分布于太平洋地区的美拉尼西亚宗教以及波利尼西亚宗教之中。据涂尔干介绍，英国传教士考德林顿（R. H. Cordrington）曾给出如下定义：“这是对一种与物质力量完全不同的力的信仰，这种力不论善恶，无所不为，拥有它或者控制它将受益无穷，这就是曼纳。”（［法］爱弥尔·涂尔干：《宗教生活的基本形式》，渠敬东、汲喆译，商务印书馆 2016 年版，第 268 页。）

(Mana)视为权力的原型，是因为他坚信“曼纳”的观念已然赋予了权力以威权形象与神圣性起源[①]，而在文学人类学的玉石神话信仰理论中，通灵之玉承载的天赐灵力以及生命起源能量也正是“曼纳”或“精”的观念再现，这进一步反映出“曼纳”不仅仅是权力的形象和起源，连人类的生命都要仰赖其作用而得以维系，所以从这一点上讲，涂尔干的观点无疑是成立的。

由此看来，仪式实践与表演是滋养历代政权建构政治神话的有效途径，统治阶层数千年来乐此不疲地通过仪式这种足以“体现社会规范的、重复性的象征行为”[②]，将神权和王权在神圣场域中有机融为一体，利用民众的鬼神信仰观念来获取对其统治威权的认同与顺从。统治阶层政治权力对于仪式的利用必然通过一些特殊的叙事方式予以呈现。而意在助推齐桓公成为“神圣”与“明圣”国君的《管子》，正是凭借自身对于包括祭祀仪式在内的各种仪式表演的合理运用，逐渐建构起对春秋时期的政治世界以及身处其中的政治主体所持政治态度的理解，最终促使齐桓公掌控霸业权力话语的政治意图成为现实。

---

① 参见[法]爱弥尔·涂尔干:《宗教生活的基本形式》，渠敬东、汲喆译，商务印书馆2016年版，第六、七章。

② [美]大卫·科泽:《仪式、政治与权力》，王海洲译，江苏人民出版社2015年版，第11页。

第四章　玄宫与明堂：中国神话思维的时空模式

在初民的神话思维观念中，宇宙当是由掌管着强大神圣力量的诸神创造的，既是神圣的现实存在，又是神圣的创造物。在他们看来，作为最高的神圣性显示，宇宙的生成也是一种创造性的范式行为，彼时的宇宙普遍被视为"一个有生命的统一体，它被出生、能发展并在每年的最后一天死去，而将在新年的第一天获得再生"[①]。可以说在原初语境下的"宇宙"更多的是一种时空观念混同体，"往古今来谓之宙，四方上下谓之宇"（《淮南子·齐俗训》），这种非理性状态下的神话时空观显然不会具备后世哲学的时空二元相对存在性理解。

因此，借助于文学人类学所倡文化大传统理论，能够超越书写文字文本的束缚，在文化文本中"重新发现那最纵深的，也是最持久的人类表达之根"[②]，使原初混同型的神话时空观不至于脱离原有的信仰观念，进而将其重新还原到神话思维时代"巫术——宗教意义的神圣空间"框架内，以确保那些看似巫术的、"前逻辑"的、野性思维的历史真实信息不会被所谓科学的、理性的、驯化思维的信息遮蔽、误读乃至取代。

正是由于神圣思维观念对于初民行为动机的驱动作用，才会出现模拟与再现宇宙初始的建筑、仪式、艺术等多种形式，其中，《管子》中描述的玄宫图式是时空混同宇宙观最具典型性的呈现。它与汉语中表示空间方位的东/西、南/北以及表示时间变化的春/秋、夏/冬、昆/昔、旦/亘一道构成了神圣场域中终而复始、效天法地时空观念的完整宇宙图式。

第一节　《幼官》与《幼官图》：从线性文本还原空间文本

《管子》一书《经言》9篇中就包含有《幼官》与《幼官图》两篇，而《管子·幼官》更是被黎翔凤视为全书的"理论中心"和"脑神经中枢"，坚

① ［罗马尼亚］米尔恰·伊利亚德：《神圣与世俗》，王建光译，华夏出版社2002年版，第35页。

② ［美］约翰·迈尔斯·弗里：《口头诗学：帕里—洛德理论》，朝戈金译，社会科学文献出版社2000年版，中译本前言，第5页。

称“理论体系由是出焉”[①]，足见他对该篇体现出的理论价值之重视。既然如此，为何随后又多出一篇文字内容相同、次序明显“错乱”的《幼官图》来呢？日本学者安井衡据此认为，“此篇名‘图’，则当陈列《幼官》所不及以为十图。今不惟无图，其言又与前篇无异；盖原图既佚，后人因再钞《幼官》以充篇数耳，非《管子》之旧也”[②]，果真如其所言，是因原图不幸佚失，而由后人重抄一遍文字凑数的吗？

就目前学界的考证研究而言，“幼官”原本应作“玄宫”，现已基本成为定论。其中，何如璋基于传统训诂学视角分析，认为“幼官”“玄官”“玄宫”三者形非意同，即所谓“幼”同于“玄”，“官”同于“宫”：

> 旧《注》“幼者始也”，始字无义，疑“幼”本作“玄”，故《注》训为始，宋刻乃误为“幼”字耳。“官”宜作“宫”，以形近而误。本文有玄帝之命，又“玄官”凡两见，《戒》篇进二子于里官，亦讹作官。《庄子》“颛顼得之以处玄宫”，《艺文类聚》引《随巢子》“昔三苗大乱，天命夏禹于玄宫”，足证“幼官”为“玄宫”也。《礼·月令》“天子居玄堂大庙”，《吕览·孟春》“天子居青阳左个”，高《注》“青阳者，明堂也，中方外圜，通达四出，各有左右房，谓之个，东出谓之青阳，南出谓之明堂，西出谓之总章，北出谓之玄堂。玄堂，即玄官也。北方属水，其帝颛顼，其神玄冥”。又《地官·保章氏》“以星土辨九州之地”，《注》“玄枵，齐也，青州分野”。[③]

闻一多与郭沫若则更加注重地下出土文字材料的阐释效力，他们通过对金文中的“幼”与“玄”进行比较发现，在西周晚期禹鼎铭文“勿遗寿幼”中，“幼”字即作“”，这与同时期的此鼎、此簋、颂鼎、颂簋（图4–1）、趞鼎、寰盘铭文中“玄”字字形“”相近，都呈现为葫芦形[④]，由此以证“幼官”乃“玄官”之误。而“官”“宫”互讹现象在早期经典中甚为常见，亦合于汉儒高诱的注解，因而“幼官”即“玄宫”的解释就不至于令研究者感到晦涩费解了。虽然闻、郭二人的努力并非“确证”，有主观类比

---

① 黎翔凤撰，梁运华整理：《管子校注》，中华书局2004年版，序论，第21页。

② 郭沫若著作编辑出版委员会编：《郭沫若全集·历史编·第五卷·管子集校》（一），人民出版社1984年版，第246页。

③ 转引自郭沫若著作编辑出版委员会编：《郭沫若全集·历史编·第五卷·管子集校》（一），人民出版社1984年版，第188页。

④ 参见董莲池编著：《新金文编》（上），作家出版社2011年版，第464页。

之嫌，但这种借助考古新材料而另辟新径的尝试值得肯定，不失为一重具备较强阐释效力的证据。

图 4–1　颂簋及其铭文拓本①

（公维军摄于山东博物馆“山东夏商周历史文化展”）

部分“管学”研究者认为，遵照古籍通例，《幼官图》原本有图，后来佚失，近乎成为共识。只是“再钞《幼官》以充篇数”的假设式断言确实说服力不足，诚如黎翔凤所言，“《幼官图》与《幼官》篇文字相同，重复不合理，古人决不如是之愚蠢，以屈原祖庙及长沙轪侯墓画绢例之，《幼官图》是图，是照《幼官》篇文字绘图于壁上，即用《幼官》篇文字说明之，《幼官图》即是此意”②，黎氏之言不无道理。同时，吕思勉“盖本只有图，后又写为书，故二篇相复，两篇皆难解”③的观点也应备为一说。

通过比对分析不难得知，《幼官》遵循着“中—东—南—西—北”的空间叙事模式，先依次叙述主图，再依次叙述副图，而这种典型模式既是明堂位序的惯用排列方式，又是《月令》类典籍的固有读法，有自身特定的规律可循。然而，《幼官图》采用的却是“西方本图—西方副图—南方本图—中方本图—北方本图—南方副图—中方副图—北方副图—东方本图—东方副图”的本、副图杂错叙述方式，为此，郭沫若、陈梦家、李零、

① 铭文拓本图片来源：王世民、陈公柔、张长寿：《西周青铜器分期断代研究：夏商周断代工程报告集》，文物出版社 1999 年版，第 87 页。该青铜器通高 31.1 厘米、口径 24.4 厘米，年代为西周晚期约当厉王前后，铭文内容与颂鼎相同。

② 黎翔凤撰，梁运华整理：《管子校注》，中华书局 2004 年版，第 182 页。

③ 吕思勉：《论学集林》，上海教育出版社 1987 年版，第 323 页。

张固也、刘宗迪等学者先后对《幼官图》进行复原尝试，以期能够破解这道长期聚讼不已的谜题。他们深知作为空间文本之“图”的原初意义是不能被单纯的线性文献替代的，也不是文本自身的结构内容所能反映出来的，所以必须重构《幼官图》的空间排列从而恢复其本来面貌。

郭沫若主张原图的中央与四方应分属内、外两层，本图居内，副图居外，遵循中央自内而外、由本图及副图，四方依“西—南—东—北”自外而内、由副图及本图的排列顺序，布图亦遵“左东右西、上南下北”的古制，方位安排遵循着古人坐北朝南、统治者南面而治的基本观念，郭氏将之命名为《玄宫图》。（图 4-2）郭氏既试图做到不脱离《幼官图》由四方到中央的文本序列，又有意将本图、副图区别开来，这种折中式复原非但没有达到预期效果，反而与《幼官》《幼官图》两篇顺序皆无法对应，所以该图依旧有很多地方值得仔细推敲。

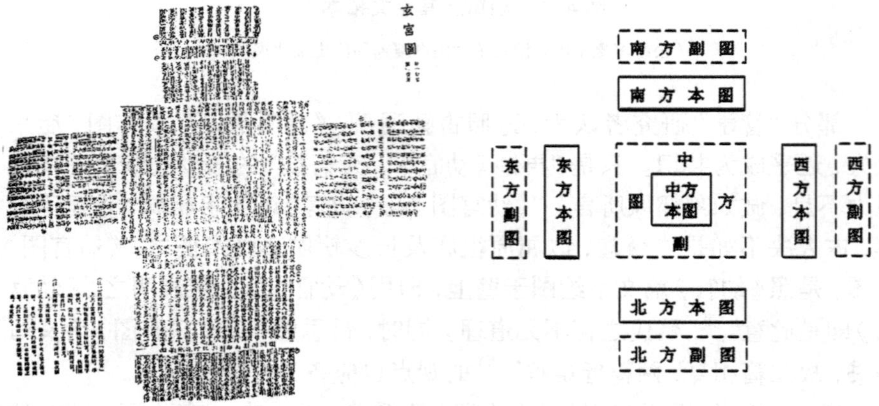

a. 郭沫若复原图[①]　　b. 公维军据 a 改制图[②]

图 4-2　郭沫若《幼官图》复原图

---

① 图片来源：郭沫若著作编辑出版委员会编：《郭沫若全集·历史编·第五卷·管子集校》（一），人民出版社 1984 年版，第 252—253 页，插图。

② 笔者为便于解释说明，故对原图进行改制处理，原图成段文字内容分别用与之对应的“X方本 / 副图”替代，并用分别置于实线 / 虚线方框之内，以示区别。下同。这与《管子》中所载“此居于图 X 方方外”中的第二个“方”字相符，也能够在江苏连云港尹湾汉墓汉简“博局占（YM6D9 反）”图中得以直接印证，该图中央明显为一方框，框中清楚标识有“方”字，确指“方框”无疑。（参见连云港市博物馆等编：《尹湾汉墓简牍》，中华书局 1997 年版，第 125 页。）读图顺序：中方本图—中方副图—西方副图—南方副图—东方副图—北方副图—西方本图—南方本图—东方本图—北方本图。

陈梦家在复原的《幼官图》中，舍弃了郭氏内、外层的方法，采用本图与副图并列的呈现方式，此为可取之处。但是，该图本图在右，副图居左，根据拟定好的顺时针读图顺序分析不难发现，其依然没有规避掉与《幼官图》文本顺序不相对应的问题，而且方位布图明显按照“上北下南、左西右东”的今制（图 4–3）。鉴于此，该图并不能被视作一幅成功意义上的复原图。

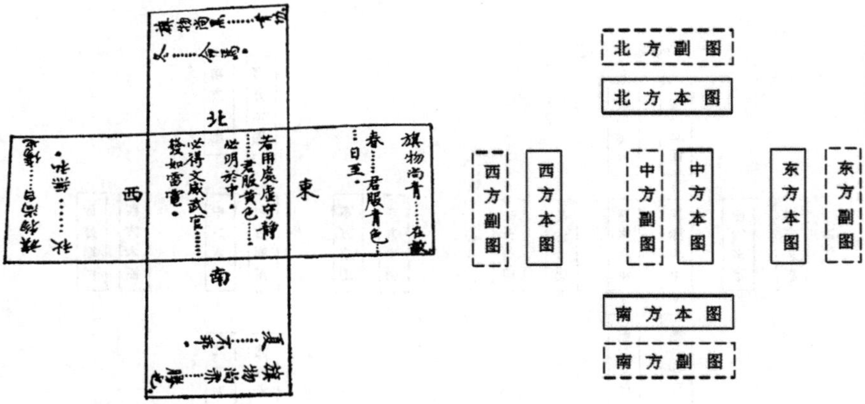

a. 陈梦家复原图[①]　　　b. 公维军据 a 改制图

图 4–3 陈梦家《幼官图》复原图

相较之下，李零的复原图更易获得学界认同。他借鉴了郭氏“左东右西、上南下北”的方位布图形式，吸收陈氏本、副图并列呈现的方式，完全按照《幼官图》原文顺序进行复原，本图居左，副图居右，呈现出两个相互交叠的十字形状（图 4–4）。他坦言自己的复原图深受楚帛书的启发，如果将该图完全旋转过来，按照本副分开、先本后副的顺序去读，那就和《幼官》文本顺序完全一致，也就等同于一篇《月令》了。他之所以采用“本图居左、副图居右”的形式，主要基于以下布图原则：

> 它（指《幼官图》）的本图主要是讲与祭祀或日常起居有关的一些事情，是所谓文事或吉事。副图则主要是讲兵刑，是所谓武事或凶事。把本图画在左面，副图画在右面，这正好就是古人所说的“吉事

① 图片来源：陈梦家：《战国楚帛书考》，《陈梦家学术论文集》，中华书局2016年版，第576页。

尚左，凶事尚右"(《老子》)，"吉礼左还，顺天以立本；武礼右还，顺地以利兵"(《逸周书·武顺》)。此外，这样布局还可以从《管子》书中的《版法解》得到直接证明，《版法解》说："四时之行，有寒有暑，圣人法之，故有文有武；天地之位，有前有后，有左有右，圣人法之，以建经纪。春生于左，秋杀于右，夏长于前，冬藏于后，生长之事，文也；收藏之事，武也。是故文事在左，武事在右。"这段话把四时之位的前、后、左、右讲得很清楚，同时也交代了文、武之事的位置。[①]

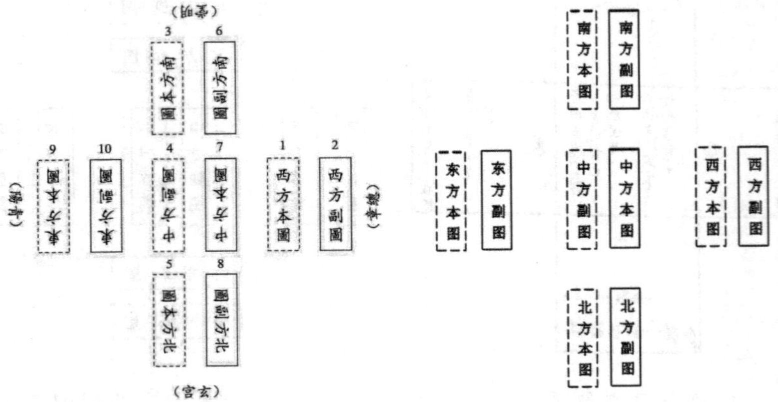

a. 李零复原图[②] b. 公维军据 a 改制图[③]

图 4-4 李零《幼官图》复原图

由此观之，李氏的复原图无疑更具阐释效力，也使得《幼官图》与《幼官》两篇之间的关系渐趋清晰化。虽然该图本身还存在一些有待商榷之处，但毕竟瑕不掩瑜，笔者认为这当是目前最接近《幼官图》谜底的答案了。张固也虽然根据李氏复原图进行了对位性修改，即把每一方位的本图、副图进行位置互换，本图居右，副图居左，认为如此便合乎古人"从左到右、自上而下"的书写习惯，也与《幼官图》文本顺序相符[④]。但他并未阐明副图、本图分居左右的合理性，再者"图"亦未必完全遵循"文"的

① 李零:《长沙子弹库战国楚帛书研究》，中华书局 1985 年版，第 44 页。

② 图片来源：李零:《长沙子弹库战国楚帛书研究》，中华书局 1985 年版，第 41 页。

③ 读图顺序：西方本图—西方副图—南方本图—中方本图—北方本图—南方副图—中方副图—北方副图—东方本图—东方副图。

④ 张固也:《〈管子〉研究》，齐鲁书社 2006 年版，第 115 页。

习惯，并且李零也已经明确解释过布图的缘由。此外，黎翔凤主张“洛书说”，即“篇中数字之意义即用《洪范》，其图为《洛书》，各书有《洛书图》，而不知即在《管子·幼官》篇中”[①]；翟玉忠主张“河图说”，认为“黎翔凤先生错将《幼官图》误解成了洛书，《管子·幼官第八》描述的是基于五行历的时令，是河图数才对，《幼官图》当为河图”[②]，而据前述学者的复原分析来看，《幼官图》与“河图”“洛书”之说的关联性似乎不大，这两种说法存在过度阐释之嫌。

结合郭、陈、李三位学者的复原布图思路及命名方法，发现三者存在着共识，而这一共识的集结点就在于“玄宫”：郭沫若直接将复原后的《幼官图》重新命名为《玄宫图》；陈梦家也赞同“因其文字排列成明堂之图形”而改称《玄宫图》；李零在复原图中则是按照《周书·明堂》所载“东方曰青阳，南方曰明堂，西方曰总章，北方曰玄堂”的建制进行了标识，只是他将“玄堂”替换成“玄宫”，其用意自明。那么，为什么学者们一致将“幼官”视为“玄宫”呢？两者之间的关系究竟如何？这就成为接下来展开深入探讨的关键。

第二节　玄宫：明堂的早期形式

《尔雅·释天》载：“春为青阳，夏为朱明，秋为白藏，冬为玄英。四气和谓之玉烛。”诚如《吕氏春秋·孟春纪》中高诱对于“青阳”的注解，“青阳者，明堂也，中方外圜，通达四出。各有左右房谓之个，个犹隔也”[③]。换言之，“青阳”可以作为明堂的代名词，而不仅仅是明堂的组成部分，即位居东侧的部分。既然“东出之青阳”可以如此，“南出之明堂”也顾名思义，那么“西出之总章，北出之玄堂”呢？实际上，《艺文类聚》卷三十八所引《尸子》已经将“总章”与“明堂”的关系交代清楚，“黄帝曰合宫，有虞曰总章，殷人曰阳馆，周人曰明堂”，可见“总章”如同“合宫”“阳馆”一般，同样能够成为明堂的代名词[④]。照此而论，“玄宫”理应也可称作明堂之代名词，然而古籍文献中却鲜有记载，王国维其实早已注意到了这个

---

① 黎翔凤撰，梁运华整理：《管子校注》，中华书局2004年版，第182页。

② 翟玉忠：《斯文在兹：中华文化的源与流》，中央编译出版社2014年版，第3页。

③ 许维遹撰，梁运华整理：《吕氏春秋集释》，中华书局2009年版，第6页。

④ 与“总章”可被视作明堂代名词的待遇不同，张一兵认为根据古籍文献的记载，“青阳”和“玄堂”可以视为明堂的一部分，但都不能作为明堂的代名词看待。（参见张一兵：《明堂制度研究》，中华书局2005年版，第163、190页。）这种绝对化观点显然失之偏颇。

问题，"此四堂之名，除'明堂'外，'青阳'之名仅见于《尔雅》，'总章'之名一见于《尸子》，而'玄堂'则无闻焉。其名或出后人之缘饰，然其制则古矣"[①]。但他并未进一步给出解释，只是以"后人缘饰"的近乎敷衍之语一笔带过，由此就需要结合明堂与月令间的密切关系为其提供必要的事实支撑。

众所周知，古时观测天象与祭祀天神乃是头等要事，古人自然惯于仰赖天象变化来预测政事吉凶，所谓"天垂象，见吉凶，圣人象之"（《周易·系辞上》），又《尚书·尧典》云"乃命羲和，钦若昊天，历象日月星辰，敬授人时"，是也。为了更好地"观乎天文，以察时变"，他们便将遥不可及的天界引降人世凡间，进而构拟出天图，通过立表木、测日影之法来确定季节变化，从而形成月令，再根据月令具体观察天象与祭祀、农事、物候等之间的关系。笼统地讲，月令整体上可被视作依据季节和月份来规定相关人事活动的历书，自周衰败以后，才被一些有识之士加以改造，成为一套思辨性、理想性兼具的宇宙理论模型，这套模型不仅规定了天象、时令与五行之间的关系，还明确成为统治者举行祭祀礼仪和政事活动的依托。谭佳认为："作为最早的政治统治术，掌握天象和祭祀、用互动互感的月令思维来隐喻人世秩序是君王实现其政治权威的最有效工具。"[②]因此，如同《礼记》《春秋》等早期经典一样，《管子·幼官》中彰显出的月令思维也是后人借助"天时"来建构天道与人事的逻辑基础。

杜佑《通典》卷四三云"《月令》本出于《管子》"，清儒陈澧主张《幼官》与《四时》《轻重己》诸篇均有与《月令》相似之处，张佩纶认为"幼官"当作"幽宫"，而"幽宫时令"犹之"月令"亦名《明堂月令》。《幼官》将一年分成三十时节，并以五行方位纪时令，虽然天文学史家们已经注意到它和《月令》系统中二十四节气的某些名称相同或者类似，也关注到三十时节自身存在着不及二十四节气的明显不足，诸如与月份、季节配合不够整齐，记载物候现象不够详细等，但他们却未能对三十时节的具体性质给出合理的解释。后来，陈久金、刘尧汉、卢央都主张三十时节乃"彝族十月历"的说法[③]，当然这不可避免地遭到了李零、胡家聪、李曦等人的质

① 王国维：《明堂庙寝通考》，载谢维扬、房鑫亮主编：《王国维全集》第8卷，浙江教育出版社2010年版，第71页。

② 谭佳：《断裂中的神圣重构——〈春秋〉的神话隐喻》，南方日报出版社2010年版，第93页。

③ 参见陈久金、卢央、刘尧汉：《彝族天文学史》，云南人民出版社1984年版；刘尧汉、卢央：《文明中国的彝族十月历》，云南人民出版社1986年版；陈久金：《阴阳五行八卦起源新说》，《自然科学史研究》1986年第2期。

疑。其中，李零将三十时节与二十四节气进行了细致对照，经深入研究思考后，认为“他们是分别代表了中国古代两种不同的时令系统，二十四节气代表的是我们比较熟悉的‘月令’系统，而三十时节则代表的是一种很少为人注意的‘四时五行时令’系统”[①]，其观点无疑是中肯的。

山东临沂银雀山汉墓出土的竹简更为李零的阐释提供了强力佐证，在性质与《月令》相近的阴阳类时令《三十时》中，同样是将一年分为“三十时”，一时又分为十二日，合为三百六十日，其中不乏“冬没”“作春”“春没”“始夏”“夏没”“秋乱”“秋没”等对应四季的时令词汇，而且记录有“蛰虫”“冻释”“蛇出”“枝枯”等重要的物候现象[②]，这与彝族十月历的特征明显不符。需要注意的是，与《三十时》的相异之处在于，《幼官》并不称十二日为一“时”，这明显契合以十二日为一“节”的齐历特征。由此观之，或许《三十时》的出土问世能够弥补自《幼官》逐渐向《月令》演变的中间环节，并有效证实郭沫若所倡《幼官》“为《吕氏春秋》‘十二纪’之刍（雏）形”观点的合理性。据此，笔者认为《幼官》与《幼官图》的现存文字内容实际上已经构成了一套相对完整的早期月令，这也与李零的思想有不谋而合之处：

> 这套月令分两部分，一部分是所谓“本图”，“本图”又分中、东、南、西、北五图，其中的四方代表春、夏、秋、冬四时，四时不分月，但有节气，如大暑、中暑、小暑；始寒、中寒、大寒等，每时有六至八个节气，每个节气皆记有该节气所宜行之事，此外并有接五行说为四方中央所配的色、味、声、气、数、饮、火等项目。另一部分是所谓“副图”，所记为接五行说为四方中央所配的旗物、兵器以及若干用兵原则。[③]

有鉴于现存《管子·幼官》所载时令体系较为完整，并且与传世的各类月令书籍有着颇深渊源，笔者将其与《吕氏春秋·十二纪》《淮南子·时则训》进行一番内容上的比较（表4–1）。通过表中所列内容的对比分析可知，《幼官》与《十二纪》的体系基本趋于一致，在五行、五色、五音、五味等传

① 李零：《〈管子〉三十时节与二十四节气——再谈〈玄宫〉和〈玄宫图〉》，《管子学刊》1988年第2期。

② 参见银雀山汉墓竹简整理小组编：《银雀山汉墓竹简》（贰），文物出版社2010年版，第211—219页。

③ 李零：《长沙子弹库战国楚帛书研究》，中华书局1985年版，第37页。

统时令元素中，只有五音中的羽、徵位置进行了互换，而《十二纪》补充丰富了五帝、五神、五祀、五祭等内容，或可视为在《幼官》基础上的突破。而《时则训》不但包含《幼官》有而《十二纪》没有的五兵、五位等，而且包含《幼官》没有而《十二纪》有的五祀、五祭、五虫、五臭、天干、十二律等。此外，它在缺失《幼官》五气、饮井以及《十二纪》五帝、五神的同时，却有两书皆未载的五畜等内容。由此便可明了，刘安及其门客在作《时则训》之时，除了参考过《十二纪》之外，应当也有意参考了《幼官》及其同源的其他月令书籍，所以《幼官》作为《时则训》的雏形自在情理之中。

表 4–1 《管子》《吕氏春秋》《淮南子》所载时令元素对照表

原典元素	《管子·幼官》	《吕氏春秋·十二纪》	《淮南子·时则训》
五行	木	木	木
	火	火	火
	土	土	土
	金	金	金
	水	水	水
季节	春	春	春
	夏	夏	夏
		季夏末	季夏之月
	秋	秋	秋
	冬	冬	冬
五味	酸	酸	酸
	苦	苦	苦
	甘	甘	甘
	辛	辛	辛
	咸	咸	咸
五音	角	角	角
	羽	徵	徵
	宫	宫	宫
	商	商	商
	徵	羽	羽

（续表）

原典元素	《管子・幼官》	《吕氏春秋・十二纪》	《淮南子・时则训》
五色	青	青	青
	赤	赤	赤
	黄	黄	黄
	白	白	白
	黑	黑	黑
五数	八	八	八
	七	七	七
	五	五	五
	九	九	九
	六	六	六
五兵	矛		矛
	戟		戟
			剑
	剑		戈
	胁盾		铩
五位	东		东
	南		南
	中		中
	西		西
	北		北
五气	燥		
	阳		
	和		
	湿		
	阴		
饮井	青后		
	赤后		
	黄后		
	白后		
	黑后		

（续表）

原典元素	《管子·幼官》	《吕氏春秋·十二纪》	《淮南子·时则训》
五帝		太皞	
		炎帝	
		黄帝	
		少皞	
		颛顼	
五神		句芒	
		祝融	
		后土	
		蓐收	
		玄冥	
五祀		户	户
		社	社
		中霤	中霤
		门	门
		行	井
五祭		脾	脾
		肺	肺
		心	心
		肝	肝
		肾	肾
五虫		鳞	鳞
		羽	羽
		倮	嬴
		毛	毛
		介	介
五臭		膻	膻
		焦	焦
		香	香
		腥	腥
		朽	腐

（续表）

原典元素	《管子·幼官》	《吕氏春秋·十二纪》	《淮南子·时则训》
天干		甲乙	甲乙
		丙丁	丙丁
		戊己	戊己
		庚辛	庚辛
		壬癸	壬癸
十二律		太蔟、夹钟、姑洗	太蔟、夹钟、姑洗
		钟吕、蕤实、林钟	仲吕、蕤实
		黄钟	百钟
		夷则、南吕、无射	夷则、南吕、无射
		应钟、黄钟、大吕	应钟、黄钟、大吕
天子居/朝		青阳	青阳
		明堂大庙	明堂
		太庙太室	中宫
		总章	总章
		玄堂	玄堂
五畜			羊
			鸡
			牛
			犬
			彘

郑玄《三礼目录》云“名曰月令者，以其纪十二月政之所行也”，而王梦鸥曾准确指出“管子幼官篇四时篇及淮南时则等篇，皆称为‘政’，亦即天子行惠政之大纲……月令本为执行此种政令之‘王者’而设计，与周礼之为六官治政而设计者略似……唯此王礼必须有特定之场所，亦即配合五行四时十二月之明堂”[①]，如此一来，《幼官》的月令特质就变得非常明晰。古代学者认为王者须依遵天意方可实行人治，从而设计出这样一套依“天文”而施政的纲领。其本质上类似于王制，只是“古代的天文知识，曾被

① 王梦鸥：《礼记月令校读后记》，（台北）《孔孟学报》1967年第14期，转引自杨振红：《月令与秦汉政治再探讨——兼论月令源流》，《历史研究》2004年第3期。

应用于阴阳五行说，故此月令亦可视为依据阴阳五行说而设计的王制，不过重点是放在天子身上，施行这种王制的天子，必居于明堂以施政，故此月令，又可称为‘明堂月令’或‘王居明堂礼’”①。《艺文类聚》引《三辅黄图》云：“明堂者，天道之堂也。所以顺四时，行月令，宗祀先王，祭五帝，故谓之明堂。”②可见天子在明堂之内“顺四时，行月令”与“观四方”及“享上帝，礼鬼神”一样都能够反映出明堂较早具有的功能。

《左传·文公二年》载“(狼)瞫曰：‘《周志》有之，勇则害上，不登于明堂’”，这是有关“明堂”一词的最早文献记录。《管子》还将明堂与传说时代的黄帝联系在一起，“黄帝立明台之议者，上观于贤也；尧有衢室之问者，下听于人也”(《管子·桓公问》)，《初学记》卷十三、《艺文类聚》卷三十八均引“明台”作“明堂”，而明堂即为黄帝的听政议政之所，或许文字记载能够为明堂始于黄帝之说间接提供证据，但是却无从知晓黄帝明堂的具体样貌。通过爬梳原典可知，古代明堂按照时间演变序列，基本上可以划分为“一室(殿)”“五室”“九室”三种类型。

《史记·封禅书》载：“上欲治明堂奉高旁，未晓其制度。济南人公王带上黄帝时明堂图。明堂图中有一殿，四面无壁，以茅盖，通水，圜宫垣为复道，上有楼，从西南入，命曰昆仑，天子从之入，以拜祠上帝焉。”③根据描述可见，“一室(殿)”明堂应该最接近黄帝明堂的形式，此时的明堂无门无窗，“四面无壁”，号曰“昆仑”，而昆仑山又是中国上古神话中的宇宙山，由此透露出黄帝明堂以昆仑山为原型的信息源。有学者据此指出，《山海经》中对于昆仑丘这种神秘四方形坛台的记载能够作为黄帝明堂形式的有效参证，而这一四方形高台建筑很可能就是最原始的明堂，甚至透过“方台”的物化形式特征得以窥见明堂之制的发生实质，即太阳的观测与崇拜仪式④。

将研究视域从中原腹地转向西南边陲可知，在四川广汉三星堆遗址内至今留存有人工堆积隆起的三级四方台，这被学界普遍视为古蜀先民的神圣祭坛。而在二号祭祀坑出土了两件被发掘者冠以“神坛”之名的形制特殊的青铜器：一件形状如同殿堂建筑，四壁镂空成太阳神鸟之状，器盖酷似屋顶，其上饰有云雷纹；另外一件顶部与前者相似，顶下四周每面排列着五个立人，双手执璋。尹荣方认为，以太阳神鸟(图4-5)为代表性文

① 王云五主编，王梦鸥注译：《礼记今注今译》，(台北)台湾商务印书馆1970年版，第201页。
② (唐)欧阳询撰，汪绍楹校：《艺文类聚》，上海古籍出版社1965年版，第688页。
③ (汉)司马迁：《史记》，中华书局1959年版，第1401页。
④ 叶舒宪：《中国神话哲学》，中国社会科学出版社1992年版，第156页。

图 4–5　四川广汉三星堆遗址二号祭祀坑出土青铜太阳神鸟

（公维军摄于山东博物馆“太阳的传说：三星堆·金沙遗址出土文物菁华展”）

化元素的三星堆古祭台、神坛或者神殿都“很有可能就是上古时代蜀地的‘明堂’，是蜀地政治文化中心的象征”①，同时也清晰折射出古蜀先民饱含地域特色的太阳崇拜观念。此外，出土有或可被视为“原始日晷”——玉版以及八角星纹玉鹰的安徽含山凌家滩祭坛，台基依照太阳子午线划定的河南安阳殷墟乙一坛庙等，这些坛台类“明堂”建筑都保持着与太阳观测与崇拜密切关联的原初象征意义。

与“一室（殿）”明堂明显不同，自周以后的“五室”与“九室”明堂已然形成户牖兼具、规模庞大的复杂建筑群。《周礼·考工记·匠人》载：“夏后氏世室……殷人重屋……周人明堂，度九尺之筵。东西九筵，南北七筵，堂崇一筵。五室，凡室二筵。”②《大戴礼记·明堂》则载：“明堂者，古有之也。凡九室，一室而有四户八牖，三十六户，七十二牖。以茅盖屋，上圆下方。明堂者，所以明诸侯尊卑。外水曰辟雍。南蛮，东夷，北狄，西戎。明堂月令。赤缀户也，白缀牖也。二九四七五三六一八。堂高三尺，东西九筵，南北七筵，上圆下方。九室十二堂，室四户，户二牖，其宫方三百

① 尹荣方：《龙树的秘密——三星堆的发现》，上海古籍出版社 2010 年版，第 93 页。

② （清）阮元校刻：《十三经注疏》影印本，中华书局 1980 年版，第 927 页。

步。"[①]通过分析得知，后世明堂分明在极力效法"天圆地方"的宇宙观模式，保持着"上圆下方"的传统外观，并且物化的"方台"形式依然是明堂发展演变过程中的显著特征。

《礼记·经解》有云："天子者，与天地参，故德配天地，兼利万物，与日月并明，明照四海而不遗微小。其在朝廷，则道仁圣礼义之序。燕处，则听雅颂之音；行步，则有环佩之声；升车，则有鸾和之音。居处有礼，进退有度，百官得其宜，万事得其序。"[②]作为可参天地的天子，需要按照不同月份分居于明堂中的不同房室，这在《吕氏春秋·十二纪》中有明确记载，孟春、仲春、季春之月分居青阳左个、太庙、右个，孟夏、仲夏、季夏之月分居明堂左个、太庙、右个，孟秋、仲秋、季秋之月分居总章左个、太庙、右个，而孟冬、仲冬、季冬之月分居玄堂左个、太庙、右个，以此施行与之对应的礼仪政令。诚如《周礼·春官·大史》所言"闰月诏王居门终月"，即便某年出现闰月的情况，天子也不会离开这座满是宗教礼仪性象征意涵的神圣建筑，而是选择居住在明堂的门厅之内。基于神话思维的类比逻辑，学者对于天子"早朝"行为模式的所以然问题进行了解读："当大宇宙中的太阳将其生命之光辉照耀在人间大地的时刻，世俗的太阳——天子，也要出现在小宇宙模型（明堂）中，将其假想中的光辉普照于臣民和国家。"[③]这就能够解释身处明堂之内的天子既要遵照太阳每年每月的变化规则，又要效仿其每日东升西落的运行轨迹，与日升时刻保持同步，待东方天色微亮之时就要端坐于明堂之内处理政务的原因了。

基于明堂与月令的这种密切关系，月令的文本结构被赋予了明确的空间建筑形式，天子在此按月居处以呈现象征性的宇宙王权礼仪，明堂也终获中国神话哲学层面的宇宙象征意义。陈梦家认为"《玄宫图》虽作为明堂的图形，分别四方四时，它不像秦汉的月令安置天子每月居于明堂的某室，故是早期的形式"[④]，此言甚确。因此，玄堂作为明堂的代名词是合乎情理的，玄堂即玄宫，不过玄宫还只是明堂的早期表现形式而已。

第三节 玄宫图式与天道模式：中国神话宇宙观的缩影

据《管子·幼官》载，齐桓公九合诸侯，其中第一次便是假借玄帝之

---

① （清）王聘珍撰，王文锦点校：《大戴礼记解诂》，中华书局1983年版，第149—151页。

② （清）阮元校刻：《十三经注疏》影印本，中华书局1980年版，第1610页。

③ 叶舒宪：《中国神话哲学》，中国社会科学出版社1992年版，第172页。

④ 陈梦家：《战国楚帛书考》，《陈梦家学术论文集》，中华书局2016年版，第577页。

命施以号令，“非玄帝之命，毋有一日之师役”，而第六次、第八次又分别借“以尔壤生物共玄官，请四辅，将以礼上帝”与“立四义而毋议者，尚之于玄官，听于三公”之故，将四辅礼祭与三公赏赐的神圣场所——玄宫再次明确化。在中国传统神话视域中，玄帝乃掌管北方之神，而五行之中北方属水，所以玄宫自然成为秉持水德的颛顼之所。事实上，齐国用玄宫来指称明堂自有其渊源。《左传》载：“郑裨灶言于子产曰：‘七月戊子，晋君将死。今兹岁在颛顼之虚，姜氏任氏，实守其地。’”杜预注曰：“岁，岁星也。颛顼之虚谓玄枵。姜，齐姓。任，薛姓。齐、薛二国守玄枵之地。”而孔颖达疏曰：“正义曰：《释天》云：‘玄枵，虚也。颛顼之虚，虚也。’郭璞曰：‘虚在正北’，‘颛顼水德，位在北方’。当以北方三次，以玄枵为中。玄枵次有三宿，又虚在其中。以水位在北，颛顼居之，故谓玄枵虚星，为颛顼之虚也。”[①]齐国固守“颛顼之虚”的传统折射出齐人重明堂制、效法天道的神话宇宙观念，玄宫的圣所地位无可替代，这也就不难理解黎翔凤所言《管子》玄宫图式东西南北中“五宫所叙，北宫独详”的原因了。

玄宫，可视作《管子》为齐桓公精心设计的“天道之堂”“布政之宫”，其图式遵照着一套以天人合一为内核的法天施治、顺时发政理念，具有浓厚的阴阳五行色彩。玄宫的实质在于“明道”，以《管子》为代表的早期原典中的明堂与天道运行息息相关，法国汉学家葛兰言（Marcel Granet）就曾通过论证明堂建制礼俗效法天道阐明这一点，他指出天子需要在明堂中遵循宇宙运行规律完成巡视方能实现一年的月令更替：

> 如果皇家的德是完善的，如果作为真命天子的君王知道如何按符合宇宙的规律生活，并且他的统治是正统合法的，明堂边上就会长出一棵树，在一个月的上半月每天增加一片新叶子，而在下半月每天掉落一片叶子：如此则时间得以确定，但如果不遵循季节的规律，四季就会来得提前或是错后，雨水和冰雹违时，酷暑变寒冬，如此则时间和空间都要失序。太阳和月亮有时也渎职“失道”，形成了日食或月食：这简直是巨大的灾难！[②]

透过明堂与天道运行模式的分析可知，由此反映出的神圣宇宙秩序与统治者自身以及整个皇族地位象征的世俗社会秩序之间存在着一种特殊

---

① （清）阮元校刻：《十三经注疏》影印本，中华书局1980年版，第2058页。

② ［法］葛兰言：《中国人的宗教信仰》，程门译，贵州人民出版社2010年版，第43页。

的关联性。统治者得以在日月回归正位、时空有序运行的状态之中，借助于源自上天的神圣力量强化王道政权，同时也利用宇宙力量维护统治的正当性，以契合世间天子通过参乎天地以达到"德配天地，兼利万物"的天人感应逻辑，从而确保天地秩序也能够普遍通行于世间。

众所周知，世间人圣而为王者，却不得不受制于鬼神指导行事，如《墨子·耕柱》所载："巫马子谓子墨子曰：'鬼神孰与圣人明智？'子墨子曰：'鬼神之明智于圣人，犹聪耳明目之与聋瞽也。'"①尽管如此，巫觋却具有沟通天地人神的特殊本领，而掌管该群体的统治阶级就间接拥有了通天手段，获得统治人间的智识与权力。陈梦家在讨论商代巫术时已然指出"由巫而史，而为王者的行政官吏；王者自己虽为政治领袖，同时仍为群巫之长"②，因此，君权神授自然也就具备了合法性意义。人间天子端坐明堂的历法仪式象征其对作为天下之中祭天祀神之神圣空间的占有，以及重、黎绝天地通之后，对神人沟通最神圣通道的掌控。与此同时，明堂之内的天子扮演着贯通天、地、人三者联系的神圣中介角色，践行着自身对世俗天下的统治理念，以确保人间社会与宇宙时空神圣秩序的正常运行。

1956年，考古学家在陕西西安西郊发现三处汉代建筑遗址，许道龄、刘致平从建筑物的基础以及结构诸方面特征对大土门村的一处遗址进行考证，认为这片遗址为西汉明堂，而非辟雍③。就作为文学人类学第四重证据的建筑遗址而言，建筑物正中有一方台，四面为敞廊，外围环绕有水渠，其西侧厅堂后存有楼梯分位，其与《汉书·郊祀志》中的记载基本相吻合："济南人公玉（王）带上黄帝时明堂图。明堂中有一殿，四面无壁，以茅盖，通水，水环宫垣，为复道，上有楼，从西南入，名曰昆仑。"④考古实物与古籍文献的互通互证强化了公王带为汉武帝所献明堂图的阐释效力。虽然《汉书》所载内容的真实性仍需甄别考证，但明堂图中保留有人工小宇宙模型的特征却是可信的。实际上，明堂建筑中的屋顶、门庭、堂阶、面向乃至具体的长度、宽度、高度等符号都与基于阴阳五行的神话宇宙观念暗合表征，各自具有特殊的象征意义，这还可通过号称"通天宫"的武周洛阳明堂为例释之。（图4–6）

---

① （清）孙诒让撰，孙启治点校：《墨子闲诂》，中华书局2001年版，第422页。

② 陈梦家：《商代的神话与巫术》，《燕京学报》1936年第20期。

③ 许道龄、刘致平：《关于西安西郊发现的汉代建筑遗址是明堂或辟雍的讨论》，《考古》1959年第4期。

④ （汉）班固：《汉书》，中华书局1962年版，第1243页。

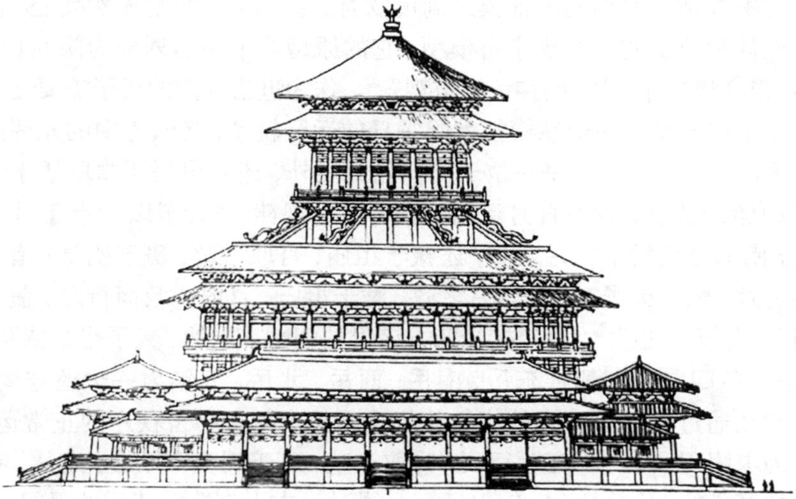

图 4–6　武周洛阳明堂遗址复原立面图

（杨骊摄于隋唐洛阳城国家遗址公园“国之大事，明耀于堂”武周明堂文化展）

据《旧唐书·志第二》载：“则天寻令依旧规制重造明堂，凡高二百九十四尺，东西南北广三百尺。上施宝凤，俄以火珠代之。明堂之下，圜遶施铁渠，以为辟雍……号为‘通天宫’。”[①] 其中，明堂屋顶为圆形，混元一体，象征圆璧礼天；台基呈现八边形，象征黄琮礼地，八个方向代表大地；台基宽三百六十尺，寓意乾之策二百一十六，坤之策一百四十四，总和之数象征一年三百六十天；每一面向三个台阶，每周十二个台阶，寓意天有三阶，地有十二时辰；每个台阶之上设二十五级，寓意从凡人到圣人共分二十五等；第一层含四殿，象征一年有四季，每个方向代表一个季节；每殿开三道门，寓意一季分三月；第二层呈十二边形，象征一日十二时辰；第三层呈二十四边形，寓意二十四节气；每层有十二道门，代表一年十二个月；三层共计三十六道门，象征一季三十六旬；板门宽十三尺，象征阴数八与阳数五相合之数为十三；明堂高二百九十四尺，则以洛书第一行之数字排列象征上天。

无论是传说时代“茅茨”为顶的黄帝明台，还是被视作明堂早期形式的齐国玄宫，抑或万象神宫等形式更为复杂的汉唐明堂，所有这些明堂类建筑在外观上呈现出的“上圆下方”形态表征以及“方台环室”的布局模

① （后晋）刘昫等编撰：《旧唐书》，中华书局 1975 年版，第 867 页。

式都与中国神话原型的象征模式高度吻合。换言之，明堂显然就是"古人精心设计和建造的一个小宇宙模型，它的原型范本即是划分为阴间（水）、阳界（陆）和神界（空）的神话宇宙观"①。作为世俗太阳的天子需要在明堂这个小宇宙模型之内依靠模拟太阳每日的运行轨迹，将假想中的光辉照耀到国度的每一个角落、每一位子民。除此之外，还要根据明堂取法于十二个月的建制特点，效仿日月运行、岁时递进规律，"天子以孟春正月上辛日，于南郊总校授十二月之政，还藏于祖庙，月取一政，班于明堂；诸侯以孟春之月，朝于天子，受十二月之政，藏于祖庙，月取一政而行之，盖所以和阴阳，顺天道也"②，每年接受四方诸侯的朝觐。当然，天子也要依照春、夏、秋、冬四季分别朝拜东岳、南岳、西岳、北岳，五年为一个巡守周期。天子意在通过这种双向式的绕行礼仪维系整个时空宇宙秩序的正常运转。面对为求阴阳和合、天道顺行而"月取一政，班于明堂"的王室定律，英国考古学家科林·伦福儒（Colin Renfrew）指出，古人创造并依凭的思想，"带有可怕的现实面和真实感——透过仪式和臆想，建构出权力和神性，而且这些思想皆被含括在神殿和肖像中"③。这可以通过参考开元年间季秋之时皇帝举行的明堂祭典仪式景观得到印证：

> 祀日，未明五刻，太史令、郊社令升设昊天上帝神座于明堂太室之内中央，南向，席以藁秸。设睿宗大圣真皇帝神座于上帝之东南，西向，席以莞。设青帝于木室，西向；赤帝于火室，北向；黄帝于太室南户之西，北向；白帝于金室，东向；黑帝于水室，南向：席皆以藁秸。设太昊、炎帝、轩辕、少昊、颛顼之座，各于五方帝之左，俱内向，差退。设五官座于明堂之庭，各依其方，俱内向，席皆以莞。设神位各于座首。④

从中分析不难发现，青帝、赤帝、黄帝、白帝、黑帝五方帝齐聚于太室之内，这象征着对天下五方土地的合法性占有，而公卿诸侯等需要虔诚前往明堂觐见身居九五之位的天子，并祭拜五方神。但明堂太室只能容许天子以及太史令、郊社令等极少数司祭人员的存在，绝对不允许其他臣僚擅

① 叶舒宪：《中国神话哲学》，中国社会科学出版社1992年版，第153页。

② （宋）王溥：《唐会要》，中华书局1955年版，第289页。

③ ［英］伦弗瑞：《史前：文明记忆拼图》，张明玲译，（台北）猫头鹰出版社2009年版，第203页。

④ （唐）杜佑撰，王文锦、王永兴等点校：《通典》，中华书局1988年版，第2848—2849页。

自进入，这就在无形之中促使其成为一个神圣性的密闭空间。在这一象征性的宇宙秩序运行场所之中，天子就必然成为想象的神圣宇宙中心与事实上的世俗政治中心。其借助于明堂祭仪成功建构权力与神性，沟通阴间（水）、阳界（陆）和神界（空）三界，顺时行化，承天统物，确保天地人和谐关系的运转节奏始终处在正常轨道之上。

然而，遵照天道模式的明堂类建筑并非流行于中国的特例，放眼中西方跨文化视域不难发现这类建筑具有共通性特征，而效法太阳运行则成为天道的原生形态。在墨西哥古老的印第安部落之中流传着太阳英雄羽蛇（盖查尔柯亚脱尔）的神话，他的身份特殊，据说在其降生之时，"从远处看，在曙光中，在初生的阳光照耀下，他就像一条有羽毛的蛇，一条曾经从大海那边，太阳升起的方向来到过的羽蛇。孩子们对父母就是这样叫嚷的：'太阳送来了一条羽蛇！''它躺在海滩上，只有羽毛在动！'"[①]他的到来给印第安部落带来了财富和力量，并在部落中心人人可见的山丘上建成一座神秘建筑，中心呈圆形，向着四方各有一巨大侧屋，全部用磨光的石头造成，上面还有观测平台。当整个建筑落成之时，部族百姓给予了羽蛇如此赞誉："他有伟大的威力，他使我们富裕，自从他来到以后，我们不再忍饥挨饿，他的眼睛看到哪里，他的手伸在哪里，那里就是富饶美丽。"[②]时至今日，在墨西哥尤卡坦州（Yucatán）的奇琴伊察（Chichén Itzá）遗址上依然矗立着古玛雅人遗留下来的羽蛇金字塔（又称"库库尔坎金字塔"），方台四周环绕着三百六十四级台阶，加之塔顶的羽蛇神庙，象征着一年三百六十五天（图4–7）。

据说在每年春分、秋分当天的日落时分，位于北侧的边墙会在日光下呈现出七段神奇的等腰三角形，连同金字塔底部雕刻的蛇头一起，仿佛一条自塔顶游向地面的逶迤巨蛇，寓意有"太阳化身"美誉的羽蛇神苏醒，给崇奉太阳神的玛雅人带来无尽的佑护和福祉。基于比较神话学视角，可以进行此番解释：这种明堂类建筑象征着财富和权力，世俗秩序取决于太阳运行带来的宇宙时空神圣秩序，唯有宇宙与人世间的中介者（天子、英雄、王者一类的统治者）在被世人视作天下之中的场所建起一座维系宇宙秩序的神圣建筑，宇宙与俗世之间的沟通方得以实现，世俗统治者的统治权也才能够因神授而被认可。

① ［墨西哥］何塞·洛佩斯·波蒂略：《羽蛇》，宁希译，人民文学出版社1978年版，第4页。
② ［墨西哥］何塞·洛佩斯·波蒂略：《羽蛇》，宁希译，人民文学出版社1978年版，第42页。

图 4–7 墨西哥玛雅文化羽蛇金字塔 ①

初民对于四方位的空间观念最早源于自身对太阳运转轨迹的观测，其后才逐渐建立起崇拜并祭祀太阳神的意识。因此，他们留存至今的许多太阳象征符号以及太阳神庙等明堂类建筑，既代表着原始宗教崇拜自然的特殊形式，又代表着初民空间方位与神话宇宙观念的物化形式。位于英格兰威尔特郡距今 4300 年左右的巨石阵（Stonehenge）是欧洲著名的史前时代太阳神庙遗址，其建筑主体为数十块重量约 50 吨的巨大石柱排列成相对规整的同心圆形，主轴线、古道恰好与夏至日时太阳初升的方位居于同一条水平线上，这应该视为新石器时代的人们将观测太阳获取的时空坐标进行符号化的表现。

在中国，初民始终遵循着"人法地，地法天，天法道，道法自然"的逻辑进行授时观象。据《管子·轻重戊》记载，管仲在回答齐桓公"轻重安施"时曾直言"虙戏作，造六峜以迎阴阳，作九九之数以合天道，而天下化之"②，但迎阴阳又合天道的"六峜"何为，学界一直处于阙疑之态。为此，华仁葵曾亲自前往山西阳城析城山圣王坪一带考察，在山顶不同位置发现 6 处大石堆残址，他结合多位报道人的口传记忆与叙事，组织专人分别于

① 图片来源：《世界新七大奇迹》，发布于 http://www.mafengwo.cn/i/2847150.html，2018 年 6 月 1 日访问。

② 黎翔凤撰，梁运华整理：《管子校注》，中华书局 2004 年版，第 1507 页。

冬至、立春、春分、立夏、夏至、立秋、秋分、立冬之时进行实地勘验，最终证实置身圣王坪中央位置的观测者视线经过远处山丘上不同的大石堆，都能够与初升的太阳三点成一线①。换言之，《管子》所载“六峜”很大程度上是真实存在过的，功用甚至与巨石阵极具相似性，中外这些具有仪式历法性质的史前宗教建筑也就成为象征神话宇宙观的天文观测建筑，而这也正是明堂类建筑需要在其布局结构上反映出天道（太阳）运行轨迹的实质。由此可以明晰神话思维中时空混同的根源，即用空间方位中的某个特殊点来象征时间循环变化的具体周期。

虽然至今尚未有夏商周时期的明堂建筑实物遗迹发现，但是玄宫意象还是能够在已经出土的文物及图像中找到一些间接证据。作为目前可见最早的建筑类描绘图像，山东临淄郎家庄东周 M1 出土漆器残片上的建筑纹样（图 4–8）或许也可被视为玄宫的早期表现形式。此类玄宫图式既是对中国神话思维中太阳循环运动现象的物化反映，又是对深刻影响国人思维模式的时空认同观念起源的追溯写照。

图 4–8　山东临淄郎家庄东周 M1 出土漆器残片上所绘建筑图像②

① 转引自金荣华：《释“六峜”——记山西阳城县析城山远古文化遗址》，（台湾）《中国文化大学中文学报》2013 年第 27 期。

② 图片来源：傅熹年：《中国古代的建筑画》，《文物》1998 年第 3 期。

此外还应当明确，在古代中西哲学思维模式中的时空观念存在着比较明显的差异，金春峰通过对《礼记·月令》的剖析进而溯及“月令”图式与中国古代思维方式与民族性格的形成问题：

> 在西方，古希腊很早就产生了纯时间与空间观念。亚里士多德在其范畴表中，分析了时间与空间范畴，提出时间与空间本身加以界说。时空单位是客观的时间的量度。这种时空观对近代自然科学的发展无疑起到了极其有利的作用。但在“月令”图式中，时间却是与空间结合的。东方与春季相结合，由木主持；南方与夏季相结合，由火主持；西方与秋相结合，由金主持；北方与冬相结合，由水主持。土兼管中央与四季。作为地上及地上皇权的代表，土在天人关系中，实际是人的代表。因此，不仅没有脱离特定空间的纯时间观念，亦没有脱离特定时间的纯空间观念。①

事实上，《礼记·月令》反映出的时空混同式宇宙神话观，是初民的神话思维模式后经阴阳五行学说渗透改造的结果。但结合前述明堂与月令的密切关系可知，中国宇宙神话观念中的时空混同现象使得“天子坐明堂”这一具有浓郁阴阳五行色彩的政治理想模式特点愈发显著，世俗统治者根据太阳在一年中不同的运行轨迹，必须遵循特定季节时令居于与之对应的空间方位，也即特定的明堂宫室之中。因此，作为明堂早期形式的玄宫象征着天道运行模式，遵循着时空混同一体的“月令”图式，属于中国神话宇宙观的代表性物化意象与秩序缩影。与此同时，在古人的神话思维观念中，太阳在白天自西向东运行，到了夜间，就会开始自东向西地反向运动，而这种日夜不息的循环运行模式则可视作发生根源的宇宙时空模式之典型人工形式。

就整个文本而言，《管子·幼官》对五方之中的北方之图叙述篇幅最大，而北方之地恰是颛顼之所，自属颛顼的管辖范围。颛顼又号“高阳氏”，据此亦可作为判断其为遵循阴阳两界太阳神身份的依据之一，《山海经》中所载“颛顼死即复生”神话仍然是以太阳的东升西降、夕落朝出现象为基型的，能够与文学人类学者所提原型模式时空坐标中的北方模式对应起来。

---

① 金春峰：《“月令”图式与中国古代思维方式的特点及其对科学、哲学的影响》，载深圳大学国学研究所主编：《中国文化与中国科学》，东方出版社 1996 年版，第 129 页。

第五章　颛顼与鱼妇：基于神话原型模式的考释路径

诚如前文所及，借助于《管子》所载玄宫与明堂的阐释，能够对中国神话思维的时空模式有更加明确的理解定位。而具体参照加拿大文学批评家诺斯洛普·弗莱（Northrop Frye）的“原型—批评”理论可知，作为一种解释性模式的元语言，恰似便于参阅的文化密码本，依其能够对原已偏离或失去本意的无意识文化现象做出通观解释，由此就为探讨神话原型模式对于初民思维方式的规定与制约效应，以及对后世各种程式化的礼仪活动和神话传说产生的转换、生成机制提供了新的阐释路径。

《管子》一书尤为重视颛顼与玄宫的关系，黎翔凤曾指出，作为“脑中枢神经”的《幼官》篇“以颛顼为主，故《水地篇》以水为神”[①]，且“抑《幼官》之水宫为水神玄冥”[②]。在古籍原典中，颛顼普遍被视为北方主神，以水德服于天下，亦称水德之帝，玄冥是他的辅佐神。《吕氏春秋·孟冬纪》载：“孟冬之月；日在尾，昏危中，旦七星中。其日壬癸，其帝颛顼，其神玄冥。”高诱注：“颛顼，黄帝之孙，昌意之子，以水德王天下，号高阳氏，死祀为北方水德之帝。”[③]《淮南子·时则训》载：“北方之极：自九泽穷夏晦之极，北至令正之谷，有冻寒积冰，雪雹霜霰，漂润群水之野，颛顼、玄冥之所司者万二千里。”[④]颛顼何以会受到如此青睐呢？

第一节　从“颛顼”转向“鱼妇”的所以然

与上古时代炎帝、黄帝、尧、舜、禹等其他帝王的赫赫功绩相比，颛顼的事迹似乎略显逊色，其中，“乃命重、黎，绝地天通，罔有降格”（《尚书·周书·吕刑》）算是比较突出的事迹。然而，这却是一种假象，颛顼在神话传说时代占据着非常重要的位置，他在当时的宗教进化方面发挥着无可替代的作用，被视为黄帝之后的宗教改革家。换言之，作为黄帝之孙的

---

① 黎翔凤撰，梁运华整理：《管子校注》，中华书局 2004 年版，序论，第 15 页。
② 黎翔凤撰，梁运华整理：《管子校注》，中华书局 2004 年版，序论，第 23 页。
③ 许维遹撰，梁运华整理：《吕氏春秋集释》，中华书局 2009 年版，第 215 页。
④ 何宁：《淮南子集释》，中华书局 1998 年版，第 436 页。

颛顼在施行“绝地天通”举措以后，使得群神、群巫不能随便往来，因此得罪诸神；在被徐旭生誉为“宗教主”的颛顼看来，“崇高神圣的事业，只能由他和南正重、火正黎参加，或者更可以说，只能由他和重参加，就是黎也无权干预，参加其他职位的人更不必说，他们因为无权参与神圣的事业，所以不能以神圣图腾所属的名字为名字”[①]，因而可以说“绝地天通”是上古时代具有重要标志性意义的宗教改革事件。

事实上，“在古代各帝里面，最难明了而关系又颇为重要的莫过于帝颛顼”[②]。通过检索号称中国古代“天下第一奇书”的《山海经》，便会发现一个有趣现象，“颛顼”出现了17次，频率竟然要高于“黄帝”的13次。接下来再看《大戴礼记》中记载上古帝王德行与事迹的《五帝德》篇，孔子有曰：“（颛顼）洪渊以有谋，疏通而知事，养材以任地，履时以象天，依鬼神以制义，治气以教民，絜诚以祭祀。乘龙而至四海，北至于幽陵，南至于交趾，西济于流沙，东至于蟠木。动静之物，大小之神，日月所照，莫不祗励。”[③]虽然《大戴礼记》对于远古传说的采录不免有失真之处，但也并非完全向壁虚构，保存有一定的历史真实性。从中不难看出，颛顼依照四时天象，并且遵循鬼神意志行事，具有乘龙至四海、祗励诸神的强大神力，这就使其在某种程度上具有了上古时代巫觋一类的“祭司王”身份，具有了通天、通神、通灵的神圣功能。而与《五帝德》篇中的尧、舜、禹的人事赞美而言，孔圣人对于颛顼的神事赞美更显得意义非凡。

《管子》文本中列举了上古神话中的三皇五帝承天命得以举行祭祀天地的封禅大典之事，但因齐国并不具备天命迹象，故而规谏已成霸业的齐桓公放弃封禅的想法，这其中就有“颛顼封泰山，禅云云”（《管子·封禅》），即专门掌管北方的颛顼曾在泰山祭天，在云云山祭地，以祀天地神祇。《管子》之所以重视颛顼所在的北方之地，正是由于这与北方在神话思维中代表的神秘空间方位密切相关，北方寓意寒冷、黑暗甚至阴间，而依精神分析观点分析，“黑暗的阴间又同女性、母题、子宫有着象征性的替换关系”[④]。因此，基于北方的神秘象征性，能够通过对《山海经·大荒西经》所载内容的考释，进而探寻神话原型模式的一种新路径：

有鱼偏枯，名曰鱼妇。颛顼死即复苏。风道北来，天乃大水泉，

① 徐旭生：《中国古史的传说时代》，广西师范大学出版社2003年版，第96页。
② 徐旭生：《中国古史的传说时代》，广西师范大学出版社2003年版，第85页。
③（清）王聘珍撰，王文锦点校：《大戴礼记解诂》，中华书局1983年版，第120页。
④ 叶舒宪：《中国神话哲学》，中国社会科学出版社1992年版，第92页。

蛇乃化为鱼，是为鱼妇。颛顼死即复苏。[①]

不难得知，颛顼“死而复生”需要伴随鱼妇形象的出现，而鱼妇的典型特征之一便是“偏枯”，兼具水生与陆生动物的双重属性。袁珂对“鱼妇”之名的由来做出阐释：“或以其因风起泉涌、蛇化为鱼之机，得鱼与之合体而复苏，半体仍为人躯，半体已化为鱼。”[②]故鱼妇的半人半鱼形象自然成为颛顼死而复苏的变化表象。但鱼妇神话以鱼蛇互化形式呈现的合理性何在？北宋经学家邢昺指出，《尔雅·释鱼》“释其见于经传者，是以不尽载鱼名，至于龟蛇贝鳖之类，以其皆有鳞甲，亦鱼之类，故总曰‘释鱼’也”[③]。依照古人仰赖的神话类比思维，将身有鳞甲的鱼、蛇、龟、鳖、贝共同视为死而再生的象征符号，在蜕皮、冬眠、产卵等动物周期性变化中体现出生命的永续性，而这种周期性的变化与变形正是原始生命观的核心。

因此，按《吕氏春秋》《礼记·月令》等早期经典所载内容分析，颛顼为黑水之祖、北方之帝，自然也是身居北方的大神，掌管着神圣特异的巫术。风自北来，象征着颛顼的出现登场，而蛇化为鱼，即为鱼妇，则隐喻颛顼掌有死即复苏的不死神通。可见，从“颛顼”到“鱼妇”并非偶然，欲弄清楚颛顼复活的原型背景，关键在于考释鱼妇的神话原型，由此才能对以颛顼神话为代表的北方原型模式进行具体阐释，进而关涉中国神话哲学东、西、南另外三个时空意义上的原型模式，最终还原整个神话原型模式的元语言。在这个艰涩复杂的考释过程中，文学人类学倡导的四重证据法助力甚多，尤其是作为第四重证据的考古出土文物与图像，以其证据效力确保了整条阐释链的充分性与可信性。

第二节　物的叙事：“池下悬鱼”饰棺

不同于往昔，陶渊明尚可在《读山海经·孟夏草木长》中“泛览周王传，流观山海图”[④]，今人却无法从“山海图”中体认鱼妇的原初形象，因为东晋之前的山海原图已不存在，明清画工补作的图像多出于想象，并不能

① 袁珂校注：《山海经校注》，上海古籍出版社1980年版，第416页。
② 袁珂校注：《山海经校注》，上海古籍出版社1980年版，第417页。
③ （晋）郭璞注，（宋）邢昺疏，王世伟整理：《尔雅注疏》，上海古籍出版社2010年版，第506页。
④ （晋）陶潜著，龚斌校笺：《陶渊明集校笺》，上海古籍出版社2011年版，第354页。

替代其原有叙事功能，更不足以用来考证鱼妇神话原型。如此一来，《山海经》中保留的史前大传统信息就被遮蔽起来，单纯依靠文明小传统的文字编码又难以准确洞悉编码背后完整的神话观念信息链，使得鱼妇神话随着文化变迁变得越发难以释读。因而从无文字时代的史前大传统新视角出发，考古发掘新出土的玉鱼、玉衣、画像石等地下文物及图像作为实物证据已然成为探求、重构《山海经》鱼妇神话意涵的有效参照物。

根据考古发现，史前时代辽河流域的红山文化墓葬中往往随葬有玉鱼、玉龟等具象肖生动物，而在长江下游的良渚文化墓葬中同样有此类水生动物玉雕形象出土，时间相近的不同地域间却呈现出相似的文化现象并非偶然。有学者认为，如果将红山文化玉鱼等动物视作神话化表现的该类动物玉雕形象的开端，那么"良渚文化反山 M22 墓葬出土玉鱼，被放置在墓主人上身右侧，其引领黄泉之旅的再生祈祝意义，可对照后代文献之鱼妇神话，重建永生与再生信仰支配下数千年延续不坠的文化文本编码规则"[①]。到商周时期，贵族墓葬中的玉鱼随葬现象渐趋常态化，数量呈递增之势，到西周昭王、穆王时期数量达到峰值。其中陕西长安张家坡西周墓地出土有玉鱼 300 余件，数量甚至超过安阳殷墟妇好墓、宝鸡茹家庄強国墓地、三门峡虢国墓地的玉鱼总和。

张家坡墓地出土的西周玉鱼主要分为装饰品和葬玉两大部分。前者指将玉鱼穿孔之后随身佩戴，故多出于棺内墓主人的腰际和胸部，且多成对相叠放置，暗示着一种不成文的随葬模式或传统，这从棺内未经扰动的 M42 等墓葬中玉鱼确切出土位置清晰可辨。这些玉鱼除了具备装饰审美功能外，更多的应是祈祝死而再生之意。而后者除极少数用作玉琀和玉握外，绝大多数为棺饰用鱼。在 6 座已经确定为井叔家族墓的第一等级大型墓葬中，M157、M170、M163、M165 共计出土棺饰用鱼 59 件，其中 M170 出土数量最多，达到 46 件，出自位置主要集中于外棺的东南角和西南角，各有 16 件，其余分布在内棺周围（图 5–1）。[②] 由此说明这些玉鱼最初都是挂缀在棺罩四角的饰物，但棺罩本身已朽烂不存。在北赵晋侯墓地的 M113 棺盖板上发现的横木和织物痕迹当是棺罩残留，分别是墙柳与荒帷的遗存，只是西周中期前段的荒帷之上多装饰蚌泡，还不见玉鱼。到西周中期后段，荒帷挂缀玉鱼用作棺罩饰物已较普遍，而且棺罩之上悬挂池下

① 叶舒宪：《从玉教神话到金属神话——华夏核心价值的大小传统源流》，《民族艺术》2014年第 4 期。

② 中国社会科学院考古研究所编：《张家坡西周玉器》，文物出版社 2007 年版，第 18 页。

铜鱼逐渐流行开来。

图 5-1　陕西长安张家坡西周墓地 M170 出土的鱼形棺饰（一对）[1]

《礼记·丧服大记》对于周代饰棺情况记录最为完整翔实，文献记载对于透过出土玉鱼实物印证并还原“池下悬鱼”饰棺之制颇具参照价值：

> 饰棺，君龙帷，三池。振容，黼荒。火三列，黼三列。素锦褚，加伪荒。纁纽六，齐。五采，五贝。黼翣二，黻翣二，画翣二，皆戴圭。鱼跃拂池。君纁戴六，纁披六。大夫画帷，二池。不振容，画荒。火三列，黻三列。素锦褚。纁纽二，玄纽二，齐。三采，三贝。黻翣二，画翣二，皆戴绥。鱼跃拂池。大夫戴，前纁后玄，披亦如之。士布帷布荒，一池。揄绞。纁纽二，缁纽二，齐。三采，一贝。画翣二，皆戴绥。

① 图片来源：中国社会科学院考古研究所编：《张家坡西周玉器》，文物出版社2007年版，图版54—55。

士戴，前纁后缁，二披用纁。[①]

“池”乃是仿照墓主人生前屋檐下作为行水的“承霤”，棺罩两面设池且悬鱼池上这种“鱼跃拂池”之象，当是君及大夫阶层专享的饰棺制度，在士一级墓葬中罕见，像西周晚期的三门峡虢国墓M2013就属于特例。其墓主人为虢国贵族中元士之妻“丑姜”，墓中所出76件铜质悬鱼打破了“士去鱼”的规定，此举虽不合周制，但从周人所用棺饰及整个饰棺仪程中体现出的宗教内涵分析，不难发现贯穿始终的依然是古人灵魂不灭的观念，而“这一观念在周人的意识形态中存在并反映在其棺饰上，成为周人饰棺制度的宗教根源”[②]。西周晚期饰棺制度逐渐趋向定型，士阶层也深知阴间世界遍布黄泉之水，死后黄泉之旅中离不开鱼类水生动物的辅助，为达此个人目的，出现对周制有所僭越的现象。

既然池下所悬玉鱼、铜鱼挂缀于荒帷之上，就有必要对周代饰棺仪程略作探究。荒帷又称柳衣，是覆盖在棺柩木框架之上的帷布，东汉郑玄注曰：“大夫以上，有褚以裧覆棺，乃加帷荒于其上。纽，所以结连帷荒者也。”[③]元代陈澔所注与其相类：“帷荒者，帷是旁墙，荒是上盖。褚覆竟，而加帷荒于褚外也。”[④]其中的褚即棺衣，荒、帷实为褚外所覆帷布不同部分，上部曰荒，下部称帷。虽然目前尚未发现周天子的墓葬，但可依后世文献复原天子的饰棺仪程，据宋代聂崇义《新定三礼图·丧器图》载：“天子其荒缘、荒边画龙，又画云气；次画白黑之黼文；又画火形如半环；以画两已相背之黻纹于其间。”[⑤]在周天子的棺饰中，帷之上画有龙纹，荒的中央绘有龙纹、半环火纹、黼文（）及黻纹（）等五行纹饰，其边缘绘有龙纹和云气纹（图5–2）。而在大夫一级棺饰中的帷上画有云气纹，荒之中央也仅存火纹与黻纹图案，不见龙纹；士一级所用荒帷则用白布制成，其上不绘任何纹饰。可见周代饰棺仪程等级森严，龙纹为天子专享，代表真龙天子地位的至高无上，不容许他人僭越，古人更是将龙纹、悬鱼代表的鱼龙形象做合并式理解，辅以生动的云气纹，将周天子在阴间驾驭鱼龙升天的神话想象进行生动呈现。在当时的背景下，大夫、士阶层不敢奢求

① （清）阮元校刻：《十三经注疏》影印本，中华书局1980年版，第1583—1584页。

② 乔卓俊：《两周时期中原地区的饰棺研究》，载山东大学东方考古研究中心编：《东方考古》第7集，科学出版社2011年版，第182页。

③ （清）阮元校刻：《十三经注疏》影印本，中华书局1980年版，第1584页。

④ （元）陈澔注：《礼记集解》，上海古籍出版社1987年版，第251页。

⑤ （宋）聂崇义集注：《新定三礼图》（卷六），中华再造善本，北京图书馆出版社2006年版。

乘龙之快，能做的也只有寄希望于池下悬鱼来完成自身死后驾鱼升天的愿景。

图 5–2　西周国君棺饰复原想象图（据钱玄）①

孙华认为鱼作为水中生物，能够克火，故悬鱼体现建筑防火观念向着实际表示使用者身份地位功能的转变过程②。孙氏见解固然新颖，但似未触及问题本源，从史前大传统视域出发，身为“水虫”的游鱼象征着超自然的生命力，被古人视为死而复生的代名词。“池上悬鱼”体现出周人的一种灵魂、生命转换意识，相信人死后灵魂并不会随之消殒，生命的终结只是一种“转折”——从阳间前往阴间开始新的黄泉之旅，而鱼类将会引导墓主人灵魂回转升天。只是西周中期以后，玉鱼逐渐被铜鱼取代，而到春秋中期以后，列国墓葬中已经基本不见饰棺铜鱼出土。铜鱼能够在西周墓葬中找到玉器的原型，而铜鱼接替玉鱼的现象表明金属神话信仰由玉石神话信仰派生而来。西周王权逐渐旁落，使得王室周边的诸侯国无法获取优质玉，神话信仰驱动下的资源依赖链条被迫中断，而这恰为金属铜矿资源在一定时期内替代玉石资源提供了契机，由此观之，以铜鱼或石鱼置换原型性的玉鱼现象也就变得顺理成章。到了战国时代，中原地区的安阳黄张遗址贵族墓葬 M12 中还发现了用石璧、石环充当玉璧、玉环模拟品的情形③。

① 图片来源：乔卓俊：《两周时期中原地区的饰棺研究》，载山东大学东方考古研究中心编：《东方考古》第 7 集，科学出版社 2011 年版，第 174 页。

② 孙华：《悬鱼与振容》，《中国典籍与文化》2000 年第 1 期。

③ 中国社会科学院考古研究所黄张发掘队、河南省文物管理局南水北调文物保护办公室：《河南安阳市黄张遗址两周时期文化遗存发掘简报》，《考古》2009 年第 4 期。

事实上，墓葬中无论铜鱼、石鱼、蚌鱼等与玉鱼共存，还是接替玉鱼出现，其神话旨归无非在于调动鱼形符号的法术与灵性力量引导墓主人的生命力再生。

史前时代还没有产生无神论思想，更不会受"逻各斯中心主义"（logocentrism）[①]的束缚，古人都是神鬼世界的坚定信仰者，秉持"灵形分离"思想，他们认为所谓死亡只是肉体和灵魂的分离，灵魂依旧存在于观念和想象之中，生命的死而再生神话将一直延续。卡西尔指出，在人类文明发展初期，"原始人不甘心承认死亡的事实，并不能接受关于他作为一个必然消亡的自然现象的个体存在势必要毁灭的劝解。但是神话却否认并'驳斥'了这一事实，它教诲人们，死亡绝不意味着人的生命的终结，而是意味着生命形式的一种变化，即由一种生存方式向另一种生存方式的简单转换"[②]。这种转换实际上就是"死亡—再生"转换，在神话思维中，生死二元转换命题将死亡的不可避免性成功逆转，其表述的思想仍然是复活再生信仰。

第三节　图像叙事：鱼车出行神话

与商周时期不同，汉代的墓葬中已经不见棺饰用鱼，然而鱼类贯通生死两界的神话意义非但没有消亡，反而愈加盛行。人们惯于将肉身死后在黄泉驾游鱼升天的想象愿景寄托于壁画及画像之中，而其中的"鱼车出行"主题即是神仙信仰的表现。如果说商周墓葬内各种材质的实体棺饰用鱼更多是一种"物的叙事"，那么汉代的鱼车出行母题则是"图像叙事"的典例。两种叙事形式兼具证史之效，对于求证所处时代的信仰与神话观念特有的叙事和暗示作用意义深远。英国历史学家彼得·伯克（Peter Burke）尤为重视图像的阐释效力，他秉持的一个基本论点正是图像如同文本和口述证词一样，也是历史证据的一种重要形式[③]。

王煜曾对汉代壁画和画像中鱼车出行图像材料进行过初步统计，共计16处，分别是：陕西定边郝滩壁画墓M1、靖边壁画墓M1；山西离石马茂

---

① 所谓"逻各斯中心主义"，是雅克·德里达（Jacques Derrida）继承马丁·海德格尔（Martin Heidegger）的思想对西方哲学做出的一次"裁决"，属于西方形而上学的一种别称。其中，"逻各斯"为希腊语 λόγος 的音译，类似于中国古人所言之"道"，意为规律和本质可以言说。

② ［德］恩斯特·卡西尔：《国家的神话》，范进、杨君游、柯锦华译，华夏出版社1999年版，第59页。

③ ［英］彼得·伯克：《图像证史》，杨豫译，北京大学出版社2008年版，第9页。

庄汉墓；山东邹城北宿镇落陵村出土画像石、邹城郭里镇黄路屯出土画像石、邹城峄山镇野店村出土画像石、肥城栾镇出土画像石、嘉祥武氏祠左右室、泰安出土画像石；江苏徐州铜山县洪楼村出土画像石；安徽宿县褚兰汉画像石墓、淮北出土画像石；河南南阳唐河针织厂汉画像墓 M1、南阳王庄汉画像石墓以及南阳出土画像石。①不难得知，其统计依据主要是考古报告以及画像石研究著作中的相关记载，因而并不能完全涵盖诸如徐州汉画像石艺术馆等省、市、县各级博物馆中所藏壁画与画像石，再加之考古出土的新发现以及个人收藏，包含鱼车出行主题的图像材料显然远不止此。但统计资料仍然能够反映出一些基本事实，汉代壁画及画像中的鱼车出行图像在山东邹城和嘉祥、江苏徐州、安徽淮北、河南南阳、陕西定边和靖边等画像与壁画艺术流行的主要地区都有发现，时代跨度为西汉晚期至东汉晚期，这就说明鱼车出行寓意的生命再生信仰观念在整个汉代是普遍存在的，是一种被时人广泛接受的流行主题与表现形式。

山东邹城北宿镇落陵村出土的西汉晚期画像石椁侧面鱼车出行图像（图 5-3）是目前所见最早的此类画像②。画像内容为三条套着绳索的游鱼拉着一架龙车作疾驰状，神龙充当车身，头戴尖帽的驭者、乘者二人分居前后，华盖由两条相向的鱼构成，车前一人首鱼身者腾空导引，一人骑一形似骆驼的神兽紧跟车后，双手各持一件宝珠状物。而徐州汉画像石艺术馆所藏的一件鱼车出行主题画像石（图 5-4）除了缺少车前人鱼导引者与车后神兽骑行者外，内容几乎与落陵画像完全一致，稍有不同之处在于二者的前进方向相反，再就是驭者和乘者置身于一个由神龙顶持的方形车体中。笔者认为此类构图模式可能是汉代鱼车出行的原初范式，其中的乘者应为墓主人，而后续画像中添加的车马、神兽、星象、风雨雷电等图像元素当是一种仙界场景的补足和丰富。汉代神仙思想盛行，欲理解壁画及画像中仙界场景的直观表达，就需要从天人合一的观念层面去把握。"《黄帝书》曰，'天在地外，水在天外'，水浮天而载地者也"③，可见古人的神话想象认同"地载于水"，认为天地之间以水相连，而阴间之水则专指黄泉，人唯有渡过黄泉，才能飞升成仙，灵魂方能不灭，实现死亡到再生的生存方式转换。但是到了黄泉之中人是无法直接前行的，所以游鱼就成了辅助人类贯通天地进而实现永生的不二选择。但问题在于这些游鱼驾着龙车将

---

① 王煜：《也论汉代壁画和画像中的鱼车出行》，《考古与文物》2013 年第 3 期。

② 胡新立：《邹城汉画像石》，文物出版社 2008 年版，第 175 页。

③ （唐）房玄龄等：《晋书》，中华书局 1974 年版，第 282 页。

要驶向哪里？墓主人追求的终极神仙世界何在？

图 5–3　山东邹城北宿镇落陵村出土画像石 ①

图 5–4　鱼驾龙车画像石

（公维军摄于徐州汉画像石艺术馆）

目前所见的壁画与画像中的鱼车出行图像多处于一个由多图像元素构成的场景之中，而诸多场景之中出行目的地最明确的就是昆仑之巅，判断的最主要依据是女神西王母形象。陕西定边郝滩壁画墓 M1 的墓室西壁下部壁画描绘了一幅场面宏阔的墓主人升仙和西王母饮乐场景 ②，西王母戴胜形象居于画面左上侧，而右上侧为墓主人乘鱼车向西王母所在的昆仑

① 图片来源：王煜：《也论汉代壁画和画像中的鱼车出行》，《考古与文物》2013 年第 3 期。

② 陕西省考古研究所、榆林市文物管理委员会：《陕西定边县郝滩发现东汉壁画墓》，《考古与文物》2004 年第 5 期。

仙界驶去，反映出墓主人生前信奉灵魂不灭和升天成仙的思想观念。一些场景中即使不直接表现昆仑和西王母，也会通过昆仑仙界的专职守护神开明兽[①]以及玉兔等形象（图 5–5）间接传递出鱼车出行目的地属昆仑仙境无疑。在中国人的传统神话观念中，西王母是一位身处西极昆仑玉山，掌管着世间唯一不死药奥秘的女神，头戴玉胜是其典型特征。苏永前通过比较神话学视角追溯西王母原初的神格，认为西王母是一位兼具死亡与再生两种神职的史前大母神。[②]由此可以得出更加合理的解释，在史前人类的生死观念中，死亡并不是静止的，而是再生的准备阶段，遵循着史前大母神信仰，将生死转换的重要职能统合于女神身上，这同样契合前述卡西尔的解释。昆仑、玉山、玉胜、不死药，没有一个特征不在隐喻西王母的死亡再生女神形象。吕微指出："昆仑正是一个具有空间性和容纳性的物体，是女性的神话象征，其在现实世界的原型即是与女性生育有关联的子宫、胞胎、产门或整个母腹。"[③]不仅如此，昆仑还盛产和田玉，而玉在初民的神圣观念中始终是再生的象征性神物，古人将其作为宗教礼器陪葬，寄托着死而复生的愿望。

图 5–5　开明兽、玉兔画像石（局部）

（公维军摄于徐州汉画像石艺术馆）

---

① 开明兽，又称"九头兽"，中国神话传说中的上古神兽，昆仑仙界守护神。《山海经·海内西经》载："昆仑南渊深三百仞。开明兽身大类虎而九首，皆人面，东向立昆仑上。"（袁珂校注：《山海经校注》，上海古籍出版社 1980 年版，第 298 页。）

② 苏永前：《西王母神格探原——比较神话学的视角》，《民族文学研究》2014 年第 6 期。

③ 吕微：《"昆仑"语义释源》，载马昌仪编：《中国神话学文论选粹》（下编），中国广播电视出版社 1994 年版，第 504 页。

除此之外，还有一个不容忽视的细节场景值得注意，即前述山东邹城出土画像石中作为导引者的人首鱼身形象。这在徐州汉画像石艺术馆所藏画像石中也有生动呈现，场景中西王母头戴玉胜端坐中央，左上角一人首鱼身形象站立（图5–6），看来这种形象在汉代壁画及画像中属于常见主题。而《山海经》所载鱼妇形象恰好也是半人半鱼，当然并不是说该形象一定就是鱼妇形象，毕竟在《山海经》中的半人半鱼形象还有陵鱼、互人等，而是说提供一种可能性佐证。日本学者白川静认为："鱼被认为是居住于水底的精灵。古时用鱼喻示女性，因为鱼曾被认为是阴之精。"① 再观鱼妇之"妇"字，本意为一持扫帚的女子，而炎帝姜姓、黄帝姬姓，都不难发现妇、姜、姬、姓皆从女，这就说明在汉字中间存在一个符号之根问题，暗示出上古姓氏传播过程中女性中心文化的特色，然而随着后起的男性中心意识形态逐渐强化，女神崇拜传统遭到排斥，最终使得女神信仰被彻底遮蔽和淹没。由此，半人半鱼形象既充当墓主人驶往昆仑仙境的导引者，又能够与女神西王母共存，显然并非偶然为之，背后有与女神信仰相关的深层次内涵。如此分析看来，汉代画像中的半人半鱼形象与鱼妇形象更为接近，充当着鱼女神的神话角色，与瑶池西王母一道共同建构生命再生的中国式神话想象。

图5–6 头戴玉胜西王母画像石（局部）

（公维军摄于徐州汉画像石艺术馆）

① ［日］白川静：《常用字解》，苏冰译，九州出版社2010年版，第83页。

图像叙事证据表明，汉墓壁画及画像石中的鱼车出行景象描绘的当是一幅墓主人乘坐鱼车飞渡黄泉驶往西极昆仑仙界的场景，最终目的在于为了实现永生信仰前去追随死而再生女神西王母，契合女神崇拜命题。由此可知，不只是东汉以前的鱼车出行如此，整个商周时期墓葬中的饰棺用鱼亦是如此，所以深入发掘出初民观念中的美玉与女神两大原型后发现，欲要"用事实说话"，首先需要做到"让事物说话"，重视物与图像的阐释效力。

第四节　"鱼妇"神话原型的中西比较神话图像

神话思维决定性地支配着人们所处时代的文化创造与文明行为。在整个欧洲史前时期，古人对于死亡和轮回转换所持的观念与今人理性的死亡观有着根本之别，人的灵魂在印欧宗教和基督教信仰中保持着独立的本体性，更关键的是它能够进入死后的世界，从而仰赖再生女神的庇佑，实现死而复生的神话式理想。

在塞尔维亚境内多瑙河沿岸的莱潘斯基 – 维尔（Lepenski Vir）遗址祭坛前发掘出了 54 件红砂岩小雕像，其中有 15 件呈现出半人半鱼特征，它们双眼圆睁，嘴巴大张，眼角下垂，裸露乳房与阴部，双手呈鹰爪状，这些卵形或鱼形石雕像皆被视作该圣地的主神圣像（图 5–7）。金芭塔丝将莱潘斯基 – 维尔三角形神庙中的鱼雕像视作鱼女神——一位体内潜藏着无尽再生力量的最初创世女神，"用作牺牲的动物、雕像以及其他祭拜器物上所饰的迷宫图案都表明，她是生命和死亡的女主人，是孕育生命的子宫"[①]，她认可作为孕育符号的鱼和女神的子宫是等同的。鱼类赖以生存之水与赋予生命的子宫羊水在史前时代具有统一性，并且"鱼—子宫—水"的象征系统一直延续了下来。

在较莱潘斯基 – 维尔文明晚近 4000 年的米诺斯文明中，"鱼—子宫—水"元素组合在陶瓶与石棺装饰图案中依然流行。献祭的陶瓶之上显示一条游鱼嘴中垂挂有状如子宫的囊状物，其上下呈现动态的螺旋纹与曲线象征着充满活力的生命之水（图 5–8）；同样，三种生命元素的组合图案也普遍存在于米诺斯石棺之上，有时还会辅以具有重新唤醒生命能量的公牛角、植物、贝壳等抽象符号共同表达再生观念。所有这些图案都象征着墓主人在鱼女神的召唤下保持灵魂不灭，这与米诺斯文明重视生命而非死亡的特点相吻合，符合米诺斯人的生命再生象征体系以及女神中心文化观。

① Marija Gimbutas, *The Language of the Goddess*, London: Thames and Hudson, 1989, p.260.

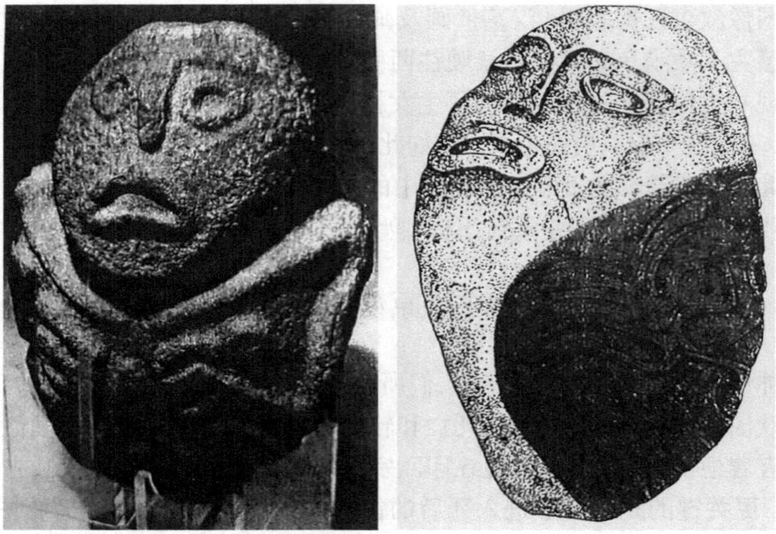

图 5-7　塞尔维亚莱潘斯基－维尔遗址出土的鱼女神小雕像①

图 5-8　米诺斯文明中期的献祭陶瓶②

① 图片来源：Marija Gimbutas, *The Language of the Goddess*, London: Thames and Hudson, 1989, pp.260–261。

② 该陶瓶年代为公元前 2000—前 1700 年。图片来源：Marija Gimbutas, *The Language of the Goddess*, London: Thames and Hudson, 1989, p.262。

金芭塔丝的再生女神文明论指出了神话形象发生的信仰根源："自然界自发的生命更新换代是新石器时代宗教的主要关注点。如此的全力关注使得古欧洲关于再生神圣意象广为流行，大多数的此类意象都尊奉各种各样的动物——鱼、蛙、狗、山羊、刺猬、公牛头，所有这些能够在某一方面象征子宫的东西。"① 在金芭塔丝的思维意识中，这些动物并非随意的列举与排列组合，鱼位居首位有其特定意涵，若依此研究视角分析，女神理论在世界范围内具有普适性价值，伊利亚德也承认世界所有文化中都存在着生命周期性再生观念，在宇宙论层面上相信这一宇宙性活动的重复。女神是一切生命的源头，在生命再造与维系的循环过程中，除了最基本的生育功能外，更重要的是扮演死亡与再生的主宰角色，因而对死而再生鱼女神原型的追溯为解读《山海经》中的鱼妇形象提供了新视角。

河姆渡文化木鱼、仰韶文化半坡人面鱼纹彩陶盆、庙底沟类型陶缸鹳鱼石斧图、马家窑文化鱼纹彩陶罐、西周中晚期青铜鱼尊、汉代鱼驾龙车画像石……自史前时代以来的诸多鱼神话意象或许能够借助女神理论得到新的阐释，以仰韶文化的彩陶盆与陶缸为例，虽然二者出土地不同，但同属于瓮棺葬的关键葬具，都是明器。陶缸用来保存尸骨，陶盆作为盖子扣在陶缸之上，盆底往往凿有一个小孔，国内研究者多认为该孔是死者灵魂出入的通道，体现灵魂再生观念，这是有道理的。但是金芭塔丝的女神文明理论遵循的是知识考古范式，将陶盆扣于陶缸之上就会形成一个相对封闭的空间，这恰恰成为象征着女神子宫的宗教图像符号，成为新生命孕育的神圣场域，而陶盆之上的小孔自然意味着女神的子宫口，新的生命将由此诞生。陶缸成为史前女神原型的象征物，将无生命迹象的尸体置于其内，隐喻生命在女神强大的子宫中再次获得新生。作为葬具的彩陶盆与陶缸都是在模仿死亡与再生女神，其上所绘的鱼纹图案则进一步明确了鱼女神的身份，由此体现出的死而再生生命观也就易于接受了。

卡西尔认为："灵魂及其整个存在，它的冲动和需要，都仍然指向并限制于物质世界内。为了使灵魂保存下来并妥善地存在着，它需要物质占有，它们表现为食物和饮料、服装和器械、家具和装备的形式。虽然在灵魂崇拜的晚期形式中，这类祭品表象为纯粹的符号形式，起初毫无疑问地把祭品设想为真实的，并且指定死者实际使用。"② 在中国，汉代的玉衣表

---

① Marija Gimbutas, *The Living Goddesses*, Berkeley: University of California Press, 1999, p.26.

② ［德］恩斯特·卡西尔：《神话思维》，黄龙保、周振选译，中国社会科学出版社 1992 年版，第 180 页。

现尤为明显，为了将墓主人的灵魂保存完好，不惜将数千枚玉片以金银铜丝不同缕质连缀成衣，包裹其身，这种特制的高规格祭品以服装抑或装备的形式实现物质占有所需，人们坚信墓主人死后身穿玉衣能够实现生前的再生理想。根据卢兆荫的统计，截止到 1989 年，“出土玉衣的西汉墓葬有 18 座，所出玉衣为金缕的 8 座，银缕的 2 座，铜缕的 2 座，丝缕的 1 座，不知为何种缕质的 5 座……东汉墓葬有 16 座，其中出银缕、铜缕玉衣各一套的有 3 座，出银缕玉衣的 3 座，出鎏金铜缕玉衣的 1 座，出铜缕玉衣的 7 座，所出玉衣不明缕质的 2 座”[①]。当然后续陆续有玉衣出土，最引人注目的是 2004 年徐州狮子山西汉楚王墓出土的金缕玉衣（图 5–9）。

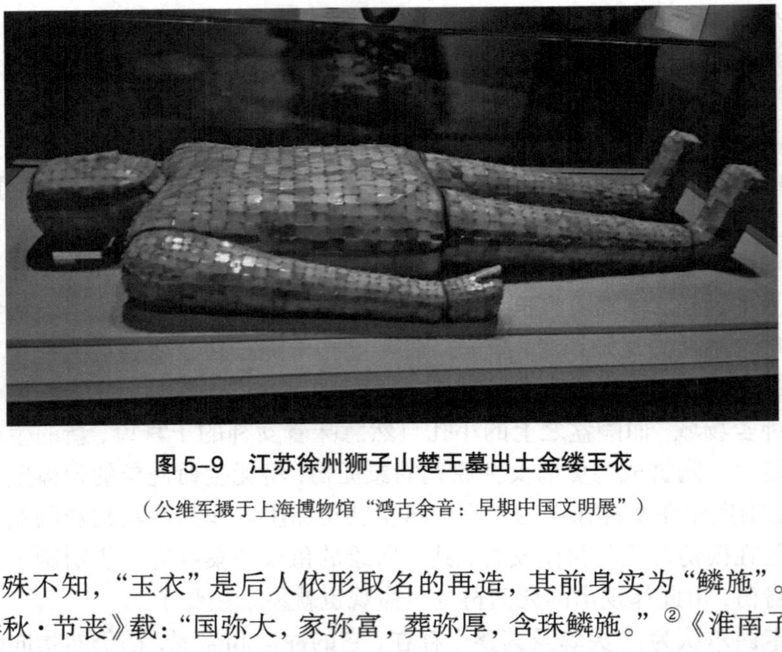

图 5–9 江苏徐州狮子山楚王墓出土金缕玉衣

（公维军摄于上海博物馆“鸿古余音：早期中国文明展”）

殊不知，“玉衣”是后人依形取名的再造，其前身实为“鳞施”。《吕氏春秋·节丧》载：“国弥大，家弥富，葬弥厚，含珠鳞施。”[②]《淮南子·齐俗训》亦载：“非不能竭国靡民，虚府殚财，含珠鳞施，纶组节束，追送死也。”高诱注：“含珠，口实也。鳞施，施玉于死者之体如鱼鳞也。”[③]可见，所谓“鳞施”是指用缕将“死者之体”用玉片编缀包裹起来，整体呈现为鱼的鳞片状，因而部分学者就猜测玉衣可能是仿自西汉初期的鱼鳞甲，但此说明显没有进一步解释出该制作行为的所以然问题。中山靖王、中山穆

① 卢兆荫：《再论两汉的玉衣》，《文物》1989 年第 10 期。
② 许维遹撰，梁运华整理：《吕氏春秋集释》，中华书局 2009 年版，第 222 页。
③ 何宁：《淮南子集释》，中华书局 1998 年版，第 786 页。

王、南越王、楚王这些帝王皇族死后以如此奢华的玉衣装饰龙躯，显然不只是身披鱼鳞甲继续作战建功那么简单。其更深层次意义在于，玉衣象征着女神的子宫，玉衣裹尸等同于帝王躯体重回母腹，在女神的庇护下实现灵魂不灭与生命再生的愿望：尸体∶玉衣＝生命∶子宫＝再生∶女神，这能够印证神权时代的丧葬观主要以类比为主的神话思维模式发挥作用。将玉片连缀成鱼鳞状则使鱼女神形象的指向性更加明确，加之玉又被视为通神的再生神物，在中国式神话思维中引发的是天神恩赐人间圣物的想象。因此，借助于这种连类比附关系，能够对这一特色现象有新的体悟式理解，即墓主人希望借助鱼女神的帮助安全跨渡阴间黄泉之水。玉衣这种丧葬礼俗中既保留了重回母腹的生命再生转换，又为逝者追求升天成仙的神仙思想开启了新模式，彰显出古代统治阶级追求死而再生的神话意图。

荣格在研究自我原型象征的《艾翁》一书中，为了阐明人类心理整合机制，一度将耶稣基督死而复生的原型溯及鱼的神话意象，并且借用大量考古学、民俗学资料来证明基督复活形象与鱼的神话象征二者关联存在的合理性。他指出："在近东和远东，鱼的象征有着漫长而丰富的史前史，从巴比伦的鱼神俄安内（Oannes）与其身穿鱼皮衣的祭祀，到腓尼基女神德尔赛托－阿塔加提斯（Derceto–Atargatis）祭仪上食鱼圣餐，还有阿盘溪墓志上晦涩的铭文；从古印度人面鱼身的摩奴形象，到罗马帝国'色雷斯骑士'举行的圣鱼宴……在犹太教的传说中，弥赛亚会随着双鱼的符号一同到来。"[①] 救世主耶稣基督以鱼的形象降临人间，鱼就成为耶稣复活的标记。

在汉语语境中，"稣"字从禾鱼声，意为"禾若散乱，杷而取之"，本身即代表着一种特殊的文字编码。《礼记·乐记》云："蛰虫昭蘇（稣），羽者妪伏，毛者孕鬻。"[②]《玉篇》亦云："稣，息也。死而更生也。"[③] 春天河水解冻，游鱼得以苏醒，此时农民播种的种子也破土而出，这些意象都象征着大地女神对世间新生命的孕育再生，故"稣"字的原初意义当与女神信仰有关。而被尊奉为男性神的耶稣基督复活形象实际上是后世父权制宗教对于史前女神宗教的歪曲与遮蔽，原因就在于史前女神宗教明确将女性偶像作为标志特征，消除其影响的唯一途径就是重新树立男性唯一神的绝对权威。为此，"20 世纪的女神再发现运动"促使学者们尤其是女性主义神话学者深入世界各民族的神话中重新发现地母神，由此来抗衡基督教男性

① C.G. Jung, *Aion: Researches into the Phenomenology of the Self (Second Edition)*, translated by R.F.C. Hull, Princeton: Princeton University Press, 1979, pp.73–74.

② （清）阮元校刻：《十三经注疏》影印本，中华书局 1980 年版，第 1537 页。

③ 转引自（汉）许慎撰，（清）段玉裁注：《说文解字注》，浙江古籍出版社2006年版，第327页。

神的权威，于是重新审视耶稣以鱼的形象降临世间现象或许隐喻再生鱼女神复归原位。

第五节 回归神话原型的北方模式

在中国人的神话思维中秉持着地载于水的神话宇宙观，上至帝王，下至民众，都相信阴间存在黄泉之水，唯有借助于鱼类的神力，方能安全通过黄泉，最终到达昆仑仙界。这种神圣思维模式从周代的池下所悬饰棺用鱼以及汉代鱼车出行画像等均能够体认。但是将其置于全球女神信仰的大背景中就能得到更深层次的解释，弗莱指出："阳光每天都要消失，植物生命每逢冬季即告枯萎，人类的生命每到一定期限也要完结。但是，太阳会重新升起，新的一年又将来到，新的婴儿也要问世。或许在这个生命世界中，想象的最初的、最基本的努力，所有宗教和艺术的根本要旨，都在于从人的死亡或日和年的消逝中看到一种原生的衰亡形象，从人类和自然的新生中看到一种超越死亡的复活形象或基型。"① 换言之，在整个神明世界中，使得中心运动得以维系的是神灵死亡与复活的循环往复。

事实上，将万物开始藏伏的冬季与自然生命周期的终结联系在一起显然是比较容易理解的。但不容忽视的另一层意义在于，冬季还是万物复苏的肇始阶段，同时也是新一轮的生命周期即将运转的储备阶段，因而这个特殊的时节又必然同生命孕育紧密联系起来。通过对北方冬神颛顼"死即复苏"的鱼妇神话原型所作考释，能够意识到偏枯之鱼妇充当着阴阳水陆两界的中介物，换句话讲，就是贯通生死的神话媒介。"颛顼—蛇—鱼—鱼妇"这种不同种类生物间的转换变形过程可被视作生命超越生死进而实现从"有限"到"无限"的象征过渡，由此便能够清晰再现北方模式的突出神话主题即"死而再生（死即复苏）"。对此，伊利亚德从原始民族与文明民族的神话及宗教视角提供了一种具备普遍性存在意义的思想，可作为阐释的证据支撑：

> 在古代文化中的宗教徒看来，世界每年都要被重生一次。换言之，每一年它都会重新恢复它曾经具有的元始神圣性，这种神圣性是当其从造物主手中诞生出来时就具有了的……它使全部宇宙得以圣

① Northrop Frye, *Fearful Symmetry: A Study of William Blake (Second Edition)*, Princeton: Princeton University Press, 1969, p.217.

> 化，并且也使宇宙生命完成圣化。宇宙的这种生命被想象成是以一个周而复始的过程来表现的，这就是一年。年是一个封闭的圆圈，它有起点和终点，但是它也有着一种能以“新”年的形式被重生的特性。因为时间决不会被耗尽消失，所以伴随着新年的到来，那种是“崭新的”、“纯静的”和“神圣的”时间便产生了。①

从颛顼到鱼妇，从阳世到阴间，从陆地到黄泉，彼此具有不可分割的象征认同关系，阴阳、陆水之间的空间转换使得颛顼神“死即复苏”的时空序列得以限定，实现复苏再生的颛顼成为阴间的主宰者、阳世生命的赐予者兼索取者，因而致使颛顼的后世子孙多以阴间厉鬼的形象出现在文献之中，而这些厉鬼形象也演变成为中国古代举行腊月驱鬼逐疫习俗的驱逐对象，这种冬季仪式活动甚至一直延续至今。据东汉蔡邕《独断》载：“帝颛顼有三子，生而亡去为鬼。其一者居江水，是为瘟鬼；其一者居若水，是为魍魉；其一者居人宫室枢隅处，善惊小儿。于是命方相氏黄金四目，蒙以熊皮，玄衣朱裳，执戈扬盾，常以岁竟十二月，从百隶及童儿而时傩，以索宫中，驱疫鬼也。”②从人类学视角看，这种仪式不但具有祈求除故纳新、去阴增阳和庆祝冬去春来的表层象征意义，而且方相氏作为该驱疫活动的主持者与表演者，能够通过自身展演行为凸显出阳界生命死而再生的深层象征意涵，本质上属于巫术性礼仪活动。

还应注意，方相氏之所以蒙着熊皮主持驱疫仪式，是因为熊本身就是死而再生的象征。冬季来临以后，熊便会前往洞穴中进入长达数月的冬眠周期，待来年春天再走出洞穴进行捕猎活动，这种循环性的冬眠现象在初民看来是死而复活的神圣行为，认为熊具备强大的再生神力。因此，方相氏蒙上熊皮正是有意让自己“化身”为熊，从而象征性获取熊的生命力能量。时至今日，世界上许多部落中仍然沿袭着展演者蒙熊皮举行祭祀、驱魅等神圣仪式的行为（图 5-10）。

可见，冬季既是一年的结束，又是新一年开始的前奏，兼有自然生命的衰老完结与孕育新生双重意义。结合神话原型模式与大、小传统视角综合分析不难推知，“颛顼生老童，老童生祝融”（《山海经·大荒西经》）的表层文字文本背后潜藏着更深层次的文化文本象征意义：水神颛顼代表

---

① ［罗马尼亚］米尔恰·伊利亚德：《神圣与世俗》，王建光译，华夏出版社2002年版，第37页。

② （汉）蔡邕：《钦定四库全书·集部·蔡中郎集》卷一，文渊阁影印本，第1063册，（台北）台湾商务印书馆，第145d—146a页。

图 5-10 蒙熊皮举行仪式的楚科奇（Chukchi）萨满[①]

严冬，老童的降生寓意死亡与新生完成交替，代表春天的来临，而火神祝融的出现则隐喻盛夏，自然生命迎来蓬勃生机。此外，颛顼又号高阳氏，实乃能够在阴阳两界进行自由转换的太阳神分身，其"死即复苏"神话依然遵循着太阳西落东升、夕暗朝明的自然规律，依此便能够解读上古神话中的诸神谱系，进而洞悉其构成规则。《山海经·海内经》所载"黄帝—昌意—韩流—颛顼"[②]谱系表明，"光帝"黄帝象征太阳东升，昌意之"昌"意指南方之神朱明，象征盛夏与正午之太阳，韩流通"寒流"，昭示日已偏暮，夏已转秋，而颛顼帝的降世才真正完成季节转冬、方位转北、白昼转夜的时空转换交替（图 5-11）。

如果将神之谱系与上古人间帝王世系进行对照，就能发现后者同样遵循此类时空循环模式，以司马迁《史记·殷本纪》载殷商先公先王谱系为

---

① 图片来源：叶舒宪：《熊图腾：中华祖先神话探源》，上海文艺出版社2007年版，第140页。

② 《山海经·海内经》："流沙之东，黑水之西，有朝云之国、司彘之国。黄帝妻雷祖，生昌意。昌意降处若水，生韩流。韩流擢首、谨耳、人面、豕喙、麟身、渠股、豚止，取淖子曰阿女，生帝颛顼。"（袁珂校注：《山海经校注》，上海古籍出版社 1980 年版，第 442—443 页。）

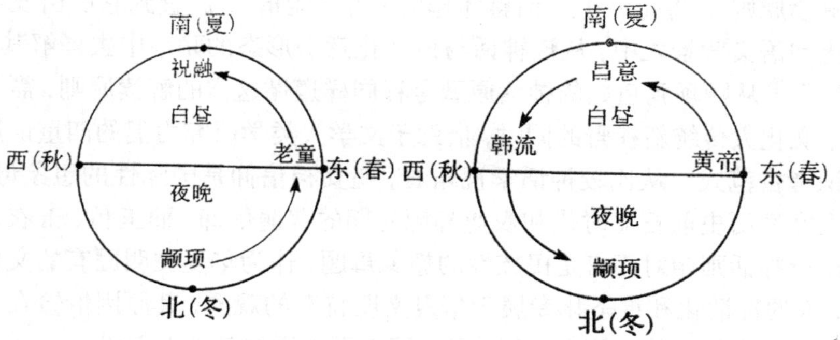

图 5-11　颛顼神之谱系的时空转换象征表现示意图[①]

例，"契—昭明—相土—昌若—曹圉—冥—振—微"[②]，昭明寓意日出东方、春之来临，昌若同于昌意，寓意盛夏时节、日中正午，而冥则鲜明寓意寒冬之始、日降西隅。

其实，王国维早已指出："以日为名，在夏则有孔甲、履癸；商之祖先，自王亥、上甲微以降，无不用日为明。"[③]吴其昌对此也做了进一步补充，甲骨卜辞中的王亥之子本作"上甲"或"报甲"，但在《国语·鲁语》《竹书纪年》等古籍中却被称为"上甲微"，《天问》中更是将其称作"昏微"，他认为原因恰在于"微之意为不明，昏之意为昏黑，是'微'或'昏微'者，乃昼夜之意也，以此推知'昭明'之意为清晨，'昌若'之意为日中，'冥'之意为晚暮，'昏微'之意为昼夜也"[④]。虽然王、吴二人基于时间界限予以立论，但是如若真正阐释清楚此类象征性谱系的神话意义，仍需将神话思维模式的时间与空间两种认同特质整合起来，进行二元一体的重新审视与思考。由文学人类学所倡"神话历史"视角观之，无论是诸神之谱系还是人帝之世系，与其说是"神话历史化"，不如说是"历史神话化"，两者都是依照神话的原型模式构拟出的历史。

事实上，神话发生和发展的思维基础和文化基础已然确立了新的神

① 图片来源：叶舒宪：《中国神话哲学》，中国社会科学出版社 1992 年版，第 99 页。

② 《史记·殷本纪》："契卒，子昭明立。昭明卒，子相土立。相土卒，子昌若立。昌若卒，子曹圉立。曹圉卒，子冥立。冥卒，子振立。振卒，子微立。"[（汉）司马迁：《史记》，中华书局 1959 年版，第 92 页。]

③ 王国维：《殷礼征文》，载谢维扬、房鑫亮主编：《王国维全集》第5卷，浙江教育出版社2010年版，第 49 页。

④ 吴其昌：《卜辞所见殷先公先王三续考》，载宋镇豪、段志洪主编：《甲骨文献集成》（第20册），四川大学出版社 2001 年版，第 279 页。

话解读原则："将每一个神话整体作为一个'能指'，放置到它所由发生的文化和语义背景之中，从该神话与该文化意识形态的联系中去译解其'所指'。"[①] 从颛顼到鱼妇的神话原型考释同样遵循这样的解读原则，需要立足于文化大传统新视野的同时，借助于文学人类学研究力倡的四重证据法知识考古范式。从比较神话学视角看，鱼女神信仰是国际性的想象母题，是人类经历史前石器时代和农业起源时期的普遍信仰，而玉鱼、玉衣及鱼车出行神话则相对而言是民族性的想象母题，作为华夏文明固有的文化基因，玉的神话化和神圣化专属于华夏文明特有的观念，其原因恰恰在于中国文化文本的大传统原型编码作用，即玉石神话的基础性编码。

通过《管子》文本可知，重北方之位体现出齐国延续着守"颛顼之虚"的传统，而从集冬神、水神、黑帝、玄帝等多种神格于一身的"颛顼"，到被赋予死而再生鱼女神之神格的"鱼妇"，能够实现"死即复生"的生命转换对接绝非偶然。这在神话宇宙模式的平行、垂直两个系统[②] 的时空交替层面上，也反映出冬季、北方、黄泉、黑夜诸种元素都与"阴"的观念发生着必然的象征联系。

如果将中国上古神话宇宙原型模式系统中的北方模式与南方模式进行对照，完全可以将这两种二元对立模式折射出的潜在性派生价值呈现出来（表 5–1）。从中不难看出，冬去春来，夜消昼长，下降上升，昔去昆至，

表 5–1　北方模式、南方模式派生价值的二元对立图式

北	南
阴	阳
冬	夏
颛顼	祝融
下	上
女	男
夜	昼
负	正
水	火

① 叶舒宪：《中国神话哲学》，中国社会科学出版社 1992 年版，第 58 页。

② 关于神话宇宙模式的垂直系统与平行系统的具体阐述参见叶舒宪：《中国神话哲学》，中国社会科学出版社 1992 年版，第 19—36 页。

（续表）

北	南
昔	昆
亘	旦
鬼	神

这些时空意象在神话思维观念中无不寓意着生命的再生与周而复始。身居北方之位的黑水之祖颛顼具有“死即复生”的特异本领，原本就是掌有一种神圣巫术的表征，这与鱼妇死而再生女神的神格若合符契。由此看来，《管子》作者重视神话原型北方模式的回归绝非出于偶然，而是有意凸显这一特征鲜明又具有齐国“地方性知识”色彩的神话空间观。从更普遍的意义上讲，这也能够为阐释人类文化现象的“元语言”以及中国神话宇宙观的原型模式提供一种可资借鉴的路径。

第六章　盐的在场：从“夙沙煮海”到《管子》煮海为盐

物质文化研究是近30年来新兴的研究潮流，“物质文化”的概念首见于1843年的《牛津英语词典》，其中，美国历史学家普莱斯哥特（William H. Prescott）在描述西班牙16世纪征服墨西哥时，最早使用了“物质文化”一词，显然此概念的由来与早期殖民扩张历史密不可分，只是当时的“物质文化”近乎等同于今日的“文物”概念。其后的物质文化研究都在围绕着帝国的兴起以及“他者”的物质文化展开，直到20世纪末，后殖民主义研究的兴起才重新推动了对于该研究的批判与反思。孟悦认为，目前没有必要给“物质文化”下一个硬性的定义，“物质文化是一个激发思考和促进新的对话的场所……有多学科参与的、具有自觉和批评意识的同时又是开放的新学术空间”[①]。黄应贵对此也早有高见，“物更能凸显人类创新与再创造的行为，而为文化传统再创造之所以可能的重要基础，因而对人类学理论发展可有其独特的贡献”[②]，如此一来，物质文化研究就为文学人类学研究打开了新的学术门径。

物是对历史记忆的一种集体表征，能够证明拥有者的权力而具象化自我，其中的文化行为因为改变物的形态而使得物具有了某些类似于文字、象征、叙事甚至于历史的性质。由此显见，作为行为主体的人类具有的意志行为自然远远不及物本身的内在潜力，换言之，物具有人类难以发现的物性。落实到《管子》文本之中，作为圣物的美玉更是如此。文学人类学者通过物质文化研究，依靠物与图像等可供参照的证据材料，能够真正了解文本中被遮蔽、被误解的“历史的真实”。

“玉帛为二精”（《国语·楚语下》），在整个中国古代社会中，美玉、丝帛皆是财富或货币观念的象征，《管子》中的“珠玉”“金玉”“布帛”“币帛”等便是突出表现；同时，玉、帛也成为世间安定与和平等美好理想的最佳象征，所谓“化干戈为玉帛”也就逐渐成为一种共识。其实，就中国而言，这些理念的根本源头却在于先民神话思维建构下的原初神话

---

① 孟悦：《什么是“物”及其文化？——关于物质文化的断想》，载孟悦、罗钢主编：《物质文化读本》，北京大学出版社2008年版，前言，第4—5页。

② 黄应贵主编：《物与物质文化》，（台北）“中央研究院”民族学研究所2004年版，序，第ii页。

信仰，从文化史的源头分析，包括《管子》在内的所有最早的古籍经典无一例外都是神圣文本，只是随着世俗化进程的推进，这种思维方式与认知编码不可避免地潜隐于文字符号、神话传说乃至各种仪式之中，有学者就此指出，“文学意义上的经典概念脱胎于宗教信仰意义上的圣典，是经典概念世俗化之后的产物，经典的世俗化是一个历史发生的过程，其大背景则是最初的宗教信仰的变革、衰微和失传，以及政教分离的趋向”[①]，甚确。

美国学者古德（William J. Goode）同样认为：“市场由于其在社会中的显著作用而成为各种礼俗的集中表现地，这些习俗中有些确与交换直接有关，而更多的则是与别的价值观念有联系，由于人们比较注意市场活动，故此从一些表面上看属于经济范畴的现象中，往往可以发现其中重要的社会——宗教作用。”[②]市场本身具有范围更广的社会意义，并非局限于刻意体现某些宗教礼俗，所以需要更多着眼于交换之外的“别的价值观念”，关注并发掘自史前时期延续下来的作为依赖性资源的美玉、丝帛等神圣“精物”共同承载的神话观念，如此方能更好地理解这些物化符号在齐桓公时代的经济秩序中占据的重要地位。

众所周知，盐自古及今都一直在人类日常饮食中占据着关键性位置，正所谓“夫盐，食肴之将”（《汉书·食货志》），“国无盐则肿，守圉之国，用盐独甚”（《管子·轻重甲》）。与此同时，海盐生产也始终是中国盐业生产的主项，占据整个盐产量的80%~85%，接下来是山西解州盐湖所产之盐（10%~15%）以及四川、云南的井盐（5%）[③]。通过爬梳传世经典文献可知，关于盐的史料记载非常匮乏，这虽为“夙沙煮海”神话提供了阐释空间，但研究者囿于研究路径择选偏误等因素，致使考释无法得其要领，或语焉不详，甚或臆说歧出。基于此，作为上世纪比较文学领域催生出的跨学科研究潮流，文学人类学秉持“神话历史”整体观，力倡四重证据法，解决了经典要籍中许多难解乃至无解的哑谜疑案，这就为研究“夙沙煮海”神话与《管子》煮海为盐问题另辟了一条新路径。

---

① 叶舒宪：《经典的误读与知识考古——以〈诗经·鸱鸮〉为例》，《陕西师范大学学报（哲学社会科学版）》2006年第4期。

② ［美］威廉·J.古德：《原始宗教》，张永钊、刘诗伯、曹武兵、郦辛编译，河南人民出版社1990年版，第85页。

③ 参见［德］傅汉斯：《从煎煮到曝晒——再谈帝国时代的中国海盐生产技术》，林圭侦译，载李水城、罗泰主编：《中国盐业考古：国际视野下的比较观察》第二集，科学出版社2010年版，第20页。

第一节 “夙沙煮海”的神话学发生背景

早期经典《世本·作》记录的“夙沙作煮海”是目前已知关于夙沙氏煮海为盐神话最早的史料记载，也被视为中国古代盐业史的开端。而自两汉至明清的经典文本对此所载也基本上承袭《世本》而来：东汉许慎《说文解字》曰“古者夙沙初作鬻海盐”，“鬻”意即煮；北魏郦道元《水经注·涑水》引吕忱曰“夙沙初作煮海盐，河东盐池谓之盐”；而北宋官修韵书《广韵》曰“古者宿沙初作煮海为盐”，“宿”与“夙”通；明人彭大翼则谓“宿沙氏始以海水煮乳煎成盐，其色有青、红、白、黑、紫五样”（《山堂肆考·羽集》）。所有这些描述都共同诠释着这样一个事实，即传说时代的夙（宿）沙是第一次煮海为盐的实践者。

当然，被崇奉为“盐宗”的夙沙氏身份问题也曾饱受争议。《吕氏春秋·用民》云：“夙沙之民，自攻其君，而归神农。”[①]《淮南子·道应训》云：“昔夏、商之臣，反雠桀、纣而臣汤、武，宿沙之民，皆自攻其君而归神农，此世之所明知也。”[②]《太平御览·饮食部》引《鲁连子》云：“宿沙瞿子善煮盐，使煮渍沙，虽十宿不能得也。”[③]《通志·三皇纪》云：“夙沙氏为诸侯，不用命，箕文谏而杀之。神农退而修德，夙沙之民，自攻其君而来归。”[④]研究者基于历代注释家的注解，通过这些被称作“神农诸侯”或者“黄帝臣”的夙沙之民，已然认可夙沙为炎帝、黄帝时代的上古部落，而非专指特定的人物个体。由此将齐国人鲁仲连笔下的宿沙瞿子视为夙沙部落中最“善煮盐”的盐工显然更能成立。

古籍文献资料显示，中国古代海盐生产的发生地越来越明确指向渤海南岸地区，更准确地讲，位于管仲就任上卿的齐国境内，这与夙沙部落“齐滨海”的地望近乎一致。《尚书·禹贡》载：“海岱惟青州。嵎夷既略，潍、淄其道。厥土白坟，海滨广斥。厥田惟上下，厥赋中上。厥贡盐絺，海物惟错。”[⑤]邵望平等学者根据考古学证据认为《禹贡》所述九州风物与夏商周三代考古揭示的史实相符[⑥]，故而其中所载青州盐贡之说亦当是事实。

① 许维遹撰，梁运华整理：《吕氏春秋集释》，中华书局2009年版，第525页。

② 何宁：《淮南子集释》，中华书局1998年版，第874页。

③ （宋）李昉等：《太平御览》，中华书局1960年版，第3839页。

④ （宋）郑樵：《通志》，中华书局1987年版，志三二上。

⑤ （清）阮元校刻：《十三经注疏》影印本，中华书局1980年版，第147—148页。

⑥ 参见邵望平：《〈禹贡〉九州的考古学研究——兼说中国古代文明的多源性》，（香港）《九州学刊》1987年第5期；邵望平：《〈禹贡〉九州风土考古学丛考》，（香港）《九州学刊》1988年第2期；［英］李约瑟、鲁桂珍：《中国古代的地植物学》，董恺忱、郑瑞戈译，《农业考古》1984年第1期。

因此，至迟在商周时期，九州之一的青州已经成为重要的海盐生产基地。不仅如此，擅长煮海为盐的部分夙沙后人很可能已经参与到了国家政权之中，《左传》中曾屡次提及的齐灵公寺人及少傅夙沙卫就说明了这一点，炎黄时代的夙沙部落也得以在今天山东寿光北部沿海地带繁衍生息。

“夙沙煮海”神话的产生与流传有其特定的神话学背景，这在王仁湘收录的流行于寿光沿海地区的传说故事中有所反映：

> 夙沙部落的部落首领夙沙氏，聪明能干，膂力过人，善使绳网，每次外出打猎，都能捕获很多的猎物。有一次夙沙氏在海边煮鱼吃，他提着陶釜从海里打了水放在火上煮，突然一头大野猪从眼前飞奔而过，夙沙氏追猎野猪回来，釜里的水已经熬干，釜底留下了一层白花花的细末，他第一次尝到了又咸又鲜的滋味，这美味就是盐。夙沙氏尝试着再用陶釜煮海水，得到更多的盐，从此煮海就成了他和他的部落新的营生。①

在上古时代，以夙沙氏为代表的初民对于偶然得到的盐充满敬畏感。无论基于该物质的色泽、形状还是味道，这种自带咸味的白色颗粒物在被发现之初已然被初民赋予一种超自然的神性与灵性，而正是这种神秘的力量使其备受膜拜，初民得以逐渐建构起一种神圣性的神话想象景观。这在今天非洲、南美洲、大洋洲的部分原始部落中仍然能够觅得踪迹。

在大洋洲新几内亚的巴鲁亚（Baruya）部落中，原住民通过焚烧“盐草”植物进而从灰烬中提取盐分制成盐棒，巴鲁亚人借助这种特有产品与周边部落长期进行“不等价交换”，他们甚至能够用一根盐棒换取六个树皮布斗篷。法国人类学家莫里斯·古德利尔（Maurice Godelier）将其归因于“双重缺乏”的巴鲁亚垄断，即“产品缺乏”和“知识缺乏”②。事实上，这种所谓“双重缺乏”源自巴鲁亚人独占着令其他部落极度羡慕的“神奇知识”，他们相信唯有巴鲁亚人才拥有上天赋予的从“盐草”植物中提取结晶盐的神秘能力。英国心理学家厄内斯特·琼斯（Ernest Jones）指出：

> 古往今来，盐一直被赋予一种特殊意义，这种意义远远超过了它

① 王仁湘：《夙沙部落的踪迹——关于山东寿光商周制盐遗迹的思考》，《中国文物报》2010年4月16日。

② ［日］岸本雅敏：《古代日本盐的流通》，张莉译，载李水城、罗泰主编：《中国盐业考古：国际视野下的比较观察》第二集，科学出版社2010年版，第68页。

> 与生俱来的自然属性，荷马把盐称为“神赐之物”，柏拉图把盐描述为对诸神来说极为宝贵的东西。我们如今注意到它在宗教仪式、缔结盟约和行使咒语时的重要性。而在所有时代所有地方，情况应当一直如此，这表明它是人类的普遍性，而不是什么地域性的习俗、环境或者概念。①

由此不难推知，在夙沙最初煮海的神话想象大背景下，初民对于充斥神秘色彩的盐怀有的虔诚敬畏之心在很大程度上助推夙沙部落终将煮海为盐作为“新的营生”。而古时，被奉为神物的盐还常与“玉帛二精”同出于祭祀水神等神圣礼仪之中，据《后汉书·祭祀志上》载李贤注引“汉祀令”曰：“天子行有所之，出河，沈用白马珪璧各一，衣以缯缇五尺，祠用脯二束，酒六升，盐一升。涉渭、灞、泾、洛佗名水如此者，沈珪璧各一。律，在所给祠具；及行，沈祠佗川水，先驱投石，少府给珪璧。不满百里者不沈。”② 虽然盐在汉祀令中用量仅为一升，与商代动辄十[illegible]（卤）差之甚远，但是重要性却不言而喻，而且也只有祭祀黄河水神时才会使用，其他川水之神是无法享用如此待遇的，这些显然与巴鲁亚人掌握盐棒的制作技巧、荷马将盐视作“神赐之物”一样，都能够反映出相同的神圣信仰与观念。

在“夙沙煮海”神话中，盐作为一种兼具稀缺性与神圣性的新物质真正融入了进来，充当起神圣进行自我表征的“显圣物”角色，为整个煮海为盐叙事重铸了圣化符号意义。赵世瑜指出，“无论是历史还是传说，它们的本质都是历史记忆”③，这样一个出发点无疑非常中肯，神话传说和历史文献皆可视为历史记忆的不同表述方式。因此，在阐释“夙沙煮海”神话与《管子》煮海为盐时，绝不可以将神话与历史人为地二元对立起来，透过代表人类文化基因的神话能够最大限度地还原文献记载遮蔽下的历史真实信息，进而使重新解构历史撰写的可能性成为现实。

---

① 转引自［美］马克·科尔兰斯基：《盐》，夏业良、丁伶青译，机械工业出版社2005年版，引言“盐的故事”，第13页。

② （清）王先谦：《后汉书集解》，中华书局1984年版，第1124页。

③ 赵世瑜：《传说·历史·历史记忆——从20世纪的新史学到后现代史学》，《中国社会科学》2003年第2期。

第二节　“盐”“卤”同质：出土文字中的圣物与信仰

今天看来，以往神话研究乃至古史研究固守的书面语言文字研究老套路已经无法使传世文献中聚讼不已的难题谜案重获审视新契机。因此，“夙沙煮海”神话的整合性释读迫切需要仰赖跨学科知识系谱，借助于更多阐释效力强大的新证据，而考古新出土的文字材料便被文学人类学者视为求解中国本土问题的有效路径。

如果说《世本》诸典籍所载笼统或者拟测之辞偏多的话，那么《管子》一书则真正做到了“渠展”“北海”等地理名称记载的具体化，“楚有汝汉之金，齐有渠展之盐，燕有辽东之煮”（《管子·地数》），“北海之众无得聚庸而煮盐”（《管子·轻重甲》）等，这显然是对煮盐地域的进一步明确化。然而，在《地数》《轻重乙》《轻重丁》诸篇中多次出现的“煮沸水为盐”之“沸水”却迟迟未能明确其“地望”所指，原因恰恰就在于受传统思维所囿，部分学者盲目而偏执地欲给“沸水”找到一个合理定位。越来越多的证据显示他们的着眼点本身就是不正确的，“沸水”并非地名实指，清儒于鬯曾言：“沸盖谓盐之质。盐者，已煮之沸。沸者，未煮之盐。海水之可以煮为盐者，正以其水中有此沸耳，故曰‘煮沸水为盐’。”① 惜其观点一直未受到应有的重视，直到马非百据于鬯之说得出“沸水云者，当即今之所谓卤水”② 的结论，自此以后，“沸水”即“卤水”的观点逐渐被学术界认可。“海出沸无止”，煮海为盐很大程度上应是先将海水浓缩成卤水，抑或从海水中淋出卤水，再将其煮而成盐的，这可通过山东寿光大荒北央商周遗址发现的用于挖取地下卤水的卤水沟进行印证。当然，此类现象在商周时期渤海南岸地区盐业遗址群中同样并不鲜见（图 6–1）。

马非百的解释给出了新的启示，在殷商甲骨文中并不见“盐”字，只有“卤”字，而“盐”字的最早解释出自许慎：“盐，卤也。天生曰卤，人生曰盐。从卤，监声。”③ 换言之，自然界中天然生成的，称为“卤”；经过人为程序操作加工的，则称为“盐”。从本质上讲，二者具有同质性，至少在殷商及以前的上古时代，初民是盐、卤不分的，盐即为卤。事实上，殷墟中不乏“己未卜，贞尞彭卤晋大甲”（《甲骨文合集》1441），“王卤𠨘（御）

① （清）于鬯著，张华民点校：《香草续校书》，中华书局 1963 年版，第 88 页。
② 马非百：《管子轻重篇新诠》，中华书局 1979 年版，第 421 页。
③ （汉）许慎撰，（清）段玉裁注：《说文解字注》，浙江古籍出版社 2006 年版，第 586 页。

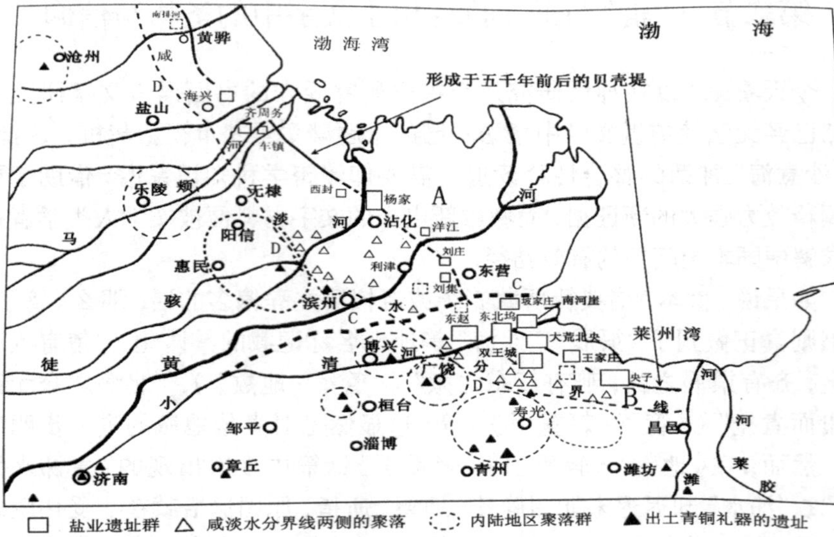

图 6–1 商周时期渤海南岸地区各类聚落群分布示意图[①]

乙”（《甲骨文合集》21171）之类的甲骨卜辞，其中，“”字出现频率较高，其释读正确与否甚至成为数十条甲骨卜辞能不能破译的关键。郭沫若在对《殷契粹编》一书的甲骨卜辞考释中，将该书收录的第 1585 片残片上的字释读为“卤（卤）”[②]。后来，徐中舒亦将该字释为“卤”，《解字》曰“象盛盐于容器之形。为容器，其中之为盐粒。盐为细小颗粒，嫌与他物相混，故并状其盛之之器，金文卤字作（免盘），与甲骨文同”，《释义》则曰“疑即盐卤字本意，或为荐卤之祭”[③]。诚然，将“”准确释为“卤”，学术贡献甚大，但是徐氏在《解字》中的这番深具代表性的阐释仍然有商榷余地。

虽然《管子》全书未曾提及煮海为盐的具体器物与流程，但商周时期已有煮盐之法却是不争的事实，这可在金文和简牍中寻得直观证据。冯时指出，根据“湅治而成者自为盐而不为卤”的煮盐法，人们写实性地创造出“盐”字[④]，或许自周代以后，才逐渐开始对“盐”“卤”产生了观念上

① 图片来源：燕生东：《商周时期渤海南岸地区的盐业》，文物出版社 2013 年版，第 38 页。
② 郭沫若：《殷契粹编》，科学出版社 1965 年版，“考释”部分，第 212 页。
③ 徐中舒主编：《甲骨文字典》，四川辞书出版社 1989 年版，第 1278—1279 页。
④ 冯时：《古文字所见之商周盐政》，《南方文物》2009 年第 1 期。

的细微区分。战国文字中已经存在“盐”字，秦文字中作“”（《秦文字集证》141・128），楚文字中作“”（包山楚简 147），而齐文字中作“”（亡盐戈）或“”（亡盐戈）[①]。通过观察不难发现，此时的“盐”字均呈“上卤下皿”之形，象征以器煮盐之意。若依照前述徐中舒对于字的解法，将和分别拆分为容器与盐粒，那么战国“盐”字下部象征煮盐的器皿将无从解释，煮器之上复置容器显然与初民的造字观念相悖。准此，相对合理的解释在于，与均是对盐之结晶的形象描绘，而更多地突出初民对于盐颗粒的细节呈现，如此一来，甲金文中彰显的造字法与煮盐法才能若合符契。

需特别注意的是，齐国“亡盐戈”铭文之“盐”，上部为“滷”。《尔雅・释言》云：“滷，苦也。”邢昺疏曰：“云‘滷，苦地也’者，谓斥滷可煮盐者。”[②] 而“斥”与西方鹹地所生之“卤”不同，普遍指称东方海水浸蚀之地所产的不湅之盐。《管子・地员》载：“皁土之次曰五粲。五粲之状，甚鹹以苦，其物为下。”[③] 郭沫若《管子集校》指出：“汪继培云：此即《周礼》所谓‘鹹潟用貆’者也。《禹贡》‘海滨广斥’，康成《注》‘斥谓地鹹卤’，《说文》‘卤，西方鹹地，东方谓之斥，西方谓之卤’。‘斥’‘粲’音亦相近。”[④] 齐国五粲之地居滨海，深受海水浸蚀影响，遍布斥卤，土质最差，故“五粲”意即“五斥”，汪氏所言甚是。冯时据此考证出西周昭王小臣謎簋铭文“雩厥复归在牧师（次），伯懋父丞王令（命），赐师率征自五齵贝”（《殷周金文集成》8・4238）之“五齵”（图 6–2），实即《管子・地员》之“五粲”，同样为西周早期古土田之制中的滨海斥卤之地[⑤]。结合铭文所载伯懋父率军征伐东夷，一直攻打到海滨的背景来看，冯氏之说不无道理，应当引起学界重视。

商周以前，“斥”“卤”虽有分布地域的东西之别，但本质上并无二致，在初民的观念中，二者皆可与“食肴之将”的“盐”画等号。殷商时期，统治者有用盐卤祭祀的传统，盐卤也因而具有了飨神祀祖的特殊属

① 汤馀惠主编：《战国文字编》，福建人民出版社 2001 年版，第 777 页。
② （清）阮元校刻：《十三经注疏》影印本，中华书局 1980 年版，第 2581 页。
③ 黎翔凤撰，梁运华整理：《管子校注》，中华书局 2004 年版，第 1142 页。
④ 郭沫若著作编辑出版委员会编：《郭沫若全集・历史编・第七卷・管子集校》（三），人民出版社 1984 年版，第 385 页。
⑤ 冯时：《古文字所见之商周盐政》，《南方文物》2009 年第 1 期。

图 6–2 小臣谜簋[①] 及其铭文拓本[②]

性，被初民视为"圣物"，这与《周礼·天官》所载"祭祀，共其苦盐、散盐"的古礼制是一致的。其中，最具代表性的当数武丁卜辞，诸如"乙卯卜，卤十用……叀（惠）梦十用……叀（惠）十卤以妣［庚］"（《甲骨文合集》22294），"卤十，三牢"（《甲骨文合集》22246），"己酉卜，宀（宾）贞肇卤，二告"（《甲骨文合集》7023 正）等。甲骨卜辞中，当用盐祭祖时，惯以"卤＋数词"或者"数词＋卤"的表述形式，"卤十"与"十卤"表示祭祀所献盐卤之量，具体计量单位不确，暂时采用"㪅"示之[③]。因此，"十卤以妣［庚］"意即武丁向祖母妣庚献祭十㪅盐卤，而卜辞"卤十，三牢"中，"三牢"乃古代举行祭祀时三鼎中盛放的牛、羊、豕三牲，与十㪅盐卤对举，献祭之意可明。《尔雅·释诂上》云："肇，始也。"故而"肇卤"即寓首先向祖先献祭盐卤之意。此外，赵平安根据马王堆一号汉墓 103、104 遣策上

---

① 图片来源：吴镇烽编著：《商周青铜器铭文暨图像集成》第 11 卷，上海古籍出版社 2012 年版，第 373 页。该青铜器通高 24.5 厘米、口径 20 厘米，年代为西周早期康王前后，现藏于台北故宫博物院。

② 图片来源：中国社会科学院考古研究所编：《殷周金文集成》第 8 册，中华书局 1987 年版，第 162 页。

③ 研究者普遍根据西周懿王时期的免盘铭文"惟五月初吉，王在周，令作册内史易（赐）免卤百㪅"（《殷周金文集成》16 · 10161），将"㪅"释为盐卤的容量单位，但实指何器至今未有定论。方辉认为，"㪅"与"𨺅"结构相近，"𨺅"即尊，以"尊"计量为宜，强调此处之尊即盔形器。冯时则认为，与西周时相同，"其值或以庾计"，主张以"庾"做计量单位，贾逵《左传》注曰"十六斗为庾"。显然，方、冯二人演绎成分居多，犹存商榷之处。相比较而言，笔者认为"㪅"仍是最优选择。

的“盐一资”记载，以及同墓所出印文陶罐中的“盐一资”竹牌，认为盐也作为随葬物品使用①。

“夙沙煮海”神话最初讲述的或许是作为英雄王者的夙沙氏受命于天的传奇故事，而在后来华夏文明的不断形成过程中，到了商周时期，人们对盐这一“圣物”进一步从“神话化”转向“神圣化”。甲骨卜辞、青铜铭文、竹简帛书中对于煮海为盐的明确记载更是将初民信仰展现得淋漓尽致，足见地下出土文字的阐释效力是传统文本资料无法比拟的。

第三节　盔形器：让无言的第四重证据发声

文学人类学研究者将四重证据法作为基本方法论，视之为圭臬，在“文献不足征”的情况下，相较于地下出土文字和活态民族志资料，第四重证据考古文物与图像的阐释效力将格外凸显，有着其他三重证据并不具备的证明优势，对于求证当时人们的信仰以及神话观念具有特殊的叙事与暗示作用。在某种意义上，物的叙事对探究中国本土文学乃至上古文化真相将会助益匪浅，而“这种作用类似于现象学主张的那种‘直面事物本身’的现象学还原方法之认识效果”②契合学界所倡物质文化研究新潮流。

“夙沙煮海”虽系神话传说，但反映出的历史却并不虚无，进一步讲，煮海为盐体现出的隐喻持久性与文化穿透力对今天整个山东北部沿海地区依然影响深远。盐作为一种在遇水和高温环境下极易溶解流失的物质，性质极不稳定，今人是无法直接获取古代盐实物的。但是，近些年的盐业考古新发现却为重新探讨煮海为盐问题提供了说服力强大的实物证据支撑，这便是在以渤海南岸为代表的鲁北沿海地带广泛分布且数量众多的盔形器（图 6–3）。

盔形器，是具有浓郁山东地方特色的一种常见陶器，多为泥质或夹砂灰褐陶，直口，筒形腹，壁厚，圜底或尖底，器身饰绳纹。通行于商周时期，普遍被视作煮盐器皿，是海盐生产的专用工具。根据调查统计，鲁北地区目前出土盔形器的遗址超过 70 处，西起乐陵，东至昌邑，涵盖乐陵、阳信、沾化、利津、博兴、章丘、邹平、桓台、临淄、广饶、寿光、青州、昌乐、寒亭、昌邑等 19 个县市区。其中，仅寿光北部卧铺乡周边就占到近 20 处，诸如知名的双王城盐业遗址、大荒北央盐业遗址等。此外，这些盔

① 赵平安：《战国文字中的盐字及相关问题研究》，《考古》2004 年第 8 期。

② 叶舒宪：《第四重证据：比较图像学的视觉说服力——以猫头鹰象征的跨文化解读为例》，《文学评论》2006 年第 5 期。

图 6-3　西周时期的盔形器

（公维军摄于山东临淄齐文化博物馆）

形器“集中分布于渤海湾沿岸地区，与地下卤水的分布带恰切相吻合……由内陆居民制造并运输到制盐遗址，结果盐和海产品又被带回至内陆地区”[①]（图6-4），这已经在山东沿海地区的盐业考古遗址中被大量证据予以证实。然而，鉴于博兴、章丘、邹平、桓台、临淄、青州等地的盔形器多出于水井之中的事实，燕生东、任相宏、方辉等学者均认为鲁北内陆平原地区盔形器中，不排除有一部分充当汲水器的可能性。但沿海地区考古遗址中发掘出土的圜底或尖底盔形器功用为煮盐无疑，这与至迟在商代晚期鲁北渤海沿岸地带已然成为重要产盐区的历史甚为相符，两周尤其是战国时期，海盐生产规模进一步扩大，《管子·匡君小匡》所载“通齐国之鱼盐东莱，使关市几而不正，壥而不税，以为诸侯之利，诸侯称宽焉”[②]足以为证。

在考古学上，盔形器无疑已被视作用于海盐贸易与分配的标准量器，但若被认定为煮海为盐的生产工具，仍需提供更具实证性的科学依据，这不是由器物型式决定的，最关键之处在于器内残留物是否具备盐的属性。燕生东指出，盐业遗址内出土的器物中95%以上为盔形器，而90%左右的盔形器腹部内壁都存有白色垢状物，双王城014B遗址灶室内出土了成堆的白色和黄白色块状物，其特点是内部呈颗粒状、空隙大、结构松散、重量轻，同时在生产垃圾内还发现了成片的白色粉状物。[③]后经X射线衍

① 刘莉、陈星灿：《中国考古学：旧石器时代晚期到早期青铜时代》，生活·读书·新知三联书店2017年版，第380页。

② 黎翔凤撰，梁运华整理：《管子校注》，中华书局2004年版，第439—440页。

③ 燕生东：《商周时期渤海南岸地区的盐业》，文物出版社2013年版，第105页。

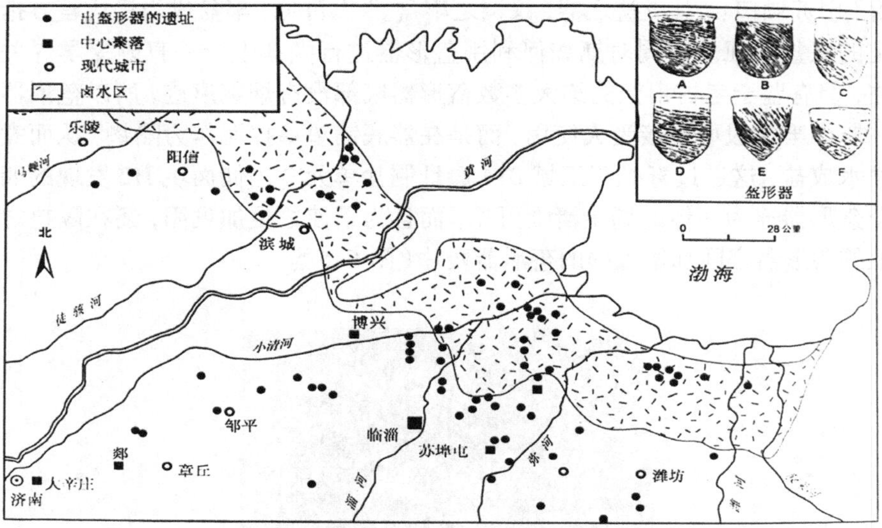

图 6–4　鲁北地区出土盔形器及地下卤水资源分布[①]

（A、B. 晚商时期　C. 商周时期　D–F. 西周时期）

射（XRD）分析等科学方法鉴定，表明双王城遗址内发现的大量白色物质为碳酸盐，而这些物质正是在煮盐过程中形成的。此外，王青曾结合 X 射线荧光光谱（XRF）、XRD 分析方法对大荒北央遗址出土盔形器内壁附着的白色凝结物以及器物所在文化层土样进行盐度和物相分析，结果显示白色物质同样为碳酸盐，且含盐量在 10% 左右，明显高于地表和文化层土样含盐量。[②] 这就证明与双王城遗址一致，大荒北央遗址所见白色垢状凝结物同样非盔形器在埋藏过程中受浸染所致，而是属于自身所有，由此观之，鲁北沿海地区考古出土的盔形器当为煮海为盐的专属工具。

到了盐铁业更发达的汉代，因与当时的生产力不相适应，盔形器逐渐被更先进实用的煮盐工具取代，其最后的消亡时间约在西汉前期偏晚阶段[③]，而取而代之的煮盐器皿正是青铜平底牢盆。《史记·平准书》曰：“愿募民自给费，因官器作煮盐，官与牢盆。”[④]《本草纲目·石部·食盐》“集

① 图片来源：刘莉、陈星灿：《中国考古学：旧石器时代晚期到早期青铜时代》，生活·读书·新知三联书店 2017 年版，第 382 页。

② 王青：《山东北部商周盔形器的用途与产地再论》，《考古》2006 年第 4 期。

③ 曹元启：《试论西周至战国时代的盔形器》，《北方文物》1996 年第 3 期。

④（汉）司马迁：《史记》，中华书局 1959 年版，第 1429 页。

解"引苏颂曰:"其煮盐之器,汉谓之牢盆。"①可见,牢盆成为汉代官方指定的煮盐器皿。商周时期如何利用盔形器进行煮盐生产一直颇受学界关注,但有鉴于考古出土的绝大多数盔形器底部没有烟熏痕迹,所以盔形器并非如牢盆般可直接受火使用,而是在器底铺垫草拌泥作为隔垫,从而煮卤水成盐,这通过寿光双王城 014 遗址制盐单元 2 内储卤坑 H2 发现的四个盔形器连为一体的场景清晰可见,而且为了使之更加巩固,还在隔垫之上的盔形器之间加塞破碎的盔形器残片(图 6–5)。

图 6–5 山东寿光双王城 014 遗址制盐单元 2 内 H2 出土的盔形器②

笔者通过对主要盐业考古遗址内遗迹与遗物的分析,再综合考量各家观点,认为燕生东对于盔形器煮海为盐流程的复原描述可信度更高:

> 制盐原料为浓度较高的地下卤水而非海水。从坑井内取出卤水后经卤水沟流入沉淀池过滤、沉淀,卤水在此得到初步蒸发,再流入蒸发池内风吹日晒,形成高浓度的卤水,在这个过程中,部分碳酸镁钙析出,卤水还得到了纯化。盐工把制好的卤水放入盐灶两侧的储卤坑。在椭圆形和长方(条)形灶室上搭设网状架子,网口内铺垫草拌泥,其上置放盔形器。在工作间内点火,往盔形器内添加卤水,卤水通过加热蒸发后,不断向盔形器内添加卤水。煮盐过程中还要撇去漂

① (明)李时珍:《本草纲目》(校点本),人民卫生出版社 1975 年版,第 629 页。
② 图片来源:燕生东:《商周时期渤海南岸地区的盐业》,文物出版社 2013 年版,第 92 页。

浮着的碳酸钙、硫酸钙、碳酸镁钾等杂质。盐块满至盔形器口沿时，停火。待盐块冷却后，打碎盔形器，取出盐块。最后把生产垃圾（盔形器、烧土、草木灰）倾倒在一侧。①

通过对盔形器的分型定式，结合其由圜底向尖底的形制演变序列（图6–6）不难推知，其祖型应为史前文化中的圜底器。相传炎帝发明陶器，所以在炎黄时代，夙沙部落用圜底器煮海为盐的可能性是存在的。而从人类学提供的民族志资料审视，在世界范围内使用圜底器进行煮盐生产是一种非常普遍的现象，诸如非洲尼日尔共和国芒加（Manga）地区发现的圜底盆②、德国萨勒河（Saale River）畔出土的史前圜底器③、墨西哥特斯科科湖（Lake Texcoco）区域居民使用的圜底罐④等，这些圜底器在承接卤水进而熬制盐饼方面发挥着至为关键的作用。更为有趣的是，考古学家在中美洲国家伯利兹（Belize）的古典期玛雅文化盐业遗址中出土了包括圜底罐、隔垫和柱形支座等在内的整套陶器组合，并且这些圜底罐的使用也是一次性的⑤，国外学者由此推断出该遗址与中国山东北部沿海地区使用盔形器煮海为盐近乎一致的操作流程（图6–7）。

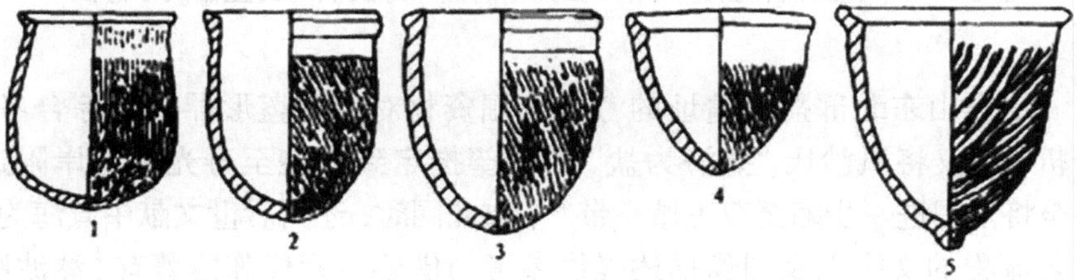

图6–6　鲁北沿海地区出土商周盔形器的形制演变图⑥

1. Ⅰ式（丁公T2⑤A：1）2. Ⅱ式（凤凰台H630：2）3. Ⅲ式（杨家采集品）
4. Ⅳ式（凤凰台T624④：4）5. Ⅴ式（大桓采集品）

① 燕生东：《商周时期渤海南岸地区的盐业》，文物出版社2013年版，第105页。

② K. W. de Brisay, K. A. Evans, *Salt: the Study of an Ancient Industry*, Colchester: Colchester Archaeological Group, 1975, pp. 47–51.

③ Dorothee Kleinmann, *The Salt Springs of the Saale Valley, Salt: the Study of An Ancient Industry*, Colchester Archaeological Group, 1975, pp. 45–46.

④ Jeffrey R. Parsons, *The Last Saltmakers of Nexquipayac, Mexico: an Archaeological Ethnography*, Ann Arbor: The University of Michigan Press, 2001, pp. 34–48.

⑤ Heather McKiiop, “Underwater Archaeology, Salt Production, and Coastal Maya Trade at Stingray Lagoon, Belize”, *Latin American Antiquity*, 6(3), 1995, pp.214–218.

⑥ 图片来源：方辉：《商周时期鲁北地区海盐业的考古学研究》，《考古》2004年第4期。

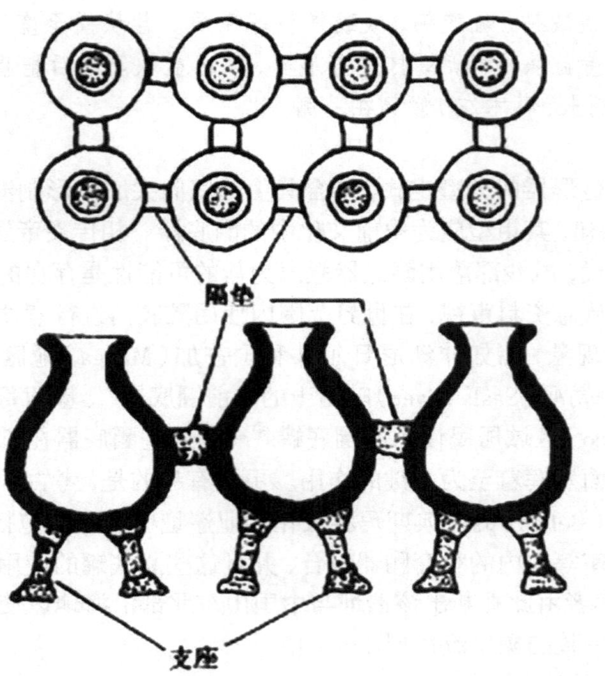

图 6–7 中美洲伯利兹古典期玛雅文化的圜底罐及煮海为盐器具示意图[①]

结合山东北部盐业遗址的考古发掘资料对出土盔形器进行综合考证分析，不仅将夙沙氏"煮海为盐"的地望推定到广饶至寿光古海岸附近，甚至将范围进一步缩至双王城一带[②]；与此同时，还为后世文献中煮海为盐工艺流程的文字以及图像描述提供参考与借鉴。元代陈椿著有《熬波图》一书，被誉为中国现存最早对煮海为盐设备和工艺流程予以系统描绘的专著，虽然此时盔形器已不再作为煮盐设备使用，但鲁北沿海地区发掘出土的盔形器却为书中所绘流程提供了佐证。另一方面，盔形器的不断面世也对诸如北宋唐慎微所撰《重修政和经史证类备用本草》中直接将海水导引至锅中熬煮的合理性留足了质疑空间。

事实上，陈来曾指出："在早期文化发展时代，人们认为火、工具、医药、文字的发明不是靠人的力量和智能创造出来的，而是神灵赐给人们的赠品。文明被看作从神灵手中接受来的东西，而不是人所创造的产物。"[③]

① 图片来源：方辉：《商周时期鲁北地区海盐业的考古学研究》，《考古》2004 年第 4 期。
② 王青：《环境考古与盐业考古探索》，科学出版社 2014 年版，第 280 页。
③ 陈来：《古代思想文化的世界》，生活·读书·新知三联书店 2002 年版，第 104 页。

通过前述古籍文献与出土文字可知，盐同样可被视作“神灵赐给人们的赠品”，作为煮盐“工具”的盔形器在被创制之初或许也曾被视为神赐赠品，只是它的功用在后世逐渐发生了从神圣化向世俗化的转变，原初意义得以被重铸，与初民赋予的符号意义相脱离。但毋庸置疑的是，考古发现的盔形器足以彰显物的叙事特有的证明优势，实现了夙沙煮海神话与客观历史之间的有效对接，使文字记载终得考古实物的印证。

第四节　咸与权：盐在齐国历史中的地位

近年来，文学人类学愈发重视物质文化研究，尤为重视物承载的原初编码意义，因受神话思维主宰，这种文化编码得以将初民观念中的文化想象与神话叙事彰显出来。事实上，初民同样生活在一个物质世界之中，其生产生活方式、行为习惯表达等都会受到所处时代物质环境的影响，他们创造的物质产品深刻反映出自身的思想观念与价值信仰。自上古经殷商至春秋战国时代，煮海所得之盐对人们行为及观念的诠释效力尤为明显，丰富的海盐资源与《管子》中首创的食盐专营制度更助推齐桓公成为春秋霸主，盐在整个齐国历史中的地位可见一斑。

山东北部沿海地区自古以来就有海盐生产传统，资源充裕，工具先进，工艺成熟。事实上，商人东扩的目的之一就是获取丰富的海盐资源，同时掌管古济水、泗水等重要的交通运输路线，这从济南大辛庄、滕州前掌大等遗址发掘位置以及出土文物都能够得到证实，如此便可将鲁北、鲁东南地区的海盐等自然资源经此运达商王朝统治区。西周时期，海盐资源以及交通线路对于中原地带周王室的供给作用同样不言而喻。但到春秋之时，随着周王室渐已衰微，以齐国为代表的各诸侯国虽然也向周天子象征性献贡，但是将绝大部分资源据为已有已成既定事实。为了更好地管理海盐资源，为齐桓公称霸进行经济蓄力，《管子》针对性地提出“官山海”“正盐筴”的盐政主张，意在通过食盐专营实现富国安邦之治。《管子·海王》对此记载甚为明确：

> 桓公曰：“何谓官山海？”管子对曰：“海王之国，谨正盐筴。”桓公曰：“何谓正盐筴？”管子对曰：“十口之家十人食盐，百口之家百人食盐。终月，大男食盐五升少半，大女食盐三升少半，吾子食盐二升少半，此其大历也。盐百升而釜。今盐之重升加分强，釜五十也；升加一强，釜百也；升加二强，釜二百也。钟二千，十钟二万，百钟二十

> 万，千钟二百万。万乘之国，人数开口千万也，禺筴之，商日二百万，十日二千万，一月六千万。万乘之国正九百万也。月人三十钱之籍，为钱三千万。今吾非籍之诸君吾子，而有二国之籍者六千万。使君施令曰‘吾将籍于诸君吾子’，则必嚣号。今夫给之盐筴，则百倍归于上，人无以避此者，数也。”①

对此，曾仰丰的观点可谓一语中的：“管子之意，以盐为人民日用所必需，若明令征税，则人民鲜有不疾首蹙额呼号相告、以图抵抗者，不如寓租税于专卖之中，使人民于不知不觉之间，无从逃脱，则盐利收入，其数必钜，公家可不必另筹税源，而国用已足，此乃专卖制之优点，故《海王》一篇，实为千古言盐政之祖。”②事实上，盐政推行目的在于巩固统治阶层的特权，盐负载的物质文化意义理应服务于政治象征内涵的表达，这种特殊物质体现出的高度特权性源于自身具有的稀缺性、神秘性与不可或缺性，只是与“夙沙煮海”神话发生时代不同，此时的稀缺性乃食盐专营的盐政所致。

商周时期，盐作为“国之大宝”而备受统治者重视，统治阶级上层掌有盐业大权，并为此专设司盐之官。殷墟出土有“小臣其又（有）邑……呼……邑”（《甲骨文合集》5596）的卜辞，可见殷商王室已经设有“卤小臣”之职来掌盐卤之事，而《周礼·天官·盐人》亦有“盐人掌盐之政令，以供百事之盐”的确切记载，只是“卤小臣”与“盐人”尚存区别。但根据甲金文的具体记载可知，商周王室的用盐主要集中在祭祀、赏赐、朝宗与易物四个方面：“国之大事，在祀与戎”，祭祀主要是王室献祭祖先，以庇佑政治、军事诸方面的利好之需；统治者将盐赏赐臣下，有助于维系君臣关系，免盘铭文即有周王赐给臣免百隁盐卤的记载（图 6-8）；盐卤被视为奇珍之物，也会作为宗族内部朝问觐见的致送之礼；因自身的特殊性，盐有时还具备一般等价物功能，进而被统治阶级用来交换其他物品，春秋时期的晋姜鼎铭文就曾记载统治阶级用盐换取铜料之事。但这些无一例外都是商周贵族统治阶级的用盐行为，盐在此时被视作珍贵的奢侈品，具有无可比拟的象征价值。

① 黎翔凤撰，梁运华整理：《管子校注》，中华书局 2004 年版，第 1246 页。

② 曾仰丰：《中国盐政史》，上海书店出版社 1984 年版，第 6 页。

图 6-8　免盘[1]及其铭文拓本[2]

到了齐桓公时代，虽然盐依然能够体现出豪绅权贵们的社会地位，但即便开始实行食盐专营制度，此时的盐也越来越多地成为普通老百姓的日常必需品，变得更易接受、更家常化，他们将盐的用途进一步丰富并进行重新分化，进而融入新的语境之中。美国人类学家西敏司（Sidney W. Mintz）指出：

在复杂的等级社会中，“文化”从不是铁板一块的同质体系。它的突出特征是，在不同的层级有行为和态度的差异，这些差异通过观念、实物和信条的使用、运作及变化的区别性方式表达并反映出来。文化“资料”，包括物质实体、描绘它们的词汇以及行为和思考的方式，能向上或向下运动，从贵族到平民，或相反。但一旦发生，它们的意义不是毫无变化的。认为这样的扩散向上与向下同样容易，或者频繁，是天真的想法。财富、威信、权力和势力肯定影响到扩散发生的方式。[3]

① 图片来源：王世民、陈公柔、张长寿：《西周青铜器分期断代研究：夏商周断代工程报告集》，文物出版社 1999 年版，第 158 页。该青铜器通高 12.7 厘米、口径 36.37 厘米，年代当为西周中期懿孝之世，现藏于德国柏林民族学博物馆。

② 图片来源：吴镇烽编著：《商周青铜器铭文暨图像集成》第25卷，上海古籍出版社2012年版，第 550 页。

③ ［美］西尼·W. 敏茨：《甜与权：糖在现代历史中的地位》，刘晓译，载孟悦、罗钢主编：《物质文化读本》，北京大学出版社 2008 年版，第 300 页。

可见，不同等级社会中的"文化"差异需要借助观念表达、物质使用等方式表达出来，物质实体与行为方式等文化"资料"的扩散同样会促使其意义发生变化。毋庸置疑，随着齐国经济实力愈加强劲，盐自上而下、自内而外不断扩散转移开来，其象征价值随着产量增多而渐趋衰落乃至穷尽，已然失去了自身区别标示使用者特殊地位的力量，成为一种有别于殷商与西周之盐的"新物质"，不可避免地更改原有意义或者产生新意义，功能属性也更趋简单与泛化。但不可否认，统治阶层的财富、威信、权力和势力定然影响到了盐扩散发生的方式，其作为利润来源的潜力却日益上升，从最初的上层奢侈品逐渐演变为不可或缺的战略资源，这就为齐国称霸天下提供了最现实的经济驱动力。

目前的盐业考古调查与发掘资料足以表明，东周时期莱州湾沿岸地区早期盐业生产是继殷墟至西周早期之后的第二个高峰期①。管仲相齐，大力推行盐业政策，通过轻重之术进行国家干预，在国内利用"正盐筴"获取大量盐业税收收入，此外，在与周边国家的贸易往来中获得巨额利润的同时，使这些国家在海盐消费上不得不对齐国形成依赖。齐国正是凭借着内外兼举的盐政管理策略，最大限度地实现这种特殊咸味资源的优化配置，使得国家财富积聚，国力提升，"桓公遂用区区之齐合诸侯，显伯名"。有鉴于盐在整个齐国历史中无可替代的地位，用"煮海为盐霸天下"概括齐桓公"九合诸侯，一匡天下"的霸业似乎并不为过。

神话中存在真实的历史与文化信息吗？从国内文学人类学所倡"神话历史"视角分析，这或许不再是一个关涉"神话/历史"二元对立的问题，以往普遍被认为具有虚构属性的神话传说故事，如今通过考古发掘出土的遗迹与遗物已经被证明或者至少部分被证明是可信的，毕竟它们极有可能承载着远古时期的原初文化记忆。神话观念驱动着人们的行为动机，并且在人类文明进程中发挥着关键性作用，当然，这重在强调观念史、思想史与文化史开展贯通式研究的一种整合性视野。目前，比较神话学与考古学、物质文化研究的日益结合实现着向"神话历史"研究范式转型的诉求，如同伦福儒强调的那般，新的物质性逐渐使得新的社会互动成为一种可能：

---

① 参见燕生东：《从盐业考古新发现看〈管子·轻重〉篇》，载北京大学中国考古学研究中心、北京大学震旦古代文明研究中心编：《古代文明》第9卷，文物出版社2013年版，第8—14页。

> 在人类社会中，有形物质如何能够呈现意义而产生新的制度事实；人类创造了物质符号，于是形成可感知的现实……物质和财货是如何呈现价值与意义，之所以如此，是透过人类这种赋予无生命物质意义的特殊习性，因而使这些事物成为象征符号，但是它们不只是象征符号，实际上还能将财富具体化，而且能授予人类权力。①

史前期的盐因在色、形、味等方面呈现出神秘性，被初民视为能够进行自我表征的“显圣物”，正是虔诚的信仰观念与盐这种神圣物质的交互作用才成为催生后世文明的驱动力。考古出土的文字与文物材料已经用阐释效力充足的证据证实商周时期煮海为盐的真实性和可靠性，这也从一个侧面证明“夙沙煮海”神话反映的历史不虚。《管子》中推行食盐专营的经济策略，与周边国家进行盐业往来，大规模的煮海为盐行为得以发生，这当然离不开文化观念的支配作用，或可认为“夙沙煮海”神话与《管子》所载“煮海为盐”体现的正是源与流的关系。古已有载，“殷人尚白，大事敛用日中，戎事乘翰，牲用白”（《礼记·檀弓上》），日中时分，光强色白，“翰”为白马，部分学者已经论证了殷人尚白说的历史真实性②；而齐人承袭殷制，亦应沿袭“尚白”传统，笔者有理由推测殷人、齐人重盐或与盐之色白有着直接关联，留待后论。因此，齐桓公“以神道为治，非泛言也”。

神话是初民智慧的表述，能够最充分地保留远古时代的信仰观念，而自古及今的每一个文明时期都有其自身信奉的神话体系。人是文化性动物，必然深受自身文化观念的影响，今人没有办法直接碰触或者体认初民构拟出的神话故事，但是却能够间接获取他们早期活动留下的某些极有价值的物质痕迹。文学人类学研究者正是希冀借助这些无文字记载的物与图像，更多地通过文学人类学一派的研究路径去求解神话观念支配与叙事表达的规则。作为跨学科研究潮流的文学人类学遵循一种整合性视野下的人文研究新范式，在“神话历史”新视域中，强调四重证据的性质与证明功效，进而在文字文本之外重建失落的文化文本，为传统经典文献中的难解谜题提供再阐释的契机。

---

① ［英］伦弗瑞：《史前：文明记忆拼图》，张明玲译，（台北）猫头鹰出版社 2009 年版，第 202 页。

② 参见李炳海：《从殷人尚白到孔子的以素为本》，《齐鲁学刊》1991年第6期；朱桢：《殷人尚白问题试证》，《殷都学刊》1995 年第 3 期；杜道明：《殷人尚白考论》，《东方丛刊》2001 年第 4 期；叶舒宪：《夏商周与黑白赤的颜色礼俗——玉文化视角的新解说》，《百色学院学报》2017 年第 1 期等。

第七章　玉的叙事：玉石神话信仰与战略资源依赖

任何事物总要历经起源与发展的过程，每一种文化或文明都是经过从史前期到文明期的发生、演变孕育而来。最重要的是人类在这一生发期里形成的文化积淀将构成文化或文明最深厚的原生基因，并将该文化特质一直贯通延续至后世的发展历程中。目前考古发现有大量的玉器实物证据，其中的玉礼器是重要组成部分，从文化大传统视域看，这些深受本土化玉石神话信仰驱动的输玉、制玉、用玉行为，在奠定华夏文明精神认同的神圣化物质基础的同时，还指引着统一中国形成的凝聚力源头以及价值观系统的建构方向。

与西方文明崇拜黄金的迥异之处在于，华夏文明中备受追捧的圣物是美玉，这两种截然不同的文明价值取向分别源于驱动历史事件发生的不同神话观念动力，各自在所属文明之中发挥不可替代的作用。玉石神话信仰又是迄今可知中国境内最早发生的信仰现象，初民将独特的玉视作通天媒介与符信，以达到同天神沟通的目的。就中国文明而言，玉石神话信仰具有显著的自发性、原生性等本土化特征，而黄金的神圣价值则属于玉之后出现的派生物，或多或少受到金属神话观念以及冶金技艺等在内的诸多外来文化的影响。

依照史前无文字的文化大传统知识观，结合在文字书写小传统的文献中解读经典的神话叙事，诸如黄帝播种“玉荣”、大禹获赐玉圭、夏启配玉璜升天、姜太公垂钓玉璜预知天命、周穆王瑶池求见西王母等，进而梳理出玉这种神圣物质背后承载的神话观念铸就的代表华夏文明的特定价值观：以玉为圣，以玉为宝，以玉为生命永续的象征，以玉礼器为天人沟通（即人神沟通）的符号[①]（图 7–1）。透过史前高等级墓葬中“唯玉为葬”现象可知，玉作为中华文化的特有“内语”，作为中华文化认同与社会整合的神话基因，其蕴含的神话信仰自然成为求解华夏文明发生史的有效门径。与此同时，在神话观念的驱动作用之下，玉还成为自尧、舜到齐桓公时期

---

① 叶舒宪：《玉石神话与中华认同的形成——文化大传统视角的探索发现》，《文学评论》2013年第2期。

图 7-1　史前玉神人像

（公维军摄于上海博物馆“鸿古余音：早期中国文明展”）

见证整个华夏文明国家形成、发展、不断强盛的重要战略资源，凭借这种资源依赖格局，边缘地区与中原腹地得以更好地成为统一的文化共同体。

第一节　“玉之所贵，九德出”：延续未断的玉德观多维表述

自古以来，国人惯以“温润如玉”来赞美君子的秉性德行，像“君子比德于玉”（《礼记·聘义》）就能够传递出儒家君子观念与传统玉石神话信仰相结合的信号，玉终被赋予兼具人格化和道德化的寓意，成为影响至今的道德符号载体，作为形而下的器物却能够充分表达传统文化中形而上的意涵。就华夏文明而言，以往被忽略的恰是早期玉礼器作为宗教象征物的意义编码系统研究，结果就无法自觉深究玉本身的神圣意义。在使人成圣的玉石神话信仰传统中，玉德、玉质、玉音、玉意相互交织成一个复杂多

维的表述系统，在这个复杂的系统中蕴含着中国古文明意义生成的秘密[①]。据《管子·水地》记载：

> 夫玉之所贵者，九德出焉。夫玉温润以泽，仁也。邻以理者，知也。坚而不蹙，义也。廉而不刿，行也。鲜而不垢，洁也。折而不挠，勇也。瑕适皆见，精也。茂华光泽，并通而不相陵，容也。叩之其音清搏彻远，纯而不杀，辞也。是以人主贵之，藏以为室，剖以为符瑞，九德出焉。[②]

虽然《管子》文本明确将玉的珍贵性归因于其呈现出的九种品德——仁、知、义、行、洁、勇、精、容、辞，但其强调的依然是统治者（人主）阶层的收藏并制作符瑞行为。换言之，史前时期的巫觋与祭司持玉祭祀神明的礼仪逐渐被王朝统治者接替，已然演变成为君王权力的象征物以及国家礼法的神圣道具。然而，对儒家来说，圣王崇拜是建构儒学历史观和政治理想的原型，圣物崇拜则形成礼乐文化的物质原型及核心内容。也恰恰由于儒家力倡的"君子无故，玉不去身，君子于玉比德"（《礼记·玉藻》）之说，伴随着君子佩玉的国家制度化既定程式的客观现实，促使人们有意识地从伦理道德视角接受并强化玉德观，进而逐渐淡化以至于忘却美玉本身潜隐的神圣信仰，实现其作为显圣物在神圣空间中神圣性对于空间环境切入渠道的阻断。因此，需要重新审视玉在后世"宗教价值和行为方式中的神圣衰减（degradation）和非圣化"[③]现象，以在史前大传统视域下有效还原其原初存在的神圣向度。

依学界主流观点，距今4000年前后中国开始进入以城市、青铜器为显著标志物的文明史阶段，但如若追问华夏玉文化的开端，却要溯及内蒙古赤峰地区距今约8000年的兴隆洼遗址，其中M117出土有一对玉玦，出土位置分别为墓主人的左右耳部，并在填土中出土有人面形蚌饰和长条形刻纹蚌饰各一件，当时参与考古发掘工作的杨虎与刘国祥认为，这些蚌饰"无疑是在下葬过程中举行某种仪式后有意埋入的"，"或为举行宗教活动时用以避邪的'法器'"[④]，准此，则墓主人就极有可能是巫觋之类的通神

---

① 叶舒宪：《中国圣人神话原型新考——兼论作为国教的玉宗教》，《武汉大学学报（人文科学版）》2010年第3期。

② 黎翔凤撰，梁运华整理：《管子校注》，中华书局2004年版，第815页。

③ ［罗马尼亚］米尔恰·伊利亚德：《神圣与世俗》，王建光译，华夏出版社2002年版，第3页。

④ 杨虎、刘国祥：《兴隆洼文化居室葬俗及相关问题探讨》，《考古》1997年第1期。

者。此外，双耳佩玉玦亦是有利的身份佐证。湖北石家河文化中曾出土有20余件玉人头像，其共通性特征在于都佩戴有环玦类大耳饰，其中绝大多数有穿孔（图7–2）。杨建芳认为，这些人面造型应该是石家河文化的居民及其后裔长期以来共同信奉的神祇或者祖先崇拜的偶像，其性质和良渚文化玉器上的神人非常相似[①]；邓淑苹则进一步指明，全部的人面像造型都取自现实生活中的普通人，然后加以獠牙、鸟羽等代表神灵动物符号，实为"神祖"形象[②]。但无论其象征意味何指，4000年前史前玉雕人像具有的这种流行佩戴环玦类大耳饰的模式化特征都已然成为巫觋抑或神人形象特殊身份的显著标志物。

图7–2　湖北石家河文化玉人头像[③]

参照中外人类学资料，这同样能够得到验证。中国东北地区的鄂伦春族、鄂温克族、赫哲族等少数民族在举行萨满仪式时，萨满使用的特殊标记物正是头饰或耳饰；西南地区的彝族祭司毕摩在仪式过程中同样需要佩戴特殊耳饰。伊利亚德在论及西伯利亚萨满教启蒙仪式程序时，曾特

① 杨建芳：《大溪文化玉器渊源探索——兼论有关中国新石器时代文化传播、影响的研究方法》，载四川大学博物馆、中国古代铜鼓研究学会编：《南方民族考古》第1辑，四川大学出版社1987年版，第15—20页。

② 邓淑苹：《再论神祖面纹玉器》，载邓聪主编：《东亚玉器》第1册，（香港）香港中文大学中国考古艺术研究中心1998年版，第56页。

③ 图片来源：分别参见荆州博物馆编著：《石家河文化玉器》，文物出版社2008年版，第27页、第35页。左侧人头像高2.85厘米、宽2.2厘米、厚0.55厘米，通体黄绿色，现藏于湖北省博物馆；右侧人头像高3.2厘米、宽2.2厘米、厚0.8厘米，通体黄绿色，现藏于荆州博物馆。

别强调穿耳行为在整个仪式中的关键性："他（萨满）改变他（受启蒙者）的眼睛，当后者一旦成为萨满，就能够不用肉眼观看，而是借助'天眼'（mystical eyes）观看；他还为他穿耳，让他能够听懂植物的语言。"① 由此可见，穿耳并且佩戴耳饰就象征着萨满的神职人员身份，助推其实现沟通阴阳两界、与天地神灵交流的通神目的，所以兴隆洼遗址中佩戴玉玦的墓主人应该是具有类似于萨满身份的巫觋人员。

事实上，史前时期包括"六器"（璧、琮、圭、璋、璜、琥）以及玦、环、瑗等在内的所有美玉都明确成为华夏本土文化中沟通神人关系的现实纽带，扮演着天人合一的重要中介圣物角色。在大汶口文化中期偏晚阶段的花厅类型 M20 中，"墓主人为男性，殉葬两个少年，随葬品共计 66 件，其中有两串玉饰，双手套有玉瑗、玉环，头和腰部各置一石钺，还随葬大量的玉器、陶器、彩绘木器、猪头和猪的下颌骨 8 个"②，该墓兼有殉人与随葬玉器两种特殊现象，并且随葬石钺和猪骨，又鉴于同一墓地其他小墓中空无一物的事实，可推断这是一处家族墓地，墓主人应当是氏族内部权力和财富的拥有者，而随葬大量瑗环类玉器使得这种以玉寓神灵、以玉寓神秘变化、以玉寓不死生命的神圣理念得以充分彰显。在安徽凌家滩文化中，这种为当时的社会上层人物专用大批量玉器随葬的"唯玉为葬"现象更是堪称世界范围内的奇观壮景，仅在 07M23 一座高等级墓葬中就随葬有以玉钺、玉环为主的玉礼器 200 余件，而墓主人双手佩戴的玉臂镯竟然有 20 件之多（图 7–3）。应该说，在史前文化大传统视域下，玉殓葬行为模式的延续为求解玉的叙事行为背后的原初神话观念提供了契机。

德裔英国宗教学家麦克斯·缪勒（Friedrich Max Müller）认为，"在有历史的民族中，我们发现归之于神物范畴下的一切，都有其历史的和心理上的起因，因而我们没有理由认为哪个民族可以例外，不能认为只在我们不了解其宗教发展情况的民族中才有神物崇拜"③。从某种意义上讲，缪勒对神物崇拜的跨文化普遍性是持肯定态度的，指出应该着眼于对那些先于神物而存在的神圣信仰或者神力观念的深度发掘。神圣的物质本身只是信仰观念的派生表现而已，而在将这种参考性意见应用于中国本土化实践之中时却发现，问题的关键恰恰在于如何阐释神圣信仰观念渗入玉之中的具体过程。其实，玉石神话信仰已经支配了华夏文明数千年之久，玉已经成

① Mircea Eliade, *Shamanism*, New York: Pantheon Books, 1964, p.42.

② 中国社会科学院考古研究所编著：《中国考古学》（新石器时代卷），中国社会科学出版社 2010 年版，第 309 页。

③ [英]麦克斯·缪勒：《宗教的起源与发展》，金泽译，上海人民出版社 1989 年版，第 82 页。

图 7-3　安徽凌家滩文化玉殓葬 07M23 发掘现场及全景图[①]

为中华文化的特有“内语”，初民遵照神话思维的类比性原则将天空的色泽想象为玉的色泽，这才有了“玉宇”的隐喻意义，才形成了后世诸如天命等此类神圣意涵“比德与玉”的道理。换句话讲，“德”的原初意义与神圣天命观念是合为一体的，后来，管仲及其门人对其概念本身加以再造，《管子》“玉之九德”也就使得“德”从一个神圣性概念逐渐趋向伦理性概念，而刘向在《五经通义》中所谓的“玉有五德”，表现上看似乎只是简单的“九德”变“五德”的数字变化，但实质上“仁义礼智信”使得概念原有的神圣性在文本层面上彻底丧失，真正沦为儒家正统伦理观的组成部分。

单纯从文本小传统出发，原典所载内容作为文字证据似乎“明白无误”传递出这样一种信号，即玉石神话观念取向已经由神圣信仰转移到道德人伦之上，甚至于更为可怕的替代关系。实则不然，诚如郭大顺所言，“玉器在作为巫者通神权力象征的同时，自然也被视为巫的品质的载体和反映以巫者为代表的当时的社会价值和道德观念，这同两千多年后孔夫子

① 图片来源：左侧发掘现场图由安徽省文物考古研究所张敬国研究员提供；右侧全景图出自安徽省文物考古研究所：《安徽含山县凌家滩遗址第五次发掘的新发现》，《考古》2008 年第 3 期，图版四。

提出‘以玉比德’，思路、内涵有很大的一致性”[①]，当具有巫之特质的玉被神圣化为道德品格与行为规范的集中表现之后才进一步促使其成为中华传统文化中最重要的象征物。从“玉神观”到“玉德观”，虽系大传统神话信仰被文字小传统改造的结果，但是“玉德观”的实质却自始至终未曾脱离固有的深层神话观念。玉石神话信仰中的神圣符号链从未断裂过，这种大传统理念的延续还一直影响到中华民族多元一体格局的形成以及华夏文明认同的整合。

第二节 “渊深不涸，沈玉极”：以玉事神的深层价值表征

“玉者，阴之阴也，故胜水，其化如神”（《管子·侈靡》），而玉借助于水流能够在上天与大地之间表现出循环运动的显著特性。可见古人历来将神话思维中的玉和水这两种象征性物质，与祭祀仪式过程中的象征性行为进行对照的传统得以延续。《管子·形势》载“山高而不崩，则祈羊至矣；渊深而不涸，则沈玉极矣”，“沈”即沉，“极”即至，强调的就是存在于史前大传统之中的一种将玉璧或者其他玉礼器沉于川水的祭神模式，意在凸显玉礼器沟通天地神灵的效果。需要引起重视的是，周礼中对祭祀对象的规定非常严格。《礼记·曲礼下》载：“天子祭天地，祭四方，祭山川，祭五祀，岁徧。诸侯方祀，祭山川，祭五祀，岁徧。大夫祭五祀，岁徧。士祭其先。”[②]因此，在“沉玉于河”这种神圣模式里，行为主体为天子、诸侯，诸侯以下是不得祭祀山川的，否则将被视为僭越行为；而行为对象则以黄河水神为主，作为祭礼的玉礼器仍然以珪璧居多。毕竟在初民社会中，包括统治阶层在内的仪式参与者都是鬼神的信奉者，他们必须以最能代表献祭者诚意的祭品来祭拜神灵，如此方能得到神明的庇佑回馈，所以承载灵力、幻化如神的玉显然最符合这种心理动因，“以玉事神”就成为献祭者与神明之间建构起的最密切交流与共享方式。

通过分析中国汉字的造字结构即可发现，这种神话编码完整地将初民的信仰观念保存了下来。以“靈（灵）”字为例，许慎对其做出的解释为：“巫也，以玉事神，从王（玉），霝声。”段玉裁注曰：“屈（原）赋《九歌》‘靈偃蹇兮皎服’，又‘靈连蜷兮既留’，又‘思靈宝兮贤姱’，王（逸）皆云‘靈，巫也’，楚人名巫为靈，许（慎）亦当云‘巫也’无疑矣，引申之

---

① 郭大顺：《再谈“礼源于俗”》，载张忠培、徐光冀主编：《玉魂国魄：中国古代玉器与传统文化学术讨论会论文集》（三），北京燕山出版社 2008 年版，第 272 页。

② （清）阮元校刻：《十三经注疏》影印本，中华书局 1980 年版，第 1268 页。

义如《谥法》曰‘极知鬼事曰靈，好祭鬼神曰靈’，曾子曰‘阳之精气曰神，阴之精气曰靈’，毛公曰‘神之精明者称靈’，皆是也。”[①]“沉玉于河”的祭祀行为具备华夏民族神话信仰的显著本土特征，既然祈求神灵的恩赐和佑护，那么作为领受神恩的献祭者当以玉这一承载着厚重神话内涵的“显圣物”予以回报。意大利宗教现象学家马利亚苏塞·达瓦马尼（Mariasusai Dhavamony）认为在此类行为中，唯有神灵进入祭祀仪式的画面，献祭的权威性才能够得到加强：

仪式的参与者相信神或者神灵控制着他的生命和行为。对于原始人来说，生命就是力量，主要是生殖的力量，善是力量，健康和精力代表了在运作中的力量，不幸和疾病是逆向的力量，通过献祭平衡得到恢复，因此献祭似乎成为增强人的力量或者神灵的和神的力量的途径。因为所有力量的渊源是上帝，在力量的等级序列中人是在优越性上次于神的，他能把力量引导进有生命的和无生命的对象之中。[②]

达瓦马尼的观点是值得重视的，以玉投河祀神的献祭者们坚信神灵掌管着力量源，故而将其奉为维护整个信仰秩序的至高指导者与控制者，这种神圣观念对于个体和群体仪式状态的恢复同样至关重要。在明确了“以玉事神”的行为动机以后，接下来便可以结合书写小传统中流传至今的经典案例进行具体分析，首先是周穆王授河宗柏夭玉璧并“沉璧于河”以祀河神的献祭仪式：

河宗柏（伯）夭逆天子燕然之山，劳用束帛加璧，先白□，天子使鄒父受之。癸丑，天子大朝于燕□之山、河水之阿，乃命井利、梁固聿将六师。天子命吉日戊午，天子大服冕祎，帔带、搢曶、夹佩、奉璧，南面立于寒下。曾祝佐之，官人陈牲全五□具，天子授河宗璧，河宗柏夭受璧，西向沉璧于河，再拜稽首。祝沉牛马豕羊。河宗□命于皇天子。河伯号之帝曰：“穆满，女当永致用旹字！”南向再拜。[③]

这则记述完整的献祭仪式发生于西周第五代帝王姬满率军西征途中，

① （汉）许慎撰，（清）段玉裁注：《说文解字注》，浙江古籍出版社 2006 年版，第 19 页。

② ［意大利］马利亚苏塞·达瓦马尼：《宗教现象学》，高秉江译，人民出版社 2006 年版，第 218 页。

③ （晋）郭璞注，（清）洪颐煊校，张耘点校：《穆天子传》，岳麓书社 1992 年版，第 203 页。

其中此行的重要目的地之一便是昆仑玉山，“昆仑之丘，是实惟帝之下都，神陆吾司之”（《山海经·西山经》），不仅如此，这里还居住着一位掌管世间不死药奥秘的西王母，她在国人传统神话观念里是不死或再生女神的神格象征，而被视为“帝下之都”的昆仑山便成为统治者实现天人合一理想的场所。上古之时延续着“河出昆仑，玉出昆冈”的神话地理观，又使神话象征视域内昆仑为黄河之源的观点增强了阐释效力，因而将玉璧沉于黄河的祭祀行为等同于把玉璧虔诚献祭给昆仑山。穆天子正是希望能够借助玉璧承载的永生不灭神圣特性祈求黄河水神的庇佑以禳灾驱邪，顺利完成西征之举，同时也昭示天下君权神授应有的合理性。

据后世史书记载，《穆天子传》讲述的西周沉玉祭河模式一直延续到秦汉时期。《史记·秦始皇本纪》有载，嬴政在去世前一年（公元前211年）曾遭遇三件令其忧心忡忡之事：其一是“荧惑守心”的天之凶象，其二是刻字陨石坠落东郡，其三就是祭江玉璧沉而复得。这些都促使秦始皇通过卜卦开始第五次巡游以求逢凶化吉，同时也间接导致其在巡游过程中突发重疾而亡。虽然沉璧复得事件不是秦始皇致亡的直接原因，但是河神不佑的灾祸之兆留给他的心理阴影却是重要诱因之一：

> （三十六年）秋，使者从关东夜过华阴平舒道，有人持璧遮使者曰：“为吾遗滈池君。”因言曰：“今年祖龙死。”使者问其故，因忽不见，置其璧去。使者奉璧具以闻。始皇默然良久，曰：“山鬼固不过知一岁事也。”退言曰：“祖龙者，人之先也。”使御府视璧，乃二十八年行渡江所沈璧也。于是始皇卜之，卦得游徙吉。[①]

显然，始皇帝对于沉璧复得一事是缺乏心理准备的，甚至不惜“山鬼固不过知一岁事”以求自我安慰，但退朝后将“祖龙（乃）人之先”的怀疑与自我身份联系在一起，使得他不得不派御府验证玉璧的真伪，当结果证实此璧正是八年前渡江祭神之物时，才有了后面占卜巡游迁徙以转吉兆的行为叙事。事实上，秦始皇在二十八年（公元前219年）沉璧于江的献祭行为与前述周穆王沉璧于河的行为动机如出一辙，毕竟以玉璧为代表的玉礼器是沟通神人交流的重要媒介物，统治者深知如有违该献祭模式，便会使得神灵不悦进而降灾祸于人，后果必然是天怒人怨。古人遵循“国之大事，在祀与戎”的惯例，先“祀”后“戎”的序列也传递出以“祀”化“戎”

---

① （汉）司马迁：《史记》，中华书局1959年版，第259页。

的象征意涵，所以说神话信仰观念驱动着周秦至汉延续未衰的“沉玉于河”献祭传统。这就不难理解当嬴政面对祭神玉璧复得的现实时表现出慌张、忧虑甚至恐惧情绪。玉璧贵为精物而天神不纳，这显然是超乎想象且极其严重的凶灾之兆，玉礼器在献祭模式中传递出的神圣意义不言而喻。玉璧的沉河与复得看似简单的“往—返”二元对立，却鲜明传达出福佑与灾祸两种完全相反的信息。因此，此处玉璧体现出的文化符号意义分明承继史前无文字的大传统信仰而来，那便是充当起以玉为神、沟通天人两界的信物角色。此外，加拿大吉尔大学考古系教授布鲁斯·G. 崔格尔（Bruce G. Trigger）还从统治者政治思想的宗教性视角捕捉到如下关键信息：

> 在早期文明中，如果不是全部的话，至少众多意识形态在本质上是宗教性的，因为政治思想也具有宗教性。斯蒂芬·休斯顿和大卫·斯图尔特观察到，早期文明的统治者都试图将自身和永恒、神圣的秩序联系在一起，这样，神的权力和神秘性可以确认和强化世俗权威。①

无论是周穆王还是秦始皇，当时的最高统治者选择献祭江河之神的玉礼器都是玉璧，可见兼具礼天、通神功能的玉璧在整个玉礼器系统中占据着无可替代的地位。依据那志良的观点，初民以“苍璧礼天”更像是一种偶然性与必然性并存的选择，“古人已然有了‘天圆地方’的观念，祭祀时，要选用一件代表天神的器物，当然还要选用圆形之器，璧正好被选中了。苍璧在六器之中，是比较特殊的，其他五器，都与五行发生了关系，惟有璧不在五行之内”②。事实上，玉璧的神圣意涵远不止于此，古时“辟”“璧”二字有着密切的源流关系，“辟”乃“璧”之初文。从“N级编码”理论层面讲，两者虽同为二级编码，但是“辟”字为元编码，而“璧”字实为前者派生出的再编码。《诗经·周颂·载见》载“载见辟王，曰求厥章；龙旗阳阳，和铃央央”，《尚书·洪范》载“惟辟作福，惟辟作威，惟辟玉食”，《尚书·尧典》载“嗣王戒哉，祗尔厥辟”，《汉书·五行志》载“辟遏有德，兹谓狂，厥水水流杀人，已水则地生虫”，其中的“辟（bì）”字皆指称君王、天子。王仁湘曾以古籍对于辟雍之名的解说为例，认为“将天

① ［加拿大］布鲁斯·G. 崔格尔：《理解早期文明：比较研究》，徐坚译，北京大学出版社2014年版，第294页。

② 那志良：《中国古玉图释》，（台北）南天书局1990年版，第100页。

子、辟、璧相提并论，如此说来，辟之名可以是天子，也可以就是璧，享天子以璧，璧是献给天子的，璧因此有了天子的称名‘辟’，璧的得名，是顺理成章的事，辟（天子）之璧用以祭天，也是顺理成章的事”①，可以说这种解释指出了姬满、嬴政选择以玉璧祭祀水神行为的所以然问题。

古往今来，玉璧一直是玉器中地位最重要、影响最深远者，作为《周礼》“礼天地四方”的六器之首，礼天之璧自然充当起天与神的象征物角色，这在玉殓葬中体现得更为明显，人们将他们的统治者奉为天神之子，认为其死后必然魂归天国。在西汉南越王墓中，墓主赵眜身穿丝缕玉衣，棺椁内外陪葬玉璧47块，其中玉衣之上自腹部至腿部有序铺置有10块，玉衣内有14块铺盖于墓主身上（图7–4），棺椁头箱内叠置的7块大玉璧中直径最大者达33.4厘米，其他则遍布于棺内右侧与四角，足箱内叠放仿玉璧而作的陶璧数量更是多达139块，如此高规格的“玉璧裹身”丧葬礼仪，除了寓意墓主人尸体不朽外，更多地折射出玉璧引导其灵魂升天的深层次意涵。由此观之，沉璧于江河的献祭仪式意在凸显神圣的玉具备超凡脱俗的神之禀性，《管子》文本借“渊深不涸沈玉极”的道理来规劝齐桓公治理国家需要顺天而行，正确对待君主与臣民的关系，明晓“天之所助，虽小必大；天之所违，虽成必败”（《管子·形势》）的道理，还要维护“以德配天”的君权神授说，用心可谓良苦。至春秋时期，西玉东输运动逐渐升级，玉璧生产从数量和质量上都日益呈现出趋多、趋优态势；而到了战汉时期，用和田玉制作的大型精良玉璧更是被视为统治者愿意生死相伴的神圣之物与精神寄托，也理所当然成为整个华夏帝国大一统过程中最主要的玉礼器形式。

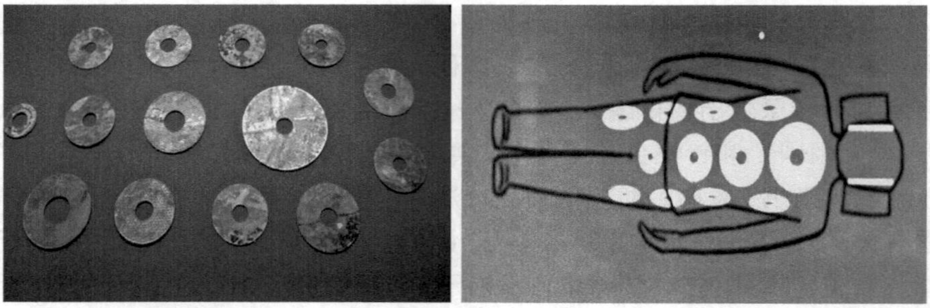

图7–4　广州南越王墓丝缕玉衣内铺盖于尸身之上的玉璧以及示意图

（公维军摄于广东南越王墓博物馆）

---

① 王仁湘：《琮璧名实臆测》，《文物》2006年第8期。

第三节　“玉起禺氏，其至阸”：稀缺玉石资源的东输入齐

涂尔干认为神圣与世俗之间存在着绝对的异质性，神圣是宗教区别于世俗的首要标志。基于此，他才如此定义“宗教”：“宗教是一种与既与众不同，又不可冒犯的神圣事物有关的信仰与仪轨组成的统一体系，这些信仰与仪轨将所有信奉它们的人结合在一个被称为‘教会’的道德共同体之内。”[①]那么，早期文明崇拜的对象是什么？信奉的“显圣物”是什么？想象的人死后的去向如何？这一系列问题背后都指向一个现成的信息库，即讲述神灵崇拜与英雄王者受命于天的传奇故事——神话。神话最充分地保留有上古时代的信仰观念，部分观念甚至可以溯至文明前非常久远的年代里，华夏文明形成过程中对玉的神圣化和神话化便是如此。如若探究华夏文明的宗教信仰历史，就需要从学理上阐明这样一个问题：玉石神话信仰如何催生出玉礼器这样特殊的圣物体系并使之持续传承和变化，从而构成华夏文明特有文化景观，同时成为至今仍以世俗化的玉器生产拉动着中国经济生活中独有的风景。

根据考古发掘资料显示，史前时期以大汶口文化、山东龙山文化等为代表的海岱文化区曾出土有数量可观的精美玉器，邵望平称之为“海岱系古玉”，呈现出的主要特点有四：一是绿松石镶嵌工艺发达，二是双孔、齿刃以及扉牙玉钺独具特色，三是牙璧发展演变序列完整，四是各种鸟形、侧装人首形、神人形玉饰成为海岱玉业的代表作[②]。2017年，在济南章丘新发现的大汶口文化中晚期焦家遗址属于目前海岱地区考古发现年代最早的城址，出土的随葬品除了丰富的彩陶外，还包括从近半数墓葬内出土的400余件玉器，这些玉制礼器和装饰品的发现反映出该遗址同时也是山东地区又一处重要的史前用玉中心（图7–5）。

事实上，海岱史前玉器中玉饰最精美者当数出土于临朐朱封M202的一件玉簪，时代为山东龙山文化晚期偏早阶段，通体长23厘米，由簪首和簪柄两部分组成。簪首呈乳白色，镂孔透雕，两面下侧圆孔中镶嵌有绿松石（图7–6）；簪柄呈墨绿色，截面扁圆，饰竹节状凹弦纹，首柄槽卯相合。然而，杜金鹏通过将该器首部图案与大汶口文化刻符、良渚文化神徽等进行对比分析，认为玉器本身并非生活装饰品玉簪，簪首表现的正是头戴

---

① ［法］爱弥尔·涂尔干：《宗教生活的基本形式》，渠东、汲喆译，商务印书馆2016年版，第58页。

② 参见邵望平：《海岱系古玉略说》，载中国社会科学院考古研究所编著：《中国考古学论丛——中国社会科学院考古研究所建所40年纪念》，科学出版社1993年版，第131—141页。

图 7–5 山东章丘焦家遗址 M91 出土大汶口文化随葬玉器[①]

“皇冠”的神人形象，可视作神徽[②]。而这一具备神徽性质的玉冠饰表征的权威形象同朱封大墓的规格相一致，与 M202 的墓主人“绝非一般的氏族成员，应当是具有某种特殊身份、地位显赫、高踞于当时社会组织上层的显贵人物”[③]特征描述相吻合，象征其占据的特殊地位与掌管的神圣权力，这也成为判断墓主人身份的最重要依据。

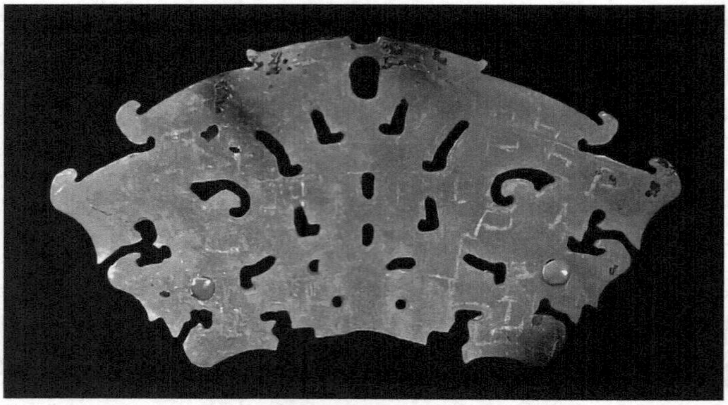

图 7–6 山东临朐朱封 M202 出土玉簪首[④]

① 图片来源：王芬、路国权、唐仲明、宋艳波：《古城初现 棺椁俱全 礼器齐备——济南章丘焦家遗址考古获重要发现》，《中国文物报》2018 年 2 月 9 日。

② 杜金鹏：《论临朐朱封龙山文化玉冠饰及相关问题》，《考古》1994 年第 1 期。

③ 中国社会科学院考古研究所山东工作队：《山东临朐朱封龙山文化墓葬》，《考古》1990年第7期。

④ 图片来源：古方主编：《中国出土玉器全集》（山东卷），科学出版社 2005 年版，第 19 页。

尽管如此，但查阅目前经过考古发掘的东周墓葬资料却不免产生疑惑，为何同处于海岱地区的齐国墓葬中鲜有玉器出土？其实不少学界同人也关注到了这一问题，似仍未达成共识。贾峨将齐地玉器缺乏的原因归纳为两点，一是齐地缺乏优质的玉矿资源，二是公元前 284 年燕国大将乐毅伐齐而掠尽珠玉[①]，其中第二点明显与燕国墓葬中少有玉器出土的客观事实存在出入。张明东则认为，如果将原因归于齐地缺乏技术精湛的玉匠，似乎又与有"齐国官书"之称的《考工记》详载"玉人之事"相矛盾[②]。笔者认为，贾氏强调的齐地优质玉矿资源缺乏可视作齐国墓葬玉器量少质次的首要原因，而临淄故城靠近盛产天然水晶的江苏省东海县，加之山东临沂、潍坊、日照等地都能够自产玛瑙，所以选择水晶、玛瑙等作为透闪石玉的替代物就成为齐地葬俗中的突出特点，典型者如临淄郎家庄一号东周殉人墓中出土的战国水晶玛瑙串饰（图 7–7）。

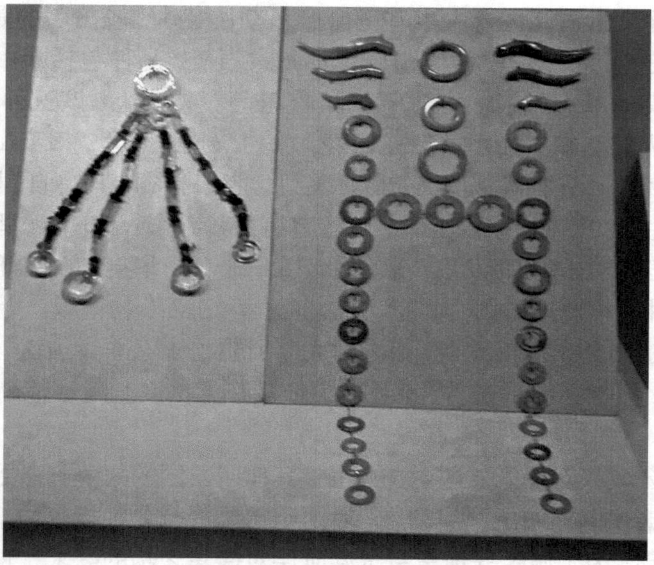

图 7–7　山东临淄郎家庄一号东周殉人墓出土水晶玛瑙串饰

（左：水晶玛瑙串饰　右：玛瑙串饰）
（公维军摄于山东博物馆"山东夏商周历史文化展"）

① 贾峨：《春秋战国时代玉器综探》，载杨伯达主编：《中国玉器全集》，河北美术出版社 2005 年版，第 759 页。

② 张明东：《从商王村出土玉器论齐国玉器问题》，《管子学刊》2007 年第 3 期。

其次，春秋战国时期诸侯间割据纷争，在很大程度上直接影响甚至阻断玉石之路上的玉料传输渠道，后来随着秦国势力增强，依靠地缘优势控制着新疆、甘肃等地所产优质透闪石玉的东输路线，使得地域间资源不均衡现象愈发显著，这就非常容易解释三晋两周、燕齐地区墓葬出土玉器无论从数量还是质量上都远逊于秦楚的原因了。再者，齐地延续了以玉为币[①]的传统，并且奉“珠玉为上币”，说明玉除了发挥“事神”与装饰功能之外，还充当起商品交换的媒介角色，被视作财富的象征物，但通过“五谷食米，民之司命也；黄金刀币，民之通施也”（《管子·国蓄》）的描述可知，此时的玉应该主要在齐地贵族上层间流通，“崇玉、爱玉也是贵族为了争取在祭祀活动和征战行动中所处的应有的地位”[②]，而在人们的日常生活中能够发挥出“上币”货币职能的机会寥寥，因而玉的稀缺性得以对其自身具备的神圣性和尊贵性形成支配，也决定了它不可能被随随便便当作陪葬品埋入墓穴之中。

实际上，山东地区自古也有玉出产，其中相对比较出名的是泰山玉。这是一种玉色呈现墨黑、碧绿、暗绿的蛇纹石玉，品种包括泰山墨玉、泰山碧玉、泰山翠斑（花斑）玉、泰山紫檀玉等。事实上，该玉种在秦汉以前即已被人们熟知。《山海经·东山经》载：“又南三百里，曰泰山，其上多玉，其下多金。有兽焉，其状如豚而有珠，名曰狪狪，其鸣自訆。环水出焉，东流注于江，其中多水玉。”[③]魏晋曹植在其诗作《驱车篇》里明确记载自己驱车至泰山脚下而发出“上有涌醴泉，玉石扬华英”的感慨。五代杜光庭在道书《福地记》中同样有“泰山多芝草、玉石”的记载。上述诸文本中描述的玉当是泰山玉无疑，而朱封大墓所出之玉又非泰山玉，如果仅依凭泰山玉，显然无论从玉质、玉色还是产量都无法完全满足整个齐国的用玉所需。

齐桓公政权对外既要应对与戎狄、其他诸侯国的战争，又要维系与周王室以及诸侯国之间的礼尚往来，对内则需要进行各种规模的祭祖、祭社等祭祀活动，为了满足齐地王室贵族阶层对专享之物的需求，玉就成为逐

① 传统观点认为以玉为币现象始于夏商周时期，其中春秋战国时期尤为盛行，此外学术界还曾就时间更早的良渚玉璧是否可被视作“原始货币”的问题展开过激烈辩论，然而仍未达成一致意见。（参见王玉、陆根林、边任：《良渚文化玉璧专题学术研讨会纪要》，《中国钱币》1998 年第 2 期。）

② 贾峨：《春秋战国时代玉器综探》，载杨伯达主编：《中国玉器全集》，河北美术出版社 2005 年版，第 724 页。

③ 袁珂校注：《山海经校注》，上海古籍出版社 1980 年版，第 104 页。

利商人最为青睐的物质之一，为此他们不惜前往“距周七千八百里”的边远之地“禺氏”进行采购贩运。《管子·轻重乙》载：

金出于汝、汉之右衢，珠出于赤野之末光，玉出于禺氏之旁山。此皆距周七千八百余里，其涂远，其至阨。故先王度用于其重，因以珠玉为上币，黄金为中币，刀布为下币。故先王善高下中币，制下上之用，而天下足矣。①

《管子·国蓄》亦载：

玉起于禺氏，金起于汝汉，珠起于赤野，东西南北距周七千八百里，水绝壤断，舟车不能通。先王为其途之远，其至之难，故讬用于其重，以珠玉为上币，以黄金为中币，以刀布为下币。三币握之则非有补于煖也，食之则非有补于饱也，先王以守财物，以御民事，而平天下也。②

关于产玉之地“禺氏”，王国维曾指出“其时月氏已去敦煌、祁连间，而西居且末、于阗间，故云‘玉起于禺氏’也”③，长期致力于研究中国北方游牧民族史的日本学者江上波夫同样认为，“禺氏”当系“游牧在北方草原与河西地区的大月氏”④，目前的主流观点即是“禺氏‘月氏说’”。至于《管子》所言“夫玉起于牛氏、边山，金起于汝、汉之右洿，珠起于赤野之末光”（《地数》），其中全书这仅有的一处“牛氏”当作“禺氏”无疑，王念孙、张佩纶、许维遹等诸位先贤早已做出考释。

近年来，随着考古学界与文学人类学界对“玉石之路”的重新关注，在实践中探寻一条超越中国传统思维的“东方之恋式”空间定向模式，并突破“东向而望，不见西墙”这种重东轻西的文化偏至现象的新路径，“禺氏之玉”的属性所指问题开始取得实质性进展。学者们在调研过程中发现

① 黎翔凤撰，梁运华整理：《管子校注》，中华书局 2004 年版，第 1446 页。

② 黎翔凤撰，梁运华整理：《管子校注》，中华书局 2004 年版，第 1279 页。

③ 王国维：《月氏未西徙大夏时故地考乙丑》，载谢维扬、房鑫亮主编：《王国维全集》第 14 卷，浙江教育出版社 2010 年版，第 284 页。

④ ［日］江上波夫：《月氏和玉》，载［日］江上波夫：《亚洲文化史研究·论考篇》，东京大学东洋文化研究所 1967 年版，转引自叶舒宪、章米力、柳倩月编：《文化符号学——大小传统新视野》，陕西师范大学出版社 2013 年版，第 72 页。

了位于甘肃省肃北蒙古族自治县何盐湖径保尔草场的马鬃山玉矿与矿坑，这里出产的马鬃山玉玉色基本呈现黄色、青色、绿色以及糖色等。闫亚林指出，马鬃山玉矿所在区域临近铜矿产地，又有游牧民族必需的水源，还处于东西交通要道上，该地区理所当然成为游牧民族控制玉和金属铜的重要战略要地，而马鬃山一带又是月氏人的控制与活动之地，因而马鬃山玉料极有可能就是《管子》所载“禺氏之玉”[①]。根据古籍文献记载，《史记·大宛传》所云“始月氏居敦煌、祁连间”，《汉书·张骞李广利传》所云“昆莫父难兜靡本与大月氏俱在祁连、敦煌间，小国也”，都说明月氏人的活动地望在今天的甘肃省兰州以西至敦煌河西走廊的中间地带，而马鬃山一带正好处于该区域范围内，再结合考古出土玉器的玉质、玉色等特征分析，闫氏的观点无疑是可信的。截止到 2017 年，文学人类学研究者开展的 13 次玉帛之路考察活动，真正将文献记载与实地调研的西部玉矿新发现对应了起来，其中 2014 年 7 月考察团就在第三次玉帛之路考察中探寻到位于甘肃酒泉瓜州 3000 多年前的兔葫芦遗址，遗址中发现的被切割过的玉料或许就是玉石之路上的马鬃山玉，商贩在西玉东输之前为减轻毛料重量而进行了去粗取精的取舍之举（图 7–8）。

图 7–8　甘肃瓜州兔葫芦遗址中发现的被切割玉料

（叶舒宪摄）

然而，王国维“疑《管子·轻重》诸篇皆汉文、景间所作”[②]，认为此时

① 闫亚林：《关于“玉石之路”问题的探讨》，《考古与文物》2010 年第 3 期。

② 王国维：《月氏未西徙大夏时故地考乙丑》，载谢维扬、房鑫亮主编：《王国维全集》第 14 卷，浙江教育出版社 2010 年版，第 284 页。

大月氏已然离开敦煌、祁连一带，西迁至且末、于阗地区，但其所凭依的“证据”或许仅是截取了《汉书·西域传》和《大唐西域记》中的只言片语，而《管子·轻重》诸篇的年代本就成疑，如若依其所述，那么禺氏之玉来自新疆且末、于阗一带和田玉的概率大增，但这却无法得到考古出土玉器的有效印证。事实上，被称为“昆山玉路”或者“和田玉路”的玉石之路一直以来都存在着误读现象，它的形成“大概与四坝文化衰落后游牧民族的兴起并控制东西贸易有关，时间也应该在商周以后至战国之际，在这之前应该没有和田玉出现在中原，这条贸易路线形成之初，马鬃山的玉料也很有可能出现在其中”[①]，所以王氏的解释仍有值得推敲之处。

在世界文明起源理论中有一种代表性理论认为文明总是沿着大河流域不断向前发展，美国社会学家刘易斯·芒福德（Lewis Mumford）将其描述为“山谷—流域模式”的理想体系，他指出“历史上所有伟大文化都通过人员、制度、发明和商品的流动而沿着河流发展：黄河、底格里斯河、尼罗河、幼发拉底河、莱茵河、多瑙河以及泰晤士河，也许海洋两端的文明算是某种例外，在那里海洋代替了河流”[②]，而以马鬃山玉料为代表的甘肃玉料或许正是沿着黄河自西向东运输，然后经过黄河几字形水道，再自北而南运送到中原王朝统治区域，显然以陕西神木石峁遗址为代表的河套平原地区批量出土的史前玉器为此提供了实物证据上的支撑。进一步讲，身处东部沿海地区的齐国人受当时地理观念的限制，无形之中形成一种方位错觉，认为“禺氏之玉”源自北方。齐国人“北用禺氏之玉”的直觉印象当然不应受到苛责，因为甚至连当时的中原人也不见得就知晓玉料来自遥远的西北腹地祁连山—昆仑山一带。这里需要强调的是西汉以前的“昆仑”是一个宽泛概念，西北地区诸山均可归在昆仑范畴之内，所以更准确地表达当是“西北用禺氏之玉”。

毋庸置疑，就当时的齐国而言，“禺氏之玉”必然是作为国家的重要战略资源来看待的，《管子》甚至不惜以远古圣王尧舜为榜样，向齐桓公提出明确的政治经济话语，阐述“燧人以来，未有不以轻重为天下者也”（《管子·揆度》）的轻重治国理念，强调作为稀缺资源的玉对于巩固维系整个王权统治的重要性。“至于尧舜之王，所以化海内者，北用禺氏之玉，南贵江汉之珠，其胜禽兽之仇，以大夫随之”（《管子·揆度》），准此，那么尧

① 闫亚林：《关于“玉石之路”问题的探讨》，《考古与文物》2010年第3期。

② ［美］刘易斯·芒福德：《技术与文明》，陈允明、王克仁、李华山译，中国建筑工业出版社2009年版，第59页。

舜时期便已将"禺氏之玉"视作王权建立的首要条件了。不仅如此,《管子》还进一步提出通过朝贡的交换方式来获取"禺氏之玉""崐崘之璆琳琅玕"等,以达到"服四夷"的目的,诚如《管子·轻重甲》所载:

吴、越不朝,珠象而以为币乎?发、朝鲜不朝,请文皮毤服而为币乎?禺氏不朝,请以白璧为币乎?崐崘之虚不朝,请以璆琳琅玕为币乎?故夫握而不见于手,含而不见于口,而辟千金者珠也,然后八千里之吴、越可得而朝也。一豹之皮,容金而金也,然后八千里之发、朝鲜可得而朝也。怀而不见于抱,挟而不见于掖,而辟千金者,白璧也,然后八千里之禺氏可得而朝也。簪珥而辟千金者,璆琳琅玕也,然后八千里之崐崘之虚可得而朝也。故物无主,事无接,远近无以相因,则四夷不得而朝矣。①

诚然,《管子》将禺氏、崐崘之虚、吴越、发与朝鲜分别视为四夷中的北、西、南、东四方。因为这些地方盛产的玉、璆琳琅玕、文皮毤服、珠象都是齐地极度缺乏的物资,所以主张将四方之地的珍贵资源当作货币进行流通,如此一来,利益必然驱使着四夷前来朝贡,齐地自然就成为物资交换的中转站,从而达到远近相因以利齐的最终目的。由此,借助珠玉、文皮等资源进行商品和货币双向调节的灵活策略可见一斑,这与其力倡的轻重之术完全相符,"轻重无数,物发而应之,闻声而乘之"(《管子·轻重甲》)。

第四节 "石璧之谋,助霸业":桓公称霸的典型轻重谋略

翟玉忠在阐述中国古典经济思想时,对《管子》一书遵循经济动态平衡思想的"轻重之术"倍加推崇,并结合现存轻重诸篇概括出中国古代经济权谋中兼顾国之内外经济战的"三十六计":

1. 伊尹之谋;2. 商汤之谋;3. 士室之谋;4. 杠池之谋;5. 鹄鶡之谋;6. 五吏之谋;7. 水豫之谋;8. 北泽之谋;9. 北郭之谋;10. 渠展之谋;11. 癸乙之谋;12. 怀夷之谋;13. 素赏之谋;14. 曲防之谋;15. 置屯之谋;16. 城藏之谋;17. 耜铁之谋;18. 曲衡之谋;19. 石璧之谋;

① 黎翔凤撰,梁运华整理:《管子校注》,中华书局 2004 年版,第 1442 页。

20. 菁茅之谋；21. 栈台之谋；22. 纂茈之谋；23. 籍谷之谋；24. 谢物之谋；25. 彗星之谋；26. 城阳之谋；27. 峥丘之谋；28. 抗庄之谋；29. 沐树之谋；30. 囷京之谋；31. 三原之谋；32. 制鲁梁之谋；33. 制莱莒之谋；34. 制楚国之谋；35. 制代国之谋；36. 制衡山之谋。①

当然，翟氏的概括不排除效仿中国兵家所倡传统“三十六计”有意“吸睛凑数”之嫌，但瑕不掩瑜，其立足于《管子》原典探寻“中国式国富论”的努力还是值得肯定的。这些经济权谋在增加齐国财政收入、助推齐桓公荣登春秋霸主之位的过程中确实发挥过至关重要的作用。而第 19 条“石璧之谋”又是创新性与可操作性俱佳的经典轻重策略，这则故事被完整载入《管子·轻重丁》中：

桓公曰：“寡人欲西朝天子，而贺献不足，为此有数乎？”管子对曰：“请以令城阴里，使其墙三重而门九袭。因使玉人刻石而为璧，尺者万泉，八寸者八千，七寸者七千，珪中四千，瑗中五百。”璧之数已具，管子西见天子曰：“弊邑之君，欲率诸侯而朝先王之庙，观于周室。请以令使天下诸侯朝先王之庙，观于周室者，不得不以彤弓石璧。不以彤弓石璧者，不得入朝。”天子许之曰：“诺。”号令于天下。天下诸侯载黄金珠玉五谷文采布泉输齐以收石璧。石璧流而之天下，天下财物流而之齐。故国八岁而无籍，阴里之谋也。②

该则故事线索非常清晰，更像是齐桓公给管仲出的一道难题，大意为齐桓公欲西行朝拜周天子，但苦于觐见之物不齐备而征求计策，管仲没有让齐桓公失望，他派人在齐地阴里筑起一座有三重城墙、九道城门的城池，让玉匠在城内秘密制作石璧，其价格依尺寸大小（一尺、八寸、七寸、珪、瑗）而有高低之分。待石璧数量达到自己的期望值时，管仲便遵齐桓公之命，亲自前往朝觐周天子，明确表达出齐桓公有意引领其他诸侯国前往参拜先王宗庙的姿态，并且恳请周天子下令，各国诸侯朝拜之时必须以彤弓和石璧作为进献之礼，否则将视为对周王室不敬而不准许朝拜，而天子也同意并且号令于天下诸侯。于是，各诸侯国因本国境内石璧缺乏，所

① 翟玉忠：《国富策：中国古典经济思想及其三十六计》，中国友谊出版公司 2010 年版，第 124 页。

② 黎翔凤撰，梁运华整理：《管子校注》，中华书局 2004 年版，第 1471 页。

以不得不满载着黄金、珠玉、粮食、彩绢、布帛前来阴里购买交换，齐国石璧由此便在当时广为流传开来，天下的财物同样源源不断地输往齐国。也正是凭借"石璧之谋"，齐国才得以八年不用征收赋税。

事实上，基于文献文本小传统视域，鉴于"石璧之谋"故事本身并不载于正史，其真伪性或许仍然有待商榷。从文化大传统视角出发，在山东临淄故城及其周边地区虽然发现有冶铁遗址、铸铜遗址、铸钱遗址甚至制骨遗址等手工业作坊，但却未曾发现石璧加工遗址，即便在考古发掘中偶有石璧出土，数量也并不可观，远未达到"石璧流而之天下"的情形。位于临淄齐故城大城内东北角河崖头村一带被视为整个齐故城内文化遗存最为丰富的地区之一，考古工作者曾于1964年、1965年、1976年、1981年和1989年对该村周边的周代遗址与墓葬进行数次发掘[①]，虽然出土文物数量颇丰，但石璧却比较少见。以1976年发掘的该村西南遗存为例，在21个5米×5米的探方中发掘出土的139件文物中，也仅出土有石璧3件，其中标本76LHT7：28为白色滑石质地，直径3.3厘米、孔径0.6厘米、厚0.2厘米，惜已残断（图7-9）。显然，该璧的直径与春秋之时齐国用于进献周天子而专门制作的石璧尺寸显然差之甚远，换言之，临淄齐故城河崖头村目

图7-9　山东临淄齐故城河崖头村西南遗存出土石璧（76LHT7：28）[②]

① 关于河崖头村遗址与墓葬的具体发掘情况，参见山东省文物考古研究所编著：《临淄齐故城》，文物出版社2013年版，第357—466页。

② 图片来源：山东省文物考古研究所编著：《临淄齐故城》，文物出版社2013年版，图版四四，4。

前出土的石璧根据尺寸还不足以归入阴里所产石璧的范畴。即便如此，依然不能妄下“石璧之谋系伪说”的结论，现有的文物证据远不足以形成定论，毕竟目前的考古发掘成果非常有限，还需耐心等待并仰赖更多新发现的证明。

无论怎样，这则记载与当时的历史背景还是非常吻合的，随着周王室的日渐衰微、齐国国力的日益强盛，齐桓公通过九合诸侯开始展现出一匡天下的雄心。齐桓公也正是凭借着坚实的物质基础和雄厚的军事实力，才适时打出“尊勤君王，攘斥外夷”的尊王攘夷旗帜，以诸侯长身份自居，从而使其霸主地位合法化。如果将故事真伪暂放一边不论，那么齐国的迅速崛起却是不争的事实，“石璧之谋”带给齐国的除了滚滚财源，更重要的是掌管着号令其他诸侯的政治资源，进而牢牢把控政治话语的主动权，真正实现经济、政治上的双赢。当然，周天子对于齐桓公的野心并非全然不知，奈何心有余而力不足，只得依其看似合理的“请求”而号令天下诸侯，实则借齐国实力勉强维系周王室名存实亡的统治，故绝非“周天子只知彤弓、石璧之礼，不知齐以垄断石璧宰制天下之谋”①。需要特别注意的是，周天子专门下令“不以彤弓石璧者，不得入朝”，齐国为什么一定要选取“彤弓”和“石璧”以供各国诸侯前去朝拜周天子呢？其实，这两种贡物都不是随意择取的，具有深层次的特殊意涵。

所谓“彤弓”，即漆红色的弓，古代专指天子用以赏赐有功诸侯的朱弓。《诗·小雅·彤弓》就是一首专门描述歌颂周天子宴享有功诸侯并赐以彤弓的同名作品：

> 彤弓弨兮，受言藏之。我有嘉宾，中心贶之。钟鼓既设，一朝飨之。
> 彤弓弨兮，受言载之。我有嘉宾，中心喜之。钟鼓既设，一朝右之。
> 彤弓弨兮，受言櫜之。我有嘉宾，中心好之。钟鼓既设，一朝酬之。②

《毛诗序》指出：“《彤弓》，天子赐有功诸侯也。”周天子用彤弓等物赏赐有功在身的诸侯已然成为西周至春秋之时的一种礼仪制度，通过《彤弓》所述足见整个赏赐仪式之隆重。关于该礼制，同样能够在第二重证据中找到有力佐证，这便是西周康王时期青铜器宜侯夨簋铭文（图 7–10）。

---

① 翟玉忠：《国富策：中国古典经济思想及其三十六计》，中国友谊出版公司 2010 年版，第 196 页。

② （清）阮元校刻：《十三经注疏》影印本，中华书局 1980 年版，第 421 页。

笔者综合陈梦家、陈邦福、郭沫若、唐兰、杨向奎诸位先生对该器铭文的考释①稍作整理如下：

佳（唯）亖（四）月辰才（在）丁未，王省珷（武）王、成王伐商图，徣省东或（国）图。王卜于□，入土（社），南鄉（向）。王令虞厌（侯）夨曰："繇，侯于宖（宜），易（赐）𩰫鬯一逌（卣），商瓒一□，彤（彤）弓一、彤（彤）矢百，旅弓十、旅矢千。易（赐）土氏（厥）川亖（三百）□，氏（厥）□百又□，氏（厥）宅邑卌（卅）又五，氏（厥）□百又卌。易（赐）才（在）宖（宜）王人□又七生（姓）。易（赐）奠七白（伯），氏（厥）因□又五十夫。易（赐）宖（宜）庶人六百又□六夫。"宖（宜）厌（侯）夨揚王休，乍（作）虞公父丁𨽍彝（彝）。

图 7–10 宜侯夨簋及其铭文拓本②

铭文内容主要讲述周康王在宜地进行祭祀活动，册封夨为宜侯，并赏赐他大量礼器、土地以及奴隶，而被封为宜侯的夨为感恩颂扬周天子美德而作此簋。其中，最受关注的是所赠之物中的"彤弓一、彤矢百，旅弓十、旅矢千"，"彤""彤"二字均为"彤"字的异文，而"旅"字又为"黸"字的

① 分别参见陈梦家：《宜侯夨簋和它的意义》，《文物参考资料》1955年第5期；陈邦福：《夨簋考释》，《文物参考资料》1955 年第 5 期；郭沫若：《夨簋铭考释》，《考古学报》1956 年第 1 期；唐兰：《宜厌夨簋考释》，《考古学报》1956 年第 2 期；杨向奎：《"宜侯夨簋"释文商榷》，《文史哲》1987 年第 6 期。

② 1954年，江苏省丹徒烟墩山西周墓葬出土该青铜簋，器高15.7厘米、口径22.5厘米，器内底部铭文 12 行 126 字。现藏于中国国家博物馆。铭文拓本见郭沫若：《夨簋铭考释》，《考古学报》1956 年第 1 期。

借字，意为黑色无疑，由此周天子隆重赏赐给宜侯夨的包括一张红色弓、百支红色箭，以及黑色弓十张、黑色箭千支。显然，彤弓的象征性价值远在旅弓之上，这种现象不足为奇，毕竟不同颜色的弓对于持弓人的身份而言等级差别显著，如同天子、诸侯、大夫、士必须严格遵循列鼎列簋礼制规定一般。《荀子·大略》云“天子雕弓，诸侯彤弓，大夫黑弓，礼也”，东汉经学家何休《春秋公羊传注疏》曰“礼，天子雕弓，诸侯彤弓，大夫婴弓，士卢弓”，故而“天子雕弓，诸侯彤弓，大夫黑弓或婴弓”才是合乎周制的“标配”，否则当属僭越之罪。

以此反观“石璧之谋”，闻一多与张佩纶均认为“彤弓”当作“雕弓”[①]，笔者认为该意见是中肯的。当然马非百、黎翔凤等人持反对态度，认为只是诸侯们将自己所用彤弓进献给周庙，并非天子使用此弓，云云。但需要注意的是，不能将彤弓与石璧单独区分开来对待，而应将二者视为一个整体，前述已经分析了天子、辟、璧之间“辟即天子，以璧表君”的密切关系，三者具有完全相同的表征意义，并进一步阐明了周穆王、秦始皇等统治者沉璧于江河以求神灵庇护的所以然问题。因此，《管子》中希望诸侯所带朝拜之物应该是完全合乎周天子身份的雕弓与璧，但由于受齐地玉料所限，也只得以石代替玉。这样的解释也契合着唐人尹知章所作注解之意，“彤弓，朱弓也，非齐之所出。盖不可独言石璧，兼以彤弓者，犹藏其机”[②]。诚然，齐国此计“藏机”确实颇多，其中最重要的一点就是使得齐桓公的“尊王”政治旗帜更加鲜明，此举让周天子和各国诸侯都找不出怀疑其行为动机不纯的任何理由。如此一来，周王室对齐桓公变得更为依赖，诸侯国也不得不认可周天子名义上居处，实则由齐国逐渐掌控的所谓共主地位。

在历史上的某些重要节点上，诸如“石璧之谋”事件似乎也能够为坚持修正春秋时代“礼崩乐坏”传统观点的学人提供一些阐释佐证。然而，至于能否为自设前提的“春秋时代是先秦礼制最健全之时期，春秋时代‘礼崩乐坏’的传统观点应予以修正”[③]的观点服务，笔者不敢苟同，尚需另当别论。毕竟从阴谋论的视角出发，“石璧之谋”或许暗含着与齐桓公一样的僭越之心，如此便要仁者见仁、智者见智了。

① 郭沫若著作编辑出版委员会编：《郭沫若全集·历史编·第八卷·管子集校》（四），人民出版社1985年版，第347页。

② 马非百：《管子轻重篇新诠》，中华书局1979年版，第625页。

③ 杨文胜：《春秋时代“礼崩乐坏”了吗？》，《史学月刊》2003年第9期。

第八章　帛的流动：结丝织史的神话编码与符号增值

众所周知，“丝绸之路”的概念是1877年由德国地理学家李希霍芬（F. von Richthofen）提出的，其在世界历史中的重要地位不言而喻。诚如俄罗斯考古学家库兹米娜（E. E. Kuzmina）所言，“伟大的丝绸之路‘绝非仅仅是一条路……它是巨大的、流动的历史和文化空间，在古代和中世纪，来自亚洲最东端以及西方国家的不同民族，通过它才得以实现跨民族迁徙’”[①]。而到了中国倡导“一带一路”建设的今天，这条贯通中西的贸易通道因其承载的历史使命与现实意义以及在东西方文明交流互鉴中扮演的重要角色更是备受世人瞩目，再次成为国家繁荣昌盛的亮丽名片。但与此同时，学术界也对李希霍芬的命名合理性提出了诸多质疑，毕竟他依凭的主要根据是古罗马推罗城地理学家马里努斯（Marinus of Tyre）对中国至中亚地区的一段知识[②]，所以不少学者欲以“玉帛之路”“陶瓷之路”“青金石之路”“茶叶之路”“佛教之路”诸名取而代之。

笔者认为诸说之中，文学人类学一派主张的“玉帛之路说”更具代表性和合理性。截至2017年，他们在广大中西部地区已开展了多达13次的学术考察调研活动，搜集的数千件玉帛实物与图像资料都是李希霍芬力所不逮甚至闻所未闻的。当然，他们希望能够立足于文本阐释与考古发掘等相结合的多重证据效力，突出作为该通道原动力的玉和丝绸蕴含的深层次价值意义，毕竟此说着眼于中国本土视角，“从跟着洋人叫丝路，到回归本土称谓叫玉路或玉帛之路，这不仅是叫‘猫’还是叫‘咪’的名字问题，其中隐含着从西学东渐以来的本土文化自卑感，到恢复文化自觉和文化自信后的话语策略大问题”[③]。

中国学者为重建中国话语与文化自信而发出的声音、付出的努力都是值得肯定的，与“丝绸之路”的称呼是继续维持现状还是将来被替换掉相

---

① E. E. Kuzmina, *The Prehistory of the Silk Road*, Ed. by Victor H. Mair, Philadelphia: University of Pennsylvania Press, 2008, p.4.

② 参见F. v. Richthofen, *China: Ergebnisse eigener Reisen und darauf gegründeter Studien (Vol.I)*, Berlin: Dietrich Reimer, 1877。

③ 叶舒宪：《玉、马、佛、丝——丝路中国段文化传播多米诺效应》，《人文杂志》2016年第9期。

比，更应关注其“名”“实”兼顾的问题。帛作为包括绫、罗、绸、缎、绢等在内的整个桑蚕丝织品总称，上古时期即与玉并称为神话信仰的“二精”，因而丝绸作为该通道上维系东西贸易不可替代的主导物品之一，其起源神圣意涵、货币流通作用等都是同为“精物”的玉以外的其他物品难以企及的。这自然也源于一个既定事实，即我国是世界上最早植桑养蚕并进行缫丝织绸的国家，而无论言及桑蚕起源还是丝帛流动，它们自身蕴含的神话思维观念成为无法绕过的解码关键。

第一节　桑林：桑、蚕、丝、帛神话叙事链的文化基因场

基因即遗传因子的概念，最早由奥地利生物遗传学家孟德尔（Gregor Johann Mendel）提出。目前，现代生物遗传学已经证实，作为具有遗传效应的DNA片段，基因成为决定并控制生物体性状的基本遗传单位，同时也是足以表征“生物本性”存在的基本方式，换言之，唯有通过遗传因子间的差异才能进一步解释不同生物种群间的差异。与生物遗传基因相类比，虽然世界上不同文明之间同样存在着差异，但其所以然问题始终未能够得到有效阐释，或许原本即存在着一种表征人类群体“文化本性”但尚未被发掘的文化基因，而它能够对任何一个文化群体特质做出理性的因果回应，成为决定文化共同体的核心要素。

文化基因的认知与阐释新视角为文学人类学在大传统视域下研究中国文化提供了一种新的表达路径，毕竟“文化基因的存在形式（如果它的确可以被准确描述的话）应该是一系列的文化编码，它不一定是生物基因的双螺旋体的编码排列，不一定具有如生物基因那样准确的复制功能及自我复制的原始动能，重要的是，要在这样的认识中深刻理解文化及其意义，而不是简单地借喻生物基因的自我复制功能来想象性地‘类比’文化基因”①。就华夏文明桑、蚕、丝、帛神话而言，需要诉诸神话现象表层充分解码那些潜隐在现象背后的深层次神话编码。鉴于充足的桑叶为蚕提供食物来源，进而才有蚕吐丝、人类织帛的前后相继行为发生。因此，桑林就成为探寻完整神话叙事链文化基因的首要选择，人类的结丝织史神话也正是基于此类特定的文化场域不断形成和发展起来的。

桑树是地球上的一种古老植物，据地质学的确知化石证据显示，在被子植物种类数量还微不足道的早白垩纪（Cretaceous period）时期，桑科植

① 吴秋林：《文化基因新论：文化人类学的一种可能表达路径》，《民族研究》2013年第6期。

物就已经存在了。在中国早期经典中，关于桑的描述可谓比比皆是，诸如"女执懿筐，遵彼微行，爰求柔桑"（《诗经·豳风·七月》），"鸣鸠拂其羽，戴胜降于桑"（《礼记·月令》），"五亩之宅，树之以桑，五十者可以衣帛"（《孟子·梁惠王章句上》），等等。最早记载桑树自然分布的当数《山海经》，其中《西山经》的甘肃鸟山"其上多桑"，《中山经》的河南谷山"其下多桑"，四川隅阳之山"其木多桑"，湖南衡山"其上多桑"，《北山经》的山西洹山"三桑生之"，《东山经》的山东姑儿之山"其下多桑、柘"以及岳山"其上多桑"等，其中的"姑儿之山"与"岳山"分别位于今天山东境内的潍坊、泰安一带，隶属东周时期齐国统辖范围之内，可见此地植桑历史之久远。与欧洲地中海沿岸地区分布甚广的黑桑不同，中国境内的桑树品种主要是白桑，直到 15 世纪初期，欧洲人才找到本地生丝质量不佳的原因在于黑桑品种，于是决定更换桑树品种以提高丝质，而白桑取代黑桑养蚕的过程直到 18 世纪方得以真正完成[①]。事实上，在古希腊罗马神话中，桑树一直都被视作神树的代表，桑树神女摩瑞亚（Morea）更是古希腊神话里著名的八类树木神女之一。而古罗马诗人奥维德（P. Ovidius）在其被公认为最好作品的《变形记》中，曾在神话场域中专门描述了皮剌摩斯（Pyramus）与提斯柏（Thisbe）的爱情故事：

比邻而居的青年皮剌摩斯和姑娘提斯柏日久生情，不料交往遭到双方父母的极力反对，甚至不惜建起高墙以隔开他们。无奈之下，两人透过墙上的裂缝约定在结满白果的桑树下见面。夕阳西沉后，提斯柏先行来到桑树下，却恰巧碰见一头张着血口进食的雄狮，惊恐之余，她匆忙逃往桑树下的土洞里躲避，外套却不幸遗落树旁，并惨遭雄狮撕烂。稍后赶来的皮剌摩斯看到野兽的足迹，还有那件被撕烂且沾满血渍的外套，瞬间崩溃了，他以为情人已经遇害，在深深的自责中拔剑刺向了自己的腹部，溅出的鲜血滋润了树根，染红了白果。洞里的提斯柏久久不见情郎前来，斗胆出来找寻，当她看到躺在血泊中的皮剌摩斯时，明白了发生的一切。悲痛欲绝的提斯柏祈求天神，待她追随情郎而去后，请将他们两人同穴而葬，希望永不再分离，并请桑树为他们的爱情见证，随后将宝剑刺向自己的胸口。天神接受了她的请求，被感化的双方父母将他们一起葬在了桑树下，自此以后，原来桑树所结的桑葚颜色就由白色变成了今天的暗红色。[②]

① R. Comba, "Produzioni tessili nel Piemonte tardo-medievale (Textile Production in Late-Medieval Piedmont)", *Bollettino Storico-bibliografico Subalpino*, No.72, 1984, p.344.

② 参见［古罗马］奥维德：《变形记》，杨周翰译，人民文学出版社 1984 年版，第 45—48 页。

西方语境下的这则桑葚故事得以流传于今，恰恰能够反映出古希腊罗马神话的活态传承需要仰赖史诗和悲剧的基本事实，凡人只能在爱的救赎中才能到达理性彼岸。与之不同的是中国古代神话偏重“实用理性”，巫术意味浓厚，在一定程度上“完全和实际的需要相关联，甚至把现实中的具有某种权力和力量的人仪式化、神化后作为膜拜的对象，并且希望他（她）们的神力附着在自己身上，以抵抗病痛和灾难，消解不幸，获得利益层面的幸福”①，这与弗雷泽《金枝——巫术与宗教之研究》中阐释的巫术形式几近相同。从比较神话学视角看，中国古代的桑林不只是蚕桑生产的原料供应地，更是初民举行重大巫术活动的神圣场所，基于“实用理性”观念分析，可以将其归纳为三类：一是王者巫觋在桑林中举行盛大的祭天求雨活动，以消弭时灾；二是桑林之域男女欢合，祀高媒神，以达成求子之愿；三是攀登扶桑神树升天，以实现天地神人沟通之效。

尽管早期经典中多有商汤桑林祷雨的记载，像《管子·山权数》《墨子·兼爱》《荀子·大略》《尸子·君治》《淮南子·主术》诸篇，但其中故事叙述最为完整者当数《吕氏春秋·顺民》：“昔者汤克夏而正天下，天大旱，五年不收，汤乃以身祷于桑林，曰：‘余一人有罪，无及万夫。万夫有罪，在余一人。无以一人之不敏，使上帝鬼神伤民之命。’于是翦其发，鄌其手，以身为牺牲，用祈福于上帝。民乃甚悦，雨乃大至。则汤达乎鬼神之化，人事之传也。”高诱注曰：“桑林，桑山之林，能兴云作雨也。”②由此可见，商汤将自身置于桑林这一神圣场域之中进行祈天求雨的祭祀行为，意图将神桑之树视作中介物，进而沟通天帝神鬼，庇佑臣民。以今人视角看似荒诞无稽，但“愈是野蛮粗野的似若不可信的，倒愈是近于真实”③，这也恰恰契合了商汤“祭师王”的神圣巫觋角色。换言之，身为帝王的他不仅是初民日常生活中的政治首领，更是他们宗教层面的精神支撑。

张光直曾结合历史文献和考古资料，将古代巫师贯通天地的工具与手段概括为高山、大树、飞鸟、动物、占卜、仪式法器、酒药、饮食乐舞等八大类，因此，商汤也正是借助桑树的神圣特质才得以在桑林圣地中顺利举行通神仪式。当然，关于该行为的阐释从民族学调查与考古学发掘视角同样能够得到佐证，陈炳良通过民族学资料主张桑林（空桑、穷桑）为殷商

① 李娅菲：《人的神话与神化的人——中西神话比较探析》，《云南民族大学学报（哲学社会科学版）》2003年第3期。

② 许维遹撰，梁运华整理：《吕氏春秋集释》，中华书局2009年版，第200页。

③ 郑振铎：《汤祷篇》，古典文学出版社1957年版，第10页。

民族以及古代若干其他民族祭祀祖先神明的圣地[①]；通过江苏南京六合程桥出土东周时期青铜器上的雕纹图案，清晰可见在祭祀之社的旁侧，极有可能表现的就是桑林之中巫师焚树祭祀求雨的神圣场景（图 8–1），这与郑国大旱之时"使屠击、祝款、竖柎有事于桑山，斩其木，不雨"（《左传·昭公十六年》）的焚树求雨描述完全吻合。而殷商之时的"亳有祥，桑谷共生于朝"（《史记·殷本纪》）怪象，之所以被时人视作"不善之徵"，同样能够从侧面反映出被赋予某种神力的桑树与君臣日常生活中的祸福吉凶联系甚是紧密。

图 8–1 江苏六合程桥出土东周青铜器雕纹图案中的焚桑求雨场景[②]

《管子·地员》云："五粟之土，若在陵在山，在隫在衍，其阴其阳，尽宜桐柞，莫不秀长。其榆其柳，其檿其桑，其柘其栎，其槐其杨，群木蕃滋，数大条直以长。"[③] 五粟之土乃"群土之长"，当是最优质的土壤，其中生长的柞树、檿树、桑树、柘树郁郁葱葱，叶子皆可用来饲蚕。就桑树而言，人们采摘桑叶之后，它们能够很快再次生长出来，成为旺盛生命力的不竭象征，因此，桑林一度成为男女幽合、祭祀高媒的场所。观"燕之有祖，当齐之社稷，宋之有桑林，楚之有云梦也，此男女之所属而观也"（《墨子·明鬼下》）便可知，桑林并非唯一场所，古时的祖泽、齐社、云梦

① 陈炳良：《中国古代神话新释两则》，《清华学报》1969 年第 2 期。

② 图片来源：Charles D. Weber, *Chinese Pictorial Bronze Vessels of the Late Chou Period*, Ascona: Artibus Asiae, 1969, p.61。

③ 黎翔凤撰，梁运华整理：《管子校注》，中华书局 2004 年版，第 1100 页。

泽等也都具有此类属性。古人认为，男女在桑林之所交合能够得到高媒神的恩赐，参与到生命的奥秘以及宇宙的生殖力之中，如此一来，受孕生育的目的才能实现。事实上，高媒又称高禖、郊禖，是管理婚姻、生育之神，后逐渐演变成为今天的送子娘娘、送子观音（图 8–2）等民间信仰形象。

图 8–2　山东东平白佛山天仙圣母庙送子观音像

（孙凤娟摄）

如果从中国考古发现中寻觅高媒神踪迹，或可溯及新石器时代晚期牛河梁红山文化遗址出土的多件享有“东方维纳斯”美誉的女性小塑像，以第五地点出土标本 N5SCZ2：4（图 8–3）为例释之：“立像，头部和右腿缺失。双乳凸起，双臂收拢贴于腹前，腹部微隆，背部向内凹进，背两侧有弧形线条。此人像塑件具明显女性特征。人像通体压磨光滑，主体部分未见着有服饰，唯左足部塑出一半高靴形，靴与左脚形象都极为写实。残高 9.6 厘米。”[①] 显然，此类裸体女性塑像正是红山文化时期初民普遍信奉的女神形象，隆起的乳房、前凸的腹部、肥大的双臀，加之双手贴靠腹部的抚摸举动，这些显性特征无一不在刻意表现女性的孕育之态，而这与古希腊罗马神话中的裸体圆雕女神像特征极为相似，由此反映出的生殖崇拜观念与祭祀高媒行为具有异曲同工之妙。毕竟在东西方文化语境中，生育女神

① 辽宁省文物考古研究所编著：《牛河梁：红山文化遗址发掘报告（1983—2003 年度）》（上），文物出版社 2012 年版，第 329 页。

预示的分娩行为都是新石器时代最神圣不可侵犯的事情之一，与此同时，这些小塑（雕）像能够雄辩地证实生育女神作为生命给予者无可替代的最显著功能。

图 8–3 辽宁牛河梁红山文化遗址 N5SCZ2 地层出土女性小塑像[①]

有意思的是，男女桑林之会在古代还得到了官方肯定，《周礼·地官》即载"媒氏掌万民之判，凡男女自成名以上，皆书年月日名焉，令男三十而娶，女二十而嫁，凡娶判妻入子者，皆书之，中春之月，令会男女，于是时也，奔者不禁，若无故而不用令者，罚之，司男女之无夫家者而会之"[②]；祭祀高媒神甚至成为统治阶层的官方行为，《礼记·月令》有载"是月（指仲春之月）也，玄鸟既至，至之日，以大牢祠于高禖，天子亲往，后妃帅九嫔御，乃礼天子所御，带以弓韣，授以弓矢，于高禖之前"[③]，大牢即太牢，中（仲）春之月正是采桑时节，用牛羊豕三牲举行如此高规格的祀礼，表明王室祈求高媒神降福送子的殷切期望，天子尚且如此，庶民对于子嗣的渴求之强烈也就变得更容易理解。赵丰曾指出，在祭祀高媒神时"用弓箭代表希望生男，这在世界上许多部落都是相同的"[④]，准此，那么"男子生，桑弧蓬矢六，以射天地四方，天地四方者，男子之所有事也"（《礼记·射义》）就很好解释了，男孩执桑弓射箭，寓意正是通过礼敬天地四方进而

① 图片来源：辽宁省文物考古研究所编著：《牛河梁：红山文化遗址发掘报告（1983—2003年度）》（下），文物出版社 2012 年版，图版二四二。

② （清）阮元校刻：《十三经注疏》影印本，中华书局 1980 年版，第 732—733 页。

③ （清）阮元校刻：《十三经注疏》影印本，中华书局 1980 年版，第 1361 页。

④ 赵丰：《桑林与扶桑》，《浙江丝绸工学院学报》1993 年第 3 期。

立下雄心大志的男儿宏愿，桑弓有别于其他材质之弓的神圣特质由此得以彰显。

《诗经》呈现“爰采唐矣？沫之乡矣。云谁之思？美孟姜矣。期我乎桑中，要我乎上宫，送我乎淇之上矣”（《墉风·桑中》）之约，屈子发出“禹之力献功，降省下土方，焉得彼涂山女，而通之于台桑”（《楚辞·天问》）之问，《管子》借引“伊尹以薄之游女工文绣纂组，一纯得粟百钟于桀之国”（《管子·轻重甲》）之典，早期经典虽意在从不同视角对欢合求子的桑林之域进行切入，但如果不能从文字小传统的束缚中挣脱出来，那么诸如伊尹降空桑的神话传说将无法得到合理阐释，这就迫切需要前往无文字的大传统视域中去找寻求解证据。

除了成汤祷雨与高媒之祀外，扶桑神话也是中国神话的重要组成部分。扶桑是华夏神话中象征太阳神的生命之树，据《山海经·海外东经》记载，该神树生长在东海中的汤谷之地：“汤谷上有扶桑，十日所浴，在黑齿北。居水中，有大木，九日居下枝，一日居上枝。”袁珂案：汤谷，或作旸谷[①]。而《淮南子·天文训》载：“日出于旸谷，浴于咸池，拂于扶桑。”此处之“日”即三足乌，也就是传说中的太阳神鸟，它们仅仅是飞行过程中经过扶桑，浴于咸池，真正的起飞地是旸谷。但扶桑神树绝对不是凭空想象出来的意象，其原型当来自现实生活中的桑林，何新认为“桑木是绝不可能生长于海水中的，更不可能成为太阳所寄居的神树……‘扶桑’的真相是东海日出时所常见到的云华之形”[②]，此说仍有可商榷之处。诚如前引张光直的观点，大树正是古代巫觋贯通天地的主要依凭手段之一，而黄新生、何新分别从训诂学、音韵学的不同学科视角将“扶桑”释为“大桑”[③]，可谓言之成理，换言之，扶桑的原型即源自桑林中的繁茂之桑。

从考古学角度看，扶桑形象体现得更为明显。1986年四川广汉三星堆遗址中出土了8株青铜神树，其中二号祭祀坑出土的Ⅰ号神树通高3.96米，树干残高3.59米，由底座、树干和神龙三部分组成。穹窿形底座构拟出三座神山相连意象，饰有太阳纹和云气纹；树干直立于底座之上，共分三层九枝，每枝之上均有一扬两垂三枚花果，九只神鸟立于扬果之上；树干旁侧一条游龙蜿蜒而下，造型诡谲怪异（图8-4）。目前学术界更倾向于

---

① 袁珂校注：《山海经校注》，上海古籍出版社1980年版，第260页。

② 何新：《诸神的起源——中国远古神话与历史》，生活·读书·新知三联书店1986年版，第110—113页。

③ 参见黄新生：《释“扶桑”》，《东南文化》1990年第3期；何新：《诸神的起源——中国远古神话与历史》，生活·读书·新知三联书店1986年版，第110页。

将该神树解读为扶桑，神树之上所铸九只立鸟当是"拂于扶桑"的太阳神鸟三足乌，符合扶桑"上有十日"的显著特征，此处缺失的一只或许原来铸立于神树顶端，后损毁遗失，但更有可能是铸造者的刻意表现，毕竟需要一只太阳神鸟在天上值班。神树能够真实再现古蜀先民的太阳崇拜观念，而楚地巫觋能够依凭扶桑之树实现"通天"之举，从而沟通天地神俗两界，祈请神灵降临世间庇佑子民。自上而下绕树游弋的神龙更加增添了通天、通神、通灵的神圣氛围，其为巫觋攀登扶桑升天的驾乘也未可知。

图 8-4　四川广汉三星堆遗址二号祭祀坑出土的 I 号神树

（杨骊摄于三星堆博物馆）

事实上，当文史哲等人文划分的学科界限被打破以后，神话编码的文化功能意义就得以鲜活再现。王明珂就曾对三星堆文明进行反思性研究：

> 为什么当真实的历史出土时我们会感到如此惊讶？我们的惊讶代表一种认知断裂——我们认为在这么早的时期，蜀地不可能有如此高的文明存在。因此我们要问的是，这种知识理性是从什么时候开始

出现的。我在此研究中，仍是透过文本分析来解读汉晋蜀人写的一些本地历史。比如，《蜀王本纪》，我们可以看到写下这些作品的古蜀作者如何把本地“蚕丛”的历史遥远化，变成神话，并最后切断汉晋蜀人与古人之间的关系。①

长江上游的广汉三星堆文化被发现于中国的边缘地区，而这些地区的上古时期恰恰处于中国历史记忆中的空白期，由于左丘明、司马迁和班固等史家只顾中原文明的“月明”，而有意忽视巴蜀边缘文明的“星稀”，使得三星堆文化因得不到客观表述和记录而变得茫然无踪可寻，史书和文献的失载将其变成一个被汉字编码的历史传统完全忽略、有意压抑和彻底遗忘的地域性文化传统，殊不知“月明星稀”为一个完整实体，中原文明与巴蜀文明皆是华夏文明的重要构成要件。以至于当真实的“过去”被出土时，人们对它竟感到如此震惊，这是因为在心中被视作常识的“过去”与出土的真实“过去”之间出现了巨大的偏差使然。

令人欣喜的是，在位于山东嘉祥县始建于公元 151 年的武梁祠画像石中同样发现了大量扶桑神树，数只太阳神鸟在神树上方轻拂飞绕，而且与中心楼阁同时出现在画面之中（图 8-5），美国汉学家费慰梅（Wilma Canon Fairbank）② 针对这种特殊的“扶桑树及中心楼阁”式图像提出了自己独到的见解，她认为“关键的问题是理解画像的原有位置，这种理解能够解除目前研究题材方面所遇到的障碍”③。事实上，费氏的观点应当引起中国学术界重视，经她重新解说或修正复原的武氏祠画像，“扶桑树及中心楼阁”场面始终处于建筑单元的中心位置，这便将神话世界与人间俗世通过扶桑沟通联系起来，扶桑得以成为巫觋们往返天界的路径选择，而画像原有位置的复原展现出的恰是这种突出“位置的重要性”的特殊观念，同时能够更好地将画像石自身具备的“图像志”（iconography）因素呈现出来。

回到文学人类学所倡四重证据法的第三重证据中，在今天岷江上游的羌族部落中，活态的神树崇拜信仰依然被有序传承下来，在巫师释比主持的原始古老“刮白尔”仪式中，神树是最为关键的祭祀用物，其上装饰着神鸟，然后置于羌族特有的祭台“勒色”之上，此神树无论从外在装饰还是神圣意涵都与三星堆青铜神树相似，这或许也与古时的羌人、三星堆人

① 王明珂：《“文本”与“情境”对应下的文化表述》，《社会科学家》2013 年第 2 期。

② 美国知名汉学家费正清（John King Fairbank）之妻。

③ W. Fairbank, “The Offering Shrines of ‘Wu Liang Tz’u’ ”, *Harvard Journal of Asiatic Studies* 6, No.1, 1941, p.3.

图 8-5 山东嘉祥武梁祠画像石中的扶桑树及中心楼阁 [①]

（前石室第三石拓本）

两者间千丝万缕的源流关系有关。赵洋据此指出，"在'刮白尔'大型仪式中，神树是号令群巫、臣服各路首领的大纛；是万物、人、鬼的共敬之物；是新一轮大释比、大'刮特母'、大首领的地位的确立标志；是又一轮时间、宇宙次序的新的开启" [②]，由此可知，羌族"刮白尔"仪式中的神树既可沟通天地，又可号令鬼神，整个祭祀空间就是以神树为宇宙中央柱的神圣场域，这又与武梁祠画像中扶桑树折射出的特定"位置的意义"具有异曲同工之妙。

法国人类学家列维 – 斯特劳斯（Lévi–Strauss）早已注意到，"如果我们在研究历史时，将它构想为神话的一种延续而绝非与神话完全分离的历史，那么，在我们心智之中萦回不去的'神话'与'历史'之间的鸿沟，还是有可能被冲破的" [③]，事实上，这种认知观念很好地影响并契合了今天中国文学人类学一派积极倡导的"神话历史"理论。无论是成汤祷雨、敬祀高禖，还是借扶桑神树实现天地沟通，在桑林举行的神圣礼仪活动中，公共参与的不可抗拒感足以使个体借助于他人的在场而感觉仪式的完整性，与此同时，随着场域中神秘力量的增强，建构一种更高的神圣秩序能够让

---

① 图片来源：[美]巫鸿：《武梁祠：中国古代画像艺术的思想性》，柳扬、岑河译，生活·读书·新知三联书店 2015 年版，第 68 页。

② 赵洋：《三星堆神树与岷江上游羌族释比神树的比较》，《中华文化论坛》2005 年第 2 期。

③ [法]克洛德·列维–斯特劳斯：《神话与意义》，杨德睿译，河南大学出版社 2016 年版，第 65 页。

初民倍感诸神光辉的笼罩，接下来桑林作为桑、蚕、丝、帛整个神话叙事链文化基因表述的首要环节与场所，直接影响并成就了后续以蚕为神观念的深度想象。

第二节　“蚕为龙精”的神圣密码

作为华夏文明中一种不可或缺的灵性动物，蚕自身兼具着时令性、经济性特征，充满浓郁的神秘色彩，因而备受人们敬重与推崇。许慎曰：“蚕（蠶），任丝虫也。从䖵，朁声。”段玉裁注曰：“‘任’俗讹作‘吐’，今正，‘任’与‘蚕’叠韵为训也，言惟此物能任此事，美之也，丝下曰，蚕所吐也。”[①] 当然，也有学者建议将“任”释为“妊”，暗含着与大地女神、人间母亲相通的生养孕育之意，此引申之说固有可取之处，但似有失其本意之嫌，故采纳段氏注解为佳，即蚕是一种具有吐丝结茧功能的神异动物。

事实上，在黑体色的野蚕还未被引入室内饲养的远古时代，它们便以被初民奉为神树的野桑为食，后来随着野蚕逐渐被驯化为白体色的家蚕，人们利用其抽丝织造绢帛的行为普及开来，丝织锦绣亦成为探寻华夏文明的重要密码。在自古及今的演变过程中，人们不仅习惯了这种身体屈曲、圆首突目的生物外观，还对其生活习性产生了深层次的思考，荀子因感“蚕之功至大，时人鲜知其本”而作《蚕赋》，向世人尽阐“蚕理”之本：

> 有物于此，儽儽兮其状，屡化如神。功被天下，为万世文。礼乐以成，贵贱以分，养老长幼，待之而后存。名号不美，与暴为邻。功立而身废，事成而家败。弃其耆老，收其后世。人属所利，飞鸟所害。臣愚而不识，请占之五泰。五泰占之曰：“此夫身女好而头马首者与？屡化而不寿者与？善壮而拙老者与？有父母而无牝牡者与？冬伏而夏游，食桑而吐丝，前乱而后治，夏生而恶暑，喜湿而恶雨。蛹以为母，蛾以为父，三俯三起，事乃大已。夫是之谓蚕理。”[②]

由此可知，荀子借五泰（即五帝）占验直接点明蚕具有的神秘性特征：一是“冬伏夏游”，冬天具有休眠性状，同蝉、蛇、熊一样属于古人心目中生命周期循环往复的蛰虫或蛰兽，寓意生命的死而再生；二是“食桑吐

---

① （汉）许慎撰，（清）段玉裁注：《说文解字注》，浙江古籍出版社 2006 年版，第 674 页。

② （清）王先谦撰，沈啸寰、王星贤点校：《荀子集解》，中华书局 1988 年版，第 477—479 页。

丝”，神力可见一斑，这种身具“特异”功能的神物潜含着超自然的无穷生命力；三是“三俯三起”，此可视作蚕生命变化的绝佳写照，自飞蛾产卵，首变“蚁蚕”①，次吐丝结茧，再缫丝成帛，“事乃大已”。可以说，“蚕卵—蚁蚕—熟蚕—食桑—吐丝—结茧—成蛾”的整个生命形态变化过程（图8-6），就是蚕“屡化如神”的完美幻化旅程，可视作宇宙生命循环无穷变化的典范，承载的神话观念就是生命的变与不变，在某种意义上讲，商代的蚕神崇拜可谓与此同源。

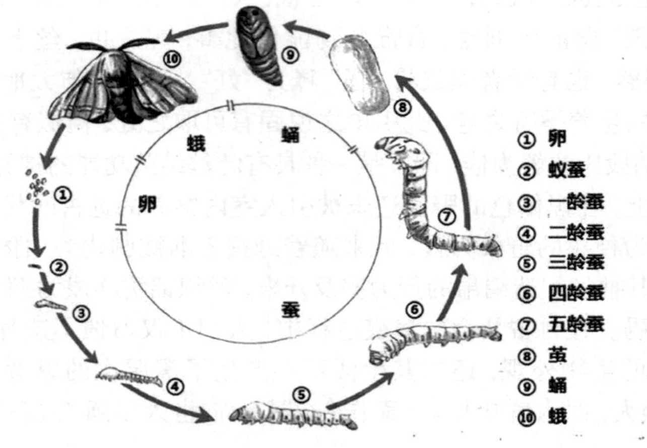

图 8-6　蚕“屡化如神”的生命循环过程

（公维军改绘）

在殷墟甲骨文中，除了“𡡾”“𡢃”“𡣍”“𢔈”“𣜂”等与蚕、桑直接相关的单字外，还有两项重要的卜辞记载：一是官方专门差人省察蚕事，武丁时期有多条卜辞对此予以记载，其中一条完整内容为“戊子卜，乎省于蚕，九”（续补 7402），为省察蚕事，占卜竟然至少有九次之多，由此足见桑蚕事在当时的社会生产生活中所占分量之重。另外一项占卜内容就是神圣的蚕神祭祀，殷商统治者为此举行的祭礼十分隆重，武丁、祖庚、祖甲、廪辛、康丁等无一例外，其中祖庚祖甲时期一条卜辞内容为“□□□，大，□□□十宰，五宰，蚕示三宰，八月”（后上 28，6），“大”为商代贞人名，“”当释为商人信奉的某种神祇，“蚕示”为蚕神无疑，

① 蚕刚从蚕卵中孵化出来时，身形细长，通体细毛，颜色多呈现褐色或者赤褐色，状如蚂蚁，故称“蚁蚕”。

而“宰”为一牡羊一牝羊合称，意近小牢，如此就明确了商朝官吏以“三宰”祭祀蚕神的神圣行为。另外，也有以三牛祭祀蚕神的，像同为祖庚祖甲时期的“贞元示五牛，蚕示三牛，十三月”（续补 9999），需要特别注意“元示”乃殷人祖先上甲微，祭祀先祖尚且用五牛，加之能够与上甲微并祀，可见敬拜蚕神的程度之重、级别之高。

到了廪辛、康丁时期，殷王室甚至不惜以奴隶献祭蚕神，或许因为人牲较其他祭物更显丰厚与尊贵，据卜辞载“丙寅贞，叀𠃌㠯羌罕蚕于𪓐示用”（南明 468），“𠃌”为商时地名，“㠯羌”指以羌，而羌意即奴隶，“罕”作为祭名，统治阶层用虏获的西方游牧族群的羌俘来祭祀蚕神，目的显然在于求取神灵能够多加赐予福祉，以庇佑桑蚕之业持续兴旺。崔格尔曾指出，在玛雅文明中“（诸神）最青睐的是人牲的肉体和血液……被俘获的敌方君主则是最好的人牲，这样的囚徒常常被关押很长时间，直到诸如正式指定王位继承人等特别的时机……以痛苦的方式放出大量鲜血，以致处于恍惚状态，才能和祖先以及主神沟通，这种供奉被认为是滋养诸神、强化万物皆依赖的宇宙周期的极其有效的方式”①，由此从跨文化比较视野观之，这种以被征服方作为人牲供奉诸神的现象并非商王朝专有，在早期中西文明中均能觅得踪迹，或许如阿兹特克人深信不疑的那样，“诸神渴望生命力，需要稳定的祭祀更新自身，维持宇宙秩序”②，而蚕神祭祀同样如此，这是商人回馈蚕神用于维持世界以及个人能量正常运作的表达方式。

不仅如此，古人对于蚕神话化表现的认识更是同华夏文明中最具代表性与象征性的图腾动物——龙紧密联系在一起，这在《管子·水地》中有着生动描述：“龙生于水，被五色而游，故神。欲小则化如蚕蠋，欲大则藏于天下；欲上则凌于云气，欲下则入于深泉。变化无日，上下无时，谓之神。”③时至今日，俗语常以“神龙见首不见尾”比喻人行迹神秘抑或言辞闪烁，但也能从中反映出龙这种神话传说中的动物具有的神异习性，恰如贾谊《新书·容经》所言：“龙之神也，其惟兹龙乎。能与细细，能与巨巨，能与高高，能与下下。吾故曰：‘龙变无常，能幽能章。’”④如此一来，上天入渊的龙与“屡化如神”的蚕完全能够实现形体上的置换，神龙变小即可

① ［加拿大］布鲁斯·G. 崔格尔：《理解早期文明：比较研究》，徐坚译，北京大学出版社 2014 年版，第 341—342 页。

② ［加拿大］布鲁斯·G. 崔格尔：《理解早期文明：比较研究》，徐坚译，北京大学出版社 2014 年版，第 342 页。

③ 黎翔凤撰，梁运华整理：《管子校注》，中华书局 2004 年版，第 827 页。

④ （汉）贾谊撰，阎振益、钟夏校注：《新书校注》，中华书局 2000 年版，第 230 页。

化为蚕蠋，而东汉郑玄在为"禁原蚕者"（《周礼·夏官·马质》）所作注曰"原，再也，天文，辰为马。《蚕书》'蚕为龙精，月直大火，则浴其种，是蚕与马同气，物莫能两大，禁再蚕者，为伤马与'"[①]，而唐儒贾公彦进而疏谓：

> 云"天文，辰为马"者，辰则大火，房为天驷星，故云辰为马。云"《蚕书》'蚕为龙精，月值大火，则浴其种'"者，月值大火，谓二月则浴其种，则《内宰》云"仲春，诏后帅外内命妇始蚕于北郊"是也。若《祭义》云"大昕之朝，奉种浴于川"，然注云"大昕，季春朔日之朝"，是建辰之月又浴之者，盖蚕将生重浴之，故彼下文即云"桑于公桑之事"是也。云"是蚕与马同气"者，以其俱取大火，是同气也。云"物莫能两大"者，此庄二十二年《左传》文……云"禁再蚕者，为伤马与"者，二者既同气，不可两大，而禁再蚕，明恐伤马。[②]

"蚕为龙精"的神圣性表述意在阐明一个基本事实：蚕是龙精缩的动物。远古之时，初民将遵从时令季节变化视作男耕女织活动的关键，郑氏所引《蚕书》也是基于此进行解释并透露出"蚕为龙精"之说的根本原因，即蚕、龙两种神性动物都是时令性动物，区别在于蚕是现实生活中触手可及且肉眼可观的实体动物，而龙则是神话想象中不见首尾但无所不能的幻化动物。龙自不待说，许慎已经解释得分外透彻："龙，鳞虫之长，能幽能明，能细能巨，能短能长，春分而登天，秋分而潜渊。"[③]古人已经将神龙视作时令之神的化身，这与蚕"冬伏夏游""夏生恶暑"的季节性特点相同，所以《蚕书》特别指出待大火星（即辰星）出现，方为浴蚕种的最佳时机，等到蚕宝将要出生时再次浴种，但因蚕、马同属于东方苍龙七宿中的房星（即天驷星），"蚕马同气"而"物莫能两大"，即在通常情况下，桑蚕业兴旺之年往往容易损耗马匹的元气而致使养马业受损，所以禁止一年之内生产两季蚕茧。上古时代，人们对于先蚕（蚕神）概念中的神格意识非常强烈，有学者曾将春天始蚕的时令性行为进一步引申，"既行祭于上天主育之神，又享祀于人间育蚕之母，从而在天地神人之间获得一种精神与信息的沟通，以期未来行为的最佳功效"[④]，在先蚕与房星的对应关系中是

---

① （清）阮元校刻：《十三经注疏》影印本，中华书局1980年版，第842页。
② （清）阮元校刻：《十三经注疏》影印本，中华书局1980年版，第842页。
③ （汉）许慎撰，（清）段玉裁注：《说文解字注》，浙江古籍出版社2006年版，第582页。
④ 黄维华：《先蚕考》，《文艺研究》1988年第6期。

否涵蓄有生育之寓意，笔者认为可暂留探讨余地。但当时广为流传的“禁原蚕”礼俗禁忌却能在蚕、龙二物身上有效彰显初民神话思维中的时令性特点。

无论是郑玄引注“蚕为龙精”的东汉，还是荀子阐述“蚕理”、管子描述“龙化蚕蠋”的战国，抑或更早将蚕神祭祀以卜辞形式刻于甲骨之上的殷商，虽然这些时期已经将蚕神信仰的神话思维以文字形式记录保留下来，但从先于文字和外于文字记载的文化大传统视角审视，显然其观念渊源需大大向前追溯，甚至一直远至有玉蚕以及蚕形图像等第四重证据出土的距今六七千年前的新石器时代。

距今6000多年前的红山文化时期，北方西辽河流域的初民已开始采用代表神圣生命力的美玉来表现蚕，通过数量丰富且精彩绝伦的玉蚕叙事，能够更容易体认进而获得超脱于书本之外的神话式理解。1982年，内蒙古自治区巴林右旗那斯台遗址出土了一件长7.98厘米、厚2.6厘米、孔径1.68—2.58厘米的玉蚕，通体黄绿色，蚕体略呈圆柱体，圆形双目外凸，上半部所施向上弯曲的凸弦纹代表化蛾时的翼翅（图8–7）。除此以外，在其他红山文化遗址中同样出土有造型别致生动的玉蚕，像辽宁建平牛河梁

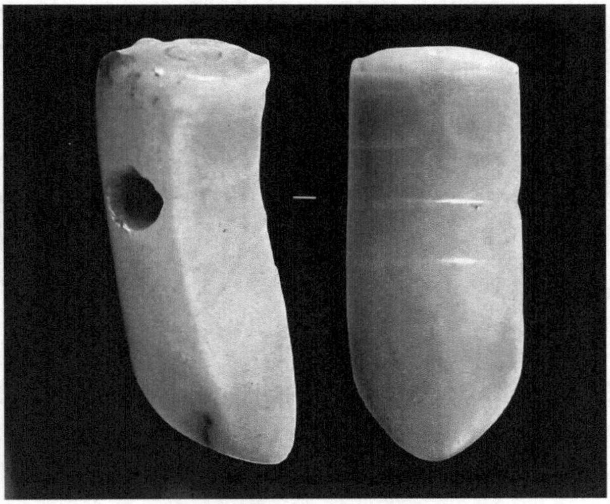

图8–7　内蒙古巴林右旗博物馆藏红山文化玉蚕[①]

① 图片来源：古方主编：《中国出土玉器全集》（内蒙古·吉林·辽宁·黑龙江卷），科学出版社2005年版，第29页。

墓地出土的一件长达 12.7 厘米的钙化玉蚕还是迄今所见形体最大的。这些玉蚕应该是红山文化先民崇奉的蚕神原型，它们作为龙精的化身已经成为生命力恒久不息的象征标的物。

将视线转向淮河流域比红山文化还要早 1000 多年的新石器时代中期蚌埠双墩遗址，考古工作者在考古出土的陶器中发现了大量刻符，而蚕正是初民重点强调的动物形象之一。有意思的是，这些描摹蚕的刻画符号虽然看似抽象，但是在陶胚表面留下的刻道却异常清楚，故而蚕的形象生动逼真，例如标本 86T0820 ③：2 是一件底径 8 厘米、矮圈足底完整且微凹的陶碗，"外底部刻有蚕形与相对多弧线形构成组合形符号，似表示一条横卧的蚕正在昂首吐丝结茧"[①]（图 8–8）。该刻符将蚕的形象、蚕吐丝结茧的形象同时表现出来，而这种组合形象的重要价值就在于直观再现了初民对蚕具备的非凡神性的神话式理解，以及对其吐丝结茧现象的神话式想象。如果这还不足以探寻"蚕为龙精"蕴含的更深层意义，那么还可诉诸考古出土的玉龙蚕以及雕饰卧蚕纹（一说蟠虺纹）的龙形玉佩做进一步阐释。

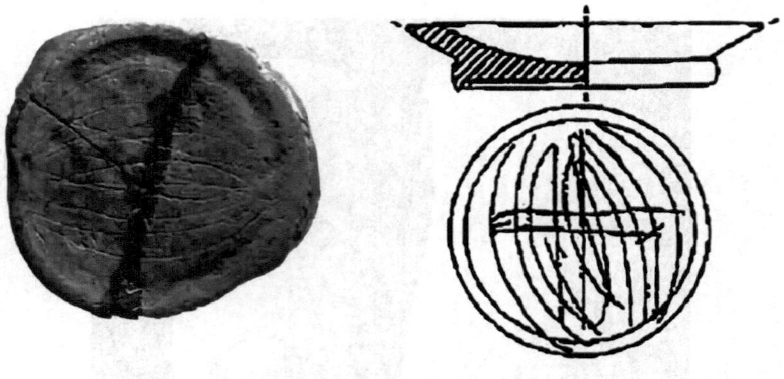

图 8–8　安徽蚌埠双墩遗址出土陶碗底部刻画的蚕及其吐丝结茧形象

（左：实物图[②]　右：线描图[③]）

① 安徽省文物考古研究所、蚌埠市博物馆编著：《蚌埠双墩：新石器时代遗址发掘报告》，科学出版社 2008 年版，第 339 页。

② 图片来源：安徽省文物考古研究所、蚌埠市博物馆编著：《蚌埠双墩：新石器时代遗址发掘报告》，科学出版社 2008 年版，彩版六六，1。

③ 图片来源：安徽省文物考古研究所、蚌埠市博物馆编著：《蚌埠双墩：新石器时代遗址发掘报告》，科学出版社 2008 年版，第 338 页，图二二二，2。

1991年，在河南三门峡虢国墓地北区M2009中出土了一件造型别致的玉龙蚕，白玉蚕躯阴线刻画八个腹节，昂首张口，菱目圆珠，头部有角，一只飞鸟立于蚕背部①，或许是有意衬托其在天地间自由置换的形态，形象栩栩如生（图8-9）。在古人的意识形态中，龙小即化为蚕蠋，制作者通过玉龙蚕这一物的叙事，既将蚕与龙的屈曲之躯、昂首之态表现得几无二致，又将初民对于二者生命幻化的神话观念表露无遗。作为生命之神的化身、时令之神的代表，这件龙蚕合体、神话与现实切换自如的罕见玉器是目前已知最早代表龙与蚕关系的出土实物，完全称得上是"蚕为龙精"的见证者，同时也是展示中华民族玉文化、蚕文化、龙文化彼此交融的考古典例。

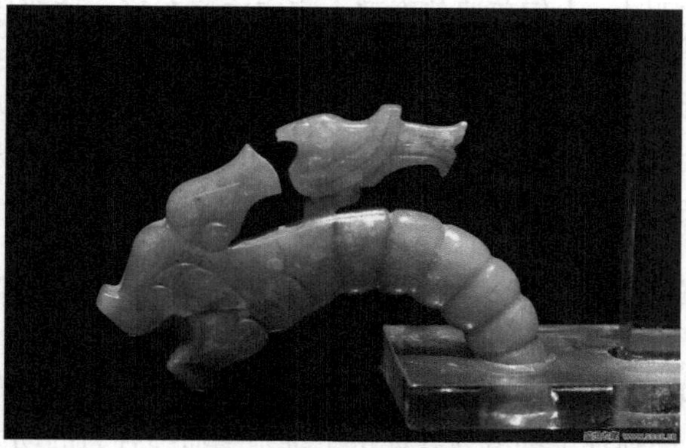

图8-9　河南三门峡虢国墓地M2009出土玉龙蚕

（公维军摄于三门峡虢国博物馆）

器身雕饰有卧蚕纹的龙形玉佩同样能够为探寻"蚕为龙精"的神圣密码提供效力充足的证据。山西长治分水岭M53曾出土有一件战国时期的龙形玉佩，长8.5厘米、宽2.2厘米、厚0.4厘米，龙体呈游弋之态，尾端上扬，通体雕饰有形态逼真的卧蚕纹（图8-10），古人之所以将这两种神性动物与通灵之玉完美结合在一起，也许正是希望能够以此表达心中祈求蚕神龙神庇佑的信仰观念。

① 因蚕以桑叶为食，初民从桑树神话中想象演绎出一种扶桑神树，此树即是太阳栖息之所，而汉族神话中亦有"金乌负日"之说，所以该飞鸟又被解读为太阳神鸟金乌。（参见赵丰主编：《丝绸之路：起源、传播与交流》，浙江大学出版社2015年版，第45页。）

图 8–10 山西长治分水岭 M53 出土卧蚕纹龙形玉佩 ①

在早期文明中，人们普遍信奉整个宇宙中遍布着一种超自然的神圣力量，而这种宇宙力量是赋予世间万物以生命的关键，能够维护人类生存、动物繁殖、作物生长等正常运转。如同神龙一样，蚕具有旺盛的生命力、强大的繁殖力，"蚕为龙精"的神话表述也正是初民基于切身利益祈请蚕神降神力以佑护桑茂蚕丰的特定表达。

第三节 蚕鸮于钺：死而再生的神话隐喻

毋庸置疑，蚕在整个华夏初民的桑、蚕、丝、帛神话叙事链中处在最关键的环节，桑林神圣场域为其提供了维系生命与神力的动力之源，神蚕吐丝的神秘行为被初民视作蚕神恩赐生命能量于己的施恩方式，而作为"知恩图报"的受恩者，人们选择将缫丝织造的帛回报神灵，因为也唯有"精物"之帛才能与神明所赐蚕丝在生命能量上真正实现转换。"在人对神的表示方面，玉器和丝绸的物理特性都足以代表'明洁'的虔敬和庄重，遂能成为首屈一指的'显圣物'……国家祭祀活动的第一要务是圣王对待神明的虔诚专一态度，第二要务就是玉帛所代表的献给神的珍贵祭品"②，和玉一样，帛亦充当起神人沟通必需的物质中介角色，如此一来，便可以解释后世帝王展示象征权力的圣旨为何一定选用上好蚕丝，藏、蒙两族同胞又为何选用优质蚕丝织成的哈达进行礼佛与迎客，当然更能够解释早期国家祭祀礼仪的核心物质紧紧围绕着玉帛的所以然问题。

《管子·侈靡》载："天子臧珠玉，诸侯臧金石，大夫畜狗马，百姓臧布

① 图片来源：古方主编：《中国出土玉器全集》（山西卷），科学出版社2005年版，第226页。

② 叶舒宪：《"玉帛为二精"神话考论》，《民族艺术》2014年第3期。

帛。”[1] 事实上，简单以拥有者的地位高低进行判断是行不通的，不能认为布帛因藏于百姓之家便不如珠玉、金石、狗马价值大，如此排序只是更符合“物以稀为贵”的价值观。美玉、黄金、天马三种“外来之物”皆源自异域或异国，而帛为东方的“原生之物”，依照贵远贱近原则，似乎很容易解释这种现象。同样，对于缺乏丝绸的西亚、欧洲而言，东来的丝帛会被他们视为比黄金、天马更为珍贵之物，甚至还会被文化传播接受方进一步神话化，这从《大唐西域记》描述的瞿萨旦那[2]王通过远嫁本国的唐朝公主私带蚕种的“东帛西输”故事便可一目了然：

> 王城东南五六里，有麻射僧伽蓝，此国先王妃所立也。昔者此国未知桑蚕，闻东国有之，命使以求。时东国君秘而不赐，严敕关防，无令桑蚕种出也。瞿萨旦那王乃卑辞下礼，求婚东国。国君有怀远之志，遂允其请。瞿萨旦那王命使迎妇，而诫曰：“尔致辞东国君女，我国素无丝绵桑蚕之种，可以持来，自为裳服。”女闻其言，密求其种，以桑蚕之子，置帽絮中。既至关防，主者遍索，唯王女帽不敢以验。遂入瞿萨旦那国，止麻射伽蓝故地，方备仪礼，奉迎入宫，以桑蚕种留于此地。阳春告始，乃植其桑。蚕月既临，复事采养。初至也，尚以杂叶饲之。自时厥后，桑树连荫。王妃乃刻石为制，不令伤杀。蚕蛾飞尽，乃得治茧。敢有犯违，明神不佑。遂为先蚕建此伽蓝。[3]

瞿萨旦那国为此备礼奉迎，后以制度形式保护桑蚕，并且为先蚕专建伽蓝，以虔诚举措求得蚕神佑护。更有意思的是，这则“蚕种西传”的神奇故事竟然与英国探险家斯坦因（Marc Aurel Stein）在新疆丹丹乌里克唐代佛教遗址中发现的一块木版画内容能够实现相互印证，被命名为《传丝公主》的彩色木版画还原再现了“女闻其言，密求其种，以桑蚕之子，置帽絮中”的生动场景（图 8-11），这才使得以丝帛造福世界的中国故事在后世传承开来。

除此以外，俄罗斯艾尔米塔什博物馆也收藏有一件相同主题的“蚕种西传”木版画（图 8-12），1897 年由时任沙俄驻喀什噶尔总领事的尼古拉·彼得罗夫斯基（Николай Фёдорович Петровский）掠取，据陈粟裕描述：

---

① 黎翔凤撰，梁运华整理：《管子校注》，中华书局 2004 年版，第 634 页。

② 即古西域于阗国，在今天新疆和田一带。

③ （唐）玄奘、辩机著，季羡林等校注：《大唐西域记校注》，中华书局 1985 年版，第 1021 页。

图 8-11　新疆丹丹乌里克遗址发现的《传丝公主》木板画[①]

（现藏于大英博物馆）

画面为竖式构图，分为三层展开情节。画面最上方为多臂、交脚坐于圆毯上的丝织保护神，第二层为两位面容清秀的女子，一身头戴高冠，黑发披于肩头，身着圆领衫，双手置于一高足盆中，其旁跪坐一位侍女，梳单环髻，插有步摇。侍女一手持剪刀状物，一手持披巾。这一情节当为王女出嫁前准备私藏蚕种。第三层为头戴扇形发冠并加以头巾的正面端坐女子，旁边一身着圆领衫的女子以手指其头冠，意蚕种在此。[②]

图 8-12　俄罗斯艾尔米塔什博物馆藏“蚕种西传”木版画[③]

① 图片来源：王邦维：《蚕种何以西传，丝绸路上的“东国”公主》，发布于http://www.thepaper.cn/newsDetail_forward_1318996，2018 年 4 月 20 日访问。

② 陈粟裕：《丝绸之路与“蚕种东来”》，《中国社会科学报》2017 年 12 月 4 日。

③ 该件文物在俄罗斯艾尔米塔什博物馆官方网站上的名称为 Icon Dpicting the Legend of the Growth of Silkworm Breeding in Khotan。图片来源：艾尔米塔什博物馆官方网址 https://www.hermitagemuseum.org/wps/portal/hermitage/digital-collection/25.tarcheologocal+artifacts/157292，2018 年 6 月 1 日访问。

由上述分析不难理解，从比较神话学视角分析，美玉、黄金、天马、丝帛这四种物质原本并没有排序上的先后之分，它们最初都是先被神话化，然后才具有了宝贵的价值，换言之，是神话观念驱动了这些资源的意义生成。再观《管子·山权数》："民之通于蚕桑，使蚕不疾病者，皆置之黄金一斤，直食八石。谨听其言而藏之官，使师旅之事无所与，此国筴之者也。"[①]试想一下，如果布帛在齐桓公时代真的如此不重要，统治者怎么会给予每位"蚕医"一斤黄金、八石粮食、免于兵役的奖赏，还要将此事定为国家的经济增值策略呢？显然，单线条地对古籍文献中的文字记载进行刻意解读已不合时宜，必然会造成阐释的片面化甚至误读，也就无法更准确地挖掘文本背后隐藏的大传统知识。

事实上，丝帛获得的神秘生命能量是与蚕的死而再生神话隐喻紧密联系在一起的。《管子》中以"币帛""束帛""布帛""缯帛""缦帛"等行祭祀或馈赠之礼，都是仪式参与者意在通过作为祭品或礼品的丝绸实现自我的圣化，"为自己创造一个超越凡人的状态，创造一个也许可以被比作古代社会仪式结果的结果"[②]，毕竟人们普遍希望能够在神圣的祭祀场域中获得某些神性。丝帛这种特殊的物质材料之所以被赋予超自然的生命力，归根结底源于帛为蚕化生的因果联系，正是初民神话观念中蚕"屡化为神"的死而再生特征才促使丝帛生命之精的循环流转。因此，祭祀仪式中的献帛祭神、馈赠仪式中的丝帛赏赐与回报，都是伴随着"物"的转移实现"精"（即生命力）的流转之体现。

1993—1998年，考古人员在江苏金坛西岗三星村遗址的勘探与发掘过程中，发现了一件特殊的石钺：钺色灰白，呈上窄下宽的环刃舌状，顶部弧平，中部厚实，双面凿孔；侧视钺饰为动物骨骼，呈扁薄鳄鱼首状，前低后高，伴有圆形穿孔，器身两面纹饰对称，斜布三组圆圈纹；镦饰为牙质，中心挖有便于纳柄的凹槽，两侧外鼓，四组纹饰对称分布，前后为大眼鸟纹，左右鸟纹喙部外凸；木制钺柄朽烂[③]（图8-13）。古时，钺同西方的权杖一样象征着王者专享的威仪与权力，所以这件石钺的神圣性不容小觑，精美的钺饰、镦饰为此提供了有力佐证。

---

① 黎翔凤撰，梁运华整理：《管子校注》，中华书局2004年版，第1309页。

② ［罗马尼亚］米尔恰·伊利亚德：《神圣与世俗》，王建光译，华夏出版社2002年版，第115页。

③ 参见南京师范大学、金坛市博物馆编：《金坛三星村出土文物精华》，南京出版社2004年版，第164—165页。

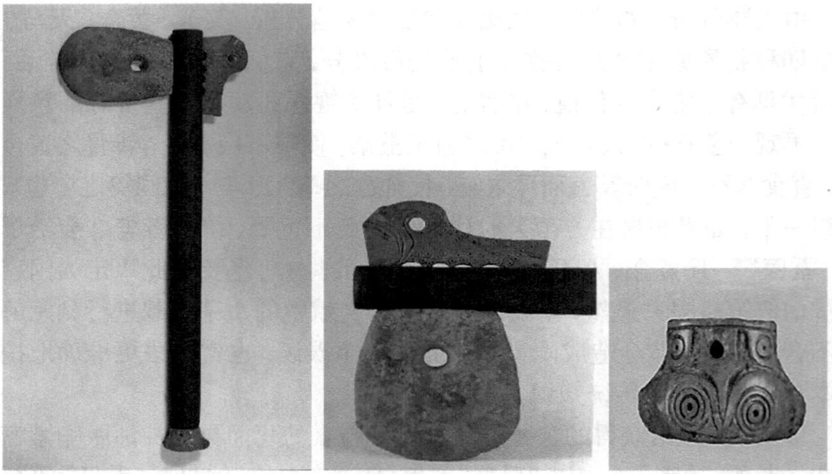

图 8-13　江苏金坛三星村遗址 M38 出土石钺[①]

（中、右分别为侧视钺饰、镦饰的细部特写）

然而，笔者认为研究者对侧视钺饰的解读出现了极大偏差，细观这件钺饰形象：躯体呈屈曲之状，高高昂起的脑袋，圆圆的眼睛，细密的对足，再加上遍布身体两侧的圆圈纹。这些都是蚕的典型特征，其中圆圈纹象征的正是蚕用于呼吸的气门，所以将其描述为鳄鱼形象绝对是一种误读。准此，该遗址 M531 出土的另外一件石钺，其侧视钺饰也应为蚕形象。不过，将镦饰形象释读为大眼鸟无疑非常正确，这双又大又圆的眼睛看似抽象，实则非常契合鸮（即猫头鹰）的生理特征，眼睛周围刻画的变化旋转的刻纹以及钩喙更是为鸮面镦饰提供了确证，故而以大眼鸟指称鸮自然也就合乎情理了。

那么问题随之而来，这件蚕、鸮、钺三位一体的仪式工具究竟蕴含着什么深层次的象征意义呢？答案自然需要到蚕鸮神话中去找寻，二者潜含着相同的神话隐喻。前面已经提及，蚕是一种具有休眠性特征的蛰虫，在初民朴素的经验观察中，其生命变化节奏与季节时令相符合，所以此类循环性的冬眠蛰伏现象普遍被视作神灵的死而再生。不仅如此，"据新石器时代宗教神话的通则，大凡具有再生特征的神灵都被归结为女神—母神一类"[②]，毕竟在初民看来，母体才是生命再生产的承担者，根据神话类比

① 图片来源：南京师范大学、金坛市博物馆编：《金坛三星村出土文物精华》，南京出版社 2004 年版，第 81—82 页。

② 叶舒宪：《熊图腾：中华祖先神话探源》，上海文艺出版社 2007 年版，第 112 页。

原则，蚕的吐丝结茧、破茧成蛾如同母体孕育后代一样，这就被神话思维理解为体现蚕女神神力的复活或者再生，而流传后世的嫘祖始蚕、蚕神马头娘、蚕花娘娘、蚕丝仙姑等神话传说也能够反映出再生蚕女神的化身痕迹，这大概也是部分研究者认同蚕为“妊丝”之虫的原因。

鸮被视为死而再生女神已渐成国际学术界的共识，这从自中国境内到世界各地的史前文化遗址中出土的大量鸮形实物与图像不难推知：辽宁建平牛河梁红山文化遗址中出土的玉鸮、绿松石鸮，青海柳湾齐家文化遗址中出土的鸮面罐，陕西华县太平庄仰韶文化遗址出土的陶鸮鼎，法国南部比利牛斯山区三兄弟洞窟（Cave of Les Trois Frères）岩画中的三只雪鸮，等。从跨文化比较神话学视角分析，这种相同或相近的文化现象背后定然存在着源远流长又相对统一的鸮神话信仰，鸮那 360° 轮转变化的头部与眼睛蕴含着无穷的阴阳转化能量和智慧，融合有生命的死而再生力量。欧洲史前时代的鸮象征系统同样将死亡与生命融为一体，甚至有些鸮造型还被刻画上女性生殖器，金芭塔丝据此认为“鸮的眼睛或许可被认为是最具影响力的再生象征，特别是当其被刻画于作为死亡象征的裸骨之上时”[①]，而苏美尔神话中的力量与生殖女神伊南娜（Inanna）也会经常与狮子（力量的象征）、鸮（生殖、死而再生的象征）的形象一起出现（图 8–14），可见中西史前神话想象中都存在并延续着将鸮视为死而再生女神的文化基因。

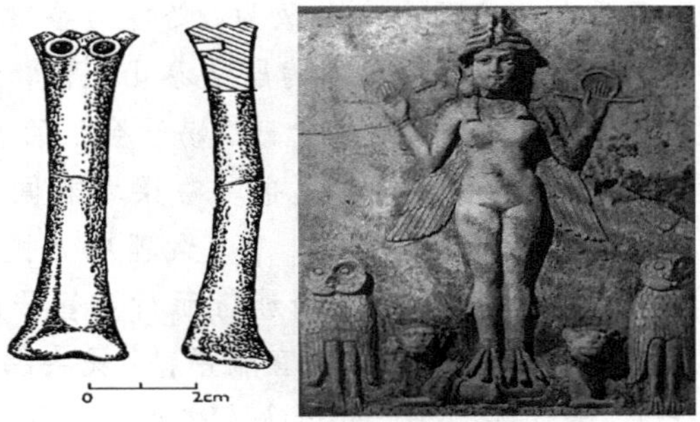

图 8–14　欧洲史前时代的鸮女神形象

（左：莱茵河上游恩塞斯海姆线纹陶文化骨雕[②] 右：巴比伦时期的伊南娜与鸮[③]）

---

① Marija Gimbutas, *The Living Goddesses*, Berkeley: University of California Press, 1999, p.20.

② 鸮女神的死而再生功能得以通过牛骨上的刻画形象体现出来，这些被置于坟墓之中的形象意在突出表现女神圆圆的凝视再生之眼，其中，顶端的眼睛使用贝壳镶嵌而成。图片参见 Marija Gimbutas, *The Living Goddesses*, Berkeley: University of California Press, 1999, p.20。

③ 图片来源：叶舒宪、章米力、柳倩月编：《文化符号学——大小传统新视野》，陕西师范大学出版社 2013 年版，第 162 页。

初民将蚕、鸮与象征神圣王权的钺结合在一起，将蚕鸮神话的死而再生隐喻呈现得淋漓尽致。与恩塞斯海姆线纹陶文化中的鸮女神形象一样，这件石钺同样出土于墓葬之中。石钺之上特意装饰蚕饰、鸮饰，当然有王者专司蚕桑之事，亲祀蚕神以求蚕业旺达之意，但其背后隐藏的更深层次意义依然是获得神灵的认同，进而求取神灵赐予的生命能量，而这"对于所有的古代社会来说，对精神灵性的认同是在死亡和一次新的再生中表现出来的"[①]，这种生命力与人类学者广为关注的波利尼西亚人信奉的马纳（mana）、新西兰毛利人信奉的豪（hau）有着异曲同工之妙，都是信奉或追求一种神力、"精魂"。

第四节　服帛去绨：丝帛的圣俗表述与符号增值

正是在前述蚕鸮神话的阐释背景下，才能准确还原春秋之时由齐国主导的那场著名的"服帛去绨"经济战，而左右这场没有硝烟战争的关键性战略武器正是丝绸。《管子·轻重戊》如实呈现了齐国与鲁、梁间这场经济战的来龙去脉：

> 桓公曰："鲁梁之于齐也，千穀也，蜂螫也，齿之有唇也。今吾欲下鲁梁，何行而可？"管子对曰："鲁梁之民，俗为绨。公服绨，令左右服之，民从而服之。公因令齐勿敢为，必仰于鲁梁，则是鲁梁释其农事而作绨矣。"桓公曰："诺。"即为服于泰山之阳，十日而服之。管子告鲁梁之贾人曰："子为我致绨千匹，赐子金三百斤。什至而金三十斤。"则是鲁梁不赋于民，财用足也。鲁梁之君闻之，则教其民为绨。十三月，而管子令人之鲁、梁，鲁、梁郭中之民，道路扬尘，十步不相见，绁繑而踵相随，车毂齺骑连伍而行。管子曰："鲁、梁可下矣。"公曰："奈何？"管子对曰："公宜服帛，率民去绨。闭关，毋与鲁梁通使。"公曰："诺。"后十月，管子令人之鲁梁，鲁梁之民饿馁相及，应声之正无以给上。鲁梁之君即令其民去绨修农。谷不可以三月而得，鲁梁之人籴十百，齐粜十钱。二十四月，鲁梁之民归齐者十分之六；三年，鲁梁之君请服。[②]

---

① ［罗马尼亚］米尔恰·伊利亚德：《神圣与世俗》，王建光译，华夏出版社2002年版，第111页。

② 黎翔凤撰，梁运华整理：《管子校注》，中华书局2004年版，第1514—1515页。

齐桓公早有吞并鲁、梁的野心，《管子》为此适时呈现出一条无须武力征伐的轻重之略。因鲁、梁之地素来有产绨传统，于是劝桓公带头举国穿绨，制造一种绨在齐国极受欢迎的假象，致使两国因无远虑盲目产绨而渐渐荒废农业。待农业大势已去、绨产量过剩之时，齐国及时恢复服帛之俗，并以高价售卖粮食，"服帛去绨"不仅尽收轻重之利，还使得鲁、梁君民前来归顺，两国均低估了本国对于齐国经济的过度依赖，可以说齐国取得了经济、政治上的压倒性胜利。鲁、梁所产之绨是一种质地粗厚的丝织品，而齐国所服之帛则是一种质地细薄的丝织品。但不能否认的事实在于，绨、帛皆是当时神圣贵重的丝绸，这场经济战实质上就是一场丝绸战。由此需要审视和思考，春秋时期鲁绨、齐帛这些代表着财富、货币等经济观念的丝织物原初的根本出处在哪里。答案依然是神话信仰，即便出现圣俗概念表述上的细微差别，但旨归始终相同，无一例外。

《淮南子·齐俗训》曾载："非不能竭国麋民，虚府殚财，含珠鳞施，纶组节束，追送死也。"高诱注云："含珠，口实也。鳞施，施玉于死者之体如鱼鳞也。"① 鳞施是汉代玉衣的前身，玉衣不过是时人依形取名的再造。为什么要在阐释"服帛去绨"时特意提及玉衣呢？因为汉代玉衣中除了金银铜不同缕质外，还有另外一种神话观念极强的丝缕玉衣，这是玉帛两种"精物"的最佳表现物，其中最具代表性的当数广州西汉南越王博物馆藏丝缕玉衣（图 8–15）。为了将墓主人的灵魂保存完好，不惜将 2291 枚玉片以丝线连缀成衣包裹其身，这种特制的高规格祭品以服装抑或装备的形式实现物质占有所需，人们坚信墓主人死后能够身穿玉衣实现生前的再生理想。

图 8–15　广州南越王墓出土丝缕玉衣

（公维军摄于广州西汉南越王博物馆）

---

① 何宁：《淮南子集释》，中华书局 1998 年版，第 786 页。

玉作为通神圣物前已多有阐释，以丝线穿系同样具有非凡的隐喻意义，蚕的吐丝结茧功能被人们寄寓着神力变化的神话意向，而茧内成蛹到破蛹成蛾的过程更是被尊奉为强化生命能量继而实现灵魂再生的象征。神权时代的丧葬观主要以类比为主的神话思维模式起作用，所以丝缕玉衣裹尸等同于帝王躯体重回母腹，如同蚕蛹在茧内积蓄生命力一样，而从西方女神理论来看，金缕玉衣完全象征着女神的子宫，期待在女神的庇护下实现灵魂不灭与生命再生的愿望：尸体∶玉衣 = 生命∶子宫 = 再生∶女神[①]，由比较神话学视角观之，人俑之于墓葬又何尝不是蚕蛹之于缚茧的象征模拟，“始作俑者，其无后乎”（《孟子·梁惠王上》）或许可以有更加让人信服的解释了吧。

结合当前流行的物质文化研究转向可知，与物的商品化过程相类似，一个经历丰富的物必定也会经历神话化、去神话化甚至不断循环往复的过程，但神话观念驱动着人的行为，这就促使物的自然生命与神话生命共同助推其神话化历程。春秋以降，帛书、帛画登上历史舞台，目前仅在长沙出土了子弹库楚帛书以及马王堆帛书，帛画也不过是在长沙、江陵、广州、临沂、武威的楚墓与汉墓中发现的 24 幅，出土数量少固然有时间久远致使材料腐朽不易保存的原因，但以神圣丝帛作为书写、绘画材料也并非普通百姓的日常之物。

由于丝帛具有可通鬼神的特性，古人才将帛书、帛画葬于墓穴中，既希望以丝帛沟通生者与逝者、神灵，又希望逝者早日借助丝帛实现死而再生之愿。需要强调的是，死而再生并不等同于不死升仙，俞伟超、巫鸿等学者对此都给出了有利的观点支持。其中，巫鸿通过对马王堆一号墓 T 形帛画（图 8–16）描绘微观宇宙的阐析，认为主流学界所持“升天”说与构成当时招魂、丧葬仪式的基本信仰相冲突，该帛画的正确主题当是“在宇宙的背景下它描绘了死亡，也寄托了重生的愿望：葬礼之后，轪侯夫人将生活在她地下的‘永恒家园’”[②]，如此一来，此类帛画寓意亡者死而再生，生者借画“识之爱之”的愿景得以真正体现出来。

时至今日，中国台湾南王卑南原住民仍然“明确指出‘织’的技艺是来自于祖先，不但有其禁忌规范，同时也显示出这套知识是与部落的界定与规范密切相关的，织布的过程既与祖先和神祇密切关联，其成品（包

① 公维军、孙凤娟：《〈山海经〉“鱼妇”神话原型考释》，《民族艺术》2017 年第 1 期。

② ［美］巫鸿：《礼仪中的美术：马王堆再思》，载［美］夏含夷主编：《远方的时习：〈古代中国〉精选集》，上海古籍出版社 2008 年版，第 201 页。

图 8-16 湖南长沙马王堆一号墓出土 T 形帛画[①]

括图纹）也被视为具有某种‘灵力’的特性”[②]，这里强调的“灵力”也就是丝织品被赋予的神圣生命能量，整个织布的过程也要受到神祇的“特别关照”，因为在这个过程中作为显圣物的丝帛起到了不可替代的人神沟通之效。广西、贵州一带的白裤瑶、苗族同胞依旧延续着制作平板丝的风俗[③]，即把熟蚕置于平面木板上任由其爬行吐丝而成，白裤瑶人会将没有处理过的平板丝放入逝者的棺内，苗族妇女则是将平板丝专用于给逝去的母亲裹尸入殓，这与西汉马王堆轪侯夫人辛追以 20 层丝绸裹身入藏的隐喻完全一致，都是充当沟通显圣物的丝帛神化与圣化的体现，寄托亡者灵魂重生，开启犹如蚕周而复始的生命循环历程。

除此以外，从考古出土的纺轮来印证丝帛神话也是一个新视角，毕竟初民的结丝织史记忆都离不开纺轮（纺专）、纺锤这些必备生产工具。放眼自北而南、由东向西“满天星斗”分布的整个中国史前考古遗址，大量

① 图片来源：裘锡圭主编：《长沙马王堆汉墓简帛集成》第七册，中华书局2014年版，第325页。
② 陈文德：《衣饰与族群认同：以南王卑南人的织与绣为例》，载黄应贵主编：《物与物质文化》，（台北）“中央研究院”民族学研究所 2004 年版，第 76 页。
③ 参见谭莉：《白裤瑶蚕丝文化的教育价值研究》，西南大学博士学位论文，2012年；敬德：《先秦礼仪用丝研究》，西南大学博士学位论文，2014 年。

的出土纺轮成为见证丝帛流动的关键性证据，仅以新石器时代浙江地区文化遗址为例，就涵盖萧山跨湖桥文化遗址出土的103件[①]，余姚河姆渡文化遗址出土的391件[②]，还有罗家角马家浜文化遗址、江家山崧泽文化遗址、官井头良渚文化遗址等出土发现的纺轮。此外，刘昭瑞曾从图像学、古器物学视角对新石器时代的纺轮及其纹饰的文化涵义进行细致解读[③]，但未曾介入神话学视角。

就纺轮本身形制而言，周南泉认为纺轮就是我国古代社会用以祭天礼地的玉璧原型[④]，玉璧乃沟通天地的神圣之物，因而从该意义出发，初民的神话观念中也应该有纺轮的重要一席。依照神话类比思维与“物类相感”原理，既然蚕被初民视作沟通天地神祇的通灵之物，其所吐连绵不断的蚕丝与所结之茧同样拥有神秘性，那么人们缫丝并用纺轮纺丝织帛当然也都具有相同的功能。这也遵循了涂尔干在阐释神话与仪式根源过程中表述的一个重要原则：“当圣物被分解以后，它的每一部分仍然等同于圣物本身。换句话说，就宗教思想而言，部分等于整体，部分具有整体一样的力量、一样的功效……有机体的器官或组织有多少，他的灵魂就差不多可以分成多少份，每一份灵魂都和整个灵魂不分伯仲。”[⑤]但无论如何，根据文学人类学极力倡导的四重证据法，作为第四重证据的纺轮无疑为整个桑、蚕、丝、帛神话叙事链的神圣编码解读提供了更加确凿的佐证。

回过头来看这场由齐国主导的丝绸经济战，“齐带山海，膏壤千里，宜桑麻，人民多文彩布帛鱼盐”（《史记·货殖列传》），毕竟齐国是当时丝织业最发达的地区，“冠带衣履天下”（《史记·货殖列传》），轻而易举就能够成为引领当时丝织生产的风向标，所以鲁梁之败完全在意料之中。然而，无论是绨还是帛本身作为一种神圣物质符号呈现出的物质性使得齐国与鲁、梁之间频繁的社会互动成为可能，也形成了可感知的现实。伦弗瑞早已指出，“物质和财货是如何呈现价值与意义，之所以如此，是透过人类这种赋予无生命物质意义的特殊习性，因而使这些事物成为象征符号，但是它们不只是象征符号，实际上还能将财富具体化，而且能授予人类权

---

① 浙江省文物考古研究所、萧山博物馆：《跨湖桥》，文物出版社2004年版，第77页，表3。

② 数据统计参见浙江省文物考古研究所：《河姆渡：新石器时代遗址考古发掘报告》，文物出版社2003年版，第64、78、139、246、261、312、319、348、355页。

③ 刘昭瑞：《论新石器时代的纺轮及其纹饰的文化涵义》，《中国文化》1995年第11期。

④ 周南泉：《试论太湖地区新石器时代玉器》，《考古与文物》1985年第5期。

⑤ [法]爱弥尔·涂尔干：《宗教生活的基本形式》，渠敬东、汲喆译，商务印书馆2016年版，第312页。

力”[①]。《管子》正是借助“服帛去绨”举措将统治者齐桓公与神圣物质丝帛及其承载的神性或超自然力量乃至宇宙秩序连结起来，透过帛与绨的物质交会，试图产生一种理想化的权力图像。在此过程中，人们得以将神性与超自然特性注入丝帛这种有形实体之中，而神性特质又极难从看似被去圣化的贸易物中抽离出去，反而促使丝帛实现了符号经济意义上的符号增值。

结构主义神话学认为，物质文化象征性的编码方式本质上是一种神话思维，结合前述阐释可知，《管子》之帛能够在华夏文明中受到特殊礼遇，充分表明其编码与再编码的神化过程以及历史序列得以清晰呈现。从史前陶蚕刻符、玉蚕，到商周卧蚕纹龙形玉佩、玉龙蚕，再到汉代的丝缕玉衣、帛画，均可视为一级编码即物与图像表现神话编码，这种原型编码形式将桑、蚕、丝、帛结合为一个整体，使整条神话叙事链得以传承延续。待甲骨文、金文、帛书、简牍这些地下出土文字中出现“桑”“蚕”“丝”“帛”等字形时，二级编码打通了书写小传统的门径，蚕神信仰观念、丝帛的死而再生意义亦变得更加抽象化。“玉帛为二精”“化干戈为玉帛”“蚕为龙精”等载于古籍原典中的书面文字则统归三级编码，这些文本编码不得不仰赖大传统视域下的物与图像叙事才能明晓背后的意涵，对于《管子》“服帛去绨”的解读即是如此。而后世围绕桑、蚕、丝、帛神话展开的一系列文本创作均可视为帛的“N级编码”。由此可知，欲还原结丝知史的神话编码序列，就必须从小传统回归大传统，有效发挥一级编码的文化文本阐释力。

源自史前文化大传统的神话思维是华夏文明起源的观念驱动要素，也是文化文本符号编码需要遵循的模式与动力。纵观帛的整个流动过程，丝帛文化实际上就是一个表达信仰观念的符号体系，人们通过它发展出对文化的知识以及对生命的态度，自史前时期至齐桓公时代，桑、蚕、丝、帛整条神话叙事链未曾中断过。虽然透过《管子》文本能够观察到一些属于经济范畴内的丝绸贸易现象，但是当求助于一级编码的阐释效应时，就必然发现需要重新激活与丝帛起源有关的想象与象征，此时它们就会变为神圣之物，而“因为神圣之物本身就是一种与起源的联结，它们作为个人和群体的起源，体现于自己在社会秩序和宇宙秩序中所占的位置上”[②]，所以“物精”之帛就会进入权力的宗教领域，发挥出重要的社会—宗教作用，进

① ［英］伦弗瑞：《史前：文明记忆拼图》，张明玲译，（台北）猫头鹰出版社2009年版，第202页。
② ［法］莫里斯·古德利尔：《礼物之谜》，王毅译，上海人民出版社2007年版，第196页。

而获得更大的符号增值。"蚕事既登，分茧称丝效功，以共郊庙之服，无有敢惰"[①]，借由人类早期活动遗留下的物质流动痕迹，在圣俗价值对立日益突出的今天还能够与初民产生信仰观念上的某些共鸣。

① （清）阮元校刻：《十三经注疏》影印本，中华书局1980年版，第1363页。

第九章 “籍于鬼神”:《管子》祭祀征税的经济新理念

众所周知，管仲相齐四十年(公元前685—前645年)，助力齐桓公实现了“九合诸侯，一匡天下”的春秋霸业，而这与其力倡的“以轻重御天下之道”(《管子·山至数》)的独到经济治国思想密不可分。鉴于《管子》贯穿着“人君操谷币金衡而天下可定”(《管子·山至数》)的治国理念，马非百即指出，一个封建国家唯有做到此举才算取得了主动权，并且罗列出八条代表性轻重举措：一是举行农贷；二是谷贱时节进行收购；三是利用所谓“神宝”向富户抵借粮食；四是假借抚恤阵亡将士遗族“发师置屯”(《管子·轻重乙》)以及彗星出现将有天灾等名义平价收购富户存粮；五是提高国内粮食价格，吸引他国之粮；六是用齐国工艺品换取邻国粮食；七是“以无用之壤，藏民之赢”(《管子·国蓄》)；八是收取田租。[①]不难发现，尽管马氏在第三条中稍稍提及“神宝”问题，但整体上仍然有意或无意间忽略了一个遍及《管子》文本的客观事实，那便是通过巧妙处理鬼神祭祀与经济增值的关系，齐国真正开启了“籍于鬼神”(《管子·轻重甲》)的新渠道。基于此，有必要对二者关系及其背后隐含的意义重新解码，以期还原再现并存于《管子》文本内外的客观事实。

上古时期的古籍文本中已然明确，“祀”是位序上先于“戎”的首要“国之大事”。换言之，源自无文字时代史前大传统的祭祀礼仪成为当时国家社会的第一要务，人们希望通过庄重虔诚的祭祀行为实现神人之间的关系沟通，以求得包括神、鬼、精灵等在内的诸神祇对于国家、社会以及个人的庇佑，这也是史前社会朴素神话思维的延续。观早期原典《墨子》，当巫马子向墨子提出“鬼神孰与圣人明智”的疑问后，墨子回答“鬼神之明智于圣人，犹聪耳明目之与聋瞽也”[②]，墨子的表述非常明确，即便身居圣王之位也要接受鬼神的领导，唯有如此方能掌有沟通天地的特权，可见鬼神信仰之盛。而在《管子》中，厉祭、瀹祭、燎祭、衅祭等神圣祭祀行为皆是“籍于鬼神”的有效路径。

---

① 参见马非百:《管子轻重篇新诠》，中华书局1979年版，第70页。

② (清)孙诒让撰，孙启治点校:《墨子闲诂》，中华书局2001年版，第422页。

第一节 神话思维对经济增值的示范效应

自古及今，人们不论高低贵贱、富贫美丑都会祭祀鬼神并请求神明提供祛灾解厄的门径，关于这一点吴重庆讲得明白：

> 人之敬神求神，是因为神明乃为超时态存在，其记忆之历久及信息之周全远在阴魂或鬼之上，因为阴魂有可能投胎转世而重新从阳间开始记忆，故凡是游魂在阳间的那套"鬼把戏"，都逃不过神明的如炬目光，神明可及时地向人发出预警防范或给人指点迷津避开鬼的作祟。一句话，人之畏鬼、人之敬神求神，都是由于人与神、鬼之间的信息不对称所致。①

作为阴阳两界的统辖领袖，神明见证并掌握着阳世凡人的履历与生死恩怨，能够提供俗世之人凭借自身现世经验无法获取的信息，进而满足他们的愿望祈求。而在史前时期，初民普遍信奉万物有灵，对神灵祭祀仪式的重视程度同样能够直接反映出他们观念中的禳灾致福、赏贤罚暴等基本心理诉求。《左传·昭公元年》载："山川之神，则水旱疠疫之灾，于是乎禜之。日月星辰之神，则雪霜风雨之不时，于是乎禜之。"②禜，即是初民祈求山川、日月星辰等自然神祇消弭灾祸的一种祭祀形式。《管子·侈靡》亦载："陵溪立鬼神而谨祭，皆以能别以为食数，以示重本也。"③在齐人的思想观念中，高山、深渊皆为神灵居处，故而管仲明确建议齐桓公应该立鬼神之祠，以供民众祭祀。而《墨子·明鬼下》则载："尝若鬼神之能赏贤如罚暴也，盖本施之国家，施之万民，实所以治国家、利万民之道也。"④由此可见，祭祀鬼神甚至已然成为上古时期治国利民的重要举措，祭祀者在隆重的祭祀礼仪中会选用特定的祭器、祭品供鬼神专享，诸如周穆王、秦始皇等帝王以玉璧祭河神的神圣行为。

除了自然神祇以外，上古时期还非常重视对"人鬼"的祭祀，认为人死后魂魄离散开来，"魂气归于天，形魄归于地"(《礼记·郊特牲》)，魂上浮于天变为神，魄附形入土即为"人鬼"，从某种程度上讲，"人鬼"之

① 吴重庆：《"后革命时代"的人、鬼、神——孙村：一个共时态社区》，载孙江主编：《新史学：概念·文本·方法》第2卷，中华书局2008年版，第292页。
② (清)阮元校刻：《十三经注疏》影印本，中华书局1980年版，第2024页。
③ 黎翔凤撰，梁运华整理：《管子校注》，中华书局2004年版，第689页。
④ (清)孙诒让撰，孙启治点校：《墨子闲诂》，中华书局2001年版，第243页。

祭又普遍与供奉先祖神灵联系在一起。在《周礼》《道德经》《庄子》《列子》《墨子》《吕氏春秋》等早期原典中都有关于人死后成为“人鬼”的记载，其中《周礼·春官》所载“大宗伯”的职责正是“掌建邦之天神、人鬼、地祇之礼，以佐王建保邦国”[①]。殷商以降，在牛、羊、豕、马、狗、鸡、鱼等动物祭牲（“物牲”）以外（图 9–1），甲骨卜辞中出现了一种地位更特殊、更高级的祭品——“人牲”（或称“人祭”“牲人”），当然，从无文字的大传统视角审视，这是史前时期延续下来的、以活人献祭供神灵与祖先食用的方式，时人认为与“物牲”不同，将人肉作为盛馔才能够彰显出他们的最大诚意。

图 9–1 山东临淄后李春秋殉车马坑

（公维军摄于临淄中国古车博物馆）

人牲与人殉虽然都具有祭祀功用，但仍然存在着较显著的差异：在祭祀目的上，前者重在供食用，后者重在供役使；在选用原则上，前者强调仇雠俘虏，如“戊子卜，至子御兄庚羌牢”（《甲骨文合集》22046）之羌，后者却强调亲嬖故旧，像宠妾爱婢、幸臣亲信等；在祭祀场合上，前者多用于“人鬼”祭祀，也用于供奉天神地祇、祭奠宗庙建筑等，而后者局限于“人鬼”之祭。据考古学家黄展岳统计，殷人用于不同祭祀场合的牲人数要远远超过殉人数，并以殷墟发掘资料为例进行论证阐述：

① （清）阮元校刻:《十三经注疏》影印本，中华书局 1980 年版，第 757 页。

> 小屯宗庙区发现牲人遗骨 673 具（其中乙组基址 641 具，丙组基址 32 具）；侯家庄王陵区祭祀场发现牲人遗骨 3455 具（包括第一次发掘估定的 2000 人）；小屯、后冈、大司空村三个圆形祭祀坑发现牲人遗骨 90 具；殷墟墓葬中发现牲人遗骨 260 具，殉人遗骨 282 具。以上四项殷墟牲人合计 4478 人。如果加上甲骨刻辞所见的人牲 13052 人（不包括未记用人数的 1145 条卜辞），扣除重复，总数估计有 1.6 万多人。殷墟殉人数仅及牲人数的 1/50。①

由此显见，虽然在商代的祭祀活动中，自然神与祖先神还没有严格的界限区分，不像后世宗教中"鬼、神、祖先"三大神灵祭拜系统分类这么明显，但是透过以安阳殷墟为代表的殷商宗庙、墓地与祭祀坑中发掘出土的大量牲人遗骨，能够如实反映当时对天地鬼神、先祖神灵进行隆重祭祀的实际情况，从而真实再现殷人尊神尚鬼的丧祭观以及祭祀礼仪，这与"殷人尊神，率民以事神，先鬼而后礼"（《礼记·表记》）的文本记载若合符契。

东周时期，齐国与"泗上十二诸侯国"中的鲁国、邾国、薛国、郧国、滕国、莒国、任国、郯国、费国所在齐鲁文化区普遍延续着自殷商以来的人牲、人殉祭祀礼俗。春秋时期，因沿袭姜太公吕尚立国以来的殷商之风，故姜齐政权"遵殷制"就在情理之中了。《管子·揆度》诸篇的文字记载基本能够反映出齐国仍然沿用人牲祭祀的史实。不仅如此，《左传》《墨子》《礼记》等早期原典所载进一步强调了此时人殉陪葬现象的颇为盛行，"齐桓公墓在临淄县南二十一里牛山上……以人殉葬，骸骨狼藉也"（《史记·齐太公世家》），足以见得人殉之风直至齐桓公去世依旧相沿不衰。事实上，齐地考古发掘的东周殉葬墓为此提供了确凿有力的佐证，大型齐墓往往选择在椁室周围挖掘棺椁齐全的陪葬坑，坑内葬入陪葬者，其中最具典型者当数 1971 年开始发掘的临淄郎家庄一号东周殉人墓。该墓发现人殉遗骨 8 具，陪葬者遗骨 17 具，殉狗 8 只，且殉人葬式不固定（图 9–2），从残骸姿态分析，大部分应该是被处死之后殉入的，当然也不完全排除活体殉葬的可能性，后"经中国科学院考古所体质人类学组鉴定，这些殉人能够确定年龄的都是 20 岁左右至 30 岁左右的青年男女"②，此墓的殉葬情形也为墨翟描述的"天子杀殉，众者数百，寡者数十；将军、大夫杀殉，众

① 黄展岳：《中国古代的人牲人殉》，文物出版社 1990 年版，第 107 页。

② 山东省博物馆：《临淄郎家庄一号东周殉人墓》，《考古学报》1977 年第 1 期。

者数十，寡者数人”(《墨子·节葬下》)现象做了甚是恰当准确的注脚，自此以后，殉葬制因遭到各方反对而日渐消失。

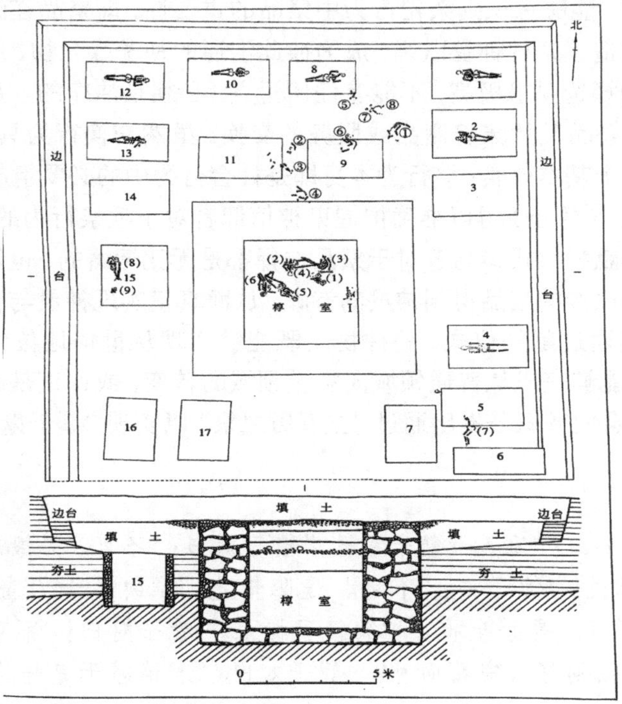

图 9-2 山东临淄郎家庄一号东周殉人墓平面、剖面图[①]

（Ⅰ. 墓主人遗骨 1—17. 陪葬坑 （1）—（9）殉人 ①—⑧殉狗）

对于参与祭祀仪式的信仰者来说，献祭的祭品等级愈高，愈能凸显献祭者的诚意，在献祭仪式过程中，“当某个神或者祖先神灵进入画面时，献祭的权威性就得到了强化，仪式的参与者相信神或者神灵控制着他的生命和行为”[②]，因此，这不仅能够使得自然神祇、先祖神灵等受祭者在回馈性佑护作用下助力献祭者驱除邪恶，还能够赐予他们更为强大的生命力量，从而使其获取情绪抚慰以及精神支撑，除此以外，献祭者也在“潜意识地

① 图片来源：中国社会科学院考古研究所编著：《中国考古学》(两周卷)，中国社会科学出版社2004年版，第305页。

② [意大利]马利亚苏塞·达瓦马尼：《宗教现象学》，高秉江译，人民出版社2006年版，第218页。

希望通过模拟体验以及死亡、毁灭力量带来的认同，造成一种全新的统一状态"①，进而在献祭执行者以及神灵代言人的祭司、巫觋等引导下，维护整个社会有机体的正常运转。毋庸置疑，身为一国之相的管仲必然是熟悉殷商祭仪的，能够意识到祭祀行为中祭品的重要性，即祭品在献祭者与受祭者之间创造了某种神秘联系，成为彼此沟通的神圣媒介物，所以献祭者对于祭品的择选要求极高，不能有任何污点，必须是洁净的。从社会人类学视角看，祭品又意味着商品或服务的交换，虽然交换行为具有自愿性，但离不开一个基本事实：该行为本身即是社会行为中的必要组成部分。

基于此，《管子》得以准确把握鬼神信仰者对于献祭行为的虔诚心理，毕竟所有的献祭仪式参与者对于祭品选择都是无比慷慨的，也都希望通过自己宰杀与供奉的祭品得到神灵的眷顾，从而真正实现神灵与自我的沟通交流。显然通过献祭仪式，一种物品既能够实现从世俗地位到神圣地位的提升，又能够完成从普通领域向宗教领域的转变，或许正是因为此种考虑，管仲才会向齐桓公提出通过"立五厉之祭"以实现"籍于鬼神"的征税新理念：

> 桓公曰："寡人欲籍于室屋。"管子对曰："不可。是毁成也。""欲籍于万民。"管子曰："不可。是隐情也。""欲籍于六畜。"管子对曰："不可。是杀生也。""欲籍于树木。"管子对曰："不可。是伐生也。""然则寡人安籍而可？"管子对曰："君请籍于鬼神。"桓公忽然作色曰："万民、室屋、六畜、树木且不可得籍，鬼神乃可得而籍夫！"管子对曰："厌宜乘势，事之利得也。计议因权，事之囿大也。王者乘势，圣人乘幼，与物皆耳。"桓公曰："行事奈何？"管子对曰："昔尧之五更五官无所食，君请立五厉之祭，祭尧之五吏。春献兰，秋敛落，原鱼以为脯，鲵以为殽。若此，则泽鱼之正，伯倍异日，则无屋粟邦布之籍。此之谓设之以祈祥，推之以礼义也。然则自足，何求于民也？"②

毫无疑问，通过齐桓公"忽然作色"的愤怒反应不难得知，他最初对利用宗教祭祀征税的提议持鲜明的反对态度，认定该策略违背常理，不让

① Marja-Liisa Swantz, *Ritual and Symbol in Transitional Zaramo Society*, Sweden: Motala Grafiska, 1986, p.159.

② 黎翔凤撰，梁运华整理：《管子校注》，中华书局2004年版，第1412—1413页。

国家征收传统的房屋税、人口税、牲畜税、树木税，竟然敢于冒天下之大不韪，转向民众虔诚的祭祀行为征税，岂不是无稽之谈？然而，随着《管子》中圣王“乘势”（即顺势而行）与“乘幼”（即谋划精微）阐释的论述展开，齐桓公才逐渐消除疑虑，开始对春秋时期“籍于鬼神”的先例慢慢产生了兴趣，最后也证实这一轻重之策对齐国的整个税收起到了至关重要的作用。

第二节 五厉之祭：厉祭仪式与鱼税增收

《管子》所言“尧之五吏”当指羲和、共工、鲧之属，即所谓“尧临民以五”（《国语·周语》），他们与三皇五帝深飨于民众乃至国家高规格的祭祀礼遇明显不同，到春秋之时一度被遗忘，甚至处于“无所食”的落魄境地，而在郭沫若看来，这种局面的形成源于“官家未予以禋祀”[①]。他们因死于战事而被立为“五厉之祭”，不容小觑的是，“厉祭”这种祭祀方式是有等级之别的，《礼记·祭法》云：“王为群姓立七祀，曰司命，曰中霤，曰国门，曰国行，曰泰厉，曰户，曰灶。王自为立七祀。诸侯为国立五祀，曰司命，曰中霤，曰国门，曰国行，曰公厉。诸侯自为立五祀。大夫立三祀，曰族厉，曰门，曰行。适士立二祀，曰门，曰行。庶士、庶人立一祀，或立户，或立灶。”[②]孔颖达疏曰：“曰泰厉者，谓古帝王无后者也，此鬼无所依归，好为民作祸，故祀之也……曰公厉者，谓古诸侯无后者，诸侯称公，其鬼为厉，故曰公厉……曰族厉者，谓古大夫无后者鬼也，族，众也，大夫众多，其鬼无后者众，故言族厉。”[③]可见，“厉”专指前朝有功之人而无主后者，王、诸侯、大夫分别立祀以纪念其功，意在使有战功而无所食、无所归之鬼不为厉，这一点也得到了安井衡、何如璋等中外学者的认可，只是各个等级专享有严格的祭祀界限，彼此间绝不容许僭越，士以及平民阶层更是连“厉祭”资格都不具备。

鉴于“尧之五吏”有功于国家，可享“泰厉”之祭，所以需要齐桓公以“王”的名义立祀，并有意识地使这项专属于国家层面的祭祀行为自上而下推广开来，这从表面上看普通民众因受恩于“王”并获得“厉祭”之权，但实质上却是齐桓公、管仲君臣为实现征税增收目的而自导自演的一场经

① 郭沫若著作编辑出版委员会编：《郭沫若全集·历史编·第八卷·管子集校》（四），人民出版社1985年版，第266页。
② （清）阮元校刻：《十三经注疏》影印本，中华书局1980年版，第1590页。
③ （清）阮元校刻：《十三经注疏》影印本，中华书局1980年版，第1590页。

济谋略。以此观之，明洪武三年(1370)开始建立并向全国推广后被清政府继承发展的厉坛制度专祀那些无人祭拜的鬼魂，从某种程度上讲，这一制度当是对姜齐政权"立五厉之祭"的沿袭与效仿。至于与明清乡村社会密切相关的乡厉坛则是在此基础之上的进一步创新，区别在于作为帝国符号的厉坛制更多成为国家管控地方的重要政治途径。袁珂认为"五厉"实为"五疠"，即五种疫疠之神①，也就是隋朝始传的五瘟使者②(图9-3)原型之本，准此，五瘟使者的故事渊源可谓甚古，不但与战国时期屈子"吾使厉神占之兮"(《楚辞·九章·惜诵》)之"厉神"具有了同源性，而且完全有可能溯及春秋之前更为遥远的史前时期。

图 9-3 甘肃民乐绢本水陆画中的五瘟使者形象(中层)

(公维军摄于民乐县博物馆)

① 袁珂编著:《中国神话传说词典》，上海辞书出版社 1985 年版，第 71 页。

② 五瘟使者，中国民间信仰中的道教神祇，分别指春瘟张元伯、夏瘟刘元达、秋瘟赵公明、冬瘟钟仕贵、总管中瘟史文业，掌管着五方瘟疫，能够保佑人们一年四季不沾染瘟疫。

在齐桓公的“立五厉之祭”中，已经将“尧之五吏”升格到“厉神”的地位予以祭祀，这远远超出了王逸注解的“殇鬼”范畴，其中，夏代始祖鲧为“尧之五吏”之一业已基本成为学界共识。《左传·昭公七年》载：“郑子产聘于晋。晋侯疾，韩宣子逆客，私焉，曰：‘寡君寝疾，于今三月矣，并走群望，有加而无瘳。今梦黄熊入于寝门，其何厉鬼也？’对曰：‘以君之明，子为大政，其何厉之有？昔尧殛鲧于羽山，其神化为黄熊，以入于羽渊，实为夏郊，三代祀之。晋为盟主，其或者未之祀也乎？’韩子祀夏郊，晋侯有间，赐子产莒之二方鼎。”[①] 韩宣子正是听取了子产所提祭祀鲧的建议，晋平公的病才得以逐渐痊愈，这也充分表明鲧化黄熊的神话自上古之时就非常流行，《山海经》《国语》《楚辞》等古籍对此多有相同或相似记载。事实上，熊的冬眠特性在初民神话思维中被视为死而再生的象征，“化熊”神话赋予了鲧全新的神格，他以变形化生的方式完成了自我生命再生的救赎，而作为史前时期延续下来的神话观念遗产，“化熊”神话隐喻的或许正是神话人物单性生殖进而繁育后代的神圣表达方式，其子禹亦化熊故事使得整个神话叙事贯通有序。

借助四重证据法的立体释古整合性认知，结合“上博简”《容成氏》所述禹建中央熊旗、新郑“能庄”（“能”为“熊”之雅称）所存民间文化记忆以及考古出土红山文化熊头骨、殷墟妇好墓玉熊等证据链条的神话叙事，文学人类学者已经很好地诠释演绎了熊图腾叙事模式，不再展开赘述[②]。由此不难理解可化黄熊的鲧被初民视为具有死而复生能量与生殖功能的神灵，所以被尊为“厉神”供奉就很容易理解，同样，羲和、共工等其他尧吏也具有此类神圣功能，能够给予人们强大的精神慰藉，但以何种祭品供奉他们呢？《管子》给出的答案是鱼牲。

齐国号称“海王之国”，占据海滨的优越地理位置，鱼盐之业非常发达，与盐业收入一样，渔业亦是重要的税收来源。齐人“举春祭，塞久祷，以鱼为牲，以蘖为酒”（《管子·禁藏》），向来有鱼牲这种“物牲”祭祀传统，这也延续了殷商时期因尚鬼所立“帛牢”祭祀之礼，毕竟“殷人之王，立帛牢，服牛马，以为民利，而天下化之”（《管子·轻重戊》），因而建议齐桓公“帝王之道备矣，不可加也，公其行义而已矣”（《管子·轻重戊》），鱼牲之祭也正是齐桓公依照本国实际行其所宜的表现。张佩纶、

① （清）阮元校刻：《十三经注疏》影印本，中华书局1980年版，第2049页。

② 参见叶舒宪：《熊图腾：中国祖先神话探源》，上海文艺出版社2007年版；叶舒宪：《“轩辕”和“有熊”：兼论人类学的中国话语及四重证据阐释》，《广西民族大学学报（哲学社会科学版）》2008年第5期等。

黎翔凤等人均认为，帛牢犹牲币，即牺牲和币帛，《周礼·春官·肆师》云："立大祀用玉帛牲牷，立次祀用牲币，立小祀用牲"，郑玄注曰："郑司农（即郑众）云'大祀天地，次祀日月星辰，小祀司命已下'，玄谓大祀又有宗庙，次祀又有社稷、五祀、五岳，小祀又有司中、风师、雨师、山川百物。"①依此，"尧之五吏"远未及天地之祭、宗庙之祭的大祀高度，不能以玉帛牲牷作为祭品，所以"立五厉之祭"属于次祀范畴，当用牲币以祀，"原鱼以为脯，鲵以为殽"，可见鱼牲是整个齐国祭祀的最佳选择。

从跨国界的活态民族志视角看，西非马里共和国的多良人（Dogon）会在当地举行的"斯古伊"（Sigui）祭祀仪式上分别献祭 1 只狗、1 只鸡，而献祭这些"物牲"的目的在于让神灵早日进入大木蛇中，使祖先为亡去的青年赎罪，从而分派已经更新的生命力。而在古代中国，除了与多良人类似的宗教生活以外，"献祭和仪式的膜拜与对国家的正确管理以及每个氏族的幸福密切地联系起来"②，而"立五厉之祭"正是这样一种先利民而后致力于神的祭祀行为。随着祭祀仪式的普及，受祭祀的神圣观念驱动，齐国百姓需要消费数量巨大的鱼牲用于"厉祭"，整个齐国的鱼税收入相较于以前增加数百倍，从而真正实现了《管子》预设的"籍于鬼神"目的，这也成为上古时期利用宗教祭祀征税以增加国家税收的典例。直至今天，原属齐国地望的山东寿光等地百姓在敬天祀祖、祭楼祭路等祭祀场合中，依然会选择将鱼牲作为重要祭品献祭给神灵，以求其赐福降瑞，祓垢禳灾（图 9–4）。

图 9–4　山东寿光纪台镇南李家官庄村村民举行乔迁"祭楼"仪式

（孙凤娟摄）

① （清）阮元校刻:《十三经注疏》影印本，中华书局 1980 年版，第 768 页。

② ［意大利］马利亚苏塞·达瓦马尼:《宗教现象学》，高秉江译，人民出版社2006年版，第175页。

第三节 雕卵瀹祭:祭卵背后潜隐的经济附加值

《管子》文本也注重利用市场物价波动的规则以实现富国强兵的目的,这在其独具特色的轻重理论体系中得到了生动呈现。尽管如此,还是有一些着实“怪异”的经济思想出乎多数人的意料,比如《管子·侈靡》中就记载有极具代表性的案例:

> 雕卵然后瀹之,雕橑然后爨之。丹沙之穴不塞,则商贾不处。富者靡之,贫者为之。此百姓之怠生,百振而食,非独自为也,为之畜化用。①

众所周知,古代主流的经济观念是崇尚节俭,为何《管子》却要兴侈靡之风?鸡蛋雕绘之后再煮食,木柴雕刻之后再焚烧,富人唯有奢侈消费才能使穷人谋得生计,难道如部分学者认为的那样纯粹是在表达消费刺激就业的经济观?当然,从字面意义上如此解读本无可厚非,但是却容易忽略一个客观事实,即原典文本遮蔽掉了无文字的大传统时代传承下来的关键信息。实际上,雕卵而瀹、雕橑而爨分别延续着自上古时期即已存在的瀹祭、燎祭传统,因而有必要对原有祭祀礼仪进行通观式还原,以正确解读《管子》在特定宗教背景下的经济策略,不至于对古籍文献产生不必要的误读。齐桓公意在通过操控瀹祭、燎祭这类神圣祭祀仪式,掌管“雕卵瀹祭”与“雕橑燎祭”两种极具齐地特色的经济增值策略,强化自身威权,进而实现“正天下”的最终意图。

事实上,早期经典中最为常见的却是“禴祭”,其与“瀹祭”是什么关系呢?接下来通过列举《十三经》中五部经典所载“禴祭”内容及其历代注疏家的解释进行分析:

> 《诗经·小雅·天保》云:“禴祠烝尝,于公先王。”毛亨传曰:“春曰祠,夏曰禴,秋曰尝,冬曰烝。公事也。”②
>
> 《礼记·王制》云:“天子诸侯宗庙之祭。春曰礿,夏曰禘,秋曰尝,冬曰烝。”郑玄注曰:“此盖夏殷之祭名。周则改之春曰祠,夏曰

① 黎翔凤撰,梁运华整理:《管子校注》,中华书局2004年版,第652页。
② (清)阮元校刻:《十三经注疏》影印本,中华书局1980年版,第412页。

礿，以禘为殷祭。”[①]

《公羊传·桓公八年》云：“春曰祠，夏曰礿，秋曰尝，冬曰烝。”何休注曰：“麦始熟可汋，故曰礿。”[②]

《尔雅·释天》云：“春祭曰祠，夏祭曰礿，秋祭曰尝，冬祭曰蒸。”郭璞注曰：“祠之言食。礿，新菜可汋。尝，尝新谷。蒸，进品物也。”[③]

《周易·既济》云：“九五，东邻杀牛，不如西邻之禴祭，实受其福。”王弼、韩康伯注曰：“牛，祭之盛者也。禴，祭之薄者也。”[④]

《周易·萃》云：“孚乃利用禴。”孔颖达疏曰：“禴，殷者祭之名也，四时之祭最薄者也。”[⑤]

由上不难得出如下三点认识：首先，由于“禴”与“礿”、“瀹”与“汋”两组均相通，加之何休注《公羊传》、郭璞注《尔雅》皆表明，因新麦、新菜可“汋”而称“礿”，所以“禴祭”与“瀹祭”为上古之时的同一种祭祀仪式。其次，祭祀先王的四时之祭中春祭、夏祭的顺序存异，但原典中持“春祠、夏礿”者居多，依郑玄观点，“禴”当指夏商之春祭、周之夏祭。再次，“瀹”即煮之意，无论煮新麦还是煮新菜祭祖都属于薄祭，通过孔颖达疏《周易》即可明晓“禴祭”乃四时之祭中“最薄者”，与牛祭这种肉食盛祭相比倒显得更似“素祭”了。

虽然近来有学者通过对甲骨文、金文所见“礿祭”现象进行初步考察得出了诸如殷商时期的礿祭并不存在春祭或秋祭的固定分法，以及商王对祖先行礿祭的时间也不固定等结论[⑥]，但有一个非常重要的前提需要重新推敲，谨慎斟酌，那便是甲骨卜辞中的“”是否可以准确释读为“礿”。学者强调行文依据是徐中舒主编的《甲骨文字典》一书，然该书的解字与释义内容为：“，象勺形，所从短划为勺中之实。商代勺多见，为挹酒之器。祭名，读若礿。”[⑦]换言之，作为一种祭名的“”也只是读音与“礿”相近，即便有“卜辞用勺为礿”[⑧]内容，或许仍然不足以据此得出“”用

① （清）阮元校刻：《十三经注疏》影印本，中华书局1980年版，第1335页。
② （清）阮元校刻：《十三经注疏》影印本，中华书局1980年版，第2218页。
③ （清）阮元校刻：《十三经注疏》影印本，中华书局1980年版，第2609页。
④ （清）阮元校刻：《十三经注疏》影印本，中华书局1980年版，第72页。
⑤ （清）阮元校刻：《十三经注疏》影印本，中华书局1980年版，第58页。
⑥ 参见张俊成、陈永红：《甲骨文金文中所见商周礿祭》，《求索》2010年第9期。
⑦ 徐中舒主编：《甲骨文字典》，四川辞书出版社1989年版，第1487页。
⑧ 徐中舒主编：《甲骨文字典》，四川辞书出版社1989年版，第23页。

途上等同于"礿祭"的定论。胡厚宣在主编的《甲骨文合集释文》[①]中仍然保留"[illegible]",如"其又[illegible]大乙羗五十人"(《甲骨文合集》26908),并未释为"礿"或"勺",可能也出于类似的考虑。当然,目前暂未有足够证据证实"礿"字在卜辞中的具体对应字,但能够肯定的是,"烝祭"中尚可用稷、黍、麦等粮食作物献祭宗庙祖先,作为四时之祭中的"最薄者",礿祭不可能只选择牢、牛、羊、羌等牲祭,否则,将无法对普遍见诸《周易》等古籍文献的牲祭与礿祭形成的鲜明对比内容做出合理性解读,《论衡·祀义》载"纣杀牛祭,不致其礼;文王礿祭,竭尽其敬"亦是如此。

由此看来,殷商"瀹祭"应该不排除牲祭的存在,但是包括新麦、新菜甚至新卵等在内具有"素祭"性质的供品也应该是当时宗庙祭祀先公、先王、先妣等先祖神灵的常见之物。虽然黎翔凤提出"雕橑用于宗庙易知,雕卵用于宗庙,惟殷俗有之"[②]的观点值得重视,但他据《商颂》"天命玄鸟,降而生商"进一步认为"所雕之卵必燕卵"的说法[③]却是笔者不敢轻易苟同的。对于玄鸟何为的问题学界一直争论不休,其中叶舒宪根据考古出土文物图像以及活态民族志等视听材料得出的玄鸟即鸱鸮论断开始逐渐得到学者的认可[④](图 9–5)。至于卵为燕卵还是鸮卵并不是此处探讨的主要内容,重点在于殷商时代初民确实拥有"玄鸟生商"的神话式族群认同符号,故而在宗庙内将煮好的鸟卵献祭祖先以祈求获得护佑当是情理之中的祭祀行为。

既然是"雕卵然后瀹之",那么所雕之卵为生卵的可能性更大,否则雕熟卵再行蒸煮于理不通。对于"雕卵"是刻卵还是画卵的问题学界也是争议不断,持"刻卵说"者认为春秋之时,齐国匠人或许已经能够掌握高超的雕刻技术,但囿于生卵的物理属性,笔者更倾向于"画卵说":一方面,"雕"古通"彫",《说文》曰"彫,琢文也,从彡,周声","彡,毛饰画文也"[⑤];另一方面,画卵本来就有占卜之意,增添了巫术性质,唐人段公

---

① 参见胡厚宣主编:《甲骨文合集释文》,中国社会科学出版社 1999 年版。需要指出的是,1978—1982 年,由中华书局陆续出版的殷墟甲骨卜辞大型汇编《甲骨文合集》(全 13 册),时任主编为郭沫若,而胡厚宣任总编辑。《甲骨文合集释文》一书正是针对《甲骨文合集》进行的精准校释,非常具有学术权威性。

② 黎翔凤撰,梁运华整理:《管子校注》,中华书局 2004 年版,第 656 页。

③ 黎翔凤撰,梁运华整理:《管子校注》,中华书局 2004 年版,第 656 页。

④ 参见叶舒宪:《玄鸟原型的图像学探源——六论"四重证据法"的知识考古范式》,《民族艺术》2009 年第 3 期;叶舒宪:《红山文化"勾云形玉器"为"鸮形玉牌"说——玄鸟原型的图像学探源续篇》,《民族艺术》2009 年第 4 期。

⑤ (汉)许慎撰,(清)段玉裁注:《说文解字注》,浙江古籍出版社 2006 年版,第 424 页。

图 9–5 商代妇好墓出土玉鸱鸮

（公维军摄于广东省博物馆"玉鸣铿锵：商代王后妇好玉器特展"）

路《北户录·鸡卵卜》即载："邕州之南，有善行术者，取鸡卵墨画，祝而煮之，剖为二片，以验其黄，然后决嫌疑，定祸福。""周因于殷礼，所损益可知也"（《论语·为政》）。春秋之时，齐国百姓也因袭了殷商雕卵"瀹祭"之礼，将雕卵献祭宗庙能够更好地取悦沟通先祖神灵，以求其赐予自己更多福祉。诚如黎翔凤所言，"雕卵瀹祭，尝至味而罢至乐，贫者亦能享有，敬祭祀之燎卵，有精神作用"[①]，《管子》文本中呈现出的此举在赋予祭卵神圣宗教意义的同时还大大增加了经济附加值。这不但带动了整个齐国的经济消费，而且吸引周边国家百姓前来购买，真正起到拉动内需、外需的双重效应。

直到今天，山东齐地很多农村地区的百姓在除夕、清明、中元等敬天祀祖的重要节日里，都会将煮好的"方肉"（一大块正方形猪肉）视为最好的祭品敬献祖先神灵，摆放于供桌或祭台中间。一如《管子·五行》所载："睹庚子，金行御。天子出令，命祝宗选禽兽之禁，五谷之先熟者，而荐之

① 黎翔凤撰，梁运华整理：《管子校注》，中华书局 2004 年版，第 657 页。

祖庙与五祀，鬼神享其气焉，君子食其味焉。”[①]依山东齐地风俗观之，秋天麦收以后举行的敬天仪式显得尤为隆重，百姓会将新收获的小麦磨成面粉，然后做成饺子或馒头敬献老天爷（民间信奉的至高神）优先享用，他们深知“凡五谷者，万物之主也”（《管子·国蓄》），故而选择以“先熟五谷”中的新麦敬祀神灵，以期神灵佑护；清明时节还会使用“洋红”（一种红色染料）将染好的红鸡蛋端放供桌，供逝去的亲人歆享，为生者祛魅禳灾，这些活态传承的地方性民俗或许也是“瀹祭”的孑遗吧。

第四节 雕橑燎祭：焚薪仪式的经济驱动效应

燎祭，又称寮、祡、尞、燔燎、燎禋、燔柴等，是殷商时期已经存在的一种具有巫术性质的古老祭祀仪式，主要通过焚烧薪柴的神圣仪式来祭祀昊天上帝、日月星辰等自然神祇，后来也兼及先王先祖。《说文》云“寮，柴祭天也”，“祡，烧柴寮祭天也”，而《尔雅·释天》谓“祭天曰燔柴”。《礼记·祭法》曰：“燔柴于泰坛，祭天也；瘗埋于泰折，祭地也。”孔颖达疏曰：“燔柴于泰坛者，谓积薪于坛上，而取玉及牲置柴上燔之，使气达于天也。”[②]陈梦家将商代燎祭对象及地点统括为先公（天帝）、土（社）、日月风、旬、河、岳、东母西母、蚰等8个大类[③]。在初民的意识里，天神居于高不可及的天宫，如果不通过在高台之上进行燎祭仪式，那么自己的祈愿是没有其他渠道传达到天上的，因此，在万物有灵观念的支配作用下，初民坚信借助于燎祭产生的烟、气、味能够取悦天神，进而达成风调雨顺、物阜民丰的美好夙愿。

随着时间的推移和祭祀经验的累积，初民发现最初的积薪而燎祭法有时并不足以实现祈雨丰年的愿景，意识到或许是因祭馔不够丰盛而未能满足天神的要求所致，此后便开始渐及燎玉、燎牲，除了常见的玉帛牲牷之外，有时也会以人牲燎祭。据《周礼·春官·大宗伯》载：“以禋祀祀昊天上帝，以实柴祀日月星辰，以槱燎祀司中、司命、风师、雨师。”贾公彦疏曰：“禋祀中有玉帛牲牷三事，实柴中则无玉，唯有牲币，槱燎中但止有牲。”[④]由此可知，鉴于不同的祭祀对象，燎祭使用的供品也存在差异，以禋祀、

① 黎翔凤撰，梁运华整理：《管子校注》，中华书局2004年版，第876页。
② （清）阮元校刻：《十三经注疏》影印本，中华书局1980年版，第1588页。
③ 参见陈梦家：《古文字中之商周祭祀》，载陈梦家：《陈梦家学术论文集》，中华书局2016年版，第20—36页。
④ （清）阮元校刻：《十三经注疏》影印本，中华书局1980年版，第757页。

实柴、槱燎为例，显然祭祀天神的禋祀级别最高，祭品也最盛，实柴次之，槱燎最次。若以贾氏所疏为参照，《逸周书·世俘解》所载殷商末代帝王纣携美玉自焚的叙事无疑应归入禋祀的燎祭范畴：

> 商王纣于商郊。商王纣取天智玉琰，𤩽身厚以自焚。凡厥有庶告焚玉四千。五日，武王乃俾于千人求之，四千庶（玉）则销，天智玉五在火中不销。凡天智玉，武王则宝与同。凡武王俘商旧玉亿有百万。①

毕竟，在玉代表财富与奢侈品的后期意义产生之前，寓意神圣和天命才是其在文明初始期的真正价值，成为天人沟通、灵魂不朽的象征，因而殷商王室贵族有以美玉献祭神灵的传统。商纣王在走投无路之下不惜携天智玉自焚，不排除将自己作为人牲献祭神明的可能性，准此，燎祭仪式之于殷商宗教信仰的重要性就更加不言而喻了。

从考古出土材料看，燎祭最早见于甲骨卜辞当是无疑。据焦智勤统计，关于燎祭的甲骨卜辞多达982例，且依甲骨学分期划分，第一期703例，第二期7例，第三期38例，第四期230例，第五期4例，可见主要集中于一、四两期②。在卜辞中，“燎”字通常表现为“”“”“”诸种形式，其形象犹如点燃堆积的薪柴，火焰升腾，向周围迸射出火星，恰会燔柴而祭之意。根据卜辞内容可知，向天神求雨是殷商时期进行燎祭仪式的主要目的，例如“壬午卜，于河桒雨，尞……一”（《甲骨文合集》12853），“乙亥卜，尞于土雨”（《甲骨文合集》22048）等，当然这里并非祭祀河神、社神，而是在河畔、社坛之上设立专门的祭所，祭祀天帝求其降雨以兆丰年。这从商汤为求天神降雨欲自焚祭天的燎祭仪式中能够体现得非常明显，据《文选·思玄赋》载：“汤蠲体以祷祈兮，蒙庬褫以拯民。”李善注引《淮南子》曰：“汤时大旱七年，卜用人祀天。汤曰：‘我本卜祭为民，岂乎自当之。’乃使人积薪，剪发及爪，自洁，居柴上，将自焚以祭天。火将然，即降大雨。”③蠲体意为使身体洁净，这与献牲祭祀之前需要“展牲”“视濯”，要求“毛羽完具”“毛色齐纯”“刷治洁清”的礼仪要求一致，否则“不洁则神不处”，商汤选择将自己作为祭牲献予天神，足以突出祭献者求雨的诚意。

---

① 黄怀信、张懋镕、田旭东撰，李学勤审定：《逸周书汇校集注》，三秦出版社1995年版，第470—473页。

② 焦智勤：《卜辞燎祭的演变》，《殷都学刊》2001年第1期。

③ （梁）萧统编，（唐）李善注：《文选》，上海古籍出版社1986年版，第665页。

与此同时，祀殷商先祖先王也是燎祭的重要组成部分，甲骨卜辞也能够为古籍文献中鲜载或缺载的这部分内容提供有益信息补足与证据支撑，如“甲辰卜，𣪊，贞来辛亥𡚸于王亥三十牛，二月”（《甲骨文合集》14733），“甲申卜，争，贞𡚸于王亥其珏”（《甲骨文合集》14735）等。卜辞中称王亥为“高祖”，使用牛牲数量为5头、30头、40头不等，更高者甚至可达300头，此“乃祭礼之最隆重者，必殷之先公先王无疑”[①]。王亥贵为殷商族人的先祖，从祭品来看，动辄使用数十头牛，还有玉珏，可见这种美玉、牛牲的组合形式完全符合贾公彦所言禋祀标准。更为重要的是，此类卜辞内容为《逸周书》所载商纣王携玉自焚的燎祭推断提供了关键性证据。然而，如陈梦家总结的一样，燎祭自然物神的目的在于雨足年丰与消极抵御灾祟，促使燎祭者开展这项神圣行为的心理因素主要包括三方面：一是对大自然的恐惧，二是求助于关涉生产事业的物力，三是眷念其旧居东土[②]。所以无论是祭祀天帝、其他自然神还是先祖先王，殷商燎祭者的目的主要还是两方面：求雨盼年丰，降福去灾祟。正是初民脑海中这种挥之不去的神圣观念才成为整个殷商族群乐此不疲开展燎祭仪式的行为驱动力。

从考古资料看，史前时期的山东沿海地区已有燎祭祀天仪式的存在，莒县凌阳河、大朱家村以及诸城前寨等大汶口文化遗址中出土有数件大口陶尊，其上刻有“”一类的神秘图像字符20余枚（图9–6）。邵望平认为这类陶尊非一般生活用具，与死者生前地位有关，属于远古东夷初民的祭天礼器，“”等陶文的出现说明当时社会已经产生祭天观象、刻文画字的“知识阶层”[③]。王树明将“”解读为“炟”字之祖型，上部“”象征太阳，中部“”形似升腾火焰，下部“”寓意山丘，“应是大汶口人用火或即‘燔柴’祭天这一事实的摹写”[④]。邵、王二人的解读非常值得关注，这些刻符本身就是初民举行燎祭仪式的图像再现，而大口陶尊更有可能是燎祭时盛放牲血或酒等液体祭品的专用祭器。东夷部落崇拜太阳，故而在山峦之上积燔柴燎祭太阳神于理可通，毕竟莒县、诸城等大汶口文化

① 王国维：《古史新证》，载谢维扬、房鑫亮主编：《王国维全集》第11卷，浙江教育出版社2010年版，第250页。

② 陈梦家：《古文字中之商周祭祀》，载陈梦家：《陈梦家学术论文集》，中华书局2016年版，第36页。

③ 邵望平：《远古文明的火花——陶尊上的文字》，《文物》1978年第9期。

④ 王树明：《谈凌阳河与大朱村出土的陶尊“文字”》，载山东省《齐鲁考古丛刊》编辑部编：《山东史前文化论文集》，齐鲁书社1986年版，第256页。

分布区与春秋时期的齐国地望相吻合，燎祭传统因而得以传承。

图 9–6　山东大汶口文化遗址出土的大口陶尊[①]及"陶文"刻符

（公维军摄于山东博物馆"山东史前历史文化展"）

目前学者基于不同学术视角的研究结果正在逐渐表明，春秋时期的齐国统辖范围内一直延续着自史前经殷商而来的浓重燎祭传统。李锦山通过对辽宁喀左东山嘴、山东长岛砣矶岛大口、上海青浦福泉山、浙江余杭瑶山以及海宁大坟墩等多处遗址尤其是其中的原始祭坛遗迹进行考古学考证，并结合大量跨地域的民族学资料加以印证，认定燎祭这种古老的宗教礼仪最早起源于东部沿海地区[②]。许科则另辟蹊径，结合早期经典文献记载，从环境考古学、植物考古学等角度切入具体考察古代燎祭用物尤其是薪柴的属性，结果显示多限于暖温带落叶阔叶类以及松柏等针叶类树木[③]。显然，栎、桦、松、柏、桑、柞等树木分布与《管子·地员》所载"群木蕃滋"盛状相符，燃烧之时烟气浓郁且伴有熏香的松柏类树木一度成为后世在泰山封禅等重要宗教场合举行燎祭的首选柴物，烟气、香气上达于天更能够彰显燎祭以气臭歆神的神圣意涵，这也是阳祀"燎祭"与阴祀"衅祭"的差异。今日的齐地百姓依然会选择在祭天祀祖的神圣场合中叩首焚香，焚香风俗或许同样可视作"燎祭"仪式的延续，性质上与西方犹太人焚香

① 该陶尊出土于山东莒县大朱家村 M17：1，器壁厚重，腹部有特殊"陶文"刻符。但山东博物馆将其定为"酿酒器"值得商榷，更有可能是燎祭用于放置牲血或酒的盛器。

② 李锦山：《燎祭起源于东部沿海地区》，《中国文化研究》1995 年第 7 期。

③ 许科：《古代燎祭用物及其意义》，《四川大学学报（哲学社会科学版）》2008 年第 3 期。

献祭上帝的典礼有相类之处,《旧约》所载“耶和华闻那馨香之气”(《创世记》8:21)意同气臭歆神。然而,与中国古代初民通过燎祭祈雨、降福、驱祟不同,作为神的代言人,犹太人的先知拉比(Rabbi)们更倾向于“将香料这个符号与救治罪恶、赎罪以及拥有克服许多其他难题的能力联系起来”[①],中西文化中的此类差异是需要加以注意的。

上古时期的燎祭仪式虽被承袭,但也有损益,其中《管子》述及的雕橑燎祭行为与前述雕卵瀹祭行为的初衷完全一致。将用于燎祭的橑(薪柴)进行雕刻,审美意义显然并非首要目的,与普通薪柴相比,焚烧雕橑更能够实现燎祭者精神层面的寄托,因而通过焚烧雕橑增加满足天神和先祖神灵的筹码,使得神人之间的沟通实现起来更加便利,或许才是该举措的最终目的。《管子》在此基础上呈现出燎祭仪式的经济附加效应,并巧妙地将其与齐国及其周边国家百姓的消费需求紧密结合在一起,从而使得齐国利用宗教祭祀征税以强化经济增值的新型理念得以付诸实施。

除此以外,齐国推行的以鬼神祭祀增加国家财政收入的举措还包括《管子·山至数》中所载效仿黄帝设立祭坛保护矿苗[②]等。他能够凭借时人虔诚祭祀鬼神的神圣观念因势利导,进而在其驱动作用下转化成国家经济行为,积累了雄厚的物质基础,促成并巩固了齐国在春秋诸侯国家中的霸主地位。因此,不能被“贱有实,敬无用,则人可刑”(《管子·侈靡》)之类的小传统文字表象遮蔽,应该在文化大传统视域中有意识地对厉祭、瀹祭、燎祭、衅祭等祭祀仪式进行深入发掘,重视神话信仰观念要素与神圣物质之间的交互作用,从“格物致知”层面上重新进入渐已失落的历史语境,如此才能真正理解“籍于鬼神”理念的深层次意义。

① [美]理查德·A.弗洛因德:《跟着圣经去考古》,屈伯文、方舟译,上海三联书店2017年版,第206页。

② 《管子·山至数》:“苟山之见其荣者,君谨封而祭之,距封十里而为一坛。是则使乘者下行,行者趋。若犯令者,罪死不赦。”(黎翔凤撰,梁运华整理:《管子校注》,中华书局2004年版,第1354—1355页。)

第十章　衅鼓、衅社与衅龟：《管子》之血祭礼仪

《管子》尊崇轻重之法，重视国家财政经济问题，已是学术界不争的事实，这从探讨轻重部分占比超过《管子》全书1/5的篇幅也能说明问题。虽然马非百认为轻重19篇与另外67篇“不是一个思想体系”[①]，但是从文学人类学所倡“神话历史”角度分析，轻重部分却能够与全书脉络相契合，毕竟“被发展”的人类一直在被一种看不见的神圣力量驱使前进，其中衅祭[②]传统就非常能够反映神话观念对于齐桓公治下的君臣子民开展的一系列经济行为发挥的重要驱动作用。

毋庸置疑，“轻重之术”是《管子》经济管理调控思想的核心内容，在成就齐桓公的春秋霸业过程中发挥着至关重要的作用。古人普遍是虔诚的鬼神信仰者，齐国统治者正是巧妙利用这一点，将神话信仰观念与经济调控的轻重观念有机联系在一起，由此凸显衅祭这一祭祀神祇仪式对于确保军赋财税、调控农业税收、平衡市场供求、维系物价稳定等经济行为的神赐合法性。衅鼓、衅社、衅龟等典型血祭礼仪蕴含着特定的神话信仰观念，管仲则因势利导将其视作齐国经济革新的催化剂。在血祭礼仪行为表演背后，始终贯穿有神话思维对于整个国家经济调控行为的驱动效应，而这也正是缔造齐国经济神话的文化基因与动力源泉。

第一节　巫神时代的血祭礼仪之延续

《管子》文本在阐述治理官员的渎职行为时，强调必须依凭轻重之法

---

① 马非百：《管子轻重篇新诠》，中华书局1979年版，第4页。

② 衅祭，古代杀人牲或物牲进行血祭的一种祭祀仪式，多用于祭祀社神，或取血涂抹于鼓、钟等重要器物上行祭。针对涂血仪式与祭祀礼仪的关系，一种观点倾向于广义上的“并行而论说”，即“凡杀牲以血祭者，皆名为衅”（颜师古注），古今代表性人物包括赵岐、许慎、高诱、应劭、颜师古、司马贞、孙希旦、裘锡圭、连劭名、黄俊杰等；另外一种观点则是狭义上的“区别对待说”，这部分人以臣瓒、焦循、孙诒让、于省吾、江绍原、杨华等为代表，杨华甚至专文将论述先秦时期的祭礼用血、衅礼用血和盟誓用血三类用血制度（参见杨华：《先秦血祭礼仪研究——中国古代用血制度研究之一》，《世界宗教研究》2003年第3期）。笔者赞同并沿用“并行而论说”，统称衅祭仪式。

进行处罚，一如《管子·揆度》所载："自言能为司马不能为司马者，杀其身以衅其鼓；自言能治田土不能治田土者，杀其身以衅其社；自言能为官不能为官者，劓以为门父。"[①]可见，对于不同级别的官员适用的刑罚标准不一，普通官吏渎职仅需处以劓刑即作罢，但是对于司马、农官则要分别处以杀身衅鼓、衅社的极刑。上古之时，司马掌管军政和军赋大权，农官则专治农业，二者对于整个国家的军事征伐、农业发展、财税增收而言至为关键，因渎职招致杀身之祸自可理解，但为何偏偏要取其血用于祭鼓、祭社呢？这就需要在无文字的史前大传统中找寻答案，对巫神时代即已普遍存在的衅祭仪式进行还原再现。

许慎对"衅"有非常明确的解释："釁(衅)，血祭也，象祭灶也。"段玉裁注曰："凡言衅庙、衅钟、衅鼓、衅宝镇宝器、衅龟策、衅宗庙名器皆同，以血涂之因荐而祭之也。"[②]段氏注解虽然更趋具体化，强调衅祭的对象为新建庙宇以及新造钟、鼓、龟策等礼兵器，但是似乎并未直接点透举行衅祭仪式的所以然。观《周礼·春官·大宗伯》，其云"以血祭祭社稷、五祀、五岳"，为此，郑玄注曰"阴祀自血起，贵气臭也"，贾公彦疏曰"荐血以歆神"[③]，可见许慎受《周礼》影响至深，而郑玄、贾公彦则近乎阐明"血荐歆神"的衅祭原初之意。事实上，"阴祀自血起"与"阳祀自烟起"的意义所指相同，均是以气臭诱天地神祇，并虔诚供其歆享之用，这从甲骨文、金文、简牍等地下考古出土文字中的"血"字字形中能够体现得甚是明显，所有的"血"字无一例外地呈现为祭祀时将鲜血滴入器皿之状(表10—1)，这也正是初民因感于人或动物被杀时血流不止景象而产生的血液象征生命的原始尚血观念，并普遍反映在血祭、血灵、血盟、血书、血祟等衅祭仪式之中。

贾公彦《大宗伯》疏谓："上下天神言煙，地示言血，此宗庙六享言祼，是其天地宗庙皆乐为神始，煙、血与祼为歆神始也。"[④]其中，煙当为禋祭，烧柴生烟以祭天神；血当为衅祭，取牲血以祭地祇；祼当为祼祭，酌酒灌地以祭"人鬼"。诚如孙诒让所释，血祭地示与禋祀天神、宗庙衅祭相儗，故而在天、地、祖三大祭中，以血致祭歆神享祖的功能具有一致性，只不过名称有别罢了。通过殷商晚期青铜器"我簋"铭文所载也能够体现出这

---

① 黎翔凤撰，梁运华整理:《管子校注》，中华书局2004年版，第1374页。
② (汉)许慎撰，(清)段玉裁注:《说文解字注》，浙江古籍出版社2006年版，第106页。
③ (清)阮元校刻:《十三经注疏》影印本，中华书局1980年版，第758页。
④ (清)阮元校刻:《十三经注疏》影印本，中华书局1980年版，第759页。

表 10–1 地下考古出土文字中的"血"字①

类型	字形	出处	年代
甲骨文		合 · 18217	一期
甲骨文		粹 · 12	四期
		合 · 38633	五期
		铁 · 50.1	二期
		合 · 36799	五期
		周甲 · 1	先周
金文	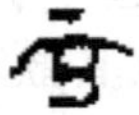	陈逆簋	战国
		荥阳上官皿	战国
简牍		陶三 · 1229	战国
		郭店 · 唐虞	战国
		上博 · 周易	战国
		郭店 · 语一	战国
		郭店 · 六德	战国
		云梦 · 封诊	战国

① 参见高明、涂白奎编著:《古文字类编》(增订本),上海古籍出版社2008年版,第909页。

种相关性，其铭曰“唯十月又一月丁亥，我乍（作）禦衁（恤）祖乙、妣乙、祖己、妣癸，征（延）礿絜（缩）二母，咸异（羿）遣福二，[illegible]贝五朋，用乍（作）父己宝尊彝，亚若”①，张亚初等人将铭文中的“血”字释读为“衁”有其道理，但笔者更赞同杨华释为“血”字的观点，以血祭祀先祖、先妣或许于义更胜一筹，能够反映出杀牲荐血而祭的衅祭性质。这些文本文字与出土文字都足以说明牲血本身具有某种原生法力，在上古时期贯通天地、沟通天神的过程中发挥着特殊的巫术功能，是原始思维因果律的体现。

张光直曾借引陈梦家探讨殷商巫术列举的两种重要法器——血和玉为例，玉琮包含着中国古代巫术的所有重要成分：天地、贯通大地之柱，同时有动物的使者、助手，而血具有和玉相似的仪式功能，也是巫神时代巫觋实现天人交通、通天达地的关键性法器②。而在原始民族的萨满教中，包括人在内的许多动物都是巫觋人员实现通天愿望的中介手段，这能够从中国古代用于衅祭仪式的人牲或物牲中直接体现出来，祭牲的魂灵就成为他们往来于天地之间的有效助手。

第二节　衅鼓仪式：以鬼神名义保军赋

《管子》所言“自言能为司马不能为司马者，杀其身以衅其鼓”是有现实依据的。毕竟当时的大司马之职在于，“若大师，掌其戒令，涖大卜，帅执事涖衅主及军器”（《周礼·夏官·大司马》），同时，小司马之“小子”也兼有“衅邦器及军器”（《周礼·夏官·小子》）之责，所以衅祭包括鼓、钟、铎等在内的邦器与军器，理所应当归于军职在身的司马职责范围之内。在当时的兵法中，以牲血祭祀新制战鼓是一种普遍行为，如“君以军行，祓社衅鼓，祝奉以从，于是乎出境”（《左传·定公四年》），又如《史记索隐》引《司马法》“血于鼙鼓者，神戎器也”，此举目的自然在于通过衅鼓仪式赋予战鼓获得神灵的神圣性与合法性，以求出兵之吉，战事之胜。

不仅如此，上古时期斩杀敌方并以其血涂鼓的行为并不少见，此种情境下的衅鼓仪式既能起到鼓舞士气、立威杀敌的效果，同时又能给予敌方精神上的羞辱与震慑。殽之战中，被俘的秦帅孟明曾稽首拜谢晋襄公的不衅鼓之恩，“君之惠，不以累臣衅鼓，使归就戮于秦”（《左传·僖公三十三

① 张亚初编著:《殷周金文集成引得》，中华书局 2001 年版，第 47 页。
② ［美］张光直:《中国青铜时代》，生活·读书·新知三联书店 2013 年版，第 493 页。

年》)。《韩非子·说林下》云:"荆王伐吴,吴使沮卫蹶融犒于荆师,荆将军曰:'缚之,杀以衅鼓。'"[①] 唐人李筌更是有"令敌人跪纛前,乃腰斩之,首横路之左,足横路之右,取血以衅鼓鼙,大纛从首足间过,兵马六军从之而往"(《神机制敌太白阴经·衅鼓》)这种衅鼓祭敌的血腥场景描述目的在于实现神灵佑护下迫使敌人"见吾旗纛者目眩,闻吾鼓鼙者魂散"的精神压伏,杨华将此类衅鼓仪式称为一种"接触巫术"[②] 可谓一语中的。

在中国西南的壮族、瑶族、苗族、彝族、傈僳族等少数民族地区以及东南亚的老挝、越南、缅甸、泰国、印度尼西亚等地,均发现一种极具地域性特征的器物——铜鼓,其担负着神器、乐器、重器多种社会功能,具有祭祀、权力、财富等多种象征意义。老挝境内的克木族(Kemu)是现今仍在沿用铜鼓的民族,其族人视铜鼓为祖先灵魂的象征,无论重要传统节日还是遭遇灾祸疾病,他们都会在祀祖过程中敲打铜鼓,希望以此唤醒祖先之魂,以求得祯祥禳灾之效。除此以外,铜鼓还会被赋予驱鬼降魔的巫术意义,主人在铜鼓能够正式敲打前需要准备一系列的祭鼓仪式:在病人手腕处轮流拴棉线,接下来宰杀水牛,然后开始擦拭铜鼓,先用水擦,再"将家中的两只鸡杀死,并用鸡毛和鸡血擦拭铜镜"[③],最后把棉线拴在鸡血擦拭过的鼓耳以及鼓面的青蛙上,整个仪式才宣告完毕。而根据民族学调查记载,中国境内的佤族同胞也遵循祭社衅鼓传统,与克木族人的做法简直如出一辙之处在于,他们在使用铜鼓之前,同样会杀鸡将血滴于铜鼓之上,并将鸡毛、鸡血一起粘连在铜鼓四周,当是以其作为牺牲歆神之意[④]。因此,通过克木族人以鸡血擦拭铜鼓、佤族人以鸡血滴鼓的趋同性祭鼓仪式可知,衅鼓这种跨民族、跨地域的神圣祭祀现象具有活态文化文本的意义。

当然,除了活态民族志材料,还可以通过考古出土文物与图像提供第四重证据来阐释鼓具有的宗教衅祭功能。云南晋宁石寨山古墓群发掘出土大量滇国特有的用于贮放贝币的青铜贮贝器,在杀祭诅盟一类场面中衅鼓行为也必不可少(图 10–1)。而经碳十四测定,Ⅰ、Ⅱ期墓葬所出贮贝器的年代均为战国早期,其中墓 20 出土的鼓形贮贝器(M20:1),器盖之上铸有 51 人鼓面祭祀群像,祭祀场中央叠放有大小三面鼓,鼓侧为两条

① 陈启天:《韩非子校释》(增订本),(台北)台湾商务印书馆 1969 年版,第 646 页。
② 杨华:《先秦衅礼研究——中国古代用血制度研究之二》,《江汉论坛》2003 年第 1 期。
③ 韦丹芳、万辅彬:《老挝克木族铜鼓考察》,《广西民族研究》2007 年第 4 期。
④ 席克定、余宏模:《试论中国南方铜鼓的社会功能》,载中国古代铜鼓研究会编:《古代铜鼓学术讨论会论文集》,文物出版社 1982 年版,第 167 页。

蟠蛇盘绕、一只老虎立顶的铜柱一根，而柱侧分别是动作姿态迥异的三位女性形象，一女裸体被缚，一女戴枷而坐，一女跪伏于地，显然她们都是祭祀所用人牲，其他人物面前的筐中盛放着农作物。安琪指出，以 M20：1 为代表的鼓形贮贝器描述场面揭示出人牲血祭和农业仪式之间的象征性关系，她还结合冯汉骥依据祭祀场面得出的判断，即此类鼓形贮贝器场景反映的当是上古祈年祭社仪式，进一步注意到其中蕴含的衅鼓意涵①，其研究视角非常敏锐。

图 10–1　云南晋宁石寨山出土西汉诅盟场面青铜贮贝器

（唐启翠摄于中国国家博物馆）

因为血具有不易保存的特点，所以考古发掘中无法寻得实物痕迹，但是透过鼓面之上斩杀人牲的行为，笔者认为以人血衅祭神器铜鼓的逻辑是有信仰观念支持的，此举目的在于赋予了人血通神法器功能，以便于沟通天与人、祖先神灵与后世子孙之间的联系。也正是基于农事活动产生的仪式、信仰成为初民祭鼓行为的关键性动机才使得人牲衅鼓的农业祭祀仪式具备了浓重的宗教象征意义。

从比较神话学视角分析，衅鼓仪式过程中折射出的神圣性观念除了与血这一特殊通神法器密不可分外，还与华夏文明发生学谱系中的鼓文化紧密相连，因为原初意义上的鼓本身就充当着神圣能量的标志物。《管子·桓公问》载“禹立谏鼓于朝，而备讯唉”，不管怎样，上古时期流行夏禹建鼓神话传说应该能够反映出历史的真实信息，只是时人囿于书写条件所限，

① 安琪：《中国南方民族铜鼓汉赐传说的成因及流变》，《思想战线》2012 年第 3 期。

唯有诉诸口耳相传叙事了。《周礼·地官·鼓人》更是很好地保存了自商周以来神鼓之用由圣转俗的演变路径:"以雷鼓鼓神祀,以灵鼓鼓社祭,以路鼓鼓鬼享,以鼖鼓鼓军事,以鼛鼓鼓役事,以晋鼓鼓金奏。"郑玄注曰:"雷鼓,八面鼓也。神祀,祀天神也。灵鼓,六面鼓也。社祭,祭地祇也。路鼓,四面鼓也。鬼享,享宗庙也。大鼓谓之鼖,鼖鼓长八尺。鼛鼓长丈二尺。晋鼓长六尺六寸。"① "六鼓"之中,与鼖鼓、鼛鼓、晋鼓多用于军事、工程、庆典的世俗性场合不同,雷鼓、灵鼓、路鼓均为神鼓,普遍用于鬼神祭祀礼仪,其最初根源依旧没有脱离原始信仰观念以及史前巫觋人员沟通天地神人的仪式性活动。

因此,"衅鼓"直观感觉更像是一种由军法向刑法的转变形式,欲以刑罚震慑力维持齐国军队的严明纪律,但从更深层次意义上看,显然并不仅仅如此,其根本目的在于赋予衅鼓仪式神圣意义,进而借助神话思维驱动国家轻重之术的开展,最终以鬼神的合法化名义确保军赋与财税的稳定。透过出土文物与图像传递出的文本缺载或被遮蔽的大传统信息,即血与鼓这两种兼具视觉、听觉效果的通神圣物之完美组合,人们能够清晰再现衅鼓仪式发挥的显圣符号功能。

第三节 衅社仪式:作物生命能量的蓄积场

社,一般是指传统意义上的土地神。在上古时期,每年仲春时节都要隆重举行的祭社仪式,"择元日,命民社"(《礼记·月令》)便是上至天子、下至庶民基于"社神掌有土地"的认知观念展开的,与"社者,土地之神也,土生万物,天下之所主也,尊重之,故自祭也"(《白虎通义·社稷》)的朴素社崇拜意识相契合,今天民间仍在祭祀的城隍爷、土地公等皆由社神演变而来。《管子·轻重戊》载:"有虞之王,烧曾薮,斩群害,以为民利,封土为社,置木为闾,始民知礼也。"② "封土为社"应该是早期文献中记载时代最早的社,虽然有虞氏生活在洪水发生的上古传说时代,后人很难真实还原当时的场景,但是从早期原典中的文字记载看,社的最原始形态源于人们崇拜祭祀自身赖以生存的土地,甚至土地崇拜还具有某些拜物教的性质,此类观点当不会有过多疑义。社成为土地象征物,人们通过对其进行祭祀来表达对自然土地的感恩之德,何休《春秋公羊传》注所

① (清)阮元校刻:《十三经注疏》影印本,中华书局 1980 年版,第 720 页。
② 黎翔凤撰,梁运华整理:《管子校注》,中华书局 2004 年版,第 1507 页。

言“社者，土地之主，祭者，报德”是也，因对土地有所依赖而产生报德思想，进而开展祭祀行为，是社得以产生的思想根源，这与古希腊哲学家普罗蒂库斯(Prodicus)所持观点一致，即宗教神灵观念起源于人们对于生死攸关的自然力进行的感恩活动。

上古之时，社祀仪式占据时人整个宗教生活的很大比重，杨宽这样描述当时的情景，“‘社’设置在树林中，是一个土坛，土坛上陈列着石块或木块作为‘社主’，祭社时男女齐集，杀牛杀羊祭祀，奏乐歌舞，既有群众性的文娱活动，也是男女交际的场所”①，显然，杨氏深受“燕之有祖，当齐之社稷，宋之有桑林，楚之有云梦也，此男女所属而观”(《墨子·明鬼下》)的影响，其描述能否如实反映当时的客观事实尚存不少商榷空间。但需注意两点，其一在于周期性的社祀仪式能够唤起仪式参加者的集体意识，维系着他们之间带有宗教色彩的社会关系；其二在于整个社祀仪式举行过程中，需要献祭特定的供品与牺牲，这也是信仰者表达对社神的感恩与祈愿的特定宗教行为，从而期望能够赋予社祀仪式以物质效力，诚如涂尔干所言，“信仰者赋予仪式的物质效力，正是那些掩盖仪式存在之根本原因的诠释所带来的结果；这是因为，这些仪式在道德上重新塑造了个体和群体，而且人们坚信仪式拥有着支配各种事物的力量”②。这些能够发挥“物质效力”的供品除了谷物、玉器、酒、币以外，最重要的莫过于血与牺牲。

与衅鼓仪式相似，衅社即是以作为牺牲的人或动物血液进行祀社的宗教仪式，而祀法无非存在两种可能性：最常见的一种是将牲血涂于石块、木块等“社主”之上；另外一种与佤族同胞滴血衅铜鼓仪式相仿，只是需要滴血于土坛之上，类似于清人金鹗所言“以滴血于地，如郁鬯以灌地也”(《求古录·燔柴瘗埋考》)。而结合考古学以及字源学分析，会发现“社”字本身或许就与血祭仪式密切相关，虽然许慎的解释在于，“社，地主也，从示、土。《春秋传》曰：‘共工之子句龙为社神。’《周礼》‘二十五家为社。’各树其土所宜木。䄕，古文社。”③但是《说文》中的“社”及其古文“䄕”皆非“社”字的最早字体，因而依据古籍文本记载阐释其原初意涵结果必然不会令人信服，而作为文学人类学第二重证据的地下出土文字，甲骨文的考古发现为文字释源工作提供了新的证据与契机。“社”字由“土”

① 杨宽:《先秦史十讲》，复旦大学出版社 2006 年版，第 137 页。

② [法]爱弥尔·涂尔干:《宗教生活的基本形式》，渠敬东、汲喆译，商务印书馆 2016 年版，第 512 页。

③ (汉)许慎撰，(清)段玉裁注:《说文解字注》，浙江古籍出版社 2006 年版，第 8 页。

与“示”两部分组成，其中甲骨卜辞中的“土”字有如下两种常见形式：

（1）沚𢦏告曰：土（）方征于我东啚，[戋]二邑。（《甲骨文合集》6057）

（2）壬午卜，尞土（），□巫帝乎。 二 （《甲骨文合集》21075）

（3）……曰舌方其至于彖土（）亡𡆥…… （《甲骨文合集》3298）

（4）……登人三千乎伐土（）方。 （《甲骨文合集》6407）

针对（1）（2）中的“”，王国维开创性地提出甲骨卜辞中“土”为“社”之假借的推测，主张土、社实际上为同一字，社的形状犹如土地之上立一土块之形：“（土）作者，下象地，上象土壤也……假土为社，疑诸土字皆社之假借。”[①] 尽管王氏后来对自己原有观点有所动摇，提出“卜辞之‘土’或即相土”[②]之说，但是“土、社一字之说”依然得到了学术界诸如傅斯年、晁福林、彭裕商、戴家祥、瞿兑之以及日本学者白川静等人的支持与响应。与此同时，学界对于带有小点的“”之解释却是莫衷一是，其中，丁山认为“今以血祭之典考之，乃知社主上之点，实象滴血以祭，此土之所以必释为社，象社主也”[③]，其观点最能传递出取牲血以祭社的寓意，这是笔者深表赞同的。《管子·侈靡》所载“钧则战，守则攻，百盖无筑，千聚无社，谓之陋，一举而取”，“夫事左中国之人，观危国过君而弋其能者，岂不几于危社主哉”[④]云云，足以说明对社主的祭祀已然成为上古时期对社崇拜神灵观念的象征。再看殷商卜辞中的“示”字，试举如下两例：

（5）丁未，贞其大钔王自上甲血用白豭九，三示（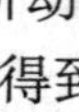）汎（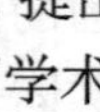）牛，在父丁宗卜。 （《甲骨文合集》32330）

① 王国维：《戬寿堂所藏殷虚文字考释》，载谢维扬、房鑫亮主编：《王国维全集》第5卷，浙江教育出版社2010年版，第322页。

② 王国维：《古史新证》，载谢维扬、房鑫亮主编：《王国维全集》第11卷，浙江教育出版社2010年版，第248—249页。

③ 丁山：《中国古代宗教与神话考》，龙门联合书局1961年版，第501页。

④ 黎翔凤撰，梁运华整理：《管子校注》，中华书局2004年版，第704、722页。

(6)壬申卜,其示()于祖丁叀王執。(《甲骨文合集》27306)

(5)中的“”为卜辞中“示”的常见字例,其象征祭坛或祖先牌位的观点比较主流,准此,(6)中带小点的“”就比较容易解释了,寓意用于献祭的新鲜牲血滴溅于祭坛周围。更有意思的是,(5)中的“”也是古时的一种血祭仪式,于省吾已经准确无误地指出“”为“刉物牲或人牲,取血以祭,较然明矣”[①]。由此观之,(5)中的“汎牛”显然是指以牛血祭祀了,看来“血”“示”“汎”的文字组合并非偶然。

既然“土”“示”本身都与血祭有关,那么二者组合在一起的“社”字从考古学、字源学角度讲与血祭仪式的逻辑关系是讲得通的。既然如此,那为什么还要转以人或动物举行衅社仪式呢?“桓公践位,令衅社塞祷”(《管子·小问》)的合理性何在?这些问题需要诉诸法国社会学家列维–布留尔(Lucien Lévy–Bruhl)所提“互渗律”(principle de participation)发挥的关键性作用给出解释。所谓“互渗律”,是指“原始思维所特有的支配这些表象的关联和前关联的原则”[②],世间一切客观存在物都具有可感知的神秘力量,它能够通过接触、转移、传染等对其他存在物产生神秘属性,衅社仪式正属于“互渗律”支配下初民原始思维的产物。对于农业民族而言,粮食的丰歉事关人类生存大计,而土地生长农作物的现象则被人们赋予与人类自身生殖繁衍相同的能力,他们认为土地生育万物如同人类的降生源于母亲,因此,随着对农业依赖度的日渐增长,基于土地自然属性被神话化甚至神圣化的“大地女神”或“地母”崇拜得以产生,此类崇拜也成为社崇拜的原初形态。由此,对土地之神的崇拜与对生命能量的崇拜得以结合在一起,人们对代表土地之神的社进行献牲与衅祭的祭祀行为正是将土地视为生命象征加以崇拜的反映,衅社仪式也就能够发挥出蓄积和强化生命能量的作用,从而求得社神保佑来年风调雨顺、粮食丰稔。

从考古发现的社祀遗迹看,社祀性质最为显著的当数1959年进行发掘的江苏铜山丘湾社祀遗址。这是一处商代祭祀遗址,整个祭祀区内共清理出20具人骨、2个人头骨,死者有男有女,均为青壮年,人骨无墓圹、无葬具、无随葬品,俯身屈肢,多数双手反缚背后,呈现出明显的非正常死亡状态;另有狗骨12具,多为侧身埋葬(图10–2)。其中在丘Ⅲ T2中部偏西位置有竖立紧靠在一起的4块形状不规则的天然大石块,较大的一块

① 于省吾:《甲骨文字释林》,中华书局2009年版,第47页。
② [法]列维–布留尔:《原始思维》,丁由译,商务印书馆1981年版,第69页。

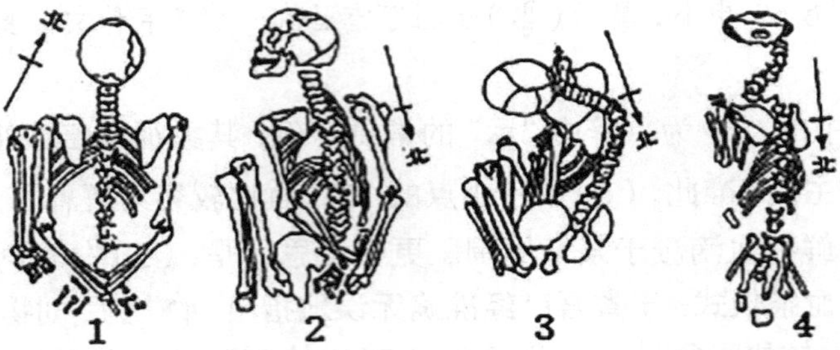

图 10-2　江苏铜山丘湾社祀遗址出土祭牲骨架[①]

（1—3 分别为 10、11、18 号人骨架，4 为 20 号狗骨架）

略呈方柱形，位于中心点位置，下端楔形，插入土内较深，另外 3 块则分别位于其偏南、北、西方向（图 10-3）。显然，当时的埋葬有意以 4 块大石为中心，人骨、狗骨四面环绕而朝，人头骨方向正对中心。遗址发掘人员根据叠压关系以及埋葬深度的不同认为，"这些人骨和狗骨可能是分几次、几批或者至少是分两次、两批埋葬下去的"[②]。俞伟超、王宇信、陈绍棣等人据"殷人之礼，其社用石"（《淮南子·齐俗训》）推断该社祀遗址中的 4 块

图 10-3　江苏铜山丘湾社祀遗址丘Ⅲ T2 中心竖立的大石块——社主[③]

① 图片来源为南京博物院：《江苏铜山丘湾古遗址的发掘》，《考古》1973 年第 2 期。
② 南京博物院：《江苏铜山丘湾古遗址的发掘》，《考古》1973 年第 2 期。
③ 图片来源为南京博物院：《江苏铜山丘湾古遗址的发掘》，《考古》1973 年第 2 期。

大石块当为社主[①]，这是目前学术界普遍比较认同的观点。换言之，该社祀遗址曾举行过两次乃至多次的祭祀仪式，虽然牺牲血液无存，已无法提供衅社的直观证据，但这并不影响客观存在过的事实，依然能够反映初民通过衅社以祈求丰收、庇佑平安的精神诉求。

春秋时期，齐国因袭殷商之制，通过临淄齐故城的考古发掘资料也同样能够发现衅社遗俗旧迹之所在。与殷商之社的不同之处在于此时的社祀更多地充当起国家征收兵赋税收的便利渠道，透过《管子·乘马》"方六里名之曰社，有邑焉，名之曰央，亦关市之赋"的记载可见一斑。此外，《左传·庄公二十三年》《国语·鲁语》也都记载有鲁庄公"如齐观社"而遭到曹刿谏言反对之事，其重要原因之一便是"鲁国观社本身并不合太公之法，'齐弃太公之法而观民于社'，违背土发而社这一社祀助时原则，在非祀社时节举行搜军实之社祀，齐社祀不法显然"[②]，齐国假借观社名义征收军赋的行为也得到了"齐社，搜军实，使客观之"（《左传·襄公二十四年》）的文字确证。齐国致力于土地赋税改革，力倡"相地而衰征"之制（《国语·齐语》），按照土地等级征收赋税，并在此背景之下开始着手改变太公姜尚祀社的内涵，将军赋征收和社祀仪式结合在一起，并由此推行书百姓名籍于社的书社制度[③]，而制度管理本身正是通过族群或城邑内的原有祭祀组织社予以实现的。管仲曾因改革有功被齐桓公给予书社五百的赏赐，后来书社也成为齐人赏赠或土地交换的单位，一如《管子·小称》所载"公子开方以书社七百下卫矣，食将不得矣"。无论春秋之时的社祀形态如何，与衅鼓行为一样，"自言能治田土不能治田土者，杀其身以衅其社"，现实目的仍然都是以鬼神观念驱动百姓从事农业生产行为，从而达到国家实现征收赋税进而实现经济增值之效。

第四节　衅龟仪式：一种"御神用宝"之术

齐国的宗教祭祀仪式中除了衅鼓、衅社以外，还有一项便是衅龟，神

① 参见俞伟超：《铜山丘湾商代社祀遗迹的推定》，《考古》1973年第5期；王宇信、陈绍棣：《关于江苏铜山丘湾商代祭祀遗址》，《文物》1973年第12期。

② 魏建震：《先秦社祀研究》，人民出版社2008年版，第118页。

③ 古代制度中二十五家立一社，将社内百姓名字登录簿册，谓之"书社"，这也成为春秋时期户籍制度的萌芽。"书社"已经由原来的祭祀土地延伸至国家计量百姓户籍的单位，目的自然在于征收赋税与摊派劳役。《左传·哀公十五年》："因与卫地，自济以西，禚媚杏以南，书社五百。"杜预注："二十五家为一社，籍书而致之。"[（清）阮元校刻：《十三经注疏》影印本，中华书局1980年版，第2175页。]

龟同样成为重要的衅祭对象。只是推行衅龟仪式的初衷较之衅鼓、衅社表现得更为直白，那便是作为轻重平准之法付诸实施后的又一项经济增值之策，取名曰“御神用宝”。即便如此，该举措依然没有脱离杀牲取血以衅“尊而神之”的路径，即以祭祀神祇的名义使得国家经济调控行为获得神赐的合法性，体现出衅礼最根本的功能。对于“御神用宝”之术，《管子·山权数》有着详尽描述：

桓公问管子曰：“轻重准施之矣，筴尽于此乎？”管子曰：“未也。将御神用宝。”桓公曰：“何谓御神用宝？”管子对曰：“北郭有掘阙而得龟者，此检数百里之地也。”桓公曰：“何谓得龟百里之地？”管子对曰：“北郭之得龟者，令过之平盘之中。君请起十乘之使，百金之提，命北郭得龟之家曰：‘赐若服中大夫。’曰：‘东海之子类于龟，托舍于若。赐若大夫之服以终而身，劳若以百金。’之龟为无赀，而藏诸泰台，一日而衅之以四牛，立宝曰无赀。还四年，伐孤竹。丁氏之家粟可食三军之师行五月，召丁氏而命之曰：‘吾有无赀之宝于此。吾今将有大事，请以宝为质于子，以假子之邑粟。’丁氏北乡再拜，入粟，不敢受宝质。桓公命丁氏曰：‘寡人老矣，为子者不知此数。终受吾质！’丁氏归，革筑室，赋籍藏龟。还四年，伐孤竹，谓丁氏之粟中食三军五月之食。桓公立贡数：文行中七年龟中四千金，黑白之子当千金。凡贡制，中二齐之壤筴也。用贡，国危出宝，国安行流。”桓公曰：“何谓流？”管子对曰：“物有豫，则君失筴而民失生矣。故善为天下者，操于二豫之外。”桓公曰：“何谓二豫之外？”管子对曰：“万乘之国，不可以无万金之蓄饰。千乘之国，不可以无千金之蓄饰。百乘之国，不可以无百金之蓄饰。以此与令进退，此之谓乘时。”①

事实上，北郭掘阙所得之龟被视作无价之宝（“无赀”）并非凭空臆造，而是由其自身具有的神性和灵性决定的。龟是上古神话中的四种灵兽之一，《礼记·礼运》载：“何谓四灵？麟、凤、龟、龙，谓之四灵。”孔颖达疏：“以此四兽皆有神灵，异于他物，故谓之灵。”②现实生活中，它也是“四灵”之中仅存的动物形象，而且寿命极长，甚至作为长寿的代名词被历朝历代的人们竞相膜拜，这或许能够反映出庄周所闻“楚有神龟，死已三千

① 黎翔凤撰，梁运华整理：《管子校注》，中华书局 2004 年版，第 1315—1317 页。
② （清）阮元校刻：《十三经注疏》影印本，中华书局 1980 年版，第 1425 页。

岁矣”(《庄子·秋水》)有其合理性。秦汉以后，源于上古星宿信仰的青龙、白虎、朱雀、玄武成为“四象”(又称“四神”或“四灵”)的代表物，其中的玄武形象就是龟蛇合体的灵兽形象，并且经常出现于画像石、铜镜、瓦当等考古出土文物之中(图10-4)。

图10-4　东汉四灵纹铜镜

(公维军摄于上海博物馆“鸿古余音：早期中国文明展”)

然而，最能体现龟之神性的莫过于殷商时期作为“占卜”用具的神圣龟甲，《尚书·君奭》载:“故一人有事于四方，若卜筮，罔不是孚。”孔颖达疏曰:“天子有事于四方，发号出令而天下化服，譬如卜筮，无不是而信之，事既有验，言如是则人皆信之。”[①] 这则比喻真切地反映出殷民笃信卜筮预测吉凶的现象，龟甲称“卜”，蓍草称“筮”，他们唯有“卜筮然后决大事”(《荀子·天论》)。而以天子庙享卜日礼仪为例，从最初取龟到最终庋藏，整个治龟过程需要经过取龟、选龟、衅龟、攻龟、开龟、陈龟、贞龟、定龟、视高、命龟、作龟、占龟、系币、庋藏等14道严格的工序[②]，尽管程序如此烦琐，殷民在神话观念驱动下对此却是乐此不疲。其中，衅龟程序

① (清)阮元校刻:《十三经注疏》影印本，中华书局1980年版，第224页。

② 参见吴土法、秦佳慧:《〈周礼〉天子庙享卜日礼仪考》,《浙江大学学报(人文社会科学版)》2009年第1期。

由掌有六龟之属[①]的龟人专门负责办理，"凡取龟用秋时，攻龟用春时，各以其物，入于龟室。上春衅龟，祭祀先卜。若有祭祀，则奉龟以往。旅亦如之，丧亦如之"。郑玄注曰："衅者，杀牲以血之，神之也。"[②]由此观之，所谓衅龟就是上春时节杀牲取血涂龟行祭，祭祀发明占卜的圣贤，血祭之举能够增强卜龟的能量与神力，从而使其变得更为灵验。

《周礼》所载内容体现的是常用卜龟的普遍性衅祭之法，却不适用于《管子》中作为重要"邦器"的"大宝龟"之类的非常用卜龟，这类卜龟对于邦国而言往往发挥着承天宣命的重要功能，周公姬旦正是以"天降威，用宁王遗我大宝龟，绍天明"（《尚书·周书·大诰》）的名义居摄践祚，因而衅祭宝龟一类的国家重器必须举行隆重的仪式，并且采用特别衅法。针对无赀之龟举行的衅典主要包括两方面：一是在泰台之上举行，规格埒于祭天之礼；二是一日衅4牛的重祭之礼，而这种衅祭礼仪是普通卜龟远不能及的。

在考古出土的甲骨卜辞中，"盟""皿""血"三者在使用方式上往往不加区分，而所载祭祀仪式中血祭牛牲的现象比较常见，但用牲数量参差不齐，连邵文意在通过卜辞"……盟……廿牛，不我"（《甲骨文合集》21249）提供这样的信息，即在武丁、祖庚、祖甲、廪辛、康丁时代祭祀之前血牲告神的仪式中，"血牲用廿头牛，这是甲骨刻辞中关于血祭的记载中，是最高的数字了"[③]。但20具牛牲是否为殷商时期血祭仪式的最高数字仍需考证，毕竟还有两条卜辞内容值得参考："□戌[卜]，生十一月其土，三十牛"（《甲骨文合集》21107），"戊戌，今其土，三十[牛]"（《甲骨文合集》21108），虽然没有直接与"盟""皿""血"同时出现，但是通过前述衅社仪式的阐释不难理解，"土""社"名异实同，卜辞中的30头牛都是献祭给社神的，所以也极有可能就是采用血祭仪式。显然，殷商时期普遍使用牛牲衅祭卜龟都是符合客观事实的，但相较于血祭先祖神灵才使用最高20或30具牛牲的规格，衅龟使用一日4牛绝对称得上隆重，足以彰显因袭殷商之制的齐国对于衅龟仪式的重视，当然齐国也具备这样的经济实力。

---

① 《周礼·春官·龟人》载："天龟曰灵属，地龟曰绎属，东龟曰果属，西龟曰雷属，南龟曰猎属，北龟曰若属，各以其方之色，与其体，辨之。"[（清）阮元校刻：《十三经注疏》影印本，中华书局1980年版，第804页。]

② （清）阮元校刻：《十三经注疏》影印本，中华书局1980年版，第804—805页。

③ 连邵文：《甲骨卜辞中的血祭》，载中国古文字研究会、中华书局编辑部编：《古文字研究》第十六辑，中华书局1989年版，第56页。

事实上，比甲骨文的发现还要早数千年的史前时期，初民就产生了龟卜意识，这已经得到了考古学材料的证实。1985 年，考古工作者对安徽含山凌家滩遗址进行考古发掘，出土大量玉器，其中就包括学术研究价值极高的珍贵玉版和玉龟。玉版正面长方形，反面内凹，一条长边对钻 9 个圆孔，另一长边两端对钻 2 个圆孔，两条短边分别对钻 5 个圆孔，中心位置为大小同心圆，小圆内刻有方心八角星，两圆之间被直线平分八等份，每份都是相同的圭形刻纹，大圆外沿有 4 个圭形刻纹分别对着玉版的四个角（图 10–5）。

图 10–5　安徽含山凌家滩遗址出土玉版①

玉龟为圆雕，由背甲和腹甲组成，两部分之间有孔与暗槽相连，背甲纹饰雕琢非常逼真形象（图 10–6）。发掘人员认为，“这件玉龟与长方形玉片叠加在一起同时出土，反映两者有密切联系，应为占卜工具”②，更令人匪夷所思之处在于，在这座年代与红山文化相当，早于良渚文化，距今已有 5000 多年历史的遗址中发现的玉版夹放于龟甲之内，竟然与“元龟负书出”（《尚书·中候》）、“元龟衔符”（《皇帝出军诀》）以及“大龟负图”（《龙龟河图》）等后世文献记载若合符契。此外，玉器本身就扮演着

① 图片来源：安徽省文物考古研究所编:《凌家滩玉器》，文物出版社 2000 年版，第 14 页，图版 4。

② 安徽省文物考古研究所编:《凌家滩玉器》，文物出版社 2000 年版，第 3 页。

神人沟通的“显圣物”角色，所以玉龟、玉版组合的神圣象征意义就不言自明了。

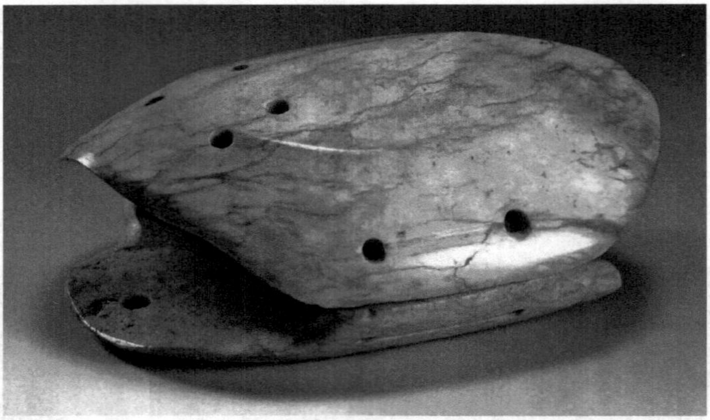

图 10–6　安徽含山凌家滩遗址出土玉龟[①]

艾兰结合古时神话宇宙观给殷商时期的龟卜现象提供了新的阐释路径，从直观视角看，龟之背甲呈现圆圆的穹拱形状，腹甲宽平，这符合古代中国人天圆地平（方）的宇宙观，如果商人将神龟视作宇宙物体之形的逻辑推理成立，那么背甲表天、腹甲表地一说也将成立，如此一来，龟就成为殷商时期宇宙观的模式，大地则被商人理解为一个亚形，即东、南、西、北四方连缀在中间的一个方块上[②]。这一观点开始得到学者们的积极回应，与此同时，她还根据殷商青铜器上的龟纹位置给出了另外一种假设，作为水生动物的龟，“龟纹大部分位于盘的中央……盘的其他装饰纹饰包括了鱼和鸟，这暗示了盘代表着水池，或许就象征着‘咸池’（‘旸谷’‘汤谷’‘阳谷’）和‘羽（虞）渊’，是通向下界的入口”[③]，从比较神话学视角看，赋予鱼类以死而再生功能是普遍现象，这在中国古代画像石、帛画、玉衣等出土文物中是常见神话主题。虽然龟的意象比较少见，但并不将艾兰提供的这种可能性解释排除在外，准此，那么便给《管子》所载“北郭之

① 图片来源：安徽省文物考古研究所编：《凌家滩玉器》，文物出版社 2000 年版，第 15 页，图版 5。

② 参见[美]艾兰：《龟之谜：商代神话、祭祀、艺术和宇宙观研究》（增订版），王涛译，商务印书馆 2010 年版，第 132—138 页。

③ [美]艾兰：《龟之谜：商代神话、祭祀、艺术和宇宙观研究》（增订版），王涛译，商务印书馆 2010 年版，第 136 页。

得龟者,令过之平盘之中”的行为增添了新的神话学解释。

“御神用宝”之策毫无疑问是一种通权达变的轻重之术,适时调整物价以合理调控国家经济,只是管仲采取的是非同寻常的宝龟增值之法。当国家危难之际将神龟作为重宝抵押出去以换取军用之粮,而当国家安定和平之时,就让神龟在物资流通中发挥作用,这就是所谓“国危出宝,国安行流”的道理。然而,齐国上下对于衅龟仪式是不敢有丝毫怠慢的,毕竟这事关整个国家的兴衰命运,换句话讲,“御神用宝”术仍然是利用神话观念,通过祈请神灵保佑驱动人们虔诚从事衅龟行为,进而借祭祀神灵的名义实现理财增收的经济目的。

作为一种宗教活动,衅祭仪式通常具有使人神圣化的功能,但这种现象普遍存在于世界各地的文化之中,比如血在中澳洲部落是非常圣洁的,以至于他们通常用人血供奉最受尊崇的宗教法器;玛雅文明中使用人牲衅祭现象也是常态[①],人们将其视为获取神灵恩宠的一种神圣仪式(图10-7)。达瓦马尼早已洞见,从宗教意义上讲,衅祭仪式“本质上是一种神圣

图 10-7 墨西哥波南帕克(Bonampak)壁画中的人牲衅祭仪式场景[②]

① 参见Linda Schele, Mary Ellen Miller, *The Blood of Kings: Dynasty and Ritual in Maya Art*, London: George Braziller Inc., 1992, pp.110, 216–220。

② 图片来源:《追踪玛雅文明消失之谜》,发布于http://blog.sina.com.cn/s/blog_59d922fe0100adhv.html,2018年5月3日访问。

原型的表现，一种典型模式和原初原型的表现；这就是说，仪式是神圣存在者或者神话祖先的举止和行为的重复”①，因而，衅祭仪式参与者通过仪式本身进入神圣领域，这不仅实现了与神圣传统的同步，某种程度上还更新了族群成员的职能和生活。但是不管怎样理解，《管子》都能够充分利用衅祭仪式的合理性将民众信仰中的鬼神祭祀观念为我所用，从而实现“籍于鬼神”的经济增值目的。

① [意大利]马利亚苏塞·达瓦马尼：《宗教现象学》，高秉江译，人民出版社2006年版，第190页。

结　语

自20世纪90年代以来，国内的新兴交叉学科——文学人类学在理论建设的同时致力于一系列上古原典的再阐释工作，其艰巨努力已经持续进行了近三十年。本研究基于学界前贤的研究经验和四重证据法的创新性范式，对《管子》这部内容丰富多样、文化底蕴深厚的早期经典尝试做出新的研究和文化阐释。

《管子》一书在上古诸子之学中独树一帜，其文本承载着人们普遍认知的重要历史信息。管仲的政治家特殊身份使得《管子》叙事系统以统治阶层的所谓“正统”权力话语为内核建构起来。因此，与“三礼”“三传”和其他诸子原典一样，其著作者“必然要反复强调、张扬和突出某些中心性的东西，同时也要有意地蔑视、压抑、回避、遮蔽许多边缘性的东西。史家记录这个而不记录那个，这种取舍之间的学问非常深奥渊博，但却不是通常所说的客观的历史知识问题，而是一种主观的文化政治问题”①。换言之，基于文字文本的表层分析，《管子》无疑在书写齐桓公与管仲的君臣之事，书写者重在表述春秋之时管仲相齐，并助力齐桓公成就霸业的“宏大叙事”。但是那些潜隐在文字背后的所谓“取舍之间的边缘性东西”恰恰包含有相当丰富的历史真实信息，在以往的“管学”研究中尚未得到应有的解读和深度发掘。

目前看来，仅仅仰赖传统的文献学视角，要想实现对《管子》重释的全覆盖、深挖掘显然有不现实的一面，毕竟这受制于文字文本阐释效力固有的局限。为了在“管学”研究上避免陷入人云亦云的盲从境地，笔者选择借助于文学人类学的跨学科研究视角，聚焦《管子》研究中尚处于“幽暗地带”的神话历史问题，对其篇章结构、象征网络以及神话思维等要素进行分析，以期为《管子》文本提供某种深度阐释的张力。通过论述可知，《管子》一书虽然是综合性很强的著作，却深刻蕴含着上古时代神话思维与信仰观念的多方面案例。换言之，这是一部自始至终贯穿有“天人合一”式中华文化特质的厚重神圣文本。在神话观念对于华夏文明的渗透、覆盖之下，对《管子》等早期经典文本中弥漫的神话编码特质进行深入挖掘，能够彰显出古代思想传统以及历史传统中的优秀文化基因。

不言而喻，包括齐桓公在内的历代统治阶层通常都会选择借助于神话观念的驱动性力量，以达到强化自身统治管理需要的目的。为助推齐桓公

---

① 叶舒宪：《〈春秋〉与中国“想象”》，《博览群书》2007年第8期。

实现政治霸业，《管子》文本建构并掌握兼具稳定结构与权威地位的神圣权力话语，意在为其统治政权服务的秩序规则以及价值理念寻求一个再生的、想象的神圣空间，并且极力彰显出规则与理念的本原性特征。《管子》为齐桓公的霸主身份定位即是一位"神圣"与"明圣"兼备的国君，倡导"神道为治"的道治观，因而在明圣之君治国的天道、地道、人道一体观中，深入挖掘大传统视域下的宇宙之"道"在发生学层面的所以然问题就显得很有必要，这便是其神圣思维驱动下的基本原型。天道的太阳原型充当起人类时空意识形成的天然维度，被赋予规范上至诸神、下至凡人的神圣权力；地道隐喻的地母崇拜观念又使得土地生产与女性生育的功能实现了相互认同，而"尊天道"与"重地道"最终要回归到"行人道"上。如此一来，"形而上者谓之道，形而下者谓之器"的"道器观"则成为维系齐国社会体系稳定运转的关键性机制。《管子》奉行的道治富民理念遵循假神驭民的神圣思维模式，使得齐桓公顺应天地之道，以神灵的人间代言人自居，进而维护自身王权合法性的神圣之源，基于宇宙之道的政治神话因此逐渐得以形成。

政治学家兰斯·班纳（Lance Bennet）指出："政治家们使用神话让公众受制于有力的象征。在风平浪静的日子里，神话确保现状无虞，在风起云涌的日子里，神话则记录变化的过程。在日常政治事务中，神话主导着大多数公众政策辩论。一旦神话主题和与神话相关的语言从政策话语中被扫地出门后，也就剩不下多少实质性的内容了。大多数政治争论的分歧都集中在如何用神话去解决特殊问题上。"[①] 在春秋之时的诸侯争霸背景下，齐桓公适时祭出"尊王攘夷"的大纛，为实现称霸以"正天下"的政治意图服务。通过文化大传统视域下的分析可知，随着周王室日渐衰微，东周时期依然延续着文明早期王巫合一的文化传统，作为最高政治象征的周天子充当着精神"祭司王"角色，掌管有沟通天地的神圣巫术力量。因此，"尊王"也是借助于周天子神圣威权的特殊表达，意在促使其他诸侯及广大民众将其"祭司王"共主地位有效内化为信仰认同，进而凝聚成影响春秋政治格局走向的精神风向标。"攘夷"以卫周王室之举符合儒家的治世理想，同时避免将中原置于周边夷狄入侵的水深火热险境，孔子因之盛赞管仲之"仁"，但齐桓公在面对"中国"与四夷共处的格局时，又不可避免地体现出显性"攘夷"与隐性"纳异"并存的矛盾心态。基于此，及时解码中原与

---

① 转引自［美］大卫·科泽：《仪式、政治与权力》，王海洲译，江苏人民出版社2015年版，第17页。

四夷的“五方之民”叙事，从而深入挖掘其夷夏族类编码，最终建构并呈现一种溯及其原初神话思维传统的认知图式，以及一个从地理区划向文化政治意义转变的“想象共同体”。“尊王攘夷”之策的付诸实践充分体现出神话思维的文化编码以及政治效应之间的微妙对应关系。

齐桓公在借助于“神道为治”“尊王攘夷”等策略缔造称霸的政治神话时，《管子》文本表述也在通过神圣仪式行为来强化其权力话语，提升其统治威望。实际上，作为一种象征性表达，仪式不仅体现出人类群体的行为元语言与信仰观念，还反映出维护宇宙观以及正常社会秩序的整合认同方式，诸如齐国引领其他诸侯国以彤弓、石璧朝觐周王室的行为，表面是为突出周天子的统治权威，实质上已成为齐桓公等各路诸侯称霸角力以稳定自身霸权的仪式表演。与此同时，齐桓公深知封禅这一“权力话语”特征凸显的仪式活动具有的“主控叙事”意义，因而欲行封禅之举，管仲深知封禅行为将会使“尊王”努力成为空谈甚至笑柄。为了更好地维护齐国社会秩序与既得利益，唯有以“天命不至”力阻齐桓公的行为，这也反映出神话思维观念对于统治者行为方式的潜在支配作用。不管怎样，仪式行为表演作为滋养历代统治阶层建构政治神话的有效途径，显然能够按照特定的神话思维模式及信仰观念体系对人们的行为方式进行编码与再编码，从而获得民众对于统治威权的认同和顺从，有助于自身霸权话语的建构。

从文学人类学视角看，《管子》与其他早期经典一样，也蕴含着“神圣的文本”价值观系统，神话思维观念的驱动作用更是贯穿整个文本始末。而《幼官》篇作为《管子》的“脑中枢神经”，无处不彰显着中国神话哲学层面的宇宙时空思维。伊利亚德曾基于宗教现象学视角对神圣时间与神圣空间提出独到见解，他认为神圣时间具有可逆性，是一种“被显现出的原初神话时间”①；而对于神话空间而言，对一个地方的圣化可视为宇宙起源的再现。换言之，“对未知土地的宇宙化总是一种圣化行为，对一个地方的组织化即是对诸神的范式性工作的重复”②，此类神圣观念表述同样在《管子》文本中得到彰显。其重点描述的玄宫图式呈现出典型性的时空混同宇宙观，构成神圣场域中效天法地思维的终而复始的宇宙图式。通过运用文学人类学四重证据法，能够将《幼官》与《幼官图》所载内容从线性文本还原到空间文本，再结合明堂与月令的密切关系，可以初步得出玄宫乃明堂早期表现形式的结论。其在象征天道运行模式的同时，既遵循时空混

① ［罗马尼亚］米尔恰·伊利亚德：《神圣与世俗》，王建光译，华夏出版社2002年版，第32页。
② ［罗马尼亚］米尔恰·伊利亚德：《神圣与世俗》，王建光译，华夏出版社2002年版，第9页。

同一体的"月令"图式，又具备宇宙哲学层面的象征意义，因而成为中国神话宇宙观的物化意象和秩序缩影。

《管子》极为重视玄宫与颛顼的关系，这是因为玄宫是秉持水德的颛顼之所，与神话思维中北方寓意的神秘空间方位息息相关，同时北方在特定神话语境中对应黄泉、冬季、黑夜、寒冷、阴间等意象。基于北方的独特象征性，借助于物的叙事与图像叙事对"鱼妇"神话进行考释，为探寻神话原型模式提供了一条新的求解路径。因此，重视北方之位反映出齐国延续"守颛顼之虚"的传统，从集玄帝、黑帝、水神、冬神等神格于一身的"颛顼"，到被赋予死而再生鱼女神特殊神格的"鱼妇"，在神话宇宙模式平行系统、垂直系统的时空交替层面上证明，"死即复生"的生命转换以及回归神话原型的北方模式都绝非偶然。

随着物质文化研究潮流日益引起当下学人的重视，关注历史记忆的集体表征之物已然成为文学人类学研究者重新进入中国经典古籍与传统文化的切入点。《管子》文本记载有齐地丰富的海盐生产叙事，海盐为齐桓公称霸提供了最现实的经济支撑，而这种资源依赖行为背后的驱动因素值得深入挖掘。随着中国考古事业的不断推进，大量的盐业遗址、遗迹相继被发现，甲金文、简帛、盔形器等效力十足的地下出土"证据"更印证了商周时期煮海为盐的真实性与可靠性。在神话思维观念中，史前期的盐在色、形、味诸方面均呈现出神秘性，具有荷马所言"神赐之物"的显圣物属性，正是这一传承延续的神圣思维观念直接驱动了煮海为盐行为的发生。

与此相类，玉在华夏价值理念中被视为天人沟通的圣化符号，甚至是生命永续不息的象征，在神话观念驱动作用下，这种代表华夏文明认同与社会整合神话基因的神圣之物也成为齐桓公时代见证国力不断强盛的重要战略资源，《管子》关于玉有九德、沉玉祭祀、禺氏之玉、石璧之谋等叙事的具体表述可谓将玉石神话信仰和齐国资源依赖有机融为一体。"玉帛为二精"，丝帛在神话思维中与玉具有同质性，在大传统视域下纵观帛的整个流动过程不难发现，自史前时期至齐桓公时代，桑、蚕、丝、帛的完整神话叙事链未曾中断过。桑林是初民举行巫术活动的神圣场所，蚕"屡化如神"的幻化特征与"蚕为龙精"的神话表述赋予丝帛死而再生的神性特质，故而借助一级编码的文化文本阐释力，能够有效还原结丝织史的神话编码序列，进而促使丝帛在符号经济意义上的增值。由此观之，《管子》文本中诸如煮海为盐、沉玉于渊、石璧之谋、服帛去绨等资源依赖行为皆是神圣思维观念的驱动作用使然，可见神话思维既是华夏文明起源的观念驱动要素，又是文化文本符号编码遵循的模式与动力。

需要特别注意的是，"轻重"思想是《管子》经济管理思想的核心内容，在齐桓公称霸过程中发挥着至关重要的作用。管仲力倡"以轻重御天下之道"（《管子·山至数》）的经济治国思想，而轻重理财策略在齐桓公致力于实现"九合诸侯，一匡天下"的整个春秋霸业发挥着关键性的"精准制导"作用。古人普遍都是虔诚的鬼神信仰者，将"祀"视为位序上先于"戎"的首要"国之大事"，祈求通过献祭仪式实现人神沟通，进而获得神灵的眷顾与庇佑，基于此，《管子》提出利用宗教祭祀征税的经济新理念。显然，仪式信仰的受众群体欲通过祭仪的物质性操作实现他们对于社会记忆的重温与重演，而"社会信念，无论其起源如何，都具有双重性质。它们是集体的传统或回忆，但也是从对现在的理解中产生的观念或习俗……只要每一个人物、每一个历史事实渗透进入了这种记忆，就会被转译成一种教义、一种观念，或一种符号，并获得一种意义，成为社会系统观念中的一个要素"[①]。厉祭、衅祭、瀹祭、燎祭等典型祭祀仪式中蕴含着特定的神话信仰观念，《管子》因势利导将其视作齐国经济革新的催化剂，并在农业、渔业、手工业税收以及军赋等方面成效显著，从而使"籍于鬼神"真正具有了现实操作性。这些神圣祭祀仪式的行为表演背后贯穿着神话思维对于经济增值的驱动效应，而这正是缔造齐国经济神话的文化基因与动力源泉。

神话是一个民族古老的文化记忆，同样也是思想的历史见证。在历史悠久的华夏文明传承过程中，神话彰显出中国之所以称为"中国"的文化基因，而以文学人类学跨学科视角切入早期经典研究，能够对中华文明起源的机制、路径、性质、特色等提供"发生史"意义上的更新阐释，同时放眼世界，这也能够为整个人类文明起源课题研究做出源于中国视界的贡献。笔者结合考古发现的实物叙事与图像叙事对《管子》文本的"神话历史"进行文学人类学层面的再解读，意在深入挖掘书写文字背后的神话思维，进而发现神话意象，辨识出神话叙事，促进神话与历史之间的对接和打通。如此，《管子》的文学人类学研究就具有了现代性与世界性的双重意义。

就现代性而言，《管子》中遵循天道、地道、人道的"道治富民理念"对于当今中国仍具有启示作用。《管子》玄宫、月令的神话宇宙观原型模式同样影响着今天仍在沿用的四季、二十四节气以及"以北为尊"等时空观认同行为，这是律历神话、颛顼神话等神话的活态传承。时至今日，中国

① ［法］莫里斯·哈瓦布赫：《论集体记忆》，毕然、郭金华译，上海人民出版社2002年版，第311—312页。

人一如既往地食用海盐，身佩玉器，穿戴丝绸，使用金属器皿，显然，《管子》文本背后神话思维对于资源依赖的驱动效应一直未曾中断过。作为仅次于美国的世界第二大经济体，中国深受《管子》轻重思想的影响，齐国凭借向鬼神祭祀行为而增加税收和进行经济调控的新型理念为当前经济供求关系的合理调控提供了宝贵的智慧源泉。显然，《管子》蕴含的厚重思想并没有完全过时，依然能够为目前中国的政治建设、经济建设、文化建设等提供现实指导与借鉴。

作为早期经典文本的《管子》无疑是中国的，但是“管学”思想精髓是属于全世界的精神文化遗产。一方面，透过《管子》文本分析能够深入挖掘华夏文明的某些特性或称“中国性”（Chineseness），即便“我们可能永远也无法确切地知道‘中国性’到底是如何形成的，也难以彻底了解古代‘中国性’的所有详情，而且，需要研究的问题永远比答案多”[①]。另一方面，“中国性”问题的研究需要置于世界性的广阔研究视域内进行，《管子》中的“道治”思想、“轻重”理念、神话思维驱动意识等都是中国优秀传统文化博大精深的缩影，为人类文明进程的不断向前推进贡献着中国话语。

行文至此，囿于本人有限的学识，笔者对于《管子》“神话历史”研究的其他一些重要问题尚未及展开抑或论述倾力不够，诸如成书年代、篇章结构、身体实践、精气阐释、水的解码、金属神话等，而这些都是日后需要继续深入探讨的。郭沫若在《管子集校·叙录》中曾指出，《管子》“研究工作有如登山探险，披荆斩棘者纵尽全功，拾级登临者仍须自步”[②]。《管子》文本的复杂程度远超笔者预期，这就使得研究工作的开展变得甚为艰辛，同时，笔者在本研究中所做尝试尚不够深入，仍然需要积极的理论提升与材料积累。不过令笔者感到庆幸的是，随着中外“管学”研究的日渐风靡，以及考古学、人类学、民俗学、艺术史、图像学等跨学科材料的日臻完备，加之前辈学人进行的大量具有引导与示范意义的实践努力，都为笔者沿着文学人类学研究路径继续从事《管子》文本再阐释工作提供了越来越强大的学术驰援。一言以蔽之，如果该研究本身能起到抛砖引玉之效，也不失为一件幸事。

---

① 刘莉、陈星灿：《中国考古学：旧石器时代晚期到早期青铜时代》，生活·读书·新知三联书店2017年版，第419页。

② 郭沫若著作编辑出版委员会编：《郭沫若全集·历史编·第五卷·管子集校》（一），人民出版社1984年版，第18页。

附录　反思与推进：文学人类学的理论建构与实践探索

文学人类学研究在我国新时期以来已有30年的发展，其对中国人文科学研究范式和观念的革新促进作用日益凸显。21世纪以来，作为比较文学领域催生出的跨学科研究，文学人类学呈现出方兴未艾之势，萧兵、叶舒宪、彭兆荣、徐新建、方克强、程金城、李永平等学者潜心治学，为建构有中国特色的文学人类学理论而不懈努力，并积极运用这些理论阐释、剖析中国的文学和文化现象，取得一批学界认可的、比较丰硕的理论成果：代表性课题如叶舒宪担任首席专家的2010年国家社科基金重大基础理论研究招标课题“中国文学人类学理论与方法研究”等。代表性著作如《中国文学人类学理论与方法研究》丛书（4种）、《中国文学人类学原创书系》（第一辑21种）系列丛书以及《文学人类学教程》（叶舒宪，2010）等。代表性论文如《文学人类学的理论与方法——当代中国文学思想的人类学转向视角》（叶舒宪，2011）、《“表述”问题：文学人类学的理论核心》（徐新建，2012）、《回到文学人类学的理论原点》（程金城，2011）、《新世纪以来文学人类学的理论建构》（公维军，2015）、《论中国文学人类学当代探索中的文学理论建设》（代云红，2016）、《文学人类学的理论视野——以叶舒宪的相关研究为例》（赵周宽，2016）等。笔者正是在此研究背景之下，选择将“《管子》神话历史”作为典型个案进行阐析，也完全是出于文学人类学新兴学科理论构建与实践需要的综合考量。

然而，作为一门新兴的独立交叉学科，文学人类学目前仍处在理论建构阶段，故而在探索过程中不可避免地面临来自各方的质疑之声：有学者认为文学人类学理论吸收的纯粹是修正后的弗莱的文学人类学思想；亦有学者认为这些理论的探讨目前处于一种“游离”“散乱”甚至“滞后”的认知状态，似乎没有规律可循，等等。基于此，笔者认为有必要对21世纪以来文学人类学理论的建构过程进行系统梳理，使其发展脉络清晰可理，有据可依，并从中预示未来的发展方向。

叶舒宪是文学人类学研究领域中贡献卓著者，与同时代的学者相比，他始终坚持理论探索与批评实践相结合的"两条腿走路"的治学特色[①]。他在理论探索中与弗莱曾产生思想上的共鸣，认为"这位加拿大批评家特有的渊博、悟性和思维深度给人极深印象，甚至觉得黑格尔也有时稍欠严谨了"[②]，但他并未完全照搬套用弗莱的原型理论，而是针对中国文学和文化的具体实际进行追问和反思，力图建构出一套适用于中国文学实际的、符合中国本土文化自觉的文学人类学理论。按照时间顺序，其基本脉络如下所示：

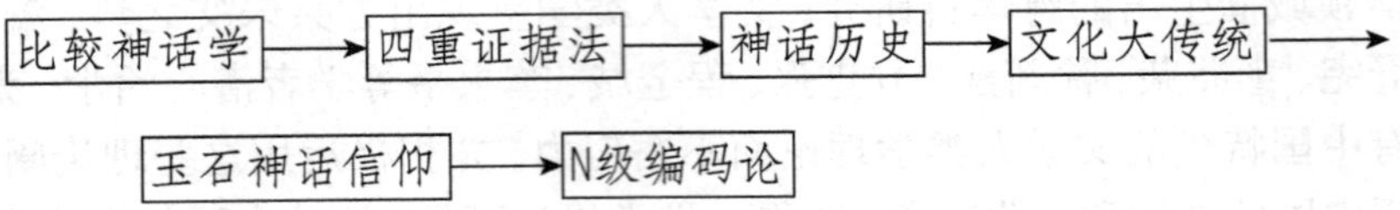

这套理论目前仍然处于草创过程中，自身尚存诸多不足，也引来一些争议，但不可否认的是，该理论的发展脉络中有一条主线贯穿始终，其认知过程是步步为营的，其理论思维的演进也是环环相扣、首尾完整的。叶舒宪等学者潜心建构的这套文学人类学理论从跨学科的多样视角出发，突出文学人类学与考古学、历史学、审美人类学、艺术史等学科的多元互动，意在能够真正契合"20世纪文学创作与文艺理论的人类学转向以及20世纪文化人类学的文学（或人文）转向"两大潮流。

一、从"中国神话"到"神话中国"的范式转向

19世纪中叶，缪勒首创比较神话学，从比较语言学视角对印度、希腊、罗马、北欧诸地的神话进行了比较，认为这些神话具有相同的源头和根基，即古代语言的表达方式。基于此，他指出：

> 神话尽管主要地是和自然相联系，其次和那些显示规律、法则、力量，以及智慧特征的证明（神迹）联系在一起，但神话对所有一切都是适用的。没有一件事物能排除在神话的表达之外；道德、哲学以及历史、宗教，无一能够逃脱古代女巫的咒语。[③]

---

① 程金城：《文艺人类学的理论与实践》，民族出版社2007年版，第104页。

② 叶舒宪：《"世界眼光"与"中国学问"——我的文学人类学研究》，《文艺争鸣》1992年第5期。

③ [英]麦克斯·缪勒：《比较神话学》，金泽译，上海文艺出版社1989年版，第139—140页。

缪勒第一次将西方历史的起源与印度文明联系起来，创立印欧语系假说，而《吠陀》成为其思想体系的基石。他将《吠陀》与传统希腊、罗马神话加以比较，使得研究雅利安民族的“原始共同神话”成为可能，同时坚信“整个原始的、自然的、可理解的神话世界，保存在《吠陀》之中，《吠陀》的神话对于比较神话学的意义，有如过去以来梵语对比较语法所起的作用”[①]。从此以后，比较神话学迅速传播开来，甚至一度引发了中国20世纪80年代的“神话热”。

神话是文史哲等未分家之前最初的表述和编码形式。20世纪初“神话”一词假道日本传入中国学术界，之后始终与“历史”相形相生，蒋观云提出的“字模说”不啻为中国神话学的先声——“神话堪称后世文学作品的‘字模’”，并以活字印刷术中的“植字”为譬喻，将神话与历史置于等量齐观的位置之上：

> 夫社会万事之显现，若活版之印刷文字，然撮其种种之植字，排列而成。而古往今来，英雄豪杰，其一言一行，一举一动，即铸成之植字，而留以为后世排列文字之用也。植字清明，其印成之书亦清明；植字漫漶，其印成之书亦漫漶。而荟萃此植字者，于古为神话，于今为历史。[②]

而“古史辨”派进一步将“神话”与“历史”剥离开来的做法遭到了钱穆、徐旭生等历史学家冠以“妄肆疑辨”的批评与驳斥，后者认识到神话之中存在着历史真实的因子。于玉蓉认为，随着“神话历史”理论的提出，“神话”与“历史”经历了对立、交集、融合的百年发展才最终走向同一[③]。文学人类学一派在“神话历史”研究上强调四重证据法，即通过研究在文字形成之前的漫长历史时期的实物与图像，以先于语言思维的神话思维为线索，钩沉出远古初民的文化记忆和历史编码。

事实上，作为一种概念性工具，神话自身具有“多边际整合性视野”，“是作为文化基因而存在的，它必然对特定文化的宇宙观、价值观和行为

① ［英］麦克斯·缪勒：《比较神话学》，金泽译，上海文艺出版社1989年版，第80页。

② 蒋观云：《神话历史养成之人物》，载马昌仪编：《中国神话学文论选萃》上编，中国广播电视出版社1994年版，第18页。

③ 于玉蓉：《从“神话与历史”到“神话历史”——以20世纪“神话”与“历史”的关系演变为考察中心》，《民俗研究》2014年第2期。

礼仪等发挥基本的建构和编码作用”①。列维-斯特劳斯通过研究罕为人知的南美印第安神话，证明野性思维与科学思维处于同等重要的价值地位。而加拿大文学批评家弗莱认为整个文学无非是古老神话生命体的一种变相延续或置换，其首创的“神话文学观”成功催生出文学人类学的学科新理念。由此，神话开始显露出接管文学和认识论的苗头，那么历史学是否也能被统一到神话的旗下呢？美国新历史主义倡导者海登·怀特（Hayden White）给出了肯定的答案。

列维-斯特劳斯指出，历史修撰的阐释方面特别具有神话性质，“尽管激活和占有历史上的另一个时刻是值得的和不可或缺的，但是，一部清晰历史应该承认，它永远不能完全避开神话性质”②。怀特正是充分吸收了列维-斯特劳斯与法国文学评论家罗兰·巴特（Roland Barthes）各自《神话学》的叙事学思想，突出论证历史和神话在叙事上具有同样的虚构和比喻性质，并在此基础上提出将“历史科学”变成“历史诗学”或“历史叙事学”的革新目标。毫不夸张地说，比较神话学在西方理论界的“蝴蝶效应”再次将文学、史学、哲学重新统一到神话的旗帜之下。换言之，神话是未分化时期的文、史、哲、政、经、法的共同源头。这为我们反思“神话中国”③以及华夏民族的神话历史带来颇为有益的理论参照系。

在上述背景下，叶舒宪深受西方比较神话学理论的影响，批评弗莱多少因受欧洲中心知识结构的限制，其所提“文学人类学”似有“半人类”之嫌。同时认为，真正的文学人类学理论的建立有待于将中国文学的伟大遗产置于相应位置上，逐渐意识到在比较神话学中切入中国视角的必要性和重要性，期望借助中国材料的译解来验证人类模式分析法的演绎可行性。因此，《神话——原型批评》（1987）、《结构主义神话学》（1988）、《探索非理性的世界：原型批评的理论与方法》（1988）、《中国神话哲学》（1992）等一批著作得以先后问世。以《中国神话哲学》为例，该书正是将结构主义和原型模式方法结合起来对中国神话宇宙观结构体系构拟的一

① 叶舒宪：《中国的神话历史——从“中国神话”到“神话中国”》，《百色学院学报》2009年第1期。

② 转引自［美］海登·怀特：《后现代历史叙事学》，陈永国、张万娟译，中国社会科学出版社2003年版，71—72页。

③ 所谓“神话中国”，指的是按照“天人合一”的神话式感知方式与思维方式建构起来的5000年文化传统，它并未像荷马所代表的古希腊神话叙事传统那样，因为遭遇“轴心时代”的所谓“哲学的突破”，而被逻各斯所代表的哲学和科学的理性传统所取代、所压抑。（参见叶舒宪：《金枝玉叶——比较神话学的中国视角》，复旦大学出版社2012年版，第42页。）

次大胆尝试，也是对中国哲学思维模式及范畴之神话起源的路径寻踪。

"与 20 世纪初期的文学家们拥有了西方传来的神话概念，就在古籍中寻找'中国神话'的做法不同，经过神话学转向之后，打通理解的神话概念，可以引导我们对中国文化做追本溯源式的全盘理解。其直接结果即是认识到整体性的'神话中国'。"[①] 而"神话中国"要揭示的并非某一部特定作品的神话性，而是一种内在价值观和宇宙观支配的文化编码逻辑，举例释之，早期史书和金文开篇常见"王若曰"与"曰若稽古"一类套语，"'若'字取象神异，也就是事神；'若'之'诺'，一身兼职，一形两边，完成神人之际沟通"[②]，可见这些套语实则为巫史宗祝们进入通神状态的符号标记，是给叙事话语带来降神背景和神圣权威性的标记，而绝非毫无意义的发语词。因此，在新世纪全球文化寻根运动思想下，他对以往的"神话"观念加以更新修订，力倡"走出文学本位的神话观"，顺应"新神话主义"创作潮流，这都突出表现在其系列著作和论文中，如《神话意象》（2007）、《熊图腾：中国祖先神话探源》（2007）、《神话作为中国文化的原型编码——走出文学本位的神话观》（2010）、《儒家神话》（2011）、《金枝玉叶——比较神话学的中国视角》（2012）、《比较神话学在中国——反思与开拓》（2016）等。

叶舒宪从寻找、界定"中国神话"逐渐向重新认识和解读"神话中国"学术范式转变，努力站在跨学科的视角进行前沿性神话学探索，意在变革和拓展中国神话研究的狭窄范畴，将神话作为思想资源和文化原型编码，在对神话想象的思想考古中持续关注生命的神话表述和信仰问题。然而，正如代云红反思的那样，这又引出了将文学人类学的历史起点定位于与"文学性神话"相关联的探索思路是否还恰当的问题[③]。当前，文学人类学的理论视野及方法并未被整合性地运用于文学人类学历史起点问题的探讨上，这足以反映出学术界探讨该问题的理论视野依旧存在局限与不足，于是乎又重新回归到"文学人类学何为"的根本性问题上来，我们也就必须关注与反思文学人类学知识话语的建构过程，而这无法脱离汉族与少数民族、西方与中国、现代性与后现代性的多重现实语境。

从"中国神话"到"神话中国"的神话学研究范式成功改造与转向以后，更需要借助于物的强大叙事功能，这样才能在文学本位原有范式之上

① 叶舒宪：《金枝玉叶——比较神话学的中国视角》，复旦大学出版社 2012 年版，第 42 页。

② 臧克和：《释"若"》，《殷都学刊》1990 年第 1 期。

③ 代云红：《中国文学人类学历史起点中的理论问题及反思》，《吉首大学学报（社会科学版）》2012 年第 1 期。

进行新突破，充分发挥知识考古的特有优势，从而主动自觉引领人文学科在学术规范上进行革新与突破。跨学科领域的打通式研究有助于走出学科本位主义的窠臼，充当起学科间联系互动的桥梁纽带作用。崔格尔通过对埃及、美索不达米亚、商代中国、墨西哥谷地的阿兹特克及周边人群、玛雅、印加和约鲁巴七个早期文明的比较研究，系统探讨早期文明的精神观念，特别强调充分理解文明发生期的神话思维与神话观念成为研究者必备的一个知识条件①。当然，从"中国神话"到"神话中国"的神话学研究在跨学科性质及应用中都会涉及诸多难点，宋兆麟就指出：

> 目前的中国神话研究，是在前人成果基础上开展的。它不仅要求研究者有较高的理论修养和科学的方法，还要有广泛的、跨学科的专业知识，因为现在已经不是"单打一"或仅凭单一学科知识就能做学问了，而是利用多学科的综合性研究，才能有所突破，有所建树。因此，必须有历史学、史前史、考古学、民族学、社会学、民俗学等多学科知识，正确的治学方法，才能得心应手，为神话学的发展作出新的贡献。②

需要明确的是，研究神话历史不等于研究神话，而是要研究文化文本及其编码程序，出于这个目的，才会有研究对象"从'中国神话'到'神话中国'"的根本性转换。史前炎、黄二帝的氐羌族群栖居过的西北陇中地区遍布传承大地湾文化和马家窑文化彩陶纹饰而来的民俗剪纸，作为符号载体，陇中民俗剪纸用自己的神奇力量创造世界，创造事物在世界上发生的可能。张淑萍在众多剪纸中选取了一种"叫魂"剪纸（叫魂人人）予以细描：

> 在漫长的前现代时期，小孩得病一般被认为是受了惊吓。魂被吓跑了，母亲用大红纸剪三个拉手的叫魂人人。在孩子睡觉位置相应的炕头脚下放置一个清水碗，上面罩上面罗（面筛），使叫魂人人倚面罗边框站立，用孩子的贴身背心或线衣粘叫魂人人，一边粘，一边呼唤孩子的名字，通常用拖腔或高声或低声吟唱："X—X— 哎，吃 — 馍 — 馍 —

---

① 参见［加拿大］布鲁斯·G. 崔格尔：《理解早期文明：比较研究》，徐坚译，北京大学出版社2014年版。

② 陆思贤：《神话考古》，文物出版社1995年版，序言，第4页。

喝－汤－来……”召唤吓跑的魂归来，直到什么时候把叫魂人人粘起来，便表示魂被叫回来了，呼唤声也转换成孩子的腔调：“来啦！来啦！”把粘着叫魂人人的内衣在孩子身上左绕三圈、右绕三圈，然后用红线缝在叫魂时使用的内衣腋窝处（男孩缝在左腋窝，女孩缝在右腋窝），叫魂仪式就完成了。①

“叫魂人人”是一种饱含神话色彩的巫术剪纸，一般以草就而成的三个拉手娃娃而成，创作者一般是患病孩子的母亲或祖母，因为是巫术灵物，除非孩子生病等万不得已的情况，否则，剪纸艺人是不愿意剪叫魂人人的，更不愿意将它保存起来。诚如赵毅衡所言，人类学家固然明白这些巫术手法：“用孩子的衣服叫魂遵循的是接触率原理，用剪成人体形状的拉手人人来叫魂，遵循的是相似率原理。”但是从符号学角度来看，符号及其解释创造了文化的元语言。陇中民间剪纸如同内丘神码、云南甲马等一样，都在大传统文化文本中实现着对“神话中国”的诠释。

可见，“中国神话”概念对应的是文学文本，曾驱使现代人文学者到《山海经》《诗经》《楚辞》等先秦古籍中去寻觅可以与古希腊、罗马神话相匹配的叙事作品，但因受汉字书写历史的限制，这也仅能追溯到距今3000多年前的甲骨文时代。而“神话中国”概念对应的却是文化文本，突破了纯文字的限制，已经引领我们打通文史哲诸学科的整合性认知视野，能够使我们在考古发现的图像叙事与活态文化传承的民间叙事等多领域中重新解读神话思维。应该说，从“中国神话”到“神话中国”的范式转向是以“原型批判”为理论取向的比较神话学理论“中国化”的一大进步。

二、四重证据法：文化文本的立体建构与阐释

美国现代分类学理论家森姆帕逊（George Gaylord Simpson）认为，科学家们“唯一不能而且也不应该容忍的就是无秩序。理论科学的整个目的就是尽最大可能自觉地减少知觉的混乱，……理论科学就是进行秩序化活动”，列维－斯特劳斯将之称作“原始的那种思维”，“就是以这种对于秩序的要求为基础的，不过这种对于秩序的要求也是一切思维活动的基础”②。此处强调之“秩序”效力等同于文学人类学派强调之“证据”，因此这对文学人类学者而言同样适用，我们不会也不应该容忍的是无证据，所以必须借助证据来求证。如何在无秩序中找寻秩序，如何在无证据中搜集

① 张淑萍：《陇中民俗剪纸的文化符号学解读》，苏州大学出版社2014年版，第180页。
② ［法］列维－斯特劳斯：《野性的思维》，李幼蒸译，商务印书馆1987年版，第14页。

证据，四重证据法阐释效力的逐渐被认可使得文学人类学者在方法论层面迎来革新的极佳契机。

王国维最早倡导"二重证据法"，他在1925年《古史新证》第一章《总论》中说："吾辈生于今日，幸于纸上之材料外，更得地下之新材料。由此种材料，我辈固得据以补正纸上之材料，亦得证明古书之某部分全为实录，即百家不雅驯之言亦不无表示一面之事实。此二重证据法，惟在今日始得为之。"①李若晖认为二重证据法的核心在于"求真近古"，他针对美国心理学家波林（Edwin Garrigues Boring）等人倡导的西方近代科学兴起的"假说演绎"②模式，对二重证据法进行了再阐述：

> 以古籍记载为对于某一历史事实的假设性叙述，史学家可由此复原历史事实的真相，再将这一结论与考古发掘所得进行对照，假使预设的结论得到地下证据的支持，即可成立，否则，就依据考古所得对纸上记载进行修正。反之，考古所得往往也有待于传世文献记载的说明与补充。③

而20世纪80年代以后，来自历史学、民族学、人类学、文学等不同学科领域的学者相继提出多种形式的"三重证据法"，一时呈现出"百家争鸣"之态，代表人物包括饶宗颐、杨向奎、萧兵、叶舒宪、黄现璠、汪宁生、马彪等，将三重证据法进行实际运用的还有徐中舒、邓少琴、毛佩琦、吴广平等人。然而饶、杨、徐等人并未突破王国维"二重证据法"中"历史文献"和"考古史料"的范畴，反倒是叶、黄、汪、马等几位学者强调的通过调查获得的口述史料真正独立出来，活态民族志成为名副其实的"第三重证据"。可以说，自20世纪90年代"三重证据法"普及以来，文化人类学视野和方法的介入已经开始改变国学研究的格局。

然而，当大部分人还在探索"疑古"到"释古"的演变轨迹时，文学人类学者又身体力行地将"三重证据法"提高到方法论的高度，将传统国学研究和知识全球化紧密联系起来，在文学人类学领域中尝试运用跨文化阐

---

① 王国维：《古史新证——王国维最后的讲义》，清华大学出版社1994年版，第2页。

② "假说演绎"模式的内容如下：科学家从假设出发，从而演绎出一种结论，而这个结论则直接在大自然或实验中加以观察，假使预测的观察得到了证明，他便可有了那个事实，并可由演绎的考验加强假设的力量。（参见［美］E. G. 波林：《实验心理学史》，高觉敷译，商务印书馆1981年版，第15页。）

③ 李若晖：《郭店竹书老子论考》，齐鲁书社2004年版，第57页。

释的三重证据法，进行"中国文化的人类学破译"研究，其中的代表性著作包括《楚辞的文化破译：一个微宏观互渗的研究》（萧兵，1991）、《诗经的文化阐释：中国诗歌的发生研究》（叶舒宪，1994）、《说文解字的文化说解》（臧克和，1994）、《老子的文化解读：性与神话学之研究》（萧兵、叶舒宪，1994）、《庄子的文化解析：前古典与后现代的视界融合》（叶舒宪，1997）、《中庸的文化省察：一个字的思想史》（萧兵，1997）、《史记的文化发掘：中国早期史学的人类学探索》（王子今，1997）、《山海经的文化寻踪："想象地理学"与东西文化碰触》（叶舒宪、萧兵、［韩］郑在书，2004）、《孔子诗论的文化推绎》（萧兵，2006）、《中国早期艺术的文化释读：审美人类学微观研究》（萧兵，2014）等十部。"三重证据法"从倡导到运用的思想脉络，以及在国学的现代转型和变革中催生出的推陈出新意义，叶舒宪都已在《诗经的文化阐释》一书《自序》[①]中做出详细阐释，于此不赘。

在尝试三重证据法研究实践十余年以后，文学人类学研究已涉猎到更多中国考古学方面的新材料，接触到大量的考古遗址和新出土文物，注意并开始重视这些文物、图像对于求证当时的信仰和神话观念特有的叙事及暗示作用。彼得·伯克同样特别注重图像的阐释效力，其支持并力图说明的一个基本论点正是图像如同文本和口述证词一样也是历史证据的一种重要形式[②]。有鉴于此，叶舒宪对三重证据法不断进行反思，以求有进一步的更新和推进，直到2005年正式提出"四重证据法"这一立体释古方法论，进而使得其内容更显清晰、完备：第一重证据是指经典传世文献；第二重证据指考古新出土的文献及其文字，主要包括甲骨文、金文、简牍帛书等；第三重证据是指文字记录以外的多民族民间口传资料及仪式等，即"活态民族志"；第四重证据是指考古发掘出土的文物（包含传承有序、来源清楚的传世文物）以及图像。无须隐晦的是，文学人类学研究最看重的是第四重证据，因为这些新出土材料都是前人闻所未闻、见所未见的，体现出证据之"物"的再反思、再突破，因而在某种意义上讲，第四重证据的充分与否关系到四重证据法整体论证的成与败：

> 将比较文化视野中的"物质文化"及其图像资料作为人文学研究

① 叶舒宪：《人类学"三重证据法"与考据学的更新》，载叶舒宪：《诗经的文化阐释：中国诗歌的发生研究》，陕西人民出版社1994年版，第1—16页。

② ［英］彼得·伯克：《图像证史》，杨豫译，北京大学出版社2008年版，第9页。

> 中的第四重证据，提示其所拥有的证明优势。希望能够说明，即使是那些来自时空差距巨大的不同语境中的图像，为什么对我们研究本土的文学和古文化真相也会有很大的帮助作用。在某种意义上，这种作用类似于现象学所主张的那种“直面事物本身”的现象学还原方法之认识效果。[①]

这一点与现象学诠释视角确有异曲同工之妙，正如大部分自然科学研究的是非话语的、没有被写出来的和非语言的现象，文学人类学研究强调的第四重证据恰似自然科学领域“成像的实践”，造就的恰恰也是一种复杂的视觉诠释学，这种诠释学“保持了诠释学所具备的批判性的、解释性的特征，但是这种诠释学与其说是语言的解释，不如说是知觉的解释”[②]。这就使得强调第四重证据的理论依据愈发突出，“一方面是呼应人类学的‘物质文化’研究潮流；另一方面也是顺应新史学走出单一的文本资料限制，在权力叙事的霸权话语之外，重构人类文化史和俗民生活史的方法潮流”[③]。这种判断是文学人类学学科自身认识突破和理论自觉的体现。

针对四重证据法这一具有交叉学科意义的新方法论，文学人类学研究者都致力于从全新视角对其进行诠释、补充和完善。叶舒宪运用四重证据法对“黄帝有熊”“天命玄鸟”“禹悬钟鼓”“珥蛇”神话等进行的立体阐释，成功彰显了人文研究的新范式效应。仅以解读玄鸟原型为例，《诗经·商颂·玄鸟》中“天命玄鸟，降而生商”的文化起源神话可确认殷商人有以玄鸟为图腾祖先的信仰。然而，“玄鸟原型何为”的问题却成为中华文明发生史上一道神秘难解的哑谜。面对此种书缺有间而无以对证的困局，叶舒宪充分发挥四重证据法之立体释古能量，从《诗经》中《商颂》《豳风》诸篇以及《逸周书·时训》等切入阐释，以甲金文中大量鸟图腾符号进行实证分析，结合民间口碑材料中“轱辘鸟”“鬼车”等猫头鹰汉语方言别名，引入中国台湾岛原住民邵族传说及希腊神话中猫头鹰女神崇拜神话，而前三重证据最终需要求证于第四重证据——殷商高等级墓葬中出土的鸱鸮形象明器及仰韶文化、红山文化实物中鸮造型等，再联系欧亚大陆史前考古的旁证材料，可得出鸱鸮是死而再生的女神形象。因此通过缜密

---

① 叶舒宪：《第四重证据：比较图像学的视觉说服力——以猫头鹰象征的跨文化解读为例》，《文学评论》2006年第5期。

② [美]唐·伊德：《让事物“说话”：后现象学与技术科学》，韩连庆译，北京大学出版社2008年版，第98页。

③ 叶舒宪：《文学人类学教程》，中国社会科学出版社2010年版，第368页。

阐释论证，有充分理由证明鸱鸮崇拜先于凤凰崇拜而存在，贾谊《鹏鸟赋》是纯粹的文化误读，玄鸟既非燕子，亦非凤凰，而是鸱鸮[①]。

唐启翠尝试从哲学认识论角度探寻证据科学的根脉出发，重点突出四重证据法之“证据”的认知、证成与呈现过程，她强调四重证据“与其说是一个分类概念，毋庸说是一个关于证据的认知过程与认知概率的呈现。作为‘过去’留下的痕迹，不管人们能否发现，它们无疑都是存在的。某些证据在某些时候被特别提出和强调，其实就是被论证主体认知、承认和符号意义生成的过程”[②]。她在梳理四重证据浮现、认知历程的同时，对四重证据的等级及其内在分类依据问题也做了具体阐述。口述、文字、实物及图像叙事本来只是历史演化过程中前后相续又并存的交际媒介和知识形态，但由于人为知识等级观念的涉入，使得文字书写的文本知识与口传、实物、图像表述的文化知识有了先后序次之分，文本符号因更符合当时的权力认同，故而在知识角力中获得优先等级。但是人类文化传承的记忆符号并非单一的线性替代关系，而是在多元并置中此消彼长。四重证据的分类并无固定的标准，鉴于各类证据符号的认知与证明力呈现出不平衡性，所以在论证实践中，四重证据既与赞同程度、证据资质的确认密切相关，又因异质证据符号并非截然不分的事实，使得各重证据不免以混合交叉形式出现。由此看来，四重证据分类的目的在于利用证据证成“过去”之前，进而便于对各类形式证据来源、资质等进行评价选择，达到最终呈现的目标。

谭佳则从整体观和世界性角度出发重新审视四重证据法，认为第三重证据侧重人类学的视阈及实践，其方法论共性是通过采用民间地方流传的口头传说、民俗礼制等人类学资源来与典籍中的孤立记录形成相互印证，此后文学人类学正是通过对第三重证据的不断聚焦挖掘使其理论阐释和学术实践日趋成熟的。而第四重证据体现对“物”之再反思与突破，其根本目的在于“超越现代学科建制中的诸多历史本质主义观念，在更为广阔的世界性、整体性视阈中阐释被文字叙事遮蔽和遗忘的深远传统，重新阐释中国文化渊源”[③]，第四重证据旨在借助文物、图像强大的叙事功能使文

---

① 叶舒宪：《玄鸟原型的图像学探源——六论“四重证据法”的知识考古范式》，《民族艺术》2009 年第 3 期。支持玄鸟鸱鸮说观点的还有刘敦愿、韩伟、饶宗颐、常庆林、孙新周等学者。

② 唐启翠：《认知、证成与呈现——论人类学“四重证据法”》，《社会科学战线》2010年第6期。

③ 谭佳：《如何整体观和世界性——近现代人文学术转型中的证据法嬗变》，《社会科学战线》2010 年第 6 期。

字材料的线性叙事与平面记忆变为多维立体叙事，重构出失传已久的史前文化的完整记忆链。总之，四重证据法的嬗变过程正是研究对象不断被史料化、研究方法不断走向多元化和立体化的过程，而文学人类学对口传、仪式、遗存的发掘与再认识，多视角综合运用四重证据法，恰是对权力支配下受文字书写遮蔽的文化多样性进行解蔽与重构的最行之有效的手段。

相比较李幼蒸、孟华等人从瑞士语言学家索绪尔（Ferdinand de Saussure）式的语言——符号学视角分析二重或三重证据法而言，叶舒宪提出的"四重证据法"依据的符号学理论则融合了福柯的话语理论和格尔兹的文化符号学理论①。除此之外，"四重证据法"还体现着媒介环境学理论、"中级理论模式"和证据法学理论。从传媒变化的角度来讲，国内文学人类学者对田野与文本、口头文化与书写文化的态度吸收了麦克卢汉的媒介理论；而以人类神话思维普遍规则或文化通则为内核，则体现着张光直的社会文化体系的"结构"思想；清代国学家汪辉祖有句名言"据供定罪，尚恐失真"，证据法学理论的运用也充分体现了文学人类学者始终秉持胡适所倡的"大胆假设，小心求证"这一谨严治学态度的重要性。

尽管如此，依然不能忽视四重证据法中的媒介霸权，尤其是图像霸权问题。布迪厄指出，根据"场域"概念进行思考就是从关系的角度进行思考②。由此，深受启发的代云红认为在四重证据法的场域结构中其实存在着两个媒介文化中心：一个是以文字符号为中心的书写媒介文化，另一个是以非文字符号为中心的口传和图像等媒介文化③。但显然单纯强调书写媒介这个维度就容易使得学人的视界被文字膜拜和文本至上的观念所囿。基于此，在四重证据法场域结构中，各种类型的媒介的重要性都在发生转向，即由文字中心转向非文字中心如实物造型、考古图像等，其中作为视觉符号的图像阐释效力更是显而易见：

> 视觉符号以具体可感的形象、意象、画面、造型和象征来传达意义，恰好成为弥补"道可道，非常道"的语言缺陷的替代性选择。当我们说"图像的蕴涵远远大于语言和文字"时，也就相当接近了对图像特有的视觉说服力的认识。而当我们在对图像的视觉说服力充分自觉的基础上，开始运用跨文化的图像资料作为人文学科研究中的

① 代云红:《中国文学人类学基本问题研究》，云南大学出版社 2012 年版，第 207 页。
② [法]皮埃尔·布迪厄、[美]华康德:《实践与反思：反思社会学导引》，李猛、李康译，中央编译出版社 1998 年版，第 133 页。
③ 代云红:《"媒介场"视域中的"多重证据法"》，《江苏行政学院学报》2010 年第 6 期。

"第四重证据"时，那也许会有"柳暗花明又一村"的惊叹效果，从语言的贫乏和书写的局限所导致的盲视，转向生动而直观的洞见。[①]

然而，应该理性地看到媒介场域理论中容易出现从一种媒介霸权滑向另外一种媒介霸权的可能性。一味强调图像媒介的证明效力，就必然会形成口传与书写两种文化的对立，使得待解决问题出现"矫枉过正"抑或"过度阐释"倾向，进而走向图像霸权。周宪认为图像对文字的霸权正是"读图时代"的隐忧，能够造成对文字的挤压，"在'读图时代'，从文化活动的对象上说，文字有可能沦为图像的配角和辅助说明，图像则取得文化主因（the dominant）的地位；从文化活动的主体上说，公众更倾向于读图的快感，从而冷落了文字阅读的爱好和乐趣"[②]。

图像的直观性与视觉化形成的图像霸权已然成为"读图时代"的标志，昭示了主因型文化从语言向图像的一次深刻转型，正在朝着新的"图像拜物教"方向发展，这既容易使图像因自身的禁闭世界影响观者的阅读，又容易阻碍观者的深层次理性思考，这是文学研究者们竭力避免的。代云红指出，文学人类学研究不可全盘照搬加拿大传播学巨匠麦克卢汉（Marshall Mcluhan）的媒介理论，而避免图像霸权的稳妥路径即是"以正面的态度对待口语文化与书面文化的反差，认识到二者在思维及表述上的差异，但不应过度加剧两者之间的缝隙与裂痕"[③]，应当说这是非常中肯的。

我们还需要正视四重证据法存在的其他问题，首先是该方法论的结构"层累"学术之争问题。李菲将叶氏"四重证据法"归为文学人类学的"层累结构"研究范式，认为或许今后还可能发展至第五重证据、第六重证据……，呈现数量上的递增[④]；王大桥则认为"从二重、三重到四重（有理由相信还会出现五重甚至六重）证据法的崇拜，在思维方式上没有根本的改变"[⑤]。其实，李、王两位学者均忽略了一个事实，即叶舒宪2005年提出四重证据法时，思想已经从文本小传统转向文化大传统。正因如此，两位学者也就无法及时洞见贯穿其中的神话思维与原型理论以及叶氏对神话

① 叶舒宪：《第四重证据：比较图像学的视觉说服力——以猫头鹰象征的跨文化解读为例》，《文学评论》2006年第5期。
② 周宪：《"读图时代"的图文"战争"》，《文学评论》2005年第6期。
③ 代云红：《"媒介场"视域中的"多重证据法"》，《江苏行政学院学报》2010年第6期。
④ 李菲：《新时期文学人类学研究的范式转换与理论推进》，《文艺理论研究》2003年第9期。
⑤ 王大桥：《中国语境中文学研究的人类学视野及其限度》，华东师范大学博士学位论文，2008年。

历史的再阐释。同时叶舒宪尤其重视第四重证据，一再强调这对建立跨文化比较视野甚至世界眼光的重要性，多次阐述四重证据法与考据学、符号学、证据法学之间的对照关系。四重证据法中，他强调在口语文化与书写文化的对立与冲突中批判与反思文明史，三重证据法和四重证据法之间存在明显分野，后者是对前者的一种超越而非简单的顺延。因此，关于四重证据法数量递增与材料堆加的"层累结构"假设和预见其实是没有必要的。

另外，四重证据之间以及每一重内部的证据间性问题尤其需要引起学人足够的关注。孟华早就指出，所谓证据间性是根据符号学的符号（媒体）间性概念衍生出来的，后者指的是每一种符号（媒体）都有自己特定的语法和编码方式，一种符号（媒体）的编码性质与另一符号（媒体）的编码性质有关，各自是在与其他符号编码的关联中发挥作用的[①]。他进而从文化符号学角度补充道，一个证据符号因其真实关联度不足而有赖于其他证据符号的补足，这不同证据符号之间的相互关联和补足关系就是证据间性[②]，它是一个接近结构主义符号学"文本间性"的命题。

事实上，四重证据中的任何一重构成的事实解释都存在局限性，存在"孤证不立"风险，由此就需借助其他证据的"剩余"来相互补足，从而提升阐释力度，以求还原事实。在证成过程中，不同类型、来源的四重证据符号证明效力并不均衡：经典传世文献中人为主观"雕琢"痕迹最明显，但保留了前人的关注点；地下出土的甲金文献虽为原始"书证"，但多为断简残篇，需利用其他三重证据建立起释读背景；"活态民族志"能够延展研究视野，便于考古资料类比推理与阐释，然而必须综合族群、环境、文化结构等因素方能弥补民族志整体质量的参差不齐；考古文物及图像作为"无言的见证人"会导致解读的偏颇与歧义，但能提供最具直观性"视觉说服力"的新材料。每一重证据符号自身具备"剩余"的同时，也不可避免地暴露"局限"，只有彼此利用"剩余"弥补"局限"才能发挥四重证据法的整体叙事功能。因此，我们既要关注证据与待证事项间的相关性与可信性，又要重视证据认知概率与推论力问题[③]。

此外还应注意，四重证据法是一种最理想的证成状态，但并非每一个

① 孟华、李聪聪：《论证据符号的真实关联方式和证据间性》，载王进喜、常林主编：《证据理论与科学——首届国际研讨会论文集》，中国政法大学出版社 2007 年版，第 289—290 页。

② 孟华：《真实关联度、证据间性与意指定律》，《证据科学》2011 年第 1 期。

③ 参见唐启翠：《认知、证成与呈现——论人类学"四重证据法"》，《社会科学战线》2010年第6期。

应用案例都可以像黄帝有熊、玄鸟原型那样同时提供四重证据方面的材料，于是我们不得不注意两种特殊情形的存在：一是限于研究者知识储备局限性以及材料自身稀缺性等主客观原因，缺失其中某一重证据的情况是存在的，需要具体对待，不断摸索与调整；二是四重证据之间可能会有重合的情况，比如有铭文的青铜器，从金文角度应划归第二重证据，然而青铜器作为文物本身即是第四重证据，兼具双重证据属性，又如 20 世纪 90 年代重庆巫山县出土的东汉鎏金铜牌饰，图像和题字（天门）共存，亦成为四重证据和二重证据得以同时呈现的极佳契机。而作为物的叙事和图像叙事的第四重证据内部不同材料之间也会产生互补互证效应，理论上也归证据间性问题范畴，叶舒宪通过解读西汉窦氏墓玉组佩神话图像很好地诠释了这一点[①]。因此，唯有立足于证据间性互阐互释原则，使四重证据形成一个立体阐释“场域”，方能更真实地呈现符号背后的“所指”，从而重构失落的文化记忆。

总而言之，四重证据法是对文学人类学新理论路径渐趋成熟的全新探索，不再停留在对以往文学和文化既有模式的反思、批判上，而是成为学人自我超越的新方法路标。叶舒宪的“三部曲”《熊图腾：中国祖先神话探源》（2007）、《神话意象》（2007）、《河西走廊：西部神话与华夏源流》（2008）以及《图说中华文明发生史》（2015）、《中华文明探源的神话学研究》（2015）等著作都是成功应用四重证据法的典例。2019 年，杨骊与叶舒宪编著的《四重证据法研究》是目前首部关于四重证据法基本方法论研究的专著，上编围绕其学术沿革、学理研究、方法论价值三个方面展开理论阐释，下编结合鸱鸮神话、天熊神话、龙蛇神话、虹神话、星占神话等生动个案予以立体释古，极大推进了学人对于文学人类学新方法论的探索与实践。而通过对这些著述的细致剖析可知，从“三重”到“四重”并不是简单的“层累结构模式”，在这个过程中，他持续反思“三重证据法”的理论架构，其研究视角也发生了转变：从纯文本研究走向田野民族志调查，从“书写文化”转向活态的“口头文化”。

四重证据法的提出是文学人类学者“在跨越学科、回归学问本体的尝试和努力，试图建构‘读（读书）—行（田野）—观（观察）—思（思考）—比（比较）—释（解释）’的问学模式”[②]，六字问学模式的概括也恰是整个

① 叶舒宪：《论四重证据法的证据间性——以西汉窦氏墓玉组佩神话图像解读为例》，《陕西师范大学学报（哲学社会科学版）》2014 年第 5 期。

② 彭兆荣：《格物致知：一种方法论的知识——以食物为例兼说叶舒宪的四重证据法》，《思想战线》2013 年第 5 期。

文学人类学理论建构模式的浓缩。应当明确四重证据法的最终目的在于“释”，四重证据彼此形成交叉观照，发挥出整体证明效力，对中国古典文学和传统文化中聚讼不已的无解、难解之题提供了重破译、再阐释的可能。通过这种以知识考古范式的重构与立体阐释方式，四重证据法被成功赋予人文科学一般方法论的意义，从而实现以人类学立体写作的范式转型诉求。

三、神话历史：历史记忆的原始传统回归

1903年，“神话”一词假道日本传入中国之后一直没有受到应有的礼遇，时至今日，神话仅仅被人为归属于民间文学一隅，勉强算是被现代性学科体制接纳。尽管如此，我们不得不承认，这样的划归是明显不当的，毕竟神话的概念远大于文学，存在时间也要比文学更为久远。实际上，正如弗莱所言，整个文学也无非古老神话生命体的一种变相延续或置换，文学应从属于神话，而非神话从属于文学。因此，从文学人类学的大传统视域出发，作为原始先民智慧的自我表述，神话始终代表着人类文化的强大基因，与史前的宗教信仰、仪式表演共生共存，发挥着最原初的神圣叙事功能。

从哲学本位观出发，神话成为非理性的代名词，被理性驱逐排斥；从历史本位观出发，历史学人又将神话视为不科学、不可信的伪史，二者形成鲜明的二元对立。卡西尔通过神话思维范畴建构起“象征形式哲学”，列维－斯特劳斯意图通过印第安人神话研究证明野性与科学两种思维方式的同等重要性，这都使得神话作为人类思维编码的一种符号正在突破“神话非理性”的错误哲学观。新历史主义则要求将历史从“历史科学”的瓶颈中成功释放出来，恢复历史与神话两种叙事的相同虚构、比喻性质，海登·怀特曾明确希望实现“历史科学”向“历史诗学”的革新转向，回归历史的本真，这也就无怪乎法国史学家塞特（Michel de Certeau）敢于发出石破天惊的声音：“历史可能是我们的神话！”①

不可否认，在中国的学术史上，神话遭遇了诸多文人乃至学术流派的抵制。刘勰曾在《文心雕龙·史传》中有一段关于神话传说与历史关系的记载，足以代表绝大多数“信史派”的观点，他们将神话传说视为随意、杜撰、不可信以及人云亦云的同义语、代名词：

---

① Michel de Certeau, *The Writing of History*, Translated by Tom Conley, New York, 1988, p.21.

若夫追述远代，代远多伪，公羊高云“传闻异词”，荀况称“录远略近”，盖文疑则阙，贵信史也。然俗皆爱奇，莫顾实理，传闻而欲伟其事，录远而欲详其迹。于是弃同即异，穿凿旁说，旧史所无，我书则传。此讹滥之本源，而述远之巨蠹也。[①]

而学术流派中最具代表性的当数极力主张疑古辨伪的“古史辨派”（又称“疑古派”），代表人物包括顾颉刚、钱玄同等人。他们通过爬梳考据，乐此不疲地致力于分割“神话”与“历史”，坚信二者是完全对立的，所以终极目的自然是将视同伪史的神话剔除出信史的学术范畴。他们对待古史的主要观点有二：一是上古时期不存在历史，因为上古流传的神话传说多不可信，上下五千年的华夏文明史应该减半；二是秦汉时期多伪史，主张中国古史是层累地造成的。古史辨派过分拘泥于文献史料记载，并将文字材料视为唯一可靠来源的观点很快招致了各方的批评。

国学大师钱穆对疑古派教条对待古史的观点进行了批评，他指出：

今求创建新的古史观，则对近人极端之怀疑论，亦应稍加修正。从一方面看，古史若经后人层累地造成；惟据另一方面看，则古史实经后人层累地遗失而淘汰。层累造成之伪古史固应破坏，层累遗失的真古史，尤待探索。此其一。各民族最先历史无不从追记而来，故其中断难脱离“传说”与带有“神话”之部分。若严格排斥传说，则古史即无从说起。此其二。且神话有起于传说之后者，不能因神话而抹杀传说。此其三。假造亦与传说不同，如后起史书整段的记载与描写，或可处于假造，其散见各书之零文短语，则多系往古传说，非出后世一人或一派所伪造。此其四。欲排斥某项传说，应提出与此传说相反之确据。否则此传说即不能断其必伪或必无有。亦有骤视若两传说确切相反，不能并立，而经一番新的编排与新的解释，而得其新鲜之意义与地位者。此其五。而且中国古代历史传说，极富理性，迫近事实，与并世其他民族追述古史之充满神话气味者大不相同。[②]

钱氏认为上古历史是无法脱离神话传说的，这在上述第二条修正意见中表露无遗，“若严格排斥传说，则古史即无从说起”。第四、五两条则说

---

① （南朝梁）刘勰：《文心雕龙·史传》，丛书集成本之2624，中华书局1985年版，第23页。
② 钱穆：《国史大纲》上册，商务印书馆1994年版，第8—9页。

明，神话传说在流传过程中会有增减缘饰，但却不能与"假造""伪造"直接画等号。中国古代的神话历史传说"极富理性，迫近事实"，这与世界其他民族有所不同，因此，很多神话传说应当成为治上古史的史料证据。

古史专家、考古学家徐旭生在建国后同样针对"极端的古史辨派"排斥一切神话的观点提出了严厉批驳，他在《我们怎样来治传说时代的历史》一章中说道：

> 他们（指极端的古史辨派）对于掺杂神话的传说和纯粹神话的界限似乎不能分辨，或者是不愿意去分辨。在古帝的传说中间，除帝颛顼因为有特别原因以外，炎帝、黄帝、蚩尤、尧、舜、禹的传说里面所掺杂的神话并不算太多，可是极端的疑古派都漫无别择，一股脑儿把它们送到神话的保险柜中封锁起来，不许历史的工作人再去染指！如果拿希腊的传说来比较，关于提秀斯的神话，不比中国古帝传说中所掺杂的神话少，可是恩格斯在《家庭、私有制和国家的起源》里面，叙述雅典国家起源的时候，还提到提秀斯"所起草的宪法"，把全体人民所分的三个阶级，说他"形成国家的最初的企图就在于破坏氏族的联系"，并不把这些史实放在神话里面，把它们封锁起来。①

由此观之，徐氏认为这些极端疑古派的错误在于他们并未将"掺杂神话的传说"和"纯粹神话"区别待之，更是以恩格斯叙述雅典国家起源的例子来力证他们"将神话关进保险箱"的举动荒唐之极。

殊不知，这些批评对20世纪古史辨派的领军人物顾颉刚而言多少还是有些无辜的。顾氏既是历史学家，又是民俗学家，他在研究孟姜女传说之后，得出一个重要结论是"传说本身也是一个历史的过程"。文学人类学者于玉蓉对此有着自己独到的理解，她通过顾氏对《大雅·生民》篇中所载姜嫄生后稷"履帝武"的分析，得出顾氏对于神话与历史关系的四点思辨性认识：

> 第一，他认为神话与历史在汉以前是合一的，在这篇文章的最后他说道："古人心中原无史实与神话的区别，到汉以后始分了开来。"
>
> 第二，对于古史文献的三类态度，他分别给予评语：相信它的是愚，驳它的是废话，解释它的也无非是锻炼。这里的"锻炼"可以理

① 徐旭生：《中国古史的传说时代》，广西师范大学出版社2003年版，第28—29页。

解为生硬地用“今人的理性”去衡量“古人的想象”，实在是削足适履之举。

第三，他认为倘使用民俗学的眼光看，这则神话具有故事的性质。

第四，他希望自己以后在面对神话时，不是武断地“信”或“驳”或“用今人的理性去分割离析”，而是遵循神话本身的性质，从而发现“他们在当时传说中(的)真相”。①

顾氏认为传说并非都是假话荒谬的，中国历史的性质其实就是神话与历史二者的彼此交织，可见“极端古史辨派”的许多学者并没有完全领会顾氏的深入思考。

神话与历史之间的张力并非发生于两个事物之间，而是在同一个事物里面发生的，不幸的是，当代范式人为规定了神话与历史的划分依据，这也就使人们的价值判断不可避免地陷入自己框定的一个无解怪圈：“神话历史化”抑或“历史神话化”？其实这样的探究意义不大。因为神话自创世始延续至今，与历史同生共长，正如马林诺夫斯基所言：“在所有的文化中，神话必须(需)的要素，而且神话不断地再生。所以一切历史的变化产生于历史连贯的神话。”②此外，伊利亚德对神话特点的总结概括其实足以代表神话历史领域的显著特征：“神话揭示世界、人类和生命具有超自然的起源和历史，并且这种历史是重要的、珍贵的和典范的；神话总是与创造联系在一起，既展示着事物的来源，又展示着如何确立行为的形态、制度以及劳动方式，故而神话被视作重要的人间行为典范；由于知晓神话，人们才得以了解事物的起源，进而统治、操作事物；无论通过什么方式，人都活在神话之中。”③所以，在他们看来，神话叙事本身就蕴藏着深刻的历史内涵，换言之，神话叙事中本来就包含有“历史的真实”。

如若将历史和神话人为割裂分开研究，就等同于在后现代知识背景之下，将神话历史这一打通文史哲诸学科从而提供通观式研究的可能性突破口重新封堵。因此，黄悦指出，“借助多学科的视野我们不难看出，对于人类社会来说，神话历史本质上是一种集体性的记忆，这种记忆中包含了种

① 于玉蓉：《从“神话与历史”到“神话历史”——以20世纪“神话”与“历史”的关系演变为考察中心》，《民俗研究》2014年第2期。

② [英]马林诺夫斯基：《原始神话论》，[韩]徐大永译，韩国民俗苑出版社2001年版，第87页，转引自[韩]林炳僖：《韩国神话历史》，南方日报出版社2012年版，第13页。

③ Mircea Eliade, *Myth and Reality*, translated by Willard R. Trask, New York: Harper & Row, 1963, pp.18–19.

种的解释和证明，暗含了根本性的价值判断”[①]。美籍华裔人类学家张光直认为，中国文化没有发生过在西方文化史上最为重要的天人之间的断裂。因而，天人合一始终是早期中国思想里面最重要、最核心的东西。需要明确的是，天人合一出于神话想象，而非哲学思辨，张氏在其文《谈“琮”及其在中国古史上的意义》中曾这样诠释玉琮代表的天人合一意义：“‘方属地，圆属天，天圆地方。方数为典，以方出圆，笠以写天。天青黑、地黄赤，天数之为笠也，青黑为表，丹黄为里，以象天地之位。是故知地者智，知天者圣。’……能掌天握地的巫因此具备智人圣人的起码资格。”[②]由此可知，内圆外方的玉琮恰恰充当着神巫“掌天握地”的法器，成为其身份的最佳象征物。叶舒宪认为，如果为天人合一寻找一个形而下的原型的话，那就是玉人了，“目前学界一般的解释是说，此类形象要么是通神者即巫觋、萨满的形象，要么就是天神的形象。从玉教信仰的解读看，需要特别注意的是，此类史前玉人形象与天的宗教神话联想，以及逝去的祖先灵魂升天，与天帝及诸神同在的宗教信念”[③]。玉人形象的物质基础是玉，能够代表天，形塑的是人，玉石神话信仰建构出的天人合一观念对文化符号生产恰恰能够发挥枢轴作用。

中国历史书写特征为“神话历史”，驱动其神话想象的终极原型是源于八千年前的玉石神话信仰，而透过秦始皇制作传国玉玺、鸿门宴上刘邦靠玉璧保全性命等极具代表性的历史事件，足以生动呈现玉石神话信仰对整个华夏文明的历史构成与历史书写所起的支配性作用。古代帝王皆称“天命不可违”，以受命于天来强化自身统治的合法性，如此头等大事事关统治者登基或继位的权威性，必须用一种至高无上的物质符号予以证明，而在秦始皇嬴政看来，他舍弃了贵重的金属，“收天下之兵，聚之咸阳，销锋镝，铸以为金人十二”（《过秦论》），而选择用顶级和田玉制成传国玉玺，足见其重视程度。传国玉玺代表着最高权力，一旦将玉石神话信仰与玉玺的最高王权象征意义结合起来，就为后代史家的史书撰写提供了无尽的想象空间，传国玉玺失而复得、得而复失的近千年传奇故事足以成就华夏文明中文学创作者们乐此不疲的最佳写作题材。

事实上，天人合一的宇宙观并非中国专有，世界上的其他文明中也有与之相类似的信仰，只不过在他们文化史的某一个阶段中神圣与世俗之间

① 黄悦：《神话历史：一个跨学科的新视角》，《百色学院学报》2011 年第 4 期。

② [美]张光直：《中国古代青铜器》，生活·读书·新知三联书店 2013 年版，第 304 页。

③ 叶舒宪：《从玉教神话看“天人合一”——中国思想的大传统原型》，《民族艺术》2015 年第 1 期。

发生过断裂，不像在中国能够一直延续至今。张光直就曾参照理查·汤森的观点，以15世纪墨西哥的阿兹忒克人的信仰为例进行过阐释，“把他们的都城和都城环境的关系，看作一个整合的宇宙结构，即一个有秩序的宇宙；并视其中的自然现象为本质上神圣的、有生命的，且与人类活动有密切关系的……印第安人以一种参与的意识来对待自然现象；他们视宇宙为各种生命力之间的关系的反映，而生命的每一方面，都是在一个内部关系互相影响的宇宙体系中的一部分”[①]。如此看来，无论中西，神话建构下的天人合一思想犹如深藏于文化表层之下的深层建构一般永存不衰。

随着神话、历史二者间的关系逐渐倾向模糊化、融合化，国外许多学者提出用全新视角重新审视神话与历史。这些学者的代表性著作被先后译成中文，包括：（美）保罗·康纳顿的《社会如何记忆》（纳日碧力戈译，2000）、（美）唐纳德·R. 凯利的《多面的历史：从希罗多德到赫尔德的历史》（陈恒、宋立宏译，2003）、（英）菲奥纳·鲍伊的《宗教人类学导论》（金泽、何其敏译，2004）、（英）弗朗西斯·麦克唐纳·康福德的《修昔底德：神话与历史之间》（孙艳萍译，2006）、（英）杰克·古迪的《偷窃历史》（张正萍译，2009）等等。直到2009年，叶舒宪正式提出“神话历史”概念，指出“表达的符号形式和思想观念的统一，为中国式神话历史留下了书写的见证。但是探寻其根源或现实原型，则需要解读文字文本之外的文化文本”[②]，这同时也宣告了文学人类学理论建构的又一重要环节对接成功。

其实，以弗莱为代表的文艺批评流派对文学人类学一派的研究影响甚大。他们声称文学作品中的叙事结构、情节意象等都可以在流传的神话中找到原型，这与该派“文学源自神话”的一贯主张完全吻合。1987年，叶舒宪负责编译的《神话——原型批评》问世，文艺批评流派的基本观点被一一介绍到国内，由此产生了持久的学术影响，对于形成有中国特色的文学人类学研究学派可谓起到了基础建设作用。随着研究的深入，他逐渐体认到“由于‘文学的’神话观几乎在一个世纪的时间里占据了主导性地位，说到神话就如说到虚构和幻想，结果导致现代中国学术语境中神话定位的褊狭化和虚幻化”[③]，因此积极倡导走出文学本位观，到文化大传统中解读神话，进而以神话的宏阔视角去重新审视中国的传统文化。这就使得强调

① ［美］张光直：《考古人类学随笔》，生活·读书·新知三联书店2013年版，第51页。

② 叶舒宪：《中国的神话历史——从“中国神话”到“神话中国”》，《百色学院学报》2009年第1期。

③ 叶舒宪：《中华文明探源的比较神话学视角》，《江西社会科学》2009年第6期。

四重证据法成为"神话历史学派"的显著特征之一，他们力求"通过研究在语言形成之前的漫长历史时期的图像和实物，以先于语言思维的神话思维为线索，钩沉出远古初民的历史记忆和文化原码"①。

自此以后，文学人类学研究者力倡神话不应依旧处于边缘化、破碎化的状态，也不应该甘在民间文学课堂之上作壁上观，是时候彻底打破神话委屈偏安文学一隅的局面了。在叶舒宪的引领下，文学人类学领域的青年新锐倾力研究，开始了从神话历史角度释读中国文化原典的全新尝试。当然，成绩是显而易见的，《神话历史丛书》的出版问世检验了在神话历史视域之内解读中国文化原型编码的成效。叶舒宪谈及《神话历史丛书》的编撰初衷时，显然将治学眼光放在了更长远的未来：

> 如何将局限于文学课堂的神话真正释放出来，使之成为重新贯通文史哲、反思中国文化研究的有效概念工具，引领学者超越传统的成见和现代的学科偏见，重新进入中国思想传统和历史传统。②

南方日报出版社出版的《神话历史丛书》（第一辑），包括《文化记忆与仪式叙事：〈仪礼〉的文化阐释》（荆云波，2010）、《礼制文明与神话编码：〈礼记〉的文化阐释》（唐启翠，2010）、《断裂中的神圣重构：〈春秋〉的神话隐喻》（谭佳，2010）、《神话叙事与集体记忆：〈淮南子〉的文化阐释》（黄悦，2010）、《宝岛诸神：台湾的神话历史古层》（叶舒宪、陈器文主编，2011）、《儒家神话》（叶舒宪、唐启翠编，2011）、《韩国神话历史》（[韩]林炳僖，2012）以及《中国创世神话研究》等八部著作，以下择要述之：

（一）《文化记忆与仪式叙事：〈仪礼〉的文化阐释》。荆云波主要借助神话仪式理论以及四重证据法，从仪式视角对《仪礼》进行阐释研究，在文本、仪式以及器物图像的多重证据观照下，深入挖掘仪式背后潜隐的神话原型、思维与信仰，探究玉礼器的文化象征意涵。此外还有权力在仪礼之中的渗透效力，在考察古代社会生活中礼仪功能的同时，尽可能阐释礼仪对华夏文明的符号价值。

（二）《礼制文明与神话编码：〈礼记〉的文化阐释》。唐启翠通过关注

① 于玉蓉：《从"神话与历史"到"神话历史"——以20世纪"神话"与"历史"的关系演变为考察中心》，《民俗研究》2014年第2期。

② 叶舒宪：《神话作为中国文化的原型编码——走出文学本位的神话观》，《中国社会科学报》2010年8月12日。

神话、仪式与“物化”符号之间的内在联系，从知识考古视角出发，进行廟（庙）与明堂的原型解码、冠礼仪式的象征探源、“五方之民”叙事的话语模式还原等研究，意在揭示被书写文化遮蔽的仪式行为元语言以及认知编码，《礼记》的问世乃是话语统治者借助礼制文明维护权力合法性的产物。

（三）《断裂中的神圣重构：〈春秋〉的神话隐喻》。谭佳通过神话历史视角系统解读《春秋》的来龙去脉，发掘出该书是对王制神圣性的重构，其产生渊源、发生机制以及功能意义都是一种特定的神话隐喻。春秋时期，礼崩乐坏，王权阶层意图改变局面，于是只得运用所有可用资源达到天人合一的目的，重新建构神圣的王制。

（四）《神话叙事与集体记忆：〈淮南子〉的文化阐释》。黄悦着力对《淮南子》的思想话语体系以及文本语境进行了重新审视，力图寻找出其内在的神话渊源，建构神话叙事的话语权威，通过追述集体记忆勾勒天人秩序的脉络。透过神话历史对书中的女神群像进行全方位的追根溯源，以期能够尽早揭开她们身份的神秘面纱。

（五）《韩国神话历史》。韩国学者林炳僖意在通过神话历史理论，展现一幅韩国神话历史的全新图景。他分别对韩国的创世神话、檀君神话、建国神话、物质表现的神话以及巫神话进行阐释，意在说明所有这些神话与韩国历史的创造、民族、政治、物质乃至仪式都息息相关，一言以蔽之，从创世以来直到今天，我们始终都生活在神话历史之中。

一方面，从神话历史角度对中国古代原典进行文化阐释，诸如《仪礼》《礼记》《春秋》《管子》《淮南子》《吕氏春秋》《墨子》《汉书》《三国志》等已经得到初步阐释或正在被解读，而这些努力都绝非鼓吹奉行文化原教旨主义，而是探索中国神话历史的脉络轨迹。另一方面，神话历史理论同样适用于世界神话历史的解读，林炳僖的《韩国神话历史》、金立江的《苏美尔神话历史》等就是最好的典例，我们期待将来不断涌现出诸如《希腊神话历史》《日本神话历史》《印度神话历史》《埃及神话历史》这类沿着神话历史研究路径继续推进的著作。文学人类学研究者正是在广泛汲取国际神话学研究最新成果之后，着眼于神话学发展的最新动态，努力从神话历史的角度发出自己的声音。除“神话历史丛书”以外，“神话学文库”（第一辑 16 种、第二辑 21 种）、“文明起源的神话学研究丛书”（5 种）等多部丛书相继出版，而这些优秀的学术成果从不同层面成功积累起将神话历史理论转化为具体操作的实践经验。

世界上的很多族群被误以为没有历史，然而事实并非如此，他们原来是有的，只是后来被“偷”走了。杰克·古迪一语道破了玄机：

> 从19世纪初期开始，西欧人便出现在世界各地，这是殖民征服与工业革命的结果，由此，世界历史的建构便由西欧所支配。然而，其他文明也是世界历史的一部分（某种程度上，所有的文明都只是一部分），比如阿拉伯、印度和中国文明。事实上，大多数文化本身都不缺乏过去与其他地区相互联系的观念，只是比较简单而已，但很多研究者却更愿意将这些看法放在神话而不是历史的标题之下。①

时间与空间“偷窃历史”问题需要引起我们足够的重视与反思，历史被西方接管，一度被概念化，被局限在欧洲褊狭的空间范围内，后来又以历史事件的形式强加给世界其他地区。我们今天期盼的最理想结果应当是，“不只是全球各族群的神话历史都被承认为历史，就连西方人曾经自以为是科学的历史（以兰克史学为代表），也照样被还原为神话历史”②，而通过循序渐进的不断努力，这是完全可以实现的。

赵世瑜认为神话传说也是一种对历史的记忆，但他提醒我们应该反思自己的认识论、方法论立场，不应始终将“科学观念”奉为圭臬，应当积极借鉴福柯的知识考古范式：

> 在传说中，有些成分可以被我们认为是虚构的，但在很多情况下，是因为我们所恪守的科学观念、方法论立场等等从一开始就与传说的是对立的，就像“无事件境”记忆所表现出来的那种情况一样。所以一直存在着这样一种可能性，即我们主观上认为这个东西是虚构的；同时即使在“事实”的意义上某些传说是虚构的，但在“思想”的意义上它们仍是“事实”。所以，我们在判断传说作为一种历史记忆是不是虚构，哪些成分是虚构的，在什么意义上说是虚构的，需要首先对自己的认识论立场、方法论立场进行反思，这就是福柯进行“知识考古”的含义。③

赵世瑜的观点更近于后现代主义，换言之，工业革命带来的科学实证

① ［英］杰克·古迪：《偷窃历史》，张正萍译，浙江大学出版社2009年版，第3页。
② 叶舒宪：《“神话历史”：当代人文学科的人类学转向》，《社会科学家》2013年第12期。
③ 赵世瑜：《传说·历史·历史记忆——从20世纪的新史学到后现代史学》，《中国社会科学》2003年第2期。

主义并非真理阐释的唯一路径，传说和“小历史”[①]同样是历史记忆的不同表达方式。他提及的“事实”意同“历史的真实”，而这与中国台湾清华大学民间文学专家胡万川的观点有着异曲同工之妙。

胡氏指出，对于生活在神话传说时代的人们而言，神话与传说传达的都是“关于真实存在的真实叙事”，与人们对于外界以及自身的认知度有密切关系：

> 神话亦有真实，亦有想象，传说也是如此。不论它们充满多少我们所说的想象成分，对讲述、流传神话、传说的人来说，一切都是与人的定位与认知有关的真实。它们和民间故事（folktale）或小说（fiction）视为娱乐的听闻、阅读而存在有着很大的不同。而特别值得一提的是一些古老的神话母题，目前依然流传，并且仍然是当今人类关怀的课题，只不过有的已被转化吸收，成了体系化宗教的一部分，例如宇宙生成，人类由来，以及人生之终极关怀，乐园、失乐园一类，从古至今这些都一直是人类挂心的问题。而传说的范畴十分广泛，从英雄人物、历史事件到山川地理特征，以至于宗教感应、圣徒行谊、个人灵异遭遇等都是。有些古代的传说或许已经不再流传，有些传说，特别是灵异传说，也还历久弥新。[②]

美国学者保罗·康纳顿认为我们应该把社会记忆与历史重构区分开来，尽管两者之间能够产生互动，“即便历史学家不能根据连贯的传说，从见证人那里得到有关一个事件或者习俗的陈述，他们依然能重新发现完全被遗忘的东西……事实证明，或多或少属于非正式的口述史，是描述人类行为的基本活动。这是所有社群记忆的特征”[③]。

所以，无论是赵世瑜、胡万川，还是保罗·康纳顿，他们共同启示当下的中外学人，应该将神话与历史放在同等的价值层次上去研究，也只有在

---

① 依赵世瑜所下定义，所谓“小历史”，是指那些“局部的”历史，比如个人性的、地方性的历史，也指那些“常态的”历史，日常的、生活经历的历史，喜怒哀乐的历史，社会惯制的历史。可参见赵世瑜：《小历史与大历史：区域社会史的理念、方法与实践》，生活·读书·新知三联书店 2006 年版；林富士：《小历史——历史的边陲》，（台北）三民书局 2000 年版。

② 胡万川：《真实与想象——神话传说探微》，（新竹）“清华大学”出版社2004年版，转引自叶舒宪：《“神话历史”：当代人文学科的人类学转向》，《社会科学家》2013 年第 12 期。

③ ［美］保罗·康纳顿：《社会如何记忆》，纳日碧力戈译，上海人民出版社2000年版，第9—13 页。

历史记忆的意义之上，神话与历史在价值上才是平等的，传统上截然的二元对立态度已经不再适用于今天的学术研究。从这个意义出发，神话历史是促进历史记忆原始传统回归的最佳选择。

综上言之，“神话历史”理论的提出与运用很大程度上能够消解历史与神话的截然对立，成功突破神话学研究的文学本位局限，将神话从狭小的学科概念中解放出来，真正发挥其贯通文史哲诸学科的整合优势，同时发挥自身的文化编码与神圣叙事的方法论功能。神话堪称一个民族的精神密钥，而神话历史的理论视域则完全能够在中国传统文化的土壤之中生根发芽，进而发掘出探索华夏文明本源的“达·芬奇密码”。

四、文化大传统：“人生识字糊涂始”的突破与觉悟

1956年，美国人类学家雷德菲尔德（Robert Redfield）在著作《农民社会与文化》中提出了“大传统和小传统”的二元分析概念，最初用以说明在复杂社会的组织结构中同时并存的两种不同层次的传统：

> 在某一种文明里面，总会存在着两个传统；其一是一个由为数很少的一些善于思考的人们创造出的一种大传统，其二是一个由为数很大的，但基本上是不会思考的人们创造出来的一种小传统。大传统是在学堂或庙堂之内培育出来的，而小传统则是自发地萌发出来的，然后它就在它诞生的那些乡村社区的无知的群众的生活里摸爬滚打挣扎着持续下去。[①]

很显然，雷德菲尔德所指的“大传统”是代表国家的，由少数知识阶层掌控的书写文化系统，属于“精英文化”；而“小传统”则是代表农村的，由大多数农民通过口传等方式传承的大众文化系统，属于“通俗文化”。但他认为，所有的文明社会内部都存在这样的大、小传统，而原始社会或部落社会一般没有大传统，只有小传统。雷氏虽然并非第一个使用大、小传统划分的人，但他此次明确的二元划分及理论说明却对后来的人类学或社会学等研究领域产生了深远的学术影响，一度成为20世纪后期流行的文化分析工具。

然而，叶舒宪和国内文学人类学同仁基于学术伦理的考虑，认为雷氏的划分法本身蕴含精英主义价值取向，与“眼光向下的革命”这一人类学

① ［美］罗伯特·芮德菲尔德：《农民社会与文化——人类学对文明的一种诠释》，王莹译，中国社会科学出版社2013年版，第95页。

转向相背离，应该引起当下学人认真的反思和批判，因此，他们反其意而用之，从反方向上对这组概念进行重新改造、划分：将先于和外于文字记录的传统，即前文字时代的文化传统和与书写传统并行的口传文化传统称为“大传统”；将由汉字编码的书写文化传统称为“小传统”。这种划分标准以历史时间为尺度，而非由掌握文字书写权力与否决定。叶氏概念与雷氏概念名同实异，虽为“拿来主义”，但这一观念性突破却意在将无文字时代和有文字时代贯通为一体，最终对中国文化进行重新整合和系统认知。

我国古代学术传统秉承奉经学为圭臬的治学理念，一味讲求“皓首穷经”，书生埋首于文献故纸堆中钻研学问，久而久之就形成了唯文本马首是瞻的惯习定式，难免沾染上呆气，因而生活在文字编码小传统中的文化人很难克服文字符号的遮蔽效应，也就无法自觉感知、体认大传统的存在意义了。令人稍感欣慰的是，还是有少数先知先觉者将打破文字迷信落实到“书不尽言，言不尽意”乃至苏轼“人生识字忧患始”这样的悖论性认识中去，所以后来鲁迅“翻造”的“人生识字糊涂始”之说也就容易理解了。

放眼世界，“识字”导致“糊涂”的现象可谓不胜枚举。当代印度学者已经清楚划分出印度文明的三大渊源：一是印度河文明；二是雅利安文明，使用梵文这种表音文字，留下《吠陀》等宗教经典；三是南方的达罗毗荼人（Dravidians）文化[①]。令人遗憾的是，印度河文明与达罗毗荼人文化在过去根本不为人所知，究其原因就在于从欧洲迁徙而来的雅利安人掌握着梵文的书写能力，从而支配着整个南亚文明的发展，而雅利安人入侵之前的历史真相却被遮蔽尘封起来。随着现代考古学的发展，印度河文明终于在4000年之后重新呈现在世人面前：

> 这是次大陆城市化的开始，在这个地区的历史上，第一次出现了许多不同社区一起住在大城市内的证据。城市建在高于泛滥平原的巨大泥砖台基上，城市内部安装了配套设施：井、浴室和一整套排水系统。居住在城市不同区域的统治者们，不像美索不达米亚和埃及人那样建造华丽的中心殿堂或庙宇，而是用大量围墙和门道来维护城市规划，以此来保护市民并控制贸易。学者们在最近八十年中不断用新的方法去更好地了解印度河人的刻划印章和城市规划，这些是体现一个文化与其他早期文明之间差别之所在。

① Haridas Bhattacharyya, ed., *The Cultural Heritage of Indian*, Vol. III, Calcutta: Institute of Culture, 1953, p.3.

> 通过人工制品和陶器的比较，最终加上放射性碳断代技术的辅助，工作在印度河流域的考古学家，断定印度河城市建立于公元前2600年左右。[①]

南亚印度河文明是如此，中国良渚文明的兴衰研究亦有异曲同工之处。吴汝祚、徐吉军在《良渚文化兴衰史》一书中认为，重建良渚文明史依据的主要材料是遗址与文物，而且总结出良渚文化兴衰过程中的经验教训，其中之一即是开放性，它能吸收一切有利于自身发展需要的外来文化因素，甚至依据文物特征（如白陶器与史前巫师法事仪式的关系等）梳理出良渚文化与其他史前文化的相互学习借鉴关系。因此，诸如上述所列的古史研究视野的突破对于以往仰赖文献研究的学者而言是无法想象的，不突破文字小传统的成见与束缚，大传统的真实存在感就得不到体认，叶氏对雷氏的术语绝非凭空改造，其意恰在摆脱这种书本主义的知识观，进而重建新的中国文化观。

前述四重证据法的提出有助于解决史前文明中无法解释的疑案难题，相较于"读万卷书"，文学人类学者更看重"行万里路"，因为这才是摆脱小传统书本主义知识观限制，洞悉小传统之前的大传统的关键。在瑞士阿尔卑斯山脉的德拉忱洛克（Drachenloch）地区，考古学家发现了尼安德特人的一个猎熊洞穴遗址，洞室中央有一个石柜模样的人工祭台，沿洞壁人为摆放着熊头骨，有些熊的颧骨处刻意插有其他熊的肢骨。部分学者认为这是典型的"狩猎巫术"，是一种模仿的神话思维，意图通过模拟现实和情景再现预祝真正的狩猎行为得到成功复制。可见，像尼安德特人这些史前猎人对熊这种陆地兽的熟悉程度远超过后来的农人，目前，人类学家已经根据现存狩猎民族的熊图腾信仰和仪式构拟出从史前到文明的熊神话演变史[②]，而这当然是固守文字小传统的古代文史学家们无法想象的大传统知识。

我们知道，神话时代的开始时间约在较发达的分节语言系统产生之后，其终结时间约在书面文字产生以后，而像尼安德特人模仿的神话思维恰恰是人类在史前神话时代的主要思维形态。今人习惯于将古代人类的思维方式套入现代人类思维的模式中，而不是从大传统长时段的视角把握

---

① ［美］乔纳森·马克·基诺耶：《走近古印度城》，张春旭译，浙江人民出版社2000年版，第12页。

② 参见叶舒宪：《熊图腾：中国祖先神话探源》，上海锦绣文章出版社2007年版。

思维这种历史现象，因而使得这一特有思维形态被长期忽视甚至误读。

基于此，瑞士心理学家皮亚杰（Jean Piaget）从发生学视角对神话思维的混沌性、自我中心性及其与原始信仰的关联进行了阐释，为学人重新考察艺术的起源过程提供了新参考，他指出，在儿童心理发展中会出现类似原始民族的前逻辑心理状态现象，此时的儿童会把主观的心理动机混同到对事物原因的解释中：

> 当原因还带有这种半心理的动机的迹象时的这种原始关系，我们称之为前因果关系（precausality）。这种前因果关系的一种表现形式就是对自然界做出的一种拟人论的解释。在这种情形之下，现象的原因和创造者或作为山川河流的创造者的人们的意向总是混为一谈的。①

作为一种符号活动，思维必须借助某种符号载体来传递并交流信息，方能完成运演过程。叶舒宪认为在很大程度上，对某一种特殊思维形态的认识程度取决于对该思维运演的符号媒介形式的认识程度。这就需要从神话思维符号角度着力论证原型的生成和传播，进而追溯比兴及隐喻思维从神话思维脱胎的情形，意在证实理论思维并未全然替代神话思维，文明人的艺术思维已在悄然无声中承继了消亡中的神话思维。可见，原来重在信息本身，后来重在语言表达形式，“真”的意义让位于“美”的意义，这便是神话思维到语言艺术思维的过渡②。当然，我们希望能够归纳出从神话思维到文明社会的艺术思维之演进脉络，给跨学科研究找到历史与逻辑相统一的观察视角。

神话思维与史前宗教信仰的契合使得人们将审视艺术的眼光投射到神话叙事想象的大背景之中，离开了神话学知识，史前艺术的研究也将难得要领。神话图像不是基于审美而被创造的，而是为了表达某种理念而出现的，所以“神话图像绝不是寓言，它之所以被谨慎地挑选出来，纯粹是为了遮蔽一些抽象的思想，神话图像与思想密不可分，它表述了一种包含体验已成为直觉的规则”③。

面对先于文字而产生的视觉艺术，萧兵认为建构其语法从而破解这些

---

① ［瑞士］让·皮亚杰：《儿童的语言与思维》，傅统先译，文化教育出版社1980年版，第205页。

② 俞建章、叶舒宪：《符号：语言与艺术》，上海人民出版社 1988 年版，第 161 页。

③ Henri Frankfort, Mrs H.A. Frankfort, John A. Wilson, Thorkild Jacobsen, *Before Philosophy: The Intellectual Adventure of Ancient Man*, Penguin: Harmondsworth, 1949, p.15.

艺术作品的意义与功能才是结构主义的精华。在《中国早期艺术的文化释读——审美人类学微观研究》中，他立足于本土主位视角，力倡图像证史，对包括半坡类型人面鱼纹彩陶盆、良渚文化神人兽面纹玉琮、仰韶文化鹳鱼石斧图彩陶缸、红山文化玉猪龙以及勾云形玉佩等在内的重要艺术作品进行跨学科、跨文化、跨时空的开放性阐释，主张通过"有证据假说"来验证"物的叙事"，并将民俗神话作为解读古代艺术的"参照系"：

> 马克思《〈政治经济学批判〉导言》说："希腊神话不只是希腊艺术的武库，而且是它的土壤。"凌乱苟简的中国神话，整理和分期非常困难，加上"神话传说化，传说历史化"，一切都在半生不熟、似暗若明里演化，实在很难成为中国艺术的武库或土壤，但是我们可以用民俗神话做"背景"或"参照系"，沟通文野，融贯中外，尝试分析彩陶图纹和上古造型艺术。①

与萧兵观点形成呼应的是英国考古学家科林·伦福儒（Colin Renfrew）与伊恩·莫雷（Iain Morley）合编的《意象和想象：想象化表现的全球史前史》一书，其中罗伯特·莱顿（Robert Layton）执笔第四章"艺术、语言与灵性进化"，他在对艺术、语言扮演的角色进行分析后指出，如果尼安德特人真的有时要埋葬死者，这可能是由高风险情况下的合作引起的强烈共同意识，而并非灵性的征兆，一种限制性代码可能不允许复杂的推理体现在涂尔干和霍顿描述的宗教世界观上②。如果我们一味以科学理性去看待史前的大传统意象和现象，就脱离了当时的真实情境，无法还原"历史的真实"。

由此，在对大、小传统的概念进行重新界定后，我们就需要探讨两者之间的关系，而从双向审视角度应该给出这样的辩证阐释："大传统对于小传统来说，是孕育、催生与被孕育、被催生的关系，或者说是原生与派生的关系。大传统铸塑而成的文化基因和模式，成为小传统发生的母胎，对小传统必然形成巨大和深远的影响。反过来讲，小传统之于大传统，除了有继承和拓展的关系，同时也兼有取代、遮蔽与被取代、被遮蔽的关

① 萧兵：《中国早期艺术的文化释读——审美人类学微观研究》，湖北人民出版社2014年版，第33页。

② Colin Renfrew & Iain Morley, *Image and Imagination: a Global Prehistory of Figurative Representation*, McDonald Institute of Archeological Research, University of Cambridge, 2007, p.55.

系。”[①] 这方面值得探讨的案例，诸如大传统的升天神话如何解读书面文学中的车马升天意象？玉石之路的大传统又如何突破丝绸之路的小传统束缚？该如何找寻从大传统的无文字祖先崇拜符号圣物——玉柄形器到小传统的有文字书写的祖灵牌位之间的证据？大传统的鸱鸮崇拜如何冲破小传统的神凤崇拜遮蔽？大传统的熊图腾如何摆脱小传统的龙图腾苑囿？等等。种种疑问都在促使着包括文学人类学者在内的所有学人，希望能够通过大传统理论追溯并恢复被书写文字遮蔽掉、阉割掉的历史原貌，从中国大传统的基因——神话观念着眼，重建前文字时代的神话历史以及后文字时代未被记录的民间文化传承。

近年来，大、小传统理论日益引起学界的重视和反思，并逐渐被运用到中国传统文化探讨和重释中，学人希望运用该理论把看到的对象提升到一个过去不曾有的地位和高度。

叶舒宪为体认大传统新知识、新视野对于解读小传统古书文献所起的启悟效果，习惯用《说文解字》作为典例进行解释说明。他秉持这样的观点：只要仔细阅读第一篇开篇的几个最重要的部首下面的字，就不难看出这并非随意编排的工具书，其9353个字的编排顺序始于“一”而终于“亥”，分明体现着神话宇宙观的时间和空间秩序[②]。而“一、上、示、三、王、玉”6个排在首要位置的部首序列就需要我们从华夏文明大传统的信仰基础和神话根脉上去找寻、剖析奥秘，一方面显示出神圣信仰和礼仪方面的所有汉语概念体系，另一方面体现出贯通“天地人之道”的文化内涵。带着这样的大传统神话思维，我们方能更好地还原其背后深藏的天人沟通神话观：

一：惟初太极，道立于一。造分天地，化成万物。

上：高也。此古文丄。指事也。

示：天垂象，见吉凶。所以示人也。从二。三垂，日月星也。观乎天文以察时变。示神事也。

三：数名，天地人之道也。于文一耦二为三，成数也。

王：天下所归往也。董仲舒曰：古之造文也，三画而连其中谓之王。三者，天地人也，而参通之者，王也。孔子曰：一贯三为王。

玉：石之美有五德者：润泽以温，仁之方也；䚡理自外，可以知

① 叶舒宪：《中国文化的大传统与小传统》，《光明日报》2012年8月30日。

② 叶舒宪：《中华文明探源的神话学研究》，社会科学文献出版社2015年版，第113页。

中，义之方也；其声舒扬，专以远闻，智之方也；不挠而折，勇之方也；锐廉而不忮，絜之方也。象三玉之连。其贯也。[①]

在进一步了解到华夏史前文化普遍存在着玉崇拜信仰之后，就更能感受许慎编撰的这部工具书表象之后透露出的文化大传统记忆的厚重与真实。由此观之，"文字创造历史"当是数千年来文人们因受文字崇拜及其遮蔽、误导而致的假象，所以我们亟须探寻汉字之前的大传统符号，运用非文字符号来支持对文化大传统的探究。法国年鉴学派代表人物费尔南·布罗代尔（Fernand Braudel）告诫我们既"不能说史前史不是历史"[②]，也"不要认为文字创造了历史"[③]，故而他在所倡新史学研究范式中强调的物质文化研究就显得极具代表性：

只有在发掘、分析、探询新石器时代、铜器时代、青铜器时代的农业文明、冶炼文明以及城市文明——这些文明大多没有文字——之后才得知，人们完全可以勾勒出这些时期的历史，揭示特性的铸就过程、社会组织形式、精英们如何展开竞争、经济变迁以及日常生活。[④]

胡建升顺承布罗代尔的"地中海式长时段"研究方法，对大传统的研究颇为深入，他从"多闻阙疑"视角将孔子放置到口传文化大传统的历史语境和社会场域中进行重新探讨：

孔子是一位学习、传播、守望口传文化的学者，"多闻"的口传知识观和"阙疑"的神话权威性都表明，孔子坚信口传文化大传统的价值观，对口传文化传递的神秘力量或神圣性是忠实不二、深信不疑的，而对后起的、新兴的、派生的、次等的文字书写传统表示了怀疑和警惕。可见，孔子并不如文明人所理解的那样，是一位信任史料书写权威的史学家，完全不信任口耳相传的故事。与此恰恰相反，口传

---

① （汉）许慎撰，（清）段玉裁注：《说文解字注》，浙江古籍出版社 2006 年版，第 1—19 页。

② ［法］费尔南·布罗代尔：《法兰西的特性：人与物》（上），顾良、张泽乾译，商务印书馆 1997 年版，第 7 页。

③ 转引自［法］费尔南·布罗代尔：《地中海考古：史前史和古代史》，蒋明炜等译，社会科学文献出版社 2005 年版，序言，第 1 页。

④ ［法］费尔南·布罗代尔：《地中海考古：史前史和古代史》，蒋明炜等译，社会科学文献出版社 2005 年版，序言，第 1 页。

文化知识的价值观念才是孔子所信奉的历史价值观念。①

《论语·述而》有云：“盖有不知而作之者，我无是也。多闻，择其善者而从之，多见而识之，知之次也。”显然，孔子对“不知而作”持明显的反对态度，认为“多闻”的口传文化大传统具备优等性，“多见”的文字书写小传统知识反而具备次等性，如此则与其一贯主张的“述而不作”完全吻合起来，也无怪乎叶舒宪认为孔子“述而不作”是“坚持祖述前人，也就是‘践迹’，即踩着前人脚印走路。也就是‘学而时习之’的那种不断重复的传道方式。因为口头传统的延续保证就在于严格遵守口耳相传的定制，不提倡另辟蹊径，也不推崇独树一帜”②。孔子持有基于口传文化知识观念或神话历史观念的历史价值观，相信大传统的历史知识能够如实保留历史原貌与文化真谛。

此外，胡建升在运用大、小传统理论阐释良渚文化出土玉器上的神徽时，着重从两个方面切入：一是彰显玉石神话大传统的神话原型功能，即将神徽的存在放置在原始符号发生学谱系中进行阐释；二是严格区分物质图像世界的符号关系（神圣场域）与现实世界的社会关系（世俗场域）③。通过分析，他认为现代学者深受神徽图像小传统的符号遮蔽，唯有将神徽置于史前女神文明大传统和墓葬死亡女神、再生女神的符号象征场域中，才能够重新解读出其隐喻和潜藏的神圣象征意义。萧兵也赞同玉琮“神人兽面”体现的是女性崇拜，象征女性“用之不勤”的生命力与繁殖力④。笔者同样认为，良渚文化时代的巫觋们渴望借助神性的传播达到敬畏神灵和祖先的目的，从而使自己进入灵魂的世界之中⑤。神徽图像小传统是原生玉石神话大传统派生出来的，这就启发我们唯有跳出小传统知识的窠臼束缚与遮蔽，才能正确释读神徽作为女神文明中女神语言的符号编码与文化象征意义。

2012年6月在重庆文理学院举行的文学人类学研究会第六届学术年会主题为“重估大传统：文学与历史的对话”，这足以洞见学人对这一理论的重视程度。根据杨骊的学术观察与归纳，虽然针对大、小传统的界定问题与会学者从理论背景到研究层面有着各种见解，分别对中国文化研

① 胡建升：《孔子“多闻阙疑”与口传文化》，《民族艺术》2014年第2期。
② 叶舒宪：《孔子〈论语〉与口传文化传统》，《兰州大学学报（社会科学版）》2006年第2期。
③ 胡建升：《良渚神徽的物质文化和神话图像》，《民族艺术》2013年第6期。
④ 萧兵：《良渚玉器“神人兽面纹”新解》，《东南文化》1992年第Z1期。
⑤ 公维军：《良渚文化玉器纹饰与刻符研究》，《牡丹江教育学院学报》2013年第4期。

究的意义、对学术视野的开拓、对后现代语境的切合三个方面分析了重估大传统的意义，但是通过重估大传统足以彰显中国文化构成的多元性和复杂性，延续了文学人类学界长期以来所持学术立场：反对"文字中心主义""汉文化中心主义""中原中心主义"三大权力话语对中国文化多样性的遮蔽，因此，才有了后续对"如何发现被遮蔽的大传统"所以然问题的追根溯源式探讨，才使得文学人类学研究得以突破"汉文化—中原模式"的研究框架，从多元族群、多重叙事维度对中国历史进行再认识和再表述[①]。这方面成果颇丰，主要有《文化符号学——大小传统新视野》（叶舒宪、章米力、柳倩月编，2013）、《统一中国的三大浪潮说——文化大传统视角的新理论建构》（叶舒宪，2019）、《万年中国说——大传统理论的历史深度》（叶舒宪，2019）、《魏晋风度与中国文化基因》（胡建升，2019）、《〈论语〉：大传统视野的新认识》（叶舒宪、萧兵，2020）等。值得一提的是，王先胜尝试创立一门考古纹饰学，并推出《中国远古纹饰初读》一书，侧重在梳理和解读中国史前陶器纹饰的神话天文学意涵，归纳出六组基本图形符号，是对文化大传统研究的重要拓展。

大传统给书面文学提供了创作土壤，使得各种文学主题中贯穿有大传统产生的原型意象，也正是无文字的大传统时期的"巫术——宗教意义的神圣空间"诞生了各民族丰富多彩的书写文学。但不可否认，口头传统与书写传统间存在张力，基于文字书写产生的文本观念正在逐渐远离神圣空间的倾向，换言之，学习读书写字会使口头诗人失去创造力，诚如南斯拉夫史诗和"口头文学"研究领域的美国著名学者阿尔伯特·洛德（Albert Lord）发现的一样，读写能力在脑子里产生一个文本的观念，而这个观念对叙事起控制的作用，干扰口头创作的过程[②]。而美国传播学家沃尔特·翁（Walter Ong）进一步阐释道：

> 文字必须经过个人内化之后，才能够对思维产生影响。内化了文字的人不仅写东西，而且说话也是文绉绉的。这就是说，如果不会写字，他们就不知道，自己的思维模式和言语模式在不同程度上要用口语来组织。由于知书识字的人脱离了口语组织模式，因而他们认为这种模式是幼稚的。然而相反，口语思维可能是非常精致的，而且有一

① 杨骊：《重估大传统：文学与历史如何对话——中国文学人类学研究会第六届年会学术观察与述评》，《社会科学家》2012年第7期。

② ［美］沃尔特·翁：《口语文化与书面文化：语词的技术化》，何道宽译，北京大学出版社2008年版，第45页。

定程度的反思能力。[①]

徐新建指出，在文学人类学的基础理论探求过程中，经过近年以“前文字时代”为中心对西方人类学经典理论中所谓“大、小传统”的排序颠覆和话语重建[②]，文学人类学正在建构以文化文本的大、小传统二分法为基础的新理论，文学人类学者仍然需要借助大传统新知识对文献知识小传统展开深入解读和认识，简言之，随着研究逐步深入，用大传统重解小传统将会继续延递下去。大、小传统在时空范围内共存有历时性、共时性两种关系，这就要求我们应该特别注意避免将二者视域下的文学对立甚或割裂开来的错误倾向，将文学批评置于文化人类学的视野中加以体认和判断，或许唯有立足于反转改造成功的大、小传统理论，我们方能逐渐觉悟“人生识字糊涂始”的真谛吧。

五、玉石神话信仰：华夏文明价值观传播的驱动力

玉石神话信仰，即叶舒宪首倡的“玉教”，二者意涵虽有异曲同工之妙，但笔者惯于沿用前者。2008 年 11 月 30 日，他在贵州民族学院的讲座中初提“玉教是中国人的国教”[③]观点，虽然认为凌家滩文化 M23 墓主人佩玉、红山文化玉雕熊龙以及《史记》“完璧归赵”叙事等都是对“最深远的国教即玉教传统的捍卫和延续”，但当时关注的重点还集中在中国圣人神话的原型考证上。2010 年起，他开始着眼探讨玉石神话信仰问题，对“玉教”为中国史前国教问题展开进一步论证，认为“玉教”是迄今可知中国境内最早发生的信仰现象，并力倡将“玉教”视为凸显中国文化基因和原型编码的“国教”[④]。

宗教产生于对世界的神圣性与世俗性的二元区隔，如果没有区别于世俗的神圣，那么宗教存在的所以然问题也就失去了意义。从本初意义上讲，神圣与世俗的二元对立是宗教带给人类的两种存在模式。为使人类感受到神圣的存在，伊利亚德在《宗教比较的样式》中引入“显圣物”概念来

---

① [美]沃尔特·翁：《口语文化与书面文化：语词的技术化》，何道宽译，北京大学出版社 2008 年版，第 43 页。

② 徐新建：《文化即表述》，载叶舒宪、章米力、柳倩月编：《文化符号学——大小传统新视野》，陕西师范大学出版社 2013 年版，第 1 页。

③ 叶舒宪：《中国圣人神话原型新考——兼论作为国教的玉宗教》，《武汉大学学报（人文科学版）》2010 年第 3 期。

④ 叶舒宪：《玉教与儒道思想的神话根源——探索中国文明发生期的“国教”》，《民族艺术》2010 年第 3 期。

说明神圣的自我表征行为，换言之，神圣的东西向我们展现它自己[①]。显圣物被奉为神圣之物，无论是最原始的宗教还是最发达的宗教，它们的历史都是由林林总总的显圣物构成，既包括诸如一块石头或一棵树等最平凡物体，也包括体现为耶稣·基督道成肉身的高级显圣物，都无一例外地呈现着对神圣的表征行为。伊利亚德还指出，正是神圣的这种自我表征从本体论层面上建构起整个世界："当神圣以任何显圣物表证（征）自己的神圣的时候，这不仅是空间的均质性的一种中断，更是一种绝对实在的展示，也展示了它与其所属的这个广垠苍穹非实在性的对立。"[②]

事实上，格尔兹对当代人类学研究者进行宗教研究时，只重视宗教中神圣物对于人类社会生活的影响而忽视对象征符号自身内在意义考察的现象提出过尖锐批评：

> 人类学家的宗教研究应分为两个阶段：首先对构成宗教本身的象征符号所体现的意义体系进行分析；其次，将这些体系与社会结构过程和心理过程相联系。我对当代人类学的大多数宗教研究不满意，不是因为它关注第二阶段，而是因为它忽略了第一阶段，结果是将最应阐明的东西当作了理所当然。[③]

通过对比不难发现，在中国的宗教研究中，以往被忽略的恰恰是玉这种神圣象征符号自身的意义，人们更多关注玉器在仪式中对人的身份和地位的影响，所以，玉石神话信仰就被研究者有意无意间忽略掉了。

叶舒宪早已指出，华夏神话之根的主线是玉石神话及由此形成的信仰，从神话学视野看东亚地区的玉器起源，可以发现每一种主要的玉器形式的发生背后都有一种相应的神话观念在驱动，考察出土玉器的年代及地域分布，可以大致勾勒出玉石神话信仰传播的路线图[④]。从大传统视野分析，玉文化传播在距今8000年到4000年间，主要的方向性运动为"北玉南传"和"东玉西传"，前者历时久，跨度大，自内蒙古自治区的兴隆洼文化一直南传至浙江沿海的余姚河姆渡文化，玉文化生产在凌家滩、良渚文

---

① 参见 Mircea Eliade, *Patterns in Comparative Religion*, New York: Sheed & Ward, 1958, p. 7ff。

② ［罗马尼亚］米尔恰·伊利亚德：《神圣与世俗》，王建光译，华夏出版社2002年版，序言，第2页。

③ ［美］克利福德·格尔兹：《文化的解释》，纳日碧力戈等译，上海人民出版社1999年版，第143页。

④ 叶舒宪：《西玉东输与华夏文明的形成》，《光明日报》2013年7月25日。

化时期达到巅峰；而后者出现晚，用时短，将东部沿海流行的玉石神话信仰及其驱动的玉器生产，借助中原王权的辐射性影响力进一步西传至河西走廊一带，齐家文化玉礼器体系为其辉煌期。

有鉴于此，文学人类学研究就需要引入前述所及的“玉教”概念来指称自史前时代延续至今且未曾中断过的玉石神话信仰，将之视为中国文化史上与儒、道两教形成多元互动的又一本土宗教，然而，此本土三教并不具备文化本源性质。“玉教”没有固定的教堂，也没有书写成文本的教义、教规，同样没有统一的宗教组织，为什么还要将其称为一种宗教呢？叶舒宪正是从文学人类学视域出发，结合四重证据法这一立体释古方法论，给出了若干有据可依的理由参考[①]。

首先，“玉教”可以彰显本土文化最突出的独有特征。传统经学中未曾有“宗教”的专门论述，而在西学东渐之后，西方的宗教观念引入中国，使得中国的宗教研究陷入了文化优劣价值判断式争论怪圈，开始争相用中国的现象、材料去印证西方的认识，合乎的即为宗教，否则就有争议，儒、道两教的宗教性问题纷争正是肇因于此。中国的宗教研究不应该一味被动接受西方学术研究范式，当英国人类学家爱德华·泰勒（Edward Tylor）宣称“对精神存在的信仰就是宗教最低限度的定义”时，涂尔干指出：

> 我们在接受宗教教育的过程中所养成的思维习惯却告诉我们，还有许多事实并不适用于这个定义，而这些事实恰恰正是宗教领域内的事实。[②]

因此，专业性表达符合国际惯例本无可厚非，但凸显中国宗教自史前发生期以来华夏文明原生态的宗教信仰特质更是当务之急，中国人崇拜玉这一宗教现象源远流长，恰属于宗教领域内的“事实”，玉教说的提出有助于该宗教现象名正言顺地进入中国宗教史的视野。

其次，“玉教”是迄今可知中国境内最早发生的信仰现象。原始先民将独特的玉视作通天媒介与符信，以达到同天神沟通的目的。最早发生的“玉石神话”基本信仰内涵和想象模型的形成都隐藏于8000年来的文化大传统视野之中，依照文化大传统知识，我们可以在汉字小传统的文献记录

① 参见叶舒宪：《图说中华文明发生史》，南方日报出版社2015年版，第69—74页。

② ［法］爱弥尔·涂尔干：《宗教生活的基本形式》，渠东、汲喆译，上海人民出版社1999年版，第35页。

中深刻解读这些神话叙事：黄帝播种"玉荣"、大禹获赐玉圭、夏启配玉璜升天、姜太公垂钓玉璜预知天命、周穆王瑶池求见西王母，等等①。这一特殊物质文化背后承载的神话观念进一步支配、衍生并最终铸就华夏文明发生前夜的价值观：以玉为圣，以玉为宝，以玉为生命永续的象征，以玉礼器为天人沟通的符号。透过史前高等级墓葬中"唯玉为葬"现象可知，玉作为中华文化的特有"内语"，促使"玉教"成为解开华夏文明发生特色的一道有效门径。

再次，若作为东北亚产生的一种具有地域特点的文化现象，"玉教"需要满足宗教建构的基本理论条件。玉崇拜作为华夏先民独有的一种文化现象和神话编码规则已然比较明确，我们可以参照伊利亚德、涂尔干、达瓦马尼（Mariasusai Dhavamony）以及格尔兹等人基于人类学视野的经典阐述，给出"玉教"作为宗教现象的多维度诠释。《越绝书》载："玉亦神物也。"作为华夏文明中公认的显圣物，玉符合伊利亚德"神圣的自我表征行为"阐释。对考古发掘出土玉器的分析表明，卓尔不群的美玉不仅代表神灵与天意，而且象征永生及人类精神的最高价值。从春秋楚国和氏璧、秦始皇传国玉玺，到汉代帝王金缕玉衣、丝缕玉衣，玉石神话信仰支配的统治阶层特殊行为方式足见一斑。

格尔兹还指出，宗教研究包含两阶段程序，一是对有效构成宗教的象征物中隐含的意义系统做研究，二是对这些意义系统同社会结构和心理过程的相关性进行研究，当代的研究者偏向于后者，而忽略了前者②。就中国宗教研究而言，以往被忽略的恰是早期玉礼器作为宗教象征物的意义编码系统研究，结果就无法自觉深究玉本身的神圣意义。在使人成圣的玉教传统中，玉德、玉质、玉音、玉意相互交织成一个复杂多维的表述系统，而这个复杂的系统蕴含着中国古文明意义生成的秘密③。玉石神话信仰毕竟距离符号的原型编码大传统太过遥远，因此文学人类学研究者不得不采用布罗代尔《地中海考古》式的超长时段视野进行重新审视。因此，将"玉教"称为国教，既能够充分体现华夏文明兼具原生态的宗教信仰特质，又能够深度契合华夏文明价值观的深刻内涵（从金属时代前夜的以玉为圣、以玉为宝、以玉礼器进行神人沟通，到今天倡导的核心价值观）。

① 叶舒宪：《玉石神话与中华认同的形成——文化大传统视角的探索发现》，《文学评论》2013年第2期。

② Clifford Geertz, *The Interpretation of Cultures*, New York: Basic, 1973, p.125.

③ 叶舒宪：《中国圣人神话原型新考——兼论作为国教的玉宗教》，《武汉大学学报（人文科学版）》2010年第3期。

众所周知，儒、道思想孰为中国思想史的主干之争由来已久，传统国学研究惯于将二者进行区别对待，而现代学界则对所谓的新儒家、新道家两学派的对峙局面各执说辞。基于这种文化的遮蔽局限，叶舒宪希望在宏观视域中探寻两者的文化同源性，即“圣人（圣王）崇拜与圣物（玉石）崇拜”，而欲审视儒、道思想的巫术根源，玉石神话信仰理论显然是最佳切入视角。叶舒宪指出，对儒家来说，圣王崇拜是建构出儒学历史观和政治理想的原型，圣物崇拜则形成礼乐文化的物质原型及核心内容；而对道家而言，圣王崇拜与圣物崇拜共同体现在追求远古无为而治、归真返璞的政治理念和“圣人被褐怀玉”的神圣记忆中①。

儒家学说的内核在于“内圣外王”，主张个人通过诗书礼乐的修身教化逐渐步入尧、舜、禹等为标榜的圣人境界，孔子在《论语·述而》中如是感叹：“若圣与仁，则吾岂敢？抑为之不厌，诲人不倦，则可谓云尔已矣！”足见他对圣人境界的敬奉之心。“千年礼乐归东鲁，万古衣冠拜素王。”后世儒者尊孔子为“素王”，孔圣人的塑像遍及世界各地的孔庙之中，儒家的圣人崇拜得以被世人普及开来。道家同样讲求圣人崇拜，老子在《道德经》中重点阐释的宇宙观实乃他自己心中的远古圣人理想，《道德经》第二章记载：“是以圣人处无为之事，行不言之教，万物作焉而不为始，生而不有，为而不恃，功成而弗居。夫唯弗居，是以不去。”简言之，老子极力倡导“处无为之事，行不言之教”的圣人之道。

儒家追求“俗人—君子—圣人”的递进式人格理想，讲求“君子必佩玉”以及“君子无故，玉不去身”，君子尚且如此，何况身处更高境界的圣人呢？道家则直接用“圣人被褐怀玉”作为圣人与俗人的立判标准，这并非偶然为之。作为华夏文明的特有“内语”，玉令人推崇备至，无论是儒家所倡的玉德说，还是道家尊奉的玉皇大帝至高神祇，无不诠释玉作为儒、道思想底层共存共生的基础性文化基因体现出的独特价值。

如果寻找作为第三重证据的圣人神话活态民族志，那就不得不求助于贯通天地、充当天人中介的巫觋与萨满。叶舒宪总结了中国神话研究一个世纪以来的两大分类：一是以古史辨派为代表的“解圣为俗”运动，以打倒千年偶像、以神话虚构来解构上古圣王谱系为宗旨；二是以张光直为代表的“由俗返圣”运动，以还原俗事俗物中潜藏的神圣原型为特色，希望透过历史文化的遗忘重构和彰显远古的圣者——萨满、巫觋们的文化创

① 叶舒宪：《从玉教神话观看儒道思想的巫术根源》，《哲学与文化》2012年第6期。

造功绩[①]。而英国神话学家罗德·拉格伦（Lord Ragland）指出了神话演变的四个具体阶段：第一阶段，神话与宗教仪式密切相关，后者是其主要功能；第二阶段，神话成为"历史"；第三阶段，"历史"转变成民间故事；第四阶段，民间故事转换为文字资源[②]。在玉教神话中，大禹、商汤等圣王凭借玉石通天通神的事迹皆是追溯圣人神话巫觋原型的典型例证，目的当在中国本土宗教信仰的神圣语境仪式语境中实现巫觋、萨满们的请神降神实践，而这更需要作为第四重证据的新出土实物证据的阐释作用，实现"传说时代"与"考古时代"两种视域的融合对接。

华夏文明大传统中讲求巫觋"以玉事神"的实践礼仪得以成功形塑玉教这种以玉为永生的神话信仰体系，当人们逐渐恢复理解圣人的天人沟通中介身份，并将巫觋、萨满的通神实践确认为儒、道两教圣人崇拜的参照系后，通天降神、天命不可违的王朝史叙事主脉就有了实证性考察认知的现实针对性。叶舒宪正是采取以考古学新发掘的玉礼器文物为判断基准对照分析文献中历史记载的求证方法，重新梳理贯通自唐尧、虞舜时代到素王孔子时代的历史脉络：

1. 唐尧时代：尧得天赐玉版。（《拾遗记》）

2. 虞舜时代：舜"辑五瑞"及"班瑞于群后"。（《尚书·舜典》）

3. 夏禹时代：禹合诸侯于涂山，执玉帛者万国。（《左传·哀公七年》）

4. 夏禹时代：帝赐禹玄圭，以伐有苗。（《尚书·禹贡》《史记·夏本纪》）

5. 夏启时代：夏启佩玉璜升天，得《九辩》《九歌》。（《山海经》）

6. 商汤时代：汤自把钺以伐昆吾，遂伐桀，俘厥宝玉。（《史记·殷本纪》）

7. 西周时代：姜太公钓得玉璜，辅佐文王。（《尚书大传》卷一）

8. 西周时代：武王伐纣，俘商旧玉亿有百万。（《逸周书·世俘》）

9. 西周时代：周公执璧秉圭以祈求祖灵。（《尚书·金縢》）

10. 西周时代：周公分封，分鲁公以夏后氏之璜。（《左传·定公四年》）

---

① 叶舒宪：《金枝玉叶——比较神话学的中国视角》，复旦大学出版社2012年版，第133页。

② Lord Ragland, "Myth and Ritual", in T. A. Sebeoked, *Myth: a Symposium*, Indiana: Blooming Press, 1958, p. 129.

11. 西周时代：穆王访黄帝神宫，得玉策枝斯之英，会瑶池西王母。(《穆天子传》卷二)

12. 春秋时代：孔子修《春秋》等，天有赤气如虹，化为玉璜。(《太平御览》引《搜神记》)[①]

上述文献所载历史性的叙事脉络将圣人与圣物的完整谱系贯通为一体，神圣玉礼器充当神人沟通的符号证明作用得以有效呈现，而证明客观存在的实物——玉，自身具有的神圣与天命之意才是成功赋予历代统治者权力与文明传承的真正合法性，为后世儒、道思想的发生奠定了神话仪式原型，换言之，玉石神话信仰成为影响"历史神话"书写的关键节点。无论儒家玉德观抑或道家食玉长生观念皆是商周以降帝王用玉制度的传统续延，自此华夏文明的玉文化主基调得以最终形成。

透过"玉教"大传统神话观，我们逐渐体认到儒、道思想分歧对立表象背后潜隐的巫史同源同根性。除此之外，玉石神话本土信仰还与佛教外来信仰进行原型置换变形[②]，以此可以观照文化异体受精的潜在调和性，这成为吸引文学人类学研究者的又一个新学术生长点。

如今，研究文字小传统的佛教外来信仰已经成为国际性显学，而作为文化大传统的玉石神话本土信仰研究尚处于刚刚起步的萌芽阶段。但毋庸置疑，从佛教发生时间、地点来看，它既没有诞生于文明孕育的初始期，也不属于本土宗教信仰，所以诉诸佛教建筑及遗物，无法窥探和把握华夏文明与生俱来的信仰，唯有诉诸深埋地下的小而精的玉礼器体系[③]。就此言之，我们可以通过重新确认信仰原型，进而考察其置换变形过程，将佛教信仰的输入视作华夏本土信仰自身再发现、再体认的产物，以达到原型重释之目的。那么，玉石神话信仰及其物质化体系是如何作为圣像原型有效接引外来佛教及其圣像系统并最终被佛像体系置换和取代的呢？

佛教在中国被称为"象教"，这在很大程度上与佛陀的神化有关。吴焯曾经指出：

---

① 叶舒宪：《中华文明探源的神话学研究》，社会科学文献出版社2015年版，第286—287页。

② 关于本土信仰与外来信仰的置换研究，可参见叶舒宪、公维军：《从玉教到佛教——本土信仰与外来信仰的置换研究之一》，《民族艺术》2015年第4期；叶舒宪：《从玉石之路到佛像之路——本土信仰与外来信仰的置换研究之二》，《民族艺术》2015年第6期；叶舒宪：《再访武威：从西玉东输看西佛东输》《瑞玉到瑞像：玉教置换为佛教的轨迹》，均见《玉石之路踏查记》，甘肃人民出版社2015年版。

③ 叶舒宪、公维军：《从玉教到佛教——本土信仰与外来信仰的置换研究之一》，《民族艺术》2015年第4期。

> 佛教教义和佛教图像是传播佛教的两个法宝，并无轻重主次之分，就民间的传播而言，有时图像先于教义，因而才称佛教为象教……佛教图像是伴随着佛教传入的，或者说佛教借助图像并以图像为开路先锋而打入“佛法未被”的世界。①

佛教最初是反对偶像崇拜的，甚至与婆罗门教相互对立，反对祭祀，反对婆罗门教信仰的梵天造物说。佛教信奉救度哲学，意在通过对社会、人生中所遇苦难的认知来谋求解脱，在这种情况下，并不需要偶像的助力。然而，因为受到外来文化的影响，佛教在印度的发展不得不寻求改变，从反对偶像转向制造并崇拜偶像，而促成这个重要转变的直接外力是古希腊文化。

在亚历山大大帝东征带来希腊雕塑传统以后，佛教以突出表现的偶像崇拜为其特色，而庙塔和佛像成为传达信仰和神化教义的基本形式。石窟寺院是神秘的，不是普通建筑，它是一种附加精神价值的具有神圣意义的特殊建筑。李崇峰指出，倘若没有强大的社会释罪（social justification），就不可能产生如此伟大的牺牲②。石窟寺院一定在那些现身此举的人们脑海中产生了一种神圣动机，从而将尘世文化生态学转变为想象的天国。在塔庙窟的嬗变过程中，龟兹中心柱窟在塔前开龛造像，表明其主要具有了神龛性质，摩诃刺佗原型代表的陵墓意义的减少，暗示佛陀正从圣者向神转变。作为外来石窟艺术形式，中国北方地区的塔庙窟中塔的陵墓意义进一步减弱甚至消失。李崇峰进一步补充道，塔柱四面开龛造像清楚地表明：佛陀已完成了从圣人转变为神的漫长过程③。方塔顶部雕刻的须弥山形象代表凡人与神仙皆向往的妙境神宇。这种中心柱窟的塔柱就成为连接凡人与神仙、沟通尘世与天堂的升华之路。

佛像的出现特别是涅槃境界的睡佛形象能够从根本上改变国人的生死观。长期从事早期佛像研究的何志国提出了汉晋佛像的“佛神模式”，其内涵就是胡人采用佛形象传教，汉地民众则误读为神灵，这是我国民间

---

① 吴焯：《佛教东传与中国佛教艺术》，浙江人民出版社1991年版，第169页。

② 李崇峰：《印度石窟寺中国化的初步考察》，载李崇峰：《佛教考古：从印度到中国》，上海古籍出版社2014年版，第559页。

③ 李崇峰：《印度石窟寺中国化的初步考察》，载李崇峰：《佛教考古：从印度到中国》，上海古籍出版社2014年版，第581—582页。

的敬神传统与胡人的“设像行道”的契合[①]。尤其需要注意的是，汉晋早期某些摇钱树佛像的布局和位置与摇钱树西王母像相同，例如，摇钱树枝叶佛像的布局和位置与茂汶摇钱树枝叶西王母像完全相同。安县和城固的摇钱树枝叶佛像坐于璧形之上，璧形下侧向外各伸出一条龙；与之相似，茂汶出土的一件摇钱树枝叶是西王母坐于璧形之上。两者构图非常相似，并且，这种枝叶一般插于摇钱树最显要的顶部。可见，佛与西王母同处于受崇拜的位置[②]。另外，与巫山铜牌和摇钱树天门一样，江苏南京甘家巷六朝墓出土的三国釉陶佛饰堆塑罐（神瓶）、吴县枫桥何山和浙江金华出土的两件西晋青瓷佛饰堆塑罐（神瓶）上部的阙门[③]都象征天国世界，这些表现为正面偶像的佛像居于天门、阙门正中，与西王母位置相同，其性质亦当为神灵偶像。上述佛像均被设置在与西王母相同的位置，这表明佛像被时人视作类似西王母功能的神灵。

《山海经》等典籍的记述明确给出两个要素：西王母所在之玉山、瑶池，以及她头戴玉胜作为神圣标记，透露出华夏先民心目中神圣观念的两大原型——玉与女神，这恰恰又是在后代父权制文明中日渐失落的华夏史前文化大传统要素。文学想象中的“玉山”未必全然出于虚构，现实中的产玉之山才是此类名山的原型。西王母在《淮南子》中开始和“瑶池”相联系，又被称为“瑶母”或“玉母”。从神话符号象征意义层面剖析，可以说这位处于宇宙西极玉山的西王母女神乃是新疆昆仑山脉出产的特等美玉——和田玉的人格化和神话化之结果。

有关西王母和昆仑神话的来源问题，苏雪林、丁山、凌纯声等部分学者受国外学者的阐释误导效应，一度考证西王母形象实为西亚两河流域美索不达米亚文明中的月神，后经辗转传到中国，而被汉译为“西王母”。除此之外，西王母的具体神格还存在死神、吉神、月神、保护神、生育神、创世神等不同说法[④]，由此形成各种神格相纠结的芜杂局面。所以目前较为稳妥的研究路径应该是首先从早期材料入手，结合四重证据法来探讨西王母的原初神格，进而重新认识西王母神话的象征系统。

《尔雅·释地》曰：“觚竹、北户、西王母、日下，谓之四荒。”郭璞注曰：“觚竹在北，北户在南，西王母在西，日下在东，皆四方昏荒之国，次四极

① 何志国：《论汉晋佛像的“佛神模式”》，《民族艺术》2007 年第 3 期。
② 何志国：《早期佛像研究》，华东师范大学出版社 2013 年版，第 179—180 页。
③ 贺云翱等编：《佛教初传南方之路文物图录》，文物出版社 1993 年版，图 66、图 101、图 98。
④ 关于西王母神格的讨论参见赵宗福：《西王母的神格功能》，《寻根》1999 年第 5 期。

者。”[①]可见西王母居于环境险恶的西方日落之地，而这往往与“死亡”意象联系起来：

> 在神话思维中，日出与日落并不是纯客观的自然现象，它必然同时代表着某一神或英雄的命运。因此，太阳的上升阶段就和英雄的出生、成长、建功立业等喜剧性情节相对应，而太阳的西落和隐没也就和英雄的失败、死亡等悲剧性情节相对应。[②]

此外，《山海经·西次三经》曰：“又西三百五十里，曰玉山，是西王母所居也。”玉山，即今日所指昆仑山，久居于此的西王母既掌管美玉，又掌管长生不死秘药，再生神职自然也得到确认。其实在中国传统文化中，“昆仑”既圣山实体，又隐喻生命之孕育与再造。吕微指出：“昆仑正是一个具有空间性和容纳性的物体，是女性的神话象征，其在现实世界的原型即是与女性生育有关联的子宫、胞胎、产门或整个母腹。”[③]将昆仑视作生命孕育的象征，西王母又居于其上，故西王母最初的神格应该是一位掌握死亡与再生之权的大母神。因此，西王母所处的昆仑神山既是生命最后归宿的坟墓，又是孕育新一轮生命的母体和子宫。随着父权制的兴起，西王母的神格渐渐被男权话语遮蔽，最终成为屈居次要地位的配偶神[④]。

由此可见，上至历代君王，下迄布衣百姓，对玉石神话信仰的追求始终没有中断过，这在很大程度上受到观念驱动行为的影响，而这种追求也形成了华夏文明中特有的修辞范式。因此，以西王母神话为代表的上古神话明显发挥着叙事与想象的原型作用，与文学人类学倡导的“神话—信仰—观念—行为—历史事件—文明进程”理论解释模型相吻合。

从世界文明史的大背景看，人类的史前文化无疑都受到一种相似思维方式和共通的观念形态支配，欧洲哲学家维柯和卡西尔分别将那种史前的思维方式称作“诗性智慧”或“神话思维”，史前人类产生的思想观念大都包裹在神话的象征叙事之中，显然不是概念式的、推理的理论表述[⑤]。作为

---

① （晋）郭璞注：《尔雅》，中华书局1985年版，第337—338页。

② 叶舒宪：《探索非理性的世界：原型批评的理论与方法》，四川人民出版社1988年版，第229—230页。

③ 吕微：《“昆仑”语义释源》，载马昌仪编：《中国神话学文论选萃》下编，中国广播电视出版社1994年版，第504页。

④ 苏永前：《西王母神格探原——比较神话学的视角》，《民族文学研究》2014年第6期。

⑤ 叶舒宪：《图说中华文明发生史》，南方日报出版社2015年版，第63页。

具有文化原型编码作用的思维和符号载体，神话有着人类物质精神发生期起重要整合作用的文化基因，既表现为文字叙事、民间口传，又表现为仪式性建筑、宗教性礼器等。

佛教传入中国之后，受到了本土宗教儒教、道教的冲击与排挤，这使得佛教在努力谋求与儒、道两教融合的前提下，亟需主动加速自身的中国化进程，借助灵活的自调意识，投合中华民族更为传统的信仰方式以及思维习惯，以便更接地气地按照中国本土文化特征进行传播，并有意向中国传统玉文化靠拢。因此，佛教对玉教的借鉴和吸收完全在情理之中。

外来佛教“除依照外来的铜、石、泥、木造像大量制作偶像之外，进而摄取中华民族崇尚玉器的传统观念，提倡用玉石造像”[①]，由模仿犍陀罗的石造像和金铜造像进而雕造玉造像，而用玉造像之风气贯穿北魏至唐代四百余年，显然玉造像被视为高石造像一筹。其间，统治阶级热衷于以玉造像，玉佛像的数量多不胜数，诸如号称东晋建业瓦棺寺“三绝”之一的狮子国（今斯里兰卡）玉像、北魏宣武帝元恪在恒农荆山所造的珉玉丈六佛，甚至《续通考》亦载：“元丞相伯颜尝至于阗国，凿井得一玉佛，高三四尺，色如截肪，照之可见筋骨脉络”[②]，不一而足。杨伯达指出，迄今发现的雕造年代最早的真玉佛教造像是唐代的几座玉飞天像[③]，而伯颜所得玉佛也足以说明于阗国在伊斯兰文化之前信仰佛教时，确以和田玉雕琢真玉佛像。但由于玉材极其珍贵，民间的僧庶信徒们是无力承担的，便以大理石或彩石代替而题玉像铭，最具代表性的当数曲阳修德寺遗址出土的白石造像中的题白玉像铭，包括北魏永熙二年（533 年）十月十六日赵曹生妻张法姜造观音玉像等。还有西夏王朝统治者再造的张掖大佛寺，以西夏国师嵬咩（法号“思能”）于大佛寺的前身即迦叶如来寺土丘下掘得的古藏“碧玉卧佛”像的神秘传说为背景，同样是外来佛教对接本土玉石神话信仰的典型案例。[④]通过这些案例的解析可以看出，虔诚的佛教徒如何继承玉石神话信仰的精髓，从而使得玉德观与慈悲为怀、普度众生的佛教宗旨融为一体。

作为域外文化向中国的输入，佛教积极调和与玉石神话信仰的关系，

---

① 杨伯达：《中国古代玉器面面观》，《故宫博物院院刊》1989 年第 1 期。

② 转引自丁福保：《佛学大辞典·玉佛》，上海书店出版社 1991 年版，第 830 页。

③ 杨伯达：《埋もれた中国石佛の研究》，［日］松原三部译，东京美术出版社 1985 年版，第 121—124 页。

④ 叶舒宪：《金张掖，玉张掖？》，见《玉石之路踏查记》，甘肃人民出版社 2015 年版，第 137—142 页。

寻求异体受精的文化土壤，在某种程度上讲，中国玉文化的存在部分替代性地满足了佛教信仰的需要。刘素琴指出，佛教传入中国后和玉文化的联系只是形式上的、依附性的，主要是投合中国人传统的信仰方式和崇玉心理，以扩大和加深它的传播，跟佛教教义并无关系[①]。这种说法是失之偏颇的，因为佛教与"玉教"远非简单的依附关系，更多源于两者内容上的互适性，中国早期佛像形象是玉教信仰原型的置换变形，而这需要借助大传统新知识对文献知识进行再解读和再阐释作用。

据《逸周书》和《史记》记载，商纣王是取用宫中珍藏的宝玉缠身后自焚而死，却没有找奴隶进行殉葬。他的行为遵循玉石神话信仰的召唤，意在以玉通神通天，从而实现死后灵魂的超度，属于典型的神话观念驱动的宗教行为。发展至汉代，商纣王的"缠玉升天"行为演变并体现为一种物质文化——玉衣，最具代表性的标志当数汉代统治者专享的金缕玉衣制度。东晋道家葛洪在《抱朴子·对俗》中言："金玉在九窍，则死人为之不朽。"古人认为玉为阴阳二气中阳气之精，因而相信玉衣的使用能够对尸体起到神秘的巫术作用，可助力墓主人成功通神升天。如果没有宗教信仰层面和神话观念方面的释读，玉衣制度的起因就被埋藏起来[②]。然而，在本土玉石神话信仰中，玉殓葬对于人死后之生命（灵魂）的超度作用在道教和佛教兴起之后被彻底地替换掉了。加拿大考古学家布鲁斯·崔格尔（Bruce G . Trigger）从统治者政治思想的宗教性视角敏锐地捕捉到这一点：

> 在早期文明中，如果不是全部的话，至少众多意识形态在本质上是宗教性的，因为政治思想也具有宗教性。斯蒂芬·休斯顿和大卫·斯图尔特观察到，早期文明的统治者都试图将自身和永恒、神圣的秩序联系在一起，这样，神的权力和神秘性可以确认和强化世俗权威。[③]

叶舒宪等人已经非常明确地指出，文明不是伴随着理性和哲学而来，而是一定伴随着宗教信仰而来。宗教信仰的人类普遍性与信仰内容（一神教还是多神教，拜物教还是人格神，偶像崇拜还是禁绝偶像崇拜等）及

① 刘素琴：《儒释道与玉文化》，《中国历史博物馆馆刊》1994 年第 1 期。

② 叶舒宪：《金枝玉叶——比较神话学的中国视角》，复旦大学出版社 2012 年版，第 226—228 页。

③ [加拿大]布鲁斯·G . 崔格尔：《理解早期文明：比较研究》，徐坚译，北京大学出版社 2014 年版，第 294 页。

表现形式（象征符号）的文化差异性成为我们认识每一个文明特殊性的关键[①]。外来佛教无法向西亚、北非、欧洲地区西传，而转向东亚大陆传播的根本原因在于，西亚、北非、欧洲地区缺乏有效接引佛教的本土偶像崇拜传统。这些地区主要信奉基督教、伊斯兰教和犹太教，都禁绝偶像崇拜，而唯有玉教流行的东亚大陆才充分保留着偶像崇拜的大传统要素，能够有效接引佛教造像传统，实现其文化异体融合的可能性。各地大量玉佛像先后出现，以其无可辩驳的实物证据见证了本土玉石神话信仰接引外来佛教的漫长历程。

从史前文化大传统到文字书写小传统，这种发生学的超长时段透视使得我们能够洞悉本土信仰逐渐被外来信仰置换的奥秘，从玉石神话信仰大传统视角得以有效反观佛教小传统的由来和所以然问题，无怪乎伊利亚德给出这样发人深思的总结：

> 从一种宗教到另一种宗教，从一个诺斯（gnosis）或智慧到另一种诺斯和智慧，古老的重生理论被赋予了崭新而丰富的价值，它有时也深深地改变了体验的实质。尽管这样，再生所具有的共性仍然是恒常不变的。它可以被这样定义：对精神生命的进入总是需要对世俗状态的中止，这样一个新的出生才会紧跟其后而生。[②]

随着 2012 年 12 月陕西神木石峁遗址考古成果的公布，“玉石之路”探讨热变得愈发热烈。2013 年 6 月，文学人类学研究会联合中国收藏家协会在榆林举办“中国玉石之路与玉兵文化研讨会”，考古学、人类学、民族学、神话学以及民间收藏界等各路专家会聚一堂，立足石峁古城和石峁玉器提供的证据，围绕“西玉东输”和“玉石之路黄河段”展开了激烈讨论[③]。依照我们认识到的每一种古代玉器都蕴含着一种神话观，叶舒宪认为石峁玉器中至少有四类玉器可以给出明确的神话传播路线：

> 第一类玉璧、玉琮类：良渚文化——陶寺文化——石峁文化——齐家文化；

① 叶舒宪、公维军：《从玉教到佛教——本土信仰与外来信仰的置换研究之一》，《民族艺术》2015 年第 4 期。

② [罗马尼亚]米尔恰·伊利亚德：《神圣与世俗》，王建光译，华夏出版社 2002 年版，第 117 页。

③ 唐启翠：《“玉石之路”研究回顾与展望》，《上海交通大学学报（哲学社会科学版）》2013 年第 6 期。

第二类玉璋：石峁文化——偃师二里头——山东龙山文化——四川广汉三星堆——广东增城、广东东莞；

第三类玉璇玑：山西芮城清凉寺——石峁文化——山东龙山文化——辽宁半岛新石器文化；

第四类玉人头像及玉鹰：石峁文化——石家河文化——禹州瓦店。①

这张两纵两横的玉器传播路线交叉网，加之玉石神话信仰的关键要素，将玉文化先统一中国的轮廓呈现在世人面前。可以说，石峁遗址及其玉器的新发现给东玉西传和西玉东输两种双向运动同时找到新的传播交汇点，成为考察玉石神话信仰率先统一中国历程的实证性前沿个案。

为了给玉石之路的大传统寻找更准确的支撑，更好地论证"玉教伦理与华夏文明精神"的新命题，重构华夏文明传统，2014 年 7 月 13 日在西北师范大学召开了"中国玉石之路与齐家文化研讨会"，会后，叶舒宪、郑欣淼、易华、刘学堂等与会学者参加了"玉帛之路文化考察活动"②，此次"玉石之路"再发现之旅进一步促进了对"玉石之路"大传统与"丝绸之路"小传统的关系的再探讨、再反思，有助于对玉石神话信仰这一使得华夏文明有别于其他文明的"文化基因密码"进行更深入、具体的揭示和解读。近年来，文学人类学研究者相继产出了一批解读和应用玉石神话信仰理论的前沿性学术成果，诸如《玉成中国——玉石之路与玉兵文化探源》（古方、叶舒宪，2015）、《玉石神话信仰与华夏精神》（叶舒宪，2019）、《玉石里的中国》（叶舒宪，2019）、《玄玉时代：五千年中国的新求证》（叶舒宪，2020）、《禹赐玄圭：玉圭的中国故事》（唐启翠，2020）以及《玉帛之路考察丛书》系列等。研究者们借助玉文化的本土视角，对甲骨文出现之前的玉礼器符号系统进行再解读，进而更好地探索玉石神话背后深藏的史前信仰驱动作用，以期引导华夏文明的本土再认知与再自觉。

显然，玉石神话信仰理论离不开神话学研究，它是新世纪探源研究的一次理论创新，意在努力建构一种高度体现中华文明本质特征的崭新探源模式，重新审视华夏文明大传统的玉神观。其提供的动力模型中有引动文

---

① 叶舒宪：《玉文化先统一中国说：石峁玉器新发现及其文明史意义》，《民族艺术》2013 年第 4 期；叶舒宪、古方主编：《玉成中国——玉石之路与玉兵文化探源》，中华书局 2015 年版，第 21 页。

② 考察活动详情可参见《丝绸之路》2014 年 10 月《"中国玉石之路与齐家文化研讨会"暨"玉帛之路文化考察活动"专刊》。

明发生的玉矿动因，但最为重要的是在这种社会配置中隐含的精神信仰观念，即“对于华夏文明而言，文明发生背后的一个重要动力是玉石神话信仰”①，可以说玉石神话信仰直接驱动了华夏文明的传播，给中华文明带来的是国家主流的价值观。玉石神话信仰理论的提出不仅具有理论研究的重要学术价值，更具有文明探源的现实意义，正如赵周宽所言，“如果依时间顺序将‘玉石之路’置于文明动力学的源点，可以说，‘丝绸之路’的动力模式，正处在这一动力学的‘延长线’上”②。通过将文学人类学的逻辑推进最终与华夏文明探源问题研究深层勾连在一起，我们方才理解玉石神话及由此而形成的玉石神话信仰正是华夏之根的主线，也正是华夏文明价值观传播的真正驱动力。

马克斯·韦伯（Max Weber）论证新教伦理与资本主义精神时，主要采用正、反两条路径：一是在西方文明世界内部寻找一个催生出资本主义精神的因果，“西方世界赋予了资本主义他处所未曾有过的重要意义，这是因为西方世界发展出了他处所没有的资本主义的种类、形式与方向”③；二是前往其他非西方社会进行调查研究，力图证明非西方世界的所谓宗教精神并没有催生出资本主义精神。不同于韦伯的是，我们需要寻找的不是意识的因果，而是渐已失落的玉神观，是文明的因果。

从史前高等级墓葬中的“唯玉为葬”现象到2008年北京奥运会“金镶玉”的个性化奖牌设计，玉石神话信仰已经支配了中国数千年之久，这套神圣的符号系统从未中断过。玉石神话信仰不是世俗的，符合“白璧无瑕”的中国式完美理想，符合华夏文明信仰认同，唯有重视精神对物质的反作用，将神圣化的观念投射到美玉之上，还原出中国史前信仰的核心和主线，找出内在信仰的驱动力，方能打开认识华夏文明发生的新窗口，理解商周之际的玉石崇拜如何实现从物质与精神上再统一中国④，更有助于重新认识玉石神话信仰支配下的华夏文明史。

六、N级编码论：中国文化的编码与解码自觉

2012年11月14日，叶舒宪在鲁迅文学院授课时，应“文化自觉与文学人类学”的讲题之需，结合莫言所获诺贝尔文学奖的讨论热潮，进而在

---

① 叶舒宪：《“丝绸之路”前身为“玉石之路”》，《中国社会科学报》2013年3月8日。

② 赵周宽：《中华文明起源“玉教说”及其动力学分析》，《思想战线》2014年第2期。

③ ［德］马克斯·韦伯：《新教伦理与资本主义精神》，康乐、简惠美译，广西师范大学出版社2010年版，第7页。

④ 叶舒宪：《从“玉教”说到“玉教新教革命”说——华夏文明起源的神话动力学解释理论》，《民族艺术》2016年第1期。

本土文化深度再认识的基础上，提出了N级编码（亦称"多级编码"）理论的初步构想，其目的自然是希望启发学人思考怎样能够让符号想象真正拉动符号经济，从而实现符号经济（知识经济）与文化资本博弈时代的文学增值问题，因为文化产业已经成为符号经济时代现实需求下滋生的国际性新兴产业。

事实上，主张文化自觉的中外作家们已经开始有针对性地对自己的作品进行深层次的编码处理，这些作品也因此被搬上银屏，从而风靡全球，其中的佼佼者包括：英国女作家罗琳（Joanne Kathleen Rowling）的《哈利·波特》、美国畅销书作家丹·布朗（Dan Brown）的《达·芬奇密码》、英国牛津大学教授兼语言学家托尔金（John Ronald Reuel Tolkien）的《指环王》（又名《魔戒》），此外，还有加拿大导演卡梅隆（James Cameron）执导的《阿凡达》、美国导演安迪·沃卓斯基（Andy Wachowski）执导的《黑客帝国》、中国台湾导演魏德圣执导的《赛德克·巴莱》以及姜文执导的《让子弹飞》等。上述作品的创作者皆成功赋予作品以文化的原型内涵，显而易见，"已有的文化文本的编码程序一定会对新创作的文学文本发挥作用"[①]，顺应新神话主义潮流固然是当前形势所趋，然而，最紧要的问题并非是"重述"还是"重建"某一种拥有本源特色的新神话，而恰恰是随着后现代文化寻根思潮而产生的传统神话观念的重大变革。

《达·芬奇密码》第六十一章中雷·提彬爵士的话正是这种意识的精确写照：

> 根据预言，我们正处在一个发生巨大变化的时代。千禧年刚过去，随之而结束的是长达两千年的双鱼时代，要知道鱼也是耶稣的标记。正如星宿符号学者所言，双鱼星座的理念是，人类必须由比他们更强大的事物来告诉他们应该做些什么，因为人类自己不会思考。因此，那是一个充斥着强烈宗教信仰的时代。可是现在，我们进入了宝瓶时代。而这个时代的理念是人类会掌握真理，会独立思考。观念上的转变是如此之大，而这种转变正在发生。[②]

丹·布朗敢于让哈佛大学的学者们走上民间异端宗教复兴运动的核心

① 叶舒宪、章米力、柳倩月编：《文化符号学——大小传统新视野》，陕西师范大学出版社2013年版，第6页。

② ［美］丹·布朗：《达·芬奇密码》，朱振武、吴晟、周元晓译，上海人民出版社2004年版，第245页。

位置。此言外之意是异常深远的：作为西方现代性的教育、知识、科学之标志的最高学府的宗教符号学教授，罗伯特·兰登在课堂上讲述的内容会是什么呢？能够从黄金分割、十字架、五角星之中释读出女神编码象征意义的他，充分再现学院派知识分子与新时代的认同关系，而这与小说自身的文化底蕴所指方向是不谋而合的。丹·布朗在《达·芬奇密码》中欲求恢复女神信念的表达带有文化治疗与精神拯救的良苦用心。

同样，莫言在《蛙》第四部第二节对牛蛙养殖场的细致描写又何尝不是作者苦心的一种宣泄呢？主人公“蝌蚪”描述那后来经常在自己梦境中再现的蛙池的景象，这蛙池既是牛蛙“求偶配对的情场”，又是“繁育后代的养殖场”：

> 那是一个大约四十平方米的池子，池中约有半米深的浑水；水面上，熊蛙鼓动着洁白的囊泡发出牛叫般的求偶声，雌蛙舒展四肢浮在水面，缓缓地向雄蛙靠拢。更多的蛙已抱对成双。雌蛙驮着雄蛙，在水面游动，雄蛙前肢抱住雌蛙，后腿不停地蹬着雌蛙的肚腹。一摊摊透明的卵块，从雌蛙的生殖孔中排出，同时，雄蛙透明的精液也射到水中。——蛙类是体外受精——似乎是小表弟，也可能是袁腮在说——雌蛙每次能排出大约 8000 到 10000 粒卵子——这可比人类能干多了——蛙池中蛙鼓四起，池水被四月的太阳晒得暖洋洋的，散发着一股令人作呕的腥气。这里是求偶配对的情场，也是繁育后代的养殖场。——为了让雌蛙多排卵，我们在饲料中添加了催卵素——蛙蛙蛙——哇哇哇——[①]

莫言以计划生育政策的实施为写作的现实题材，而“娃”正是人类的生育对象，其自降生到世界上的第一声啼哭竟与“蛙”的叫声如此类同，二者的原型隐喻关联就自然成为该作品想象构思的源泉。蒋卉指出，“在莫言长达 19 万字的小说中，除去文题，正文中‘蛙’共出现了 202 次，有 239 处提到了‘娃’……透视出了蛙与人的类比认同”[②]。这样的类比认同实则是神话思维时代最关注的现象，因为类比联想恰是神话思维的基本逻辑。莫言借助魔幻想象为计划生育的实施现实进行重新编码，意在探寻蛙神原型，如若从根本上对此进行阐述，就不得不借助于大传统视域中作为

---

① 莫言：《蛙》，上海文艺出版社 2009 年版，第 196—197 页。

② 蒋卉：《论莫言小说〈蛙〉中的“蛙”意象》，《百色学院学报》2012 年第 6 期。

一级编码的文化文本的潜在力量。

大、小传统理论的提出使文学人类学界开始深入思考，认为从大传统到小传统，可以按照时代的先后顺序排列出N级的符号编码程序。进而在大、小传统重新划分基础之上，将一万年以来的文化文本和当代作家的文学文本关系上升到新的理论高度，建构出一套兼顾历时性、共时性的文化符号编码理论——“N级编码论”。应该说，这是一次还原和深究以实物——图像叙事为起点的最新理论总结，可操作性强，不但说明了文化原型的N种表现模式，而且将大、小传统真正打通。

叶舒宪结合蛙神原型的探讨给出了N级编码理论的具体内涵：“无文字时代的文物和图像，有着文化意义的原型编码作用，可称为一级编码，主宰着这一编码的基本原则是神话思维。其次是汉字的形成，可称为二级编码或次级编码……三级编码指早先用汉字书写下来的古代经典……今日的作家写作，无疑是处在这一历史编码程序的顶端，我们统称之为N级编码。”[①]N级编码程序可谓应用于大传统文化文本和小传统文学文本关系的新理论框架，可简单直观表述如下：

一级编码：物与图像（兴隆洼文化石蟾蜍/良渚文化玉蛙神）
二级编码：文字（汉字“蛙”与“娃”的同根同构）
三级编码：古代经典（《越绝书》蛙怒）
N级编码：后代创作（从《聊斋志异》蛙神到莫言《蛙》）[②]

不难理解，我们当前迫切需要做的是透过莫言的《蛙》之隐喻，到《聊斋志异》之《青蛙神》崇拜，再到《越绝书》中勾践“见怒蛙而式之”的典故剖析，然后深究“蛙”“娃”词源的同根同构现象，最后对以兴隆洼文化石蟾蜍、马家窑彩陶神人（变体蛙）纹、良渚文化玉蛙神、金沙遗址金箔蛙等为代表的一级编码文化文本背后深藏的潜在力量进行逆向解码。

放眼全球，从罗琳《哈利·波特》的风靡到莫言《蛙》的被认可，中外作家的“神话编码式”写作已迫不及待地向理论界提出了新的建构需求，N级编码论的应时而出将会直接促进传统文化观的改革。另外，在N级编码的前三级编码中，谁如果掌握了程序底端的深层编码，补习好大传统知

① 详参叶舒宪、章米力、柳倩月编：《文化符号学——大小传统新视野》，陕西师范大学出版社2013年版，第6—7页。

② 叶舒宪、章米力、柳倩月编：《文化符号学——大小传统新视野》，陕西师范大学出版社2013年版，第8—9页。

识，就会更易获取作品的深厚内涵和张力空间，而不是在就事论事的平铺直叙描写上裹足不前。

由此观之，N级编码理论需要探讨的是文字时代以后的文学书写中蕴含的上古密码，即元话语、原型问题。在大传统视域内，N级编码中越是古老的编码越接近文化的基因和人类文明演变的编码，其能级越大，分蘖力越强。显然，该理论体现出从物的叙事、图像叙事转向文字叙事的实证研究思路，还在一定程度上彰显四重证据法未曾关注的材料逻辑性问题。“从文化文本的历史生成看，物的符号在先，文字符号在后。文字产生之前肯定存在大量的口传文本，但是口说的东西没有物质化的符号，不能保存下来。于是，要探寻原表述或原编码，就只有诉诸物的叙事与图像叙事。”[①] 鉴于N级编码论从年代学视角切入，以历史发展进程和延续程度为尺度，所以从中“抽掉”口传和身体叙事也就不难理解了。

事实上，当文史哲等人文划分的学科界限被打破以后，神话编码的文化功能意义就会得以鲜活再现。中国台湾历史人类学家王明珂就曾对三星堆文明进行反思性研究：

> 为什么当真实的历史出土时我们会感到如此惊讶？我们的惊讶代表一种认知断裂——我们认为在这么早的时期，蜀地不可能有如此高的文明存在。因此我们要问的是，这种知识理性是从什么时候开始出现的。我在此研究中，仍是透过文本分析来解读汉晋蜀人写的一些本地历史。比如，《蜀王本纪》，我们可以看到写下这些作品的古蜀作者如何把本地“蚕丛”的历史遥远化，变成神话，并最后切断汉晋蜀人与古人之间的关系。[②]

长江上游的广汉三星堆文化被发现于中国的边缘地区，而这些地区的上古时期恰恰处于中国历史记忆中的空白期，由于左丘明、司马迁和班固等史家只顾中原文明的“月明”，而有意忽视巴蜀边缘文明的“星稀”，使得三星堆文化因得不到客观表述和记录而变得茫然无踪可寻，史书和文献的失载将其变成一个被汉字编码的历史传统完全忽略、有意压抑和彻底遗忘的地域性文化传统，殊不知“月明星稀”为一个完整实体，中原文明与

① 叶舒宪：《文化文本的N级编码论——从“大传统”到“小传统”的整体解读方略》，《百色学院学报》2013年第1期。

② 王明珂：《“文本”与“情境”对应下的文化表述》，《社会科学家》2013年第2期。

巴蜀文明皆是华夏文明的重要构成要件。以至于当真实的"过去"被出土时，我们对它竟是感到如此震惊，显然这是因为我们心中视作常识的"过去"与出土的真实"过去"之间出现了巨大的偏差使然，被遗忘的真实"过去"开始重回我们的视野，重新唤起我们的回忆。

既然认识到每一个民族或族群的历史讲述都是神话历史，那么接下来就应当历史性地重构其原型编码，据此梳理后续的再表述过程，即二级、三级及其N级编码。广汉三星堆祭祀坑中出土的黄金权杖、面具以及青铜立人像，成都金沙遗址出土的金箔蛙与玉璧、玉琮、玉璋等等，无一不在向世人述说着三千年前古蜀文明的辉煌过去，而神话学的知识考古正引领我们还原和体认那段不能被遗忘的文明史。N级编码程序将分级编码明确具体化，意在唤醒学人的文化解码自觉，能够摆脱文字符号的束缚，自觉走出文字牢房，在文化大传统中追求学术争鸣与思想自由。令人欣慰的是，如今越来越多的文学人类学同人参与到文化文本的符号编码历程研究中，目前专门探讨此理论的研究性论文已达数十篇，其中较具代表性的有《玉兔神话的原型解读——文化符号学的N级编码视角》（叶舒宪，2014）、《尔雅"旂"语文化编码蠡测》（谢美英，2014）、《N级编码理论与挖不透的表象之墙》（赵周宽，2013）、《从文学寻根到知识考古——论N级编码的文学史意义》（黄悦，2013）、《一以贯之的神话——"N级编码系统理论"的评述与思考》（夏陆然，2013）等，他们为努力构建一套便于操作的编码解码指导性理论而不懈奋斗着。

唐蓉力图从文学人类学倡导的"四重证据法"出发探寻N级编码理论的诞生轨迹：

> 从"四重证据法"到"N级编码理论"，一脉相承的是：对非文字记载的历史和传统的充分重视，甚至在某些意义上将其地位提到了文献历史和文化上。但这绝不仅仅是一种理论内核的不同表达方式：在前者中，四重证据是并行的，是一个体系中的多角度，虽然这些证据产生和发现的时间有先后，但建构理论的着眼点却并没有强调其历史关系，也未曾详细探究其传承性和相互之间是否存在嬗变关系，并未完全脱离共时研究的结构体系；而后者，则充分关注了各级编码间的原生—派生、催生—源于的关系，事实上，各级编码之间的关系也可以解读为符号的生长和演变过程，如此一来，便形成了鲜明的历

时观。[①]

她将信息的原初形式称为源码，转换之后的形式称为代码，二者之间转换的方式或规则称为编码规则。与此同时，她主张解码是编码的逆过程，在解码过程中，解码规则是编码规则的逆向操作，代码要通过这个逆向操作还原成源码。

N级编码论不是闭门造车式的空想理论，它一方面吸收了弗莱的神话置换变形理论，另一方面借鉴了弗雷泽结构主义与类型学相结合的方法论、布罗代尔的长时段历史结构理论。另外，还与罗兰·巴特以及法国哲学家雅克·德里达（Jacques Derrida）等人的后现代"互文性"理论在内涵上相通，他们想说明的是人类表意实践活动是如何在多元文化、多元话语交织中移动、改道和消失的，也就是说，后现代"互文性"理论要凸显的是文本中的多元文化、多元话语交织中的价值冲突问题，如创造/复制、个性化/非个性化、传统化/反传统、体裁化/反体裁等[②]。从这一意义上讲，N级编码理论与后现代的"互文性"理论有着某种相通的思想旨趣，都意在共同关注文化表述问题。

基于此，代云红指出，从某种意义上讲，叶舒宪提出"N级编码理论"是对他创建个人学术范式阶段的一次理论整理或总结，体现了将四重证据法的共时性理论体系进行历时化的生成性表述的理论诉求，将其与神话"置换变形"理论、后现代"互文性"理论以及类型学理论加以对照，能够看出其潜含的思想内涵和积极的理论导向意义：

> 从叶舒宪的"N级编码理论"、诺斯诺普·弗莱的神话"置换变形"理论以及后现代的"互文性"理论内涵的相通之处来看，三种理论表达了这样的观念：一是对文学的看法，即作为社会交际或社会交流的文学；二是是对文学批评的看法，即文学批评是一种社会批评；三是三种理论都隐含着这样的理论意向：既要识别出文学的"同一性结构"，又要能反映出文学的多样性特征。[③]

需要明确的是，贯穿于各级编码之间的主脉仍然是文学人类学得

① 唐蓉：《N级编码理论的逻辑梳理》，《百色学院学报》2013年第1期。

② 代云红：《互文性写作中的价值冲突》，《当代文坛》2003年第2期。

③ 代云红：《论"N级编码理论"的思想内涵、理论要义及问题》，《百色学院学报》2013年第3期。

以发端的研究重点——神话原型。瑞士人类学家巴霍芬（Johann Jakob Bachofen）堪称19世纪揭开女神再发现运动序幕的理论功臣。1861年，他用德文完成的名著《母权论：根据古代世界的宗教和法权本质对古代世界的妇女统治的研究》标志着家庭史研究的开端。他把人类历史的第一阶段确定为母权制阶段，相当于中国古书所说的"知母不知父"状态。巴霍芬建构其理论体系的主要材料是古典神话，他善于从性别冲突的角度给希腊神话提出新的解释，从中归纳出从母权制到父权制的演进轨迹。20世纪最重要的女神研究学者是金芭塔丝，其遗著《活着的女神》从考古文物中复原的女神信仰同其在父权社会中的残余形态有机结合为一个生命整体，使被历史遮蔽乃至遗忘的"女神的语言"同后起的"男人造的语言"一样成为我们反思现代知识体系的基点。

柳倩月致力于运用N级编码理论阐释现实问题，她认为N级编码理论有助于在意义阐释上建立历代文化文本之间的关联，既然人类学视野中的"恩施土家女儿会"民俗活动与古代巴人"廪君射杀盐水神女"神话可以遥相呼应，那么该民俗活动当属于远古女神文明的民俗化表现形式。"盐君自荐枕席，却死于情人之手，其隐喻的文化意义是女神文明开始从历史舞台退出，男权社会逐渐走上历史舞台"[①]，这与巴霍芬、金芭塔丝所倡女神再发现运动的旨趣完全一致。柳倩月通过从"女儿"到"女神"的逆向解码，希望历史地重构与盐水神女有关的女神原型编码，并针对其在大传统文化文本及当代文艺创作上的具体表现，证明神话原型编码在文化产业中产生的重要应用价值。"与巴人有关的历史虽然'鸿古'，'难为明征'（郦道元《水经注》），廪君射杀盐水神女的'神话历史'却保持着它强大的生命力，从苍茫远古一直走到了今天。从'廪君射杀盐阳女神'神话的不断表述，到如今武陵山区土家女儿会民俗活动的复兴，与盐水神女有关的文化编码过程从未停止过。"[②] 通过文化符号的N级编码程序，我们能够有效激发民族文化传统的无限热情，同时也可以更好地促进民族历史的重建以及文化的承继。

需要注意的是，文学人类学者还需要关注神话的适应性问题，这种变化"并不意味着它开始失去功能或可能消失，相反，神话以保持自身存在

---

① 柳倩月：《女神复活：土家女儿会的神话原型编码分析》，《湖北民族学院学报（哲学社会科学版）》2013年第5期。

② 柳倩月：《女神复活：土家女儿会的神话原型编码分析》，《湖北民族学院学报（哲学社会科学版）》2013年第5期。

的方式所发生的变化正是为了避免其功能的削弱或完全消失”[①]，从而适应新的形势和挑战，因而神话需要变换传达自身的方式，不会在各级编码中彻底消失。

N级编码将非语言、非文字的符号叙事摆在如此重要和基础的位置，就是要以其为利器找到破解神话原型编码以及其他各级编码的新突破口。叶舒宪曾对流行于甘肃陇南的乞巧仪式活动进行深度的历史性审视，尝试提出对中国七夕神话礼仪的系统性新认识：祭神的乞桥（启桥）仪式——只有织女没有牛郎的七夕仪式活动之原型，以化石形式直接显现出其原型结构即天神降临型的请神仪式，此为史前文化的一级编码；人向神乞巧——从象征天桥的史前玉璜形象八千年传承和甲骨文“虹”字中透露的双头龙虹桥神话以及乞巧节《搭桥歌》的天人沟通，将七夕神话上溯到大传统的祭神仪式，此为父权制文明的二级编码；引渡织女与牛郎相会的鹊桥神话母题——正月七日为人日的礼俗和七月七日为乞巧节的礼俗相对应，体现了阴阳消长的神话宇宙观支配下的仪式历法行为，此为三级编码。[②]N级编码理论的运用有助于实现诸如“七夕”等神话原型的发掘与构拟，以及作为原型编码之神话的再阐释。这就很好地呼应了N级编码理论提出的原初意义：更为直接地凸显出一级编码在重回中国文化大传统以及神话学研究中的重要性与基础地位。

叶舒宪曾毫不讳言地指出，“我们提出文化的N级编码理论，突出的知识创新意义在于寻找和确认先于文字而发生的一级编码符号，从而给汉字符号的由来问题带来前所未有的大传统透视角度”[③]。文学人类学者建构的N级编码理论研究的是人类如何“记忆”文化原型的过程，解释的是具有推动人类文明进步能力的“长时记忆”带来的结果，重在提倡中国文化的编码与解码自觉。如今从交叉学科视角审视，我们只有洞察大传统中原始神话思维的文化编码，小传统的文字再编码才能够真正实现追根溯源。

事实上，基于上述研究背景，在文学人类学理论建构与实践的不断探索、整体推进过程中，《管子》“神话历史”研究作为理论联系实际、解决现实问题的代表性个案，进一步明确自身“小切口、强证据、精阐释”的研

---

① ［荷］Th. P. 范·巴伦：《神话的适应性》，载［美］阿兰·邓迪斯编：《西方神话学读本》，朝戈金等译，广西师范大学出版社2006年版，第266页。

② 叶舒宪：《乞桥·乞巧·鹊桥：从文化编码论看七夕神话的天桥仪式原型》，《民族艺术》2013年第6期。

③ 叶舒宪：《中国文化的编码与解码自觉——序〈中国灯谜年鉴〉》，《百色学院学报》2013年第5期。

究定位，是充分利用包括中外"证据"材料在内的四重证据法进行文字文本与潜在文化文本对应阐释的创新性尝试。笔者通过该研究，意在将比较研究视角从理性回归神话，从单一性文字文本解读转向交叉性文化文本重建，重视神话思维与信仰观念对于古人行为方式的驱动作用，进而借助于文化大传统新知识观，循序渐进地发掘出《管子》中蕴含的深层次文化价值。与此同时，力图在东周以来的特定文化视域、思维观念、政治背景、经济条件下，对《管子》文本呈现出的"神话历史"内涵进行阐发，希望能够最大程度地还原其文本中蕴含的历史真实信息。可以说，这对于其他古籍原典的再解读同样会是有益的借鉴。同时，也期待通过《管子》"神话历史"的个案研究引起人文科学领域同人对于文学人类学跨学科研究新理论和新方法的积极关注、批评讨论和不断完善。

参考文献

（以下各部分内容均按照作者姓名首字母排序）

一、中文文献

（一）古籍文献

（晋）郭璞注，（清）洪颐煊校，张耘点校：《穆天子传》，岳麓书社 1992 年版。

（晋）郭璞注，（宋）邢昺疏，王世伟整理：《尔雅注疏》，上海古籍出版社 2010 年版。

何宁撰：《淮南子集释》，中华书局 1998 年版。

黄怀信、张懋镕、田旭东撰，李学勤审定：《逸周书汇校集注》，三秦出版社 1995 年版。

黎翔凤撰，梁运华整理：《管子校注》，中华书局 2004 年版。

（清）阮元校刻：《十三经注疏》（影印本），中华书局 1980 年版。

（清）孙诒让撰，孙启治点校：《墨子闲诂》，中华书局 2001 年版。

（清）王聘珍撰，王文锦点校：《大戴礼记解诂》，中华书局 1983 年版。

（清）王先谦撰，沈啸寰、王星贤点校：《荀子集解》，中华书局 1988 年版。

（汉）许慎撰，（清）段玉裁注：《说文解字注》，浙江古籍出版社 2006 年版。

许维遹撰，梁运华整理：《吕氏春秋集释》，中华书局 2009 年版。

（清）严可均辑：《全上古三代秦汉三国六朝文》，商务印书馆 1999 年版。

袁珂校注：《山海经校注》，上海古籍出版社 1980 年版。

（二）专著

安徽省文物考古研究所编：《凌家滩玉器》，文物出版社 2000 年版。

陈鼓应：《管子四篇诠释：稷下道家代表作解析》，商务印书馆 2006 年版。

陈金星：《神话思维与中古历史书写：以通行本〈后汉书〉为中心》，上海交通大学出版社 2021 年版。

陈梦家：《陈梦家学术论文集》，中华书局 2016 年版。

池万兴：《〈管子〉研究》，高等教育出版社 2004 年版。

池万兴：《先秦文化和〈管子〉研究》，人民出版社 2015 年版。

代云红：《中国文学人类学基本问题研究》，云南大学出版社 2012 年版。

戴濬编著：《管子学案》，中国台湾正中书局 1949 年版。

董莲池编著：《新金文编》，作家出版社 2011 年版。

高有鹏：《神话传说与民族记忆》，河南大学出版社 2015 年版。

耿振东：《〈管子〉研究史（战国至宋代）》，学苑出版社 2011 年版。

巩曰国：《〈管子〉版本研究》，齐鲁书社 2016 年版。

古方主编：《中国出土玉器全集》，科学出版社 2005 年版。

顾颉刚:《古史辨》,上海古籍出版社 1982 年版。
顾颉刚:《顾颉刚民俗论文集》,中华书局 2011 年版。
郭丽:《简帛文献与〈管子〉研究》,方志出版社 2015 年版。
郭丽:《管子版本研究通论》,齐鲁书社 2019 年版。
郭沫若、闻一多、许维遹:《管子集校》,科学出版社 1956 年版。
郭沫若著作编辑出版委员会编:《郭沫若全集·历史编》,人民出版社 1984 年版。
胡厚宣主编:《甲骨文合集释文》,中国社会科学出版社 1999 年版。
胡家聪:《管子新探》,中国社会科学出版社 2003 年版。
胡建升:《魏晋风度与中国文化基因》,陕西师范大学出版社 2019 年版。
胡万川:《真实与想象:神话传说探微》,中国台湾里仁书局 2010 年版。
黄应贵主编:《物与物质文化》,中国台湾"中央研究院"民族学研究所 2004 年版。
黄悦:《神话叙事与集体记忆:〈淮南子〉的文化阐释》,南方日报出版社 2010 年版。
黄展岳:《中国古代的人牲人殉》,文物出版社 1990 年版。
金立江:《苏美尔神话历史》,南方日报出版社 2014 年版。
荆云波:《文化记忆与仪式叙事:〈仪礼〉的文化阐释》,南方日报出版社 2010 年版。
李零:《长沙子弹库战国楚帛书研究》,中华书局 1985 年版。
李水城、罗泰主编:《中国盐业考古:国际视野下的比较观察》第 2 集,科学出版社 2010 年版。
李学勤:《走出疑古时代》,辽宁大学出版社 1997 年版。
李永平:《文化大传统的文学人类学视野》,陕西师范大学出版社 2019 年版。
李永平主编:《文学人类学理论与实践》,中国社会科学出版社 2021 年版。
辽宁省文物考古研究所编著:《牛河梁:红山文化遗址发掘报告(1983—2003 年度)》,文物出版社 2012 年版。
[韩]林炳僖:《韩国神话历史》,南方日报出版社 2012 年版。
林富士:《小历史:历史的边陲》,(台北)三民书局 2000 年版。
刘莉、陈星灿:《中国考古学:旧石器时代晚期到早期青铜时代》,生活·读书·新知三联书店 2017 年版。
刘宗迪:《失落的天书:〈山海经〉与古代华夏世界观》,商务印书馆 2016 年版。
陆思贤:《神话考古》,文物出版社 1995 年版。
罗根泽:《管子探源》,岳麓书社 2010 年版。
吕微:《神话何为:神圣叙事的传承与阐释》,社会科学文献出版社 2001 年版。
吕亚虎:《战国秦汉简帛文献所见巫术研究》,科学出版社 2010 年版。
马非百:《管子轻重篇新诠》,中华书局 2011 年版。
孟悦、罗钢主编:《物质文化读本》,北京大学出版社 2008 年版。
南京师范大学、金坛市博物馆编:《金坛三星村出土文物精华》,南京出版社 2004 年版。
彭兆荣:《人类学仪式的理论与实践》,民族出版社 2007 年版。

彭兆荣：《文学与仪式：文学人类学的一个文化视野——酒神及其祭祀仪式的发生学原理》，北京大学出版社 2004 年版。

齐鲁书社编：《历代管子版本丛刊》，齐鲁书社 2014 年版。

任继亮：《管子经济思想研究：轻重论史话》，中国社会科学出版社 2005 年版。

山东省《齐鲁考古丛刊》编辑部编：《山东史前文化论文集》，齐鲁书社 1986 年版。

山东省文物考古研究所编著：《临淄齐故城》，文物出版社 2013 年版。

陕西师范大学中外文化研究交流中心编：《文化研究方法论》，陕西师范大学出版社 1992 年版。

宋镇豪、段志洪主编：《甲骨文献集成》，四川大学出版社 2001 年版。

苏秉琦：《战国秦汉考古》，上海古籍出版社 2014 年版。

孙刚编纂：《齐文字编》，福建人民出版社 2010 年版。

田兆元、叶舒宪、钱杭：《中华创世神话六讲》，上海交通大学出版社 2018 年版。

谭佳：《断裂中的神圣重构：〈春秋〉的神话隐喻》，南方日报出版社 2010 年版。

谭其骧主编：《中国历史地图集》，中国地图出版社 1996 年版。

汤馀惠主编：《战国文字编》，福建人民出版社 2001 年版。

唐启翠：《礼制文明与神话编码：〈礼记〉的文化阐释》，南方日报出版社 2010 年版。

唐启翠、叶舒宪编著：《文学人类学新论：学科交叉的两大转向》，复旦大学出版社 2019 年版。

王京龙：《论管子》，齐鲁书社 2019 年版。

王明珂：《华夏边缘：历史记忆与族群认同》，浙江人民出版社 2013 年版。

王倩：《神话学文明起源路径研究》，中国社会科学出版社 2015 年版。

王青：《环境考古与盐业考古探索》，科学出版社 2014 年版。

王仁湘：《半窗意象：图像与考古研究自选集》，文物出版社 2016 年版。

王世民、陈公柔、张长寿：《西周青铜器分期断代研究：夏商周断代工程报告集》，文物出版社 1999 年版。

王宪昭：《中国神话母题 W 编目》，中国社会科学出版社 2013 年版。

王小盾：《中国早期思想与符号研究：关于四神的起源及其体系形成》，上海人民出版社 2008 年版。

王志民：《稷下学公开课》，商务印书馆 2016 年版。

王志民：《齐文化论稿》，山东大学出版社 1995 年版。

王子今：《秦汉名物丛考》，东方出版社 2016 年版。

王子今：《秦汉社会史论考》，商务印书馆 2006 年版。

魏建震：《先秦社祀研究》，人民出版社 2008 年版。

巫宝三：《管子经济思想研究》，中国社会科学出版社 1989 年版。

吴十洲：《两周礼器制度研究》，商务印书馆 2016 年版。

吴镇烽编著：《商周青铜器铭文暨图像集成》，上海古籍出版社 2012 年版。

夏纬瑛校释：《管子地员篇校释》，中华书局 1958 年版。

萧兵、叶舒宪：《老子的文化解读》，湖北人民出版社 1994 年版。

萧兵:《楚辞的文化破译:一个微宏观互渗的研究》,湖北人民出版社1991年版。

萧兵:《中庸的文化省察:一个字的思想史》,湖北人民出版社1997年版。

谢维扬、房鑫亮主编:《王国维全集》,浙江教育出版社2010年版。

徐新建:《多民族国家的文学与文化》,人民出版社2016年版。

徐旭生:《中国古史的传说时代》,文物出版社2003年版。

徐永斌:《明清江南文士治生研究》,中华书局2019年版。

徐中舒主编:《甲骨文字典》,四川辞书出版社1989年版。

燕生东:《商周时期渤海南岸地区的盐业》,文物出版社2013年版。

杨纪荣、孙继成:《管子境外研究通论——以欧美、东亚为中心》,齐鲁书社2019年版。

杨骊、叶舒宪编著:《四重证据法研究》,复旦大学出版社2019年版。

杨儒宾主编:《中国古代思想中的气论及身体观》,中国台湾巨流图书公司1993年版。

叶舒宪、谭佳:《比较神话学在中国——反思与开拓》,社会科学文献出版社2016年版。

叶舒宪、萧兵、[韩]郑在书:《山海经的文化寻踪:“想象地理学”与东西文化碰触》,湖北人民出版社2004年版。

叶舒宪、章米力、柳倩月编:《文化符号学——大小传统新视野》,陕西人民出版社2013年版。

叶舒宪:《玉石神话信仰与华夏精神》,复旦大学出版社2019年版。

叶舒宪:《中国神话哲学》,中国社会科学出版社1992年版。

叶舒宪:《中华文明探源的神话学研究》,社会科学文献出版社2015年版。

易华:《夷夏先后说》,民族出版社2012年版。

于省吾:《甲骨文字释林》,中华书局2009年版。

于省吾:《双剑誃诸子新证》,中华书局1962年版。

袁珂编著:《中国神话传说词典》,上海辞书出版社1985年版。

臧克和:《说文解字的文化说解》,湖北人民出版社1997年版。

战化军:《管子其人其书及管氏家族研究》,齐鲁书社2019年版。

张固也:《〈管子〉研究》,齐鲁书社2006年版。

[美]张光直:《中国青铜时代》,生活·读书·新知三联书店2013年版。

张杰:《中国古代空间文化溯源》,清华大学出版社2012年版。

张连伟:《〈管子〉哲学思想研究》,巴蜀书社2008年版。

张淑萍:《陇中民俗剪纸的文化符号学解读》,苏州大学出版社2014年版。

张亚初编著:《殷周金文集成引得》,中华书局2001年版。

张艳丽:《管子思想研究概要》,齐鲁书社2019年版。

张一兵:《明堂制度研究》,中华书局2005年版。

张颖、彭兆荣:《丹砂庇佑:龙潭古寨乡土景观绘本民族志》,中国社会科学出版社2021年版。

章米力:《华夏传统医学起源新探:〈黄帝内经〉的神话历史研究》,上海交通大学出版社 2021 年版。

赵守正:《管子经济思想研究》,上海古籍出版社 1989 年版。

郑振铎:《汤祷篇》,古典文学出版社 1957 年版。

中国社会科学院考古研究所编:《殷周金文集成》,中华书局 1987 年版。

中国社会科学院考古研究所编:《殷周金文集成释文》,香港中文大学出版社 2001 年版。

中国社会科学院考古研究所编:《张家坡西周玉器》,文物出版社 2007 年版。

中国社会科学院考古研究所编:《中国考古学(两周卷》,中国社会科学出版社 2004 年版。

中国社会科学院考古研究所编:《中国考古学(秦汉卷)》,中国社会科学出版社 2010 年版。

中国社会科学院考古研究所编:《中国考古学(新石器时代卷)》,中国社会科学出版社 2010 年版。

(三)译著

[德]阿莱达·阿斯曼:《回忆空间:文化记忆的形式和变迁》,潘璐译,北京大学出版社 2016 年版。

[美]爱德华·霍尔:《超越文化》,何道宽译,北京大学出版社 2010 年版。

[美]艾兰:《早期中国历史、思想与文化》,杨民等译,商务印书馆 2011 年版。

[美]艾兰:《水之道与德之端:中国早期哲学思想的本喻》,张海晏译,商务印书馆 2014 年版。

[法]爱弥尔·涂尔干:《宗教生活的基本形式》,渠东、汲喆译,商务印书馆 2016 年版。

[日]白川静:《常用字解》,苏冰译,九州出版社 2010 年版。

[美]保罗·康纳顿:《社会如何记忆》,纳日碧力戈译,上海人民出版社 2000 年版。

[美]本杰明·史华兹:《古代中国的思想世界》,程钢译,江苏人民出版社 2003 年版。

[英]彼得·伯克:《图像证史》,杨豫译,北京大学出版社 2008 年版。

[加]布鲁斯·G.崔格尔:《理解早期文明:比较研究》,徐坚译,北京大学出版社 2014 年版。

[美]大卫·科泽:《仪式、政治与权力》,王海洲译,江苏人民出版社 2015 年版。

[德]恩斯特·卡西尔:《神话思维》,黄龙保、周振选译,中国社会科学出版社 1992 年版。

[英]弗雷泽:《金枝:巫术与宗教之研究》,汪培基、徐育新、张泽石译,商务印书馆 2015 年版。

[法]格拉耐:《中国古代的祭礼与歌谣》,张铭远译,上海文艺出版社 1989 年版。

[法]葛兰言:《中国人的宗教信仰》,程门译,贵州人民出版社 2010 年版。

[日]谷中信一:《先秦秦汉思想史研究》,孙佩霞译,上海古籍出版社 2015 年版。

[日]吉田敦彦:《日本神话的考古学》,唐卉、况铭译,陕西师范大学出版社 2013 年版。

[英]简·艾伦·哈里森:《古代艺术与仪式》,刘宗迪译,生活·读书·新知三联书店2008年版。

[英]杰克·古迪:《神话、仪式与口述》,李源译,中国人民大学出版社2014年版。

[美]克利福德·格尔兹:《文化的解释》,纳日碧力戈等译,上海人民出版社1999年版。

[法]克洛德·列维-斯特劳斯:《野性的思维》,李幼蒸译,商务印书馆1987年版。

[法]列维-布留尔:《原始思维》,丁由译,商务印书馆1981年版。

[英]伦弗瑞:《史前:文明记忆拼图》,张明玲译,中国台湾猫头鹰出版社2010年版。

[意大利]马利亚苏塞·达瓦马尼:《宗教现象学》,高秉江译,人民出版社2006年版。

[罗马尼亚]米尔恰·伊利亚德:《神圣与世俗》,王建光译,华夏出版社2002年版。

[法]米歇尔·福柯:《词与物:人文科学考古学》,莫伟民译,上海三联书店2001年版。

[法]米歇尔·福柯:《知识考古学》,谢强、马月译,生活·读书·新知三联书店2003年版。

[美]南诺·马瑞纳托斯:《米诺王权与太阳女神:一个近东的共同体》,王倩译,陕西师范大学出版社2013年版。

[美]唐·伊德:《让事物"说话"》,韩连庆译,北京大学出版社2008年版。

[德]瓦尔特·伯克特:《古希腊献祭仪式与神话人类学》,吴玉萍、高雁译,社会科学文献出版社2021年版。

[美]巫鸿:《黄泉下的美术》,施杰译,生活·读书·新知三联书店2010年版。

[美]巫鸿:《武梁祠:中国古代画像艺术的思想性》,柳扬、岑河译,生活·读书·新知三联书店2015年版。

[美]西敏司:《甜与权力:糖在近代历史上的地位》,王超、朱健刚译,商务印书馆2010年版。

[日]小野泽精一、福永光司、山井涌编:《气的思想:中国自然观与人的观念的发展》,李庆译,上海人民出版社2007年版。

[德]扬·阿斯曼:《文化记忆:早期高级文化中的文字、回忆和政治身份》,金寿福、黄晓晨译,北京大学出版社2015年版。

[美]杨晓能:《另一种古史:青铜器纹饰、图形文字与图像铭文的解读》,唐际根、孙亚冰译,生活·读书·新知三联书店2008年版。

[美]张光直:《古代中国考古学》,印群译,生活·读书·新知三联书店2013年版。

[美]张光直:《美术、神话与祭祀》,郭净译,辽宁教育出版社1988年版。

二、外文著作

Adam Kuper, *The Invention of Primitive Society*, London, New York: Routledge, 1988.

Alfred Gell, *Art and Agency: an Anthropological Theory*, New York: Oxford University Press, 1998.

Andrew Lang, *Custom and Myth*, London: Longmans, Green & Co., 1884.

Anthony D. Smith, *Myths and Memories of the Nation*, London: Oxford University Press, 2000.

Arjun Appadurai, *The Social Life of Things: Commodities in Cultural Perspective*, New York: Cambridge University Press, 1986.

Graeme Barker, *The Agricultural Revolution in Prehistory*, New York: Oxford University Press, 2006.

C. G. Jung, *Aion: Researches into the Phenomenology of the Self (Second Edition)*, Translated by R. F. C. Hull, Princeton: Princeton University Press, 1979.

Jacques Cauvin, *The Birth of the Gods and the Origins of Agriculture*, Translated by Trevor Watkins, New York: Cambridge University Press, 2000.

Charles D. Weber, *Chinese Pictorial Bronze Vessels of the Late Chou Period*, Ascona: Artibus Asiae, 1969.

Colin Renfrew & Iain Morley, *Image and Imagination: a Global Prehistory of Figurative Representation*, Cambridge: McDonald Institute of Archaeological Research, University of Cambridge, 2007.

Dusan Boric, *Archaeology and Memory*, London: Oxford University Press, 2010.

E. E. Kuzmina, *The Prehistory of the Silk Road*, Ed. by Victor H. Mair, Philadelphia: University of Pennsylvania Press, 2008.

E. R. Hughes, *Chinese Philosophy in Classical Times*, London: J. M. Dent & Sons Ltd., 1942.

Hayden White, *The Content of the Form: Narrative Discourse and Historical Representation*, Baltimore: Johns Hopkins University Press, 1990.

Henri Frankfort, Mrs H. A. Frankfort, John A. Wilson, Thorkild Jacobsen, *Before Philosophy: The Intellectual Adventure of Ancient Man*, Penguin: Harmondsworth, 1949.

Joseph Campbell, *Myth, Religion and Mother Right*, Princeton: Princeton University Press, 1967.

Joseph Mali, *Mythistory: The Making of a Modern Historiography*, Chicago: University of Chicago Press, 2003.

K. W. de Brisay, K. A. Evans, *Salt: the Study of an Ancient Industry*, Colchester: Colchester Archaeological Group, 1975.

Karen Armstrong, *A Short History of Myth*, New York: Canongate, 2005.

Lewis Maverick, *Economic Dialogues in Ancient China: Selections from the Kuan-tzu*, Translated by T'an Po-fu and Wen Kung-wen (Adam K. W. Wen), New Haven, Conn.: Far Eastern Publication, Yale University, 1954.

Lillian Lan-ying Tseng, *Picturing Heaven in Early China*, Cambridge: Harvard University Press, 2011.

Linda Schele, Mary Ellen Miller, *The Blood of Kings: Dynasty and Ritual in Maya Art*, London: George Braziller Inc., 1992.

Marija Gimbutas, *The Civilization of the Goddess: the World of Old Europe*, San Francisco: Harper San Francisco, 1991.

Marija Gimbutas, *The Language of the Goddess*, London: Thames and Hudson, 1989.

Marija Gimbutas, *The Living Goddesses*, Berkeley: University of California Press, 1999.

Mario Liverani, *Myth and Politics in Ancient Near Eastern Historiography*, London: Equinox, 2007.

Marja–Liisa Swantz, *Ritual and Symbol in Transitional Zaramo Society*, Sweden: Motala Grafiska, 1986.

Michel de Certeau, *The Writing of History*, Translated by Tom Conley, New York: Columbia University Press, 1988.

Mircea Eliade, *Patterns in Comparative Religion*, New York ：Sheed & Ward, 1958.

Mircea Eliade, *Shamanism*, New York: Pantheon Books, 1964.

Mircea Eliade, *The Forge and the Crucible*, Translated by Stephen Corrin, Chicago and London: The University of Chicago Press, 1962.

N. J. Girardot, *Myth and Meaning in Early Daoism: The Theme of Chaos (Hun-tun)*, Berkeley: University of California Press, 1988.

Richard Bradley, *Image and Audience: Rethinking Prehistoric Art*, New York: Oxford University Press, 2009.

Robert Redfield, *Peasant Society and Culture: An Anthropological Approach to Civilization*, Chicago: The University of Chicago Press, 1956.

Schilbrack Kevin, *Thinking Through Myth*, London, New York: Routledge, 2002.

Stephanie Dalley, *Myths from Mesopotamia: Creation, the Flood, Gilgamesh, and Others*, Oxford: Oxford University Press, 1989.

Theo P. J. van den Hout, *The Purity of Kingship: An Edition of Cht 569 and Related Hittite Oracle Inquiries of Tuthaliya* Ⅳ, Leiden: Brill, 1998.

W. Allyn Rickett, *Guanzi: Political, Economic, and Philosophical Essays from Early China-A Study and Translation (Vol.1)*, Princeton: Princeton University Press, 1985.

W. Allyn Rickett, *Guanzi: Political, Economic, and Philosophical Essays from Early China-A Study and Translation (Vol.2)*, Princeton: Princeton University Press, 1998.

W. Allyn Rickett, *Kuan-tzu: A Repository of Early Chinese Thought*, Hong Kong: Hong Kong University Press, 1965.

Walter Burkert, *Creation of the Sacred: Tracks of Biology in Early Religion*, Cambridge: Harvard University Press, 1996.

后　记

拙著即将付梓之际，非但没有预想中的酣畅淋漓感，反而徒添了几分忐忑与敬畏，自知这件用心雕琢的“艺术品”依然存在不少瑕疵。这部在博士学位论文《〈管子〉的文学人类学研究》基础上数度增删、几经修改完成的“处女作”，立足于当前新文科建设需求，力图在文学人类学跨学科视域下，聚焦《管子》研究中处于潜隐、遮蔽、割裂境地的“神话历史”，通过阐释其蕴含的政治权力话语、神话时空观、圣物与物质文化、轻重经济观等，重新发掘《管子》的神话思维及认知编码，以期最大程度地还原其文本中的历史真实。与此同时，基于《管子》研究案例，对中国文学人类学三十多年来的理论建构与实践探索进行系统爬梳与反思。应该说，拙著能够呈现在读者面前，也算是自己从事文学人类学研究七年来交出的一份阶段性答卷。

在此，我最要感谢的是博士生导师叶舒宪教授。2018 年 9 月，叶师不顾他人的质疑与劝阻，将我一个考古学专业的“纯外行”招致麾下。正是叶师那份毅然决然的信任，让惶恐的我对叶门有了无尽的归属感；也正是叶师这份知遇之恩，让愚笨的我下定决心不辜负先生的期许。叶师视野宏阔，治学严谨，聪敏谦虚，不苟言笑，极其勤奋，对我的要求却始终是最受用的“读书”二字。无论是在叶师的办公室，还是路边的小餐馆，叶师总是对我耳提面命式地倾灌耳音，通过这种近乎开小灶的方式促我尽快融入文学人类学研究之中。叶师对学生严厉有加又不失尊重，于无声处晓之以踏实稳健、戒骄戒躁的治学之理。有师如此，何其幸哉！我请叶师为拙著作序，叶师慨然应允，并在百忙之中赐予洋洋洒洒近六千言的长序。吾师如此，何其幸哉！拙著于情、于理、于恩、于缘都要首先献给领我入门的恩师。

感谢我的硕士生导师杜斗城教授，虽然硕士毕业多年，但是杜师依然关注我的学术成长，每次电话沟通都会无微不至地叮嘱、鼓励我，并将考古学、敦煌学、艺术史诸方面的前沿问题及时分享与我，提醒我要有开阔的学术视野，不可一叶障目，加强学科间的学术交流。

感谢彭兆荣教授对我的悉心教诲，彭师不弃，允我尊称一声“师父”，师徒情谊自此结成。彭师对我关照有加，每次见面都会第一时间询问我的学问进展与学术思考，嘱我在学术、教学上要严格要求，双管齐下，不断超越自我，这是青年学者的安身立命之本。

感谢王志民教授对我的关心提携，王师是“管学”研究的学术权威，但他一直保持着敏锐的学术视角，关注交叉学科的最新进展。王师 2019 年 5 月 16 日还特意为我在山东理工大学齐文化研究院专设一场学术讲座，使“学术青椒”的我治学信心倍增。

亲人的陪伴始终是我前进的不竭动力与强大支撑。感谢我的父母双亲，是他们含辛茹苦养育了我，教我为人处世的道理，包容我的自私与任性，这份难以为报的恩情比天大、比海深，希望拙著能够带给二老一丝丝精神慰藉。

感谢我的爱人孙凤娟女士的默默付出，相识十年来，我们彼此依靠、扶持，相继顺利完成硕士、博士阶段学业，稳定工作的同时，携手步入婚姻殿堂。除繁忙的高校教学、科研工作外，她还要将大部分精力投入家庭之中，照顾年幼的孩子。光阴荏苒，岁月如梭，俏皮灵动的小儿转眼间迎来“溪头卧剥莲蓬”的璀璨年华，他的一笑一颦、佯嗔佯怒无不成为幸福快乐的奢侈点缀！

此外，在学术的道路上，我还要特别感谢萧兵、徐新建、田兆元、朱丽霞、宋炳辉、许晓明、李桃、徐永斌、阳玉平、王振复、王仁湘、汪小洋、杨庆存、王杰、许建平、高有鹏、杨枫、李永平、韩吉辰、代云红、谭佳、唐启翠、王倩、杨骊、索宇环、胡建升、安琪、吴玉萍、张玉、柴克东、丁哲、王万里等诸位师友的悉心指导与热情帮助。研究生储意扬、胡萍、倪静雅、许悦对全书进行了最后的统稿与校对工作。还要感谢江苏省“双创人才”项目的特别资助。

最后，我要特别感谢人民出版社对拙著的大力支持，谨向促成此书出版的雍谊先生表示诚挚的谢意。

《管子》作为一部文化积淀厚重的经典文本，其内涵博大精深，诚如郭沫若先生在《管子集校·叙录》中慨叹的那样，《管子》“研究工作有如登山探险，披荆斩棘者纵尽全功，拾级登临者仍须自步”。因此，我的研究也只是千帆竞渡中的扁舟一叶，如果能起到抛砖引玉之效，将是与有荣焉。事实上，拙著中难免存在疏漏与舛误，故而失当之处，敬请方家批评指正。

公维军

辛丑初冬于镇江